ことばによることばの否定

ツォンカパの中観思想

四津谷 孝道

大蔵出版

はじめに

今からもう二十年以上も前の話だが、私が駒澤大学の修士課程に入った頃のことである。「師家」と呼ばれる禅僧による『正法眼蔵』、「道得」の巻の講義であった。講義では、禅の専門用語が連ねられ、「真実」ということばが頻繁に使われていた。正直なところ、私はその内容にほとんど着いていくことができなかった。そこで使われていることばもさることながら、その論理がまったく理解できなかった。つまるところ、すべてが真実であるということで、それによってあらゆる問題が雲散霧消してしまうとしか受けとることができなかった。それは、あたかも「すべては空である」ということで、すべてが説明されてしまうのと同じであると感じたのを憶えている。あるとき、授業の最後に質問する機会が与えられたので、私は思い切って自分の疑問をぶつけてみた。その答えは、「余計なことは考えるな、坐ればわかる」、門前払いをくらってしまった。それ以来、その講義は砂を嚙むような思いで傍聴した。

ということもあってか、心に何かわだかまりを抱きながら、自分の専門である中観思想関係、とりわけチャンドラキールティを中心とした中観帰謬派についての研究書をいろいろ紐解いていく中で、いまだに記憶に鮮明に残っているものの一つが、次の文章である。

How does the Mādhyamika reject any and all view? He uses only one weapon. By drawing out the implications of any view he shows its self-contradictory character. The dialectic is a series of *reductio ad absurdum* arguments (prasaṅgāpādanam). Every thesis is turned against itself. The Mādhyamika is a prāsaṅgika or vitaṇḍika, a dialectician or free-lance debater. The Mādhyamika *disproves* the opponent's thesis, and does not prove any thesis of his own. (T. R. V. Murti: *The Central Philosophy of Buddhism*, p.131 , Allen and Unwin, 1980)

ここにあるように、中観論者はただ単に対論者の学説に内在する矛盾を暴きだし、それを否定することにのみ努め、自らいかなる確信も持たなければ、もちろんそれを表現することもないというならば、中観論者のそうしたあり方自体を研究することは意義があっても、それが自分自身にとってどのような意義があるのだろうか、そんなことのために、自分は仏教を学ぶ道を選んだのかと自問したことを憶えている。まことにナイーブな問いかけであるが、今振り返ってみると、このことに私が本書を著わすこととなった根源的な動機があったのではないかと思われてならない。

ともかく余計なことを考えず語らない、つまり分別を超えた真実・中道に言い知れない違和感を感じていた私に、着任まもない松本史朗先生が御教示下さったのが、ツォンカパという人の存在であった。そのツォンカパの「中観論者には自らの主張は有る」ということばは、本当に新鮮であった。それ以来、私はずっと中観帰謬派の思想、とくにツォンカパの思想の研究に携わってきた。自分がツォンカパの思想を十全にそして体系的に把握しているなどとはけっして思っているわけではないが、自分の身の丈に見合ったかたちで、ツォンカパの思想に統一した姿を与えたいとずっと思ってきた。そして、その結果として生まれたのが本書である。

最後になったが、大蔵出版の井上敏光氏をご紹介頂き、本書を著わす機縁を与えて下さった松本史朗先生にまず心より謝意を捧げたい。また、研究文献その他のことでいろいろとご相談にのって頂いた望月海慧先生、そしてクリストフ・キュッパース先生にも感謝の意を表したい。そして、本書の編集を担当して下さった井上敏光氏には、筆舌に尽くしがたいご面倒をお掛けした。ここに一書を上梓することができたのも、ひとえに同氏の忍耐、そして心よりの励ましのおかげである。ここに衷心よりお礼申し上げたい。

平成18年9月13日

著　者

目　次

はじめに……………………………………………………………………… i
略　号……………………………………………………………………… iv

序　論 ……………………………………………………………………… 1
第 1 章　ことばによることばの否定 ………………………………… 12
第 2 章　否定対象の把握 ……………………………………………… 33
第 3 章　正理のはたらき ……………………………………………… 57
第 4 章　中観論者における主張の有無 (1) ………………………… 99
第 5 章　中観論者における主張の有無 (2) …………………………122
第 6 章　プラサンガ論法 ………………………………………………228
第 7 章　対論者に極成する推論 ………………………………………259
第 8 章　自立論証批判 (1) ……………………………………………280
第 9 章　自立論証批判 (2) ……………………………………………311
第 10 章　自立論証批判 (3) ……………………………………………350
結びにかえて ……………………………………………………………369

使用した主なテキスト……………………………………………………372
文 献 表……………………………………………………………………374
索　引……………………………………………………………………386

略　号

BA:	*Bodhi* [*sattva*] *caryāvatāra.*
BTh:	*dBu ma la 'jug pa'i mtha'dpyod lung rigs gter mdzad zab don kun gsal skal bzang 'jug ngogs.*
BMv:	*Buddhapālita-mūlamadhyamaka-vṛtti.*
BN:	*dBu ma rtsa ba'i rnam bshad zab mo'i de kho na nyid snang ba.*
BNg:	*Theg pa chen po dbu ma rnam par nges pa'i mdzad lung dang rigs pa'i rgya mtsho las dbu ma thal rang gi gyes 'thasms dang grub mtha'i gnas rnams gsal bar bstan pa'i le'u gnyis pa* (*dBu ma rnam nge*).
BPy:	*rGyal ba thams cad kyi thugs kyi dgongs pa zab mo dbu ma'i de kho na nyid spyi'i ngag gis ston pa nges don rab gsal* (*dBu ma'i spyi don*).
BSOAS:	*Bulletin of the School of Oriental and African Studies.*
CŚ:	*Catuḥśataka.*
CŚṭ:	*Bodhisattva-yogācāra-catuḥśataka-ṭīkā.*
D:	sDe dge editon.
GR:	*bsTan bcos chen po dbu ma la 'jug pa'i rnam bshad dgongs pa rab gsal* (*dGongs pa Rab gsal* / 『密意解説』).
印仏研:	『印度学仏教学研究』
IIJ:	*Indo-Iranial Journal.*
JA:	*Journal Asiatique.*
JIABS:	*Journal of the International Association of Buddhist Studies.*
JIP:	*Journal of Indian Philosophy.*
関大東西学研紀要:	『関西大学東西学術研究紀要』
国際仏大院紀要:	『国際仏教学大学院大学研究紀要』
駒大院年報:	『駒澤大学大学院仏教学研究会年報』
駒大紀要:	『駒澤大学仏教学部研究紀要』
駒大論集:	『駒澤大学仏教学部論集』
LNy:	*Drang ba dang nges pa'i don rnam par phye ba'i bstan bcos legs bshad snying po* (*Legs bshad snying po* / 『善説心髄』).
LRChen:	*Byang chub lam lim chen mo* (*Lam rim chen mo* / 『菩提道次第論・広本』).
LVPT:	PPMvのテキストとしての読みに関して言及する場合にはこの略号を用いる。
MA:	*Madhyamaka-avatāra.*
MAbh:	*Madhyamaka-avatāra-bhāṣya.*
MAṭ:	*Madhyamaka-avatāra-ṭīkā.*

MĀ:	*Madhyamaka-āloka.*
MCB:	*Melanges chinois bouddhiques.*
MHk:	*Madhyamaka-hṛdaya-kārikā.*
MMk:	*Mūlamadhyamaka-kārikā.*
成田山紀要:	『成田山仏教研究所紀要』
日仏年:	『日本仏教学会年報』
日西会報:	『日本西蔵学会会報』
P:	Peking (Beijing) edition.
PMv:	*Prajñāpradīpa-mūlamadhyamaka-vṛtti.*
PMvṭ:	*Prajñāpradīpa-mūlamadhyamaka-vṛtti-ṭīkā.*
PPMv:	*Prasannapadā-mūlamadhymakaka-vṛtti.*
RGy:	*dBu ma rtsa ba'i tshig le'ur byas pa shes rab ces bya ba'i rnam bshad rigs pa'i rgya mtsho* (*Rigs pa'i rgya mtsho* / 『正理海』).
曹研紀要:	『曹洞宗研究紀要』
大正:	『大正新脩大蔵経』
TiJ:	*Tibet Journal.*
TJ:	*Madhyamaka-hṛdaya-kārikā-tarkajvālā.*
TTh:	*Zab mo stong pa nyid kyi de kho na nyid rab tu gsal bar byed pa'i bstan bcos* (*sTong thun chen mo*).
VV:	*Vigrahavyāvartanī.*
VVv:	*Vigrahavyāvartanī-vṛtti.*
WSTB:	*Wiener Studien zur Tibetologie und Buddhismuskunde.* Arbeitskreis für Tibetische und Buddhistische Studien, Universität Wien.
WZKS:	*Wiener Zeitschrift für die Kunde Südasiens.*
WZKSO:	*Wiener Zeitschrift für die Kunde Süd-und Ostasiens und Archiv für indische Philosophie.*
YṢ:	*Yukitiṣaṣtikā.*
YṢv:	*Yukitiṣaṣtikā-vṛtti.*

序　論

仏教というものを学び、そして実践する目的とは何であろうか。それがまず明らかにされなければならない。

「真実を知ること」、それが仏教を学び、実践する主要な目的の一つである。

その真実を知ることには、「真実について知ること」すなわち「真実の特徴を知ること」と「真実そのものを知ること」があり、その二つは截然と区別されるべきである。前者は真実の特徴を対象的に知ることである。一方、後者は真実を直観的に知ることであり、究極的にはそれを通して人々が真実そのものになることである。その意味では、後者が目的であり、前者がその手段であるといえよう。

では、その手段たる「真実の特徴を知ること」における「真実の特徴」とは、どのようなものであろうか。

仏教における真実の特徴の中で最も重要なものの一つとしては、森羅万象すべてが他に依存して存在していること、あるいは移ろいゆくものであること、つまり縁起あるいは無常ということが挙げられる。そこにおいては、ものごとの縁起性なり無常性を対象的に知り、さらにそれらを直観的に知ることを通して、人々が縁起あるいは無常そのものになりきること、これが「仏になる教え」すなわち「仏教」ということなのである。

また、それら縁起や無常をはじめとする様々な真実の特徴は、「ことばを超えたものである」という究極的な真実の特徴に収斂されていく。したがって、ことばを超えた真実に至るためには、その究極的な真実の特徴が、正しく理解されなければならない。そしてその営みは、経典や論書などに示されている「真実はことばを超えたものである」という「ことばにされた真実」の意味を渉猟することからはじめられると考えられる。

本書において、そのことばにされた真実の意味を探る対象として選び出されたのは、仏教の長い歴史を通じて最も偉大な思想家の一人であるツォンカパ・ローサンタクパ（Tsong kha pa blo bzang grags pa, 1357–1419年）によって残された諸々の著作である[1]。

周知のように、中観思想はインド、チベット、中国、そして日本へと伝わり、その展開は長い歴史の中で極めて複雑・多岐な様相を呈した。また、それが仏教そのものの縮図であると言ってよいように、相容れないまったく異なった思想を唱える人々が、中観思想という一つの大きな流れの中で、互いに鎬を削りあった。そして、そうした人々の思想を通して、「真実はことばを超えたものである」ということばにされた真実を巡る議論がどのように展開されたか、それを考究する一つの端緒となることが本書の主な目的である。

「真実はことばを超えたものである」ということばにされた真実を通してことばを超えた真実そのものを志向する営みは、「ことばによることばの否定」と言い表わすことができる。中観の思想家たちが、究極的な真実はことばを超えたものであるという共通の認識に立っていたことは、疑う余地のないことである。しかし、「ことばによることばの否定」という、真実に至る方法に関するそれぞれ異なった理解に基づいて、中観論者の間に二つの学派が形成された。後世の人々によって、ひとつは「中観自立派」Svātantrika-Madhyamakaと、もう一つは「中観帰謬派」Prāsaṅgika-Madhyamakaと呼称されたのである。

真実に対するそれら二つの学派によるアプローチは、以下のように捉えることができよう。中観自立派は、真実の特徴である縁起あるいは無常であること、すなわち無自性・空ということを積極的に証明することを通して、ことばを超えた真実そのものに迫ろうとした。一方、中観帰謬派は、その無自性・空であることに関する誤った理解を徹底的に否定することのみを通して、ことばを超えた真実の世界に至ろうとした。換言すれば、中観自立派は無自性・空に関することばによる理解をより精緻に研ぎ澄ましていくことを通して、最終的にことばの世界からの超脱を企図したのであり、中観帰謬派は無自性・空に関する誤った理解をことばによって徹底的に否定し、究極的にはことばに依拠することそのものを、ことばによって滅し尽くすことに努めたのである。

そこにおいて、真実に積極的に関わっていくことをけっして厭わない中観自立派のことばを超えるプロセスは、否定をこととする中観帰謬派のそれと較べて段階的なものであり、長い時間を要する、いわゆる「漸悟」の道である。それとは逆に、中観帰謬派の真実に向かうプロセスは、高次の立場に立って自らはいかなる主張も立てることなく、誤った理解をただ否定することのみを主眼とする故に、ことばからの超脱がより容易に実現される「頓悟」の道である。

中観自立派が選んだ方法は、ことばというものを軽視せず、無自性・空についての理解を積み重ねていくことを重視する点において、文字通り建設的なものであり、そして着実なものと考えられる。しかし、そこにおいては、いかにして最終的にことばによってことばが超えられるのか、その究極の一歩がはたして整合性をもって説明できるかという疑問が残る。

他方、中観帰謬派の道は、たとえそれが究極的な立場からにしても、ことばへの不信が堅固な分だけ中観自立派のそれと較べて神秘主義的な性質を帯びる傾向が強く、ある意味で安易な現実肯定を結果として招く危険性を孕むものであることが認識されていなければならない。もう少し詳しく述べれば、真実が現象世界の多様性を超えたものであることが何よりも強調され、そうした多様な現象世界が区別されることなく一様に否定された結果として、到達された超越的な立場から、以前に否定されたはずの多様な現象世界に、今度はたとえば「空性」という名の下に実体的なものが読み込まれる。単に非実体性を意味するものでしかなかった空性が、そこでは、絶対的な存在とされ、それに基づいて、先に否定されたはずの現象世界すべてがそのままの形で肯定されてしまうという危険性があるのである。

本書では、このような二つのアプローチが内包する問題点を正面に見据えながら、ことばにされた真実を通してことばを超えた真実そのものに至る営みである「ことばによることばの否定」ということを主要なテーマとし、それをツォンカパが紡ぎ出したことばを通して考究していきたい。

それでは、本書の構成と各章の主な議論を前もって簡単に眺めておくことにしよう。

まず、第1章においては、本書の主要なテーマである「ことばによることばの否定」ということが、ナーガールジュナ（Nāgārjuna, 150–250年頃）の著作の中に確認できることが示される。そこでは、特に『廻諍論』*Vigrahavyāvartanī*のいくつかの記述を通して、その基本構造が明らかにされる。そして、第2章から最終の第10章においては、第1章で示された「ことばによることばの否定」の基本構造が、ツォンカパにおいてどのように理解され、展開されたかが、彼の諸々の著作の分析と、彼が依拠するインドの中観論者たちの著作との比較検討を通して論じられる。

第1章「ことばによることばの否定」では、上述のように、本書の主要なテーマである「ことばによることばの否定」ということの構造が、「否定されるべきもの」としてのことばと「否定するもの」としてのことばという枠組みを通して説明される。具体的には、『廻諍論』において中観論者が語る「すべての事物は空である」ということばによって、ことばによって仮構された自性が否定されることが取り上げられるが、そこにおいて、「否定するもの」とは、中観論者の「すべての事物は空である」ということばであり、「否定されるべきもの」とは、ことばによって誤って措定された自性なのである。つまり、中観論者の否定されるべきものは実体的には成立するものではないという理解に基づく、「すべての事物は空である」ということによって示される「ことばによることばの否定」とは、何か実体的な対象を**否定する**という意味の否定ではなく、対象が実体的に存在していないことを**正しく指し示すこと**であるということが明らかにされる。

第2章「否定対象の把握」では、そのような実在しない否定対象について、ツォンカパの思想体系、より正確には彼の構築する中観帰謬派の思想体系において、それがどのように捉えられているかに考察が加えられる。

中道すなわち「非有・非無」ということには様々な理解がある。ツォンカパは、二諦説的表現を用いて、それを「勝義としては無（非有）であるが、世俗としては有（非無）である」と捉えている。そこにおいて重要なのは、けっして肯定されてはならない、勝義として否定される否定対象である実体的存在と、その一方で、安易に否定されるべきではない、いわゆる「言説有」（世俗有）の内容が明確にされなければならないということである。そうした内容が確認された上で、「常見」ならびに「断見」の回避を内容とする中道に関するツォンカパの理解が、この章と次の章において考察の対象とされるのである。

まず第2章においては、特に中道の非有の側面――「勝義において無である」ということを内容とする――、すなわち常見の回避が、中観帰謬派としてのツォンカパの思想においてどのように捉えられているかが説明される。

常見の回避ということは、事物が実体的に存在するという誤った見解を否定することである。そこにおいて否定されるのは誤った見解の基をなす知であるが、より厳密に言えば、その知の対象とされる。さらに、否定されるべきものを誤って設定する知が「無明」であり、それは「我執」とも呼ばれるものである。つまり、「我執」の対象である「我」なるものが否定対象ということである。そして、その「我」は「人我」と「法我」に分けられる。前者を対象とする執着が「人我執」であり、それはまた「我執」とも呼ばれ、自分を含めて人が実体的に存在すると捉えるものである。一方、後者を対象とする執着が「法我執」であり、とりわけ「人我」を構成している部分をそのように存在すると捉えるものが「我所執」である。また、そうした「人我執」と「法我執」にはそれぞれ、後天的な「遍計の我執」と生得的な「倶生の我執」があると理解されている。ツォンカパによれば、人我執と法我執は執着する対象が異なるだけであり、両者は同じように対象を実体的に設定するので、問題となるのは遍計の我執と倶生の我執がどのようなものであるかということである。この章では、そうした我執すなわち無明によって否定対象がどのように実体的に設定されるかについてのツォンカパの理解が検討されるのである。

第3章「正理のはたらき」では、前章で常見の回避が考察されたことを受け、否定対象を否定する「正理」(yukti, rigs ［pa］) すなわち論理に関する考察を通して、ツォンカパがどのように断見を回避しているかが述べられる。

否定対象を否定するものは、一般に正理あるいは「正理知」(rigs shes) と称されるものであるが、そのはたらきを正確に把握することは、ツォンカパの中観思想のあり方だけではなく、他の中観論者それぞれの中観思想のあり方を理解する場合においても不可欠なものである。というのは、その論者において「中」すなわち「非有・非無」ということが何を意味するかは、その正理がいかなる否定対象を否定するかを通して決定されるからである。

中観帰謬派におけるツォンカパ独自の思想的特徴の一つは、二諦説とりわけ世俗の世界に関して彼が行った詳細な分析にあると言えるであろう。チベットにおいて中観帰謬派が全盛であった当時、中観帰謬派を標榜する論者の多くが頓悟的な方法論によって戯論寂滅を目指し、ことばすなわち世俗の世界を軽視する傾向が顕著に現われていた。その中にあって、ツォンカパは真実（般若）に向かう道程（修行すなわち方便）としての世俗の世界が、勝義の世界の論理である正理によって拙速に否定されないように、正理のはたらく領域を限定することに腐心したのであった。

この章では、ツォンカパの思想のそうした側面に光を当て、前述のツォンカパの二諦説に関する解釈の後半の部分、つまり「世俗としては有（非無）である」という理解の形成（断見の回避）において、世俗の世界が正理によって否定されることなく確保されることが、明らかにされるのである。

第4章・第5章「中観論者における主張の有無」では、中観論者とりわけ中観帰謬派において問題となる、「中観論者には、自らの主張が有るか否か」という事柄が扱われる。

一般に、仏教における究極的な境地は無分別知とされ、そこにおいては対象的な認識が成立しないことによって、概念知そしてそれに起因する言語表現のすべてが排除されると理解される。第2章ならびに第3章で取り上げた「非有・非無」の「中」を、「勝義としては有でもなく無でもない」と解釈し、排中律そして矛盾律を無視した形で、論理（ことば）の世界そのものを否定した場合、中観論者には、ことばを連ねたものである主張が成立するはずはない。そして、そのような勝義すなわち真実における離言的な解釈が真実に至る過程、言い換えれば、ことばの世界にまで持ち込まれ、あらゆる言語表現を否定するという理解に、中観論者とりわけ中観帰謬派の多くの人々が従ったと考えられる。

しかし、興味深いことに、そのような理解は、チベット仏教の方向性を決定したいわゆる「サムイェの宗論」（794–795年頃）において敗北し、その後のチベットの仏教史を通して否定的な評価を甘受しなければならなかった中国和尚・摩訶衍（rGya nag Hva shan Mahāyāna）の思想と極めて近似するものである。

その摩訶衍の論争の相手であったカマラシーラ（Kamalaśīla, 740–795年頃）の影響を色濃く受けていたツォンカパは、そのことを十分見抜いており、中観帰謬派でありながらも、中観自立派のように、「中観論者には、自らの主張は有る」という、ことばに関して積極的な態度を前面に出しているのである。そして、そうしたツォンカパの積極的な態度は、中観自立派への方法論的な傾倒の証左と見ることができ、そうした傾向は、第6章以降で考察される「プラサンガ論法」、「対論者に極成する推論」、そして「自立論証批判」の中にも確認することができるのである。

第4章では、まず中観思想の礎を築いたナーガールジュナならびにアーリヤデーヴァ、そして中観帰謬派の代表的人物であるチャンドラキールティの諸々の著作に見出される「中観論者には、自らの主張は無い」という理解の典拠とされる文言を検討し、そこにはいかなる意味においても主張を否定する離言的な態度は確認することができないことが示される。

そして、第5章では、ツォンカパの主著の一つである『菩提道次第論・広本』*Lam rim chen mo* の中に示されている、「中観論者、とりわけ中観帰謬派には自らの主張はまったく無い」ということに関する四つのそれぞれの理解に対するツォンカパの批判を取り上げ、彼の独自な中観帰謬派としての思想が明らかにされる。つまり、言説（世俗）において中観自立派は自らの主張を認め、中観帰謬派はそのような主張を認めないという一般的な判別には収まらない、明確に主張を認める中観帰謬派という第三の立場をツォンカパは形成していることが示される。

中観帰謬派が、諸々の事物が無自性・空であることを明らかにするために採用する方法としては、「プラサンガ論法」と「対論者に極成する推論」がある。第6章「プラサンガ論法」では、まず前者について考察が加えられる。

中観帰謬派には自らの主張が有るというツォンカパの理解は、「中観帰謬派には、それを証明することが有る」ということを含意するものである。具体的に言えば、中観帰謬派には無自性・空という主張を証明することが有るということである。しかし、中観帰謬派は、以前に言及したように、無自性・空ということに関する誤った理解をただ否定することによってのみ真実に至ることができると、通常は考えるのであり、その際に採用される方法の一つが中観帰謬派（Prāsaṅgika-Madhyamaka）という名称の由来でもあるプラサンガ論法なのである。

したがって、上記のように、自らの主張が有る、すなわちその主張を証明することが有るとするツォンカパにおいては、当然そのプラサンガ論法のはたらきが、自らの主張をまったく認めないとする通常の中観帰謬派におけるそれとは異なったものとなるのであり、そのことを明らかにすることがこの章の最も重要な論点となる。

そして、それと同じことが、中観帰謬派が諸々の事物が無自性・空であることを理解するために採用するもう一つの方法である、「対論者に極成する推論」（paraprasiddha-anumāna）についてのツォンカパの理解に関しても当てはまるのである。

第７章「対論者に極成する推論」では、中観帰謬派には明確に主張が有るとし、その主張を証明することが有るとするツォンカパの積極的な態度が、「対論者に極成する推論」に関する彼の理解にどのように反映されているかについて考察が巡らされる。

ともかく、「プラサンガ論法」と「対論者に極成する推論」に関するツォンカパ独自の理解の中に、主張や推論すなわち論証を重視する中観自立派的な態度が少なからず現われていると捉えることができるのであるが、さらに、同じ傾向が、ツォンカパによる「自立論証批判」の中にも、明確に確認することができるのである。

「プラサンガ論法」と「対論者に極成する推論」は、中観帰謬派が諸々の事物が無自性・空であることを明らかにするために採用した方法である反面、「自立論証」については、上記の意図では中観帰謬派がけっして認めない方法である。つまり、前者二つの正当性を確立することと後者を批判することは相互に補完的な関係にあるものと言うことができる。したがって、「プラサンガ論法」と「対論者に極成する推論」に関するツォンカパの理解の中に確認されたその独自性は、彼の「自立論証批判」にも何らかの形で見られるはずである。そうした観点から考察が加えられるのが、第8章〜第10章「自立論証批判」である。

第8章では、まずチャンドラキィールティが『プラサンナパダー』で示したバァーヴィヴェーカの自立論証に対する批判が扱われる。そもそも「自立論証批判」というのは、ブッダパーリタをバァーヴィヴェーカが批判したことを受け、チャンドラキールティが前者の弁明と後者への批判を行ったという経緯で展開されたものである。ただし、そこに見られる対立は、後代において語られるような中観論者内部の二つの学派間の対立という意味合いではなく、あくまでバァーヴィヴェーカに対するチャンドラキールティの批判と見なければならない。そこでは、無自性論者（空論者）が実体論者（非空論者）に対して諸々の事物が無自性・空であることを明らかにするという枠組みの中で、前者に属するバァーヴィヴェーカの方法論が有効なものとして機能しえないことが明らかにされる。この章では、チャンドラキールティが提示した議論が分析され、「自立論証批判」の問題の所在が示される。

そして、それを下敷きにして、ツォンカパがもとの「自立論証批判」の議論をどのように展開させたかを検討するのが、次に続く第9章ならびに第10章である。

両章で示されるツォンカパの「自立論証批判」は、自らが属する中観帰謬派が中観自立派よりも優れていることをできるだけ明らかにすることを意図するものであり、そこでは中観の二つの学派の明確な分岐が前提となっていることが特徴のひとつであり、『プラサンナパダー』の議論に比べて認識論的な観点が鮮明になっているということがもう一つの特徴である。そして、ツォンカパの「自立論証批判」において最も重要な役割を果たしているのは、「自相によって成立するもの」（rang gi mtshan nyid kyis grub pa）という概念である。これは、ツォンカパによって、中観自立派が言説（世俗）において認めるとされるものであり、中観帰謬派にとっては勝義的（実体的）存在であり、それを言説（世俗）としてさえも認めることはないとされるのである。ツォンカパはこの「自立論証批判」を通して、バァーヴィヴェーカや中観自立派がそうした実体的な存在と理解される「自相によって成立するもの」を認めたという設定の下で、彼らを実体論者として位置づけ、一方で中観帰謬派こそが真の中観論者（非実体論者あるいは無自性論者）であることを、明らかにしていくのである。

まず第9章では、ツォンカパが『菩提道次第論・広本』で提示した「自立論証批判」が検討される。そこには、大きく分けて二種類の議論が確認される。ひとつは、もとの『プラサンナパダー』の議論に忠実に沿ったものであり、もう一つはツォンカパが上記の意図の下で自ら構築したものである。その議論は、「バァーヴィヴェーカは中観自立派の代表的な人物であるが、もし彼が真の中観論者、すなわち中観帰謬派の立場にあるとすれば、自立論証を採用することはできない」ということを内容とするものである。

第10章で検討されるのは、ツォンカパが『善説心髄』*Legs bshad snying po* において提示した「自立論証批判」の解釈である。ここにおいてもいくつかの議論が設定されているが、そのなかでも最も重要な議論は、「中観自立派であるバァーヴィヴェーカは、自立論証を採用することができない」というものであり、中観自立派としてのバァーヴィヴェーカを前面に出し、批判を加えているのである。ここで展開される議論は、『菩提道次第論・広本』で提示された議論と比べて、中観帰謬派が中観自立派よりも優れていることを明らかにしようという意図をより明確に表現するものではあるが、もとの『プラサンナパダー』の議論からはより隔たったものとなっていると理解されるのである。

以上が本書の主な内容である。

〈註記〉

（1） 本書においては、ツォンカパの伝記については言及しない。ツォンカパの伝記についての研究は非常に多いが、以下の文献が参考となる。Obermiller［1934-35］；長尾［1954］，pp. 35-70；Kaschewsky［1971］；Thurman［1982］；ツルティム［1986］，［1991］；Tauscher［1995］；pp. 24-35；Wang［2002］.

第1章　ことばによることばの否定

I

序論でも述べたように、本書のテーマである、ことばにされた真実を通してことばを超えた真実そのものに至る「ことばによることばの否定」という営みは、「否定するもの」としてのことばと、「否定されるべきもの」（「否定対象」のことであるが、本章では「否定されるべきもの」と表現する）としてのことばの存在を前提とする。本章では、まず最初に中観論者によるその営みにおける「否定されるべきもの」としてのことばの世界の構造について述べることにしよう。

『大乗起信論』では、周知のように「離言真如」と「依言真如」という二種類の「真如」すなわち「真実」について言及されている。「離言真如」とは「ことばを超えた真実」のことであり、「依言真如」とは、そのことばを超えた真実の特徴、すなわち「ことばにされた真実」のことである。そして、その「依言真如」に基づいて「離言真如」に至るプロセスが、以下のように述べられている。

〔1〕「真如」というものは、また〔何らかの〕相を有するものではない。〔「真如」ということばは、〕言語表現の究極なるもので、〔すなわち「真如」という言語表現は、〕ことばによってことばを否定すること（因言遣言）を表わすものである。(1)

ここにおいて、「真如」ということばが「依言真如」であり、その「真如」ということばに拠って、ことばを超えた真実である「離言真如」に至るプロセスが、「言に因りて言を遣る」ということ、つまり「ことばによることばの否定」ということなのである。

この箇所について、平川彰博士は以下のような解説を加えている。

〔2〕真如という言葉が真如の事実を示すものではない。むしろ真如という言葉で限定することによって、真如という全体的な真理から離れてしまう

> 矛盾を含んでいる。しかし言葉を用いないでは、真理を相手に伝えることはできない。故に真如という名を用いるのは、言語の極まるところ、言語によって言語を捨てる意味をもっているのである。ちょうど騒がしい時、「静かにせよ」と言葉を吐くのは、それだけ騒がしさを加えることになるが、しかしこれをいわねば騒がしさはやまない。これと同様に、真如という言葉は、これ以上の普遍者を示す言葉がないので、言葉の極まる最後の言葉であるという意味である。(2)(下線筆者)

平川博士は、ここで「静かにせよ」ということばを発する例を用い、下線部にもあるように、そこに自己矛盾という問題があることを認めた上で、「言に因りて言を遣る」ということの意味を明解に説明している。そして、上に掲げた同博士の理解は、「言に因りて言を遣る」というこの一節に関する限り、妥当なものと考えられる。

ところで、ナーガールジュナは、『廻諍論』*Vigrahavyāvartanī*（略号, VV；ただし、以下においては『廻諍論』と言った場合には、『廻諍論』に対するナーガールジュナによる自註を示す場合もある）において中観論者の「すべての事物は空である」（śūnyāḥ sarvabhāvā iti）という命題のもと、ことばによってすべての事物に自性が有ることを否定する、すなわちすべての事物が空であることを示す議論を展開させているが、それは中観論者による「ことばによることばの否定」という営みの特徴を端的に示しているものと考えられる。そこで注目すべきことは、『廻諍論』のその議論においても、先の『大乗起信論』の一節を説明するために平川博士によって用いられた、「静かにせよ」（『廻諍論』においては「声を出すな」となっている）ということばを発する例に言及されているということである。ただし、ここで留意しなければならないのは、それが中観論者による「ことばによることばの否定」という営みを肯定的に例証するためではなく、反対に中観論者のその営みを否定するために対論者によって持ち出されているということである。つまり、ナーガールジュナは『大乗起信論』に述べられているのとは反対の意味で、「ことばによることばの否定」ということを捉えていたと考えられる。

では、ナーガールジュナが捉えていた「ことばによることばの否定」とは、いかなるものだったのであろうか。次節においては、そのことを見てみることにしよう。

II

ナーガールジュナにとっての「ことばによることばの否定」を論じるに当たって、まずはじめに「すべての事物は空である」ということばによるすべての事物に自性が有ることの否定が、なぜ「ことばによることばの否定」と見なされるかについて説明を加えておかなければならない。

「すべての事物は空である」ということばによってすべての事物における自性が否定されることにおいて、「否定するもの」は「すべての事物は空である」ということばであり、「否定されるべきもの」はすべての事物に有るとされる自性である。そこで、まず問題となるのが、このすべての事物に有るとされる自性がどうしてことばと理解されるかということである。なぜならば、「否定されるべきもの」である自性がことばと関連づけられない限り、「すべての事物が空である」ということばによる自性の否定を、「ことばによることばの否定」と見なすことはできないからである。

そこで想起されるのが、『根本中論』*Mūlamadhyamaka-kārikā*（略号, MMk）第18章の第5偈を巡る一連の議論である(3)。そこにおいては、事物の自性というのは、まさに分別あるいはことばに基づいて構想されたものであるということが明らかにされている。言い換えれば、「否定されるべきもの」である事物の自性の本質はことばにある、つまりそれはことばによって成立するものと見なされているのである。たとえば梶山雄一博士が、この『廻諍論』の当該の議論における対論者と考えられる実体論者が説く自性(svabhāva)を、ことばの世界にしか存在しないものと捉えているように(4)、それはまさにことばそのものと捉えることができるのである。

そのような「否定されるべきもの」である事物の自性の本質であるとされることばについては、さらに踏み込んで言及しなければならないが、それは本章の後半部分で述べることとし、とりあえず、ここでは「すべての事物は空である」ということばによって「否定されるべきもの」すなわち、すべての事物に有るとされる自性がことばと理解でき、したがってその営みが「ことばによることばの否定」と理解できるということを記しておくに留めておきたい。

「すべての事物は空である」ということばによって自性を否定する『廻諍論』の議論においては、「否定するもの」と「否定されるべきもの」のあり方が重要な意味を有するのであるが、まず「否定するもの」のあり方から、考察していくことにしよう。

『廻諍論』の当該箇所において対論者として想定されているのは、上述のように、不空論者すなわち実体論者である。そして、その実体論者は、「すべての事物は空である」という中観論者のことばが空であるのか、あるいは空でないのかという直接的に矛盾する選言肢を設定し、そのいずれもが誤った結論に帰結することを指摘して、「すべての事物は空である」ということ自体を否定しようとする。

まず、対論者による第一の批判である「すべての事物は空である」という中観論者のことばが空であることについての議論に入る前に、以下に展開される一連の議論において重要な前提となる、実体論者・中観論者双方の立場について、簡単に触れておくことにしよう。

実体論者は、事物が有であるならばそれは自性によって成立し、逆にそれが自性によって成立しないならば無であると理解する。そして、彼らは有であるものすなわち自性によって成立するものだけが、実際に作用（はたらき）を有するものと考えているのである。一方、中観論者は、無自性（縁起生）なものだけが作用を有すると説く。そして、このことは、存在するものであればそれは無自性なものであり、自性を有するものはいっさい存在しないと中観論者が捉えていることに基づくものと考えられる。

そのような両者の立場を対比させて図示すると、以下（次頁の図表Ｉ）のようになる。

図表Ⅰ
《実体論者と中観論者における存在性と作用の理解》

対論者である実体論者の立場	(1) 事物が有であれば、それは必ず自性によって成立する。事物が自性によって成立しなければ、それは無である。 (2) 有であるものすなわち自性によって成立するものだけが、作用を有する。
中観論者の立場	(1) 存在するものであれば、それは無自性（縁起生）なものであり、自性を有するものは存在しない。 (2) 無自性であるものだけが、作用を有する。

つまり、空なるものは自性によって成立しないものであるから、実体論者にとっては空なるものは無に他ならないのである。したがって、彼らの第一の批判とは、中観論者の空なることばは、たとえば存在しない火がいかなるものも焼くことができないのと同様に、何ものかを否定するという作用をもたない、つまりそれは何ものをも否定しえないということになる(5)。

第二の批判は、第一の批判を回避するために、そのことばは空でないと中観論者が主張するという想定に基づくものである。つまり、もし中観論者の「すべての事物は空である」ということばが空でないならば、少なくとも中観論者のそのことばは空ではないのであるから、そこにおける矛盾——原文では「不一致性」(vaiṣamikatva) となっている——を、中観論者は納得のいく形で説明すべきであるということが、その批判の主旨である(6)。

それに対して、中観論者は「すべての事物は空である」ということばは空であるからこそ事物における自性を否定しうることを示すことによって、上記の二つの批判を回避していくのであるが、その経緯は以下のように述べられている。

〔3〕このように、私（中観論者）のことばも縁起するものであることから無自性であり、無自性であることによって空であるということは適切なのである。そして、たとえば縁起するものであることによって、自性に関して空であっても、車・布・瓶などは、木・草・土を運搬すること、蜂蜜・水・果汁を容れること、寒さ・風・日光から保護することなどのそれぞれ自らのはたらきをなすのである。それと同様に、この私のことばも縁起するものであるから無自性であり、諸々の事物の無自性であるこ

とを明確に示すことができるのである。そして、そこにおいては、それ（中観論者の「すべての事物は空である」ということば）は空性であるからといって、「汝（中観論者）のことばは、無自性であるから空性である。それによって、すべての事物の自性を否定することは適当ではない」と語られたことそれは〔適当では〕ないのである。（山口［1929］, pp. 24–25；K. Bhattacharya［1978］, pp. 17–18；梶山［1974］, p. 152）(7)

このように、「否定するもの」としての中観論者のことばが無自性・空であることが示されているのであるが、次に「否定するもの」ばかりでなく「否定されるべきもの」もまた無自性・空であるからこそ「否定」が成り立つことが、以下のように述べられている。

〔4〕　化作された人が化作された他の人〔が何かを行おうとするのを〕妨げ、〔幻術師が自らの幻術によって作り出した〕幻の人が、〔その幻術師が〕自らの幻術によって作り出した〔他の幻の〕人〔が何かを行おうとするの〕を妨げる。それと同様に、この〔中観論者による自性の〕否定もまさにそれと同様なのである。（第23偈）

たとえば、この化作された人が他の化作された人が何かを行おうとしているのを否定する。あるいは、幻術師によって作り出された幻の人が、〔その幻術師が〕自らの幻術によって作り出した他の幻の人が何かを行おうとするのを否定する。そこにおいては、否定される化作された人も空であり、否定する〔化作された人〕もまた空である。〔また、〕否定される〔幻術によって作り出された〕幻の人も空であり、〔幻術によって作り出された〕否定する人もまた空なのである。

まさにそれと同様に、私の空であることばによっても、〔実際は空である〕すべての事物の自性が否定されることは適当なのである。そこにおいては、汝（実体論者）によって語られた「〔汝（中観論者）のことばも〕空性であるから、汝のことばがすべての事物の自性を否定することは不適当である」というそれは〔適当では〕ないのである。（山口［1929］, pp. 25–26；K. Bhattacharya［1978］, pp. 18–19；梶山［1974］, pp. 152–153）(8)

このように、中観論者の「すべての事物は空である」ということば、すなわち「否定するもの」も空であり、それによって否定されるもの、すなわち「否定されるべきもの」も空であると説かれているのであるが、それについては、以下のような反論が想定されている。つまり、そのように空である「否定するもの」によって否定される「否定されるべきもの」も空であるならば、その結果、空なるものが否定されることになり、不空なるものが定立されることになるのではないかというのである。そのことを喩えるために対論者によって持ち出されてくるのが、冒頭に触れた『大乗起信論』の一節に関して平川博士が用いられた「静かにせよ」と同じ趣旨の「声を出すな」という喩例なのであるが、それに対して示されるのが以下の記述である。

〔5〕　汝（実体論者）によって提示された「声を出すな」というこれは〔空なることばによって自性を否定することの〕喩例ではない。声による声の禁止は、それ（中観論者による自性の否定）とはけっして同じではない。（第25偈）

〔中観論者：〕これ（対論者の「声を出すな」という喩例）は、我々（中観論者）にとって〔空なることばによって自性を否定することの〕喩例ではない。たとえば、ある人が「声を出すな」と語り、まさに声を出して、声を否定する。それと同様には、この空であることばが空性を否定するのではない。

〔対論者：それは、〕なぜなのか。

〔中観論者：〕この喩例においては、声によって声の禁止がなされている。しかし、これ（対論者の提示した「声を出すな」という喩例）は、それ（中観論者による自性の否定）とけっして同じではない。〔なぜならば、〕「すべての事物は無自性である。そして、〔それらは〕無自性であるから空である」と、我々は語っている〔から〕である。

〔対論者：それは、〕なぜなのか。

〔中観論者：〕

なぜならば、もし諸々の無自性なものによって、まさに諸々の無自性なものの排除があるならば、無自性なものの否定に基づいて、ま

さに自性なるものが成立することとなる。(第26偈)

たとえば、「声を出すな」という声によって声の禁止がなされている。それと同様に、もし無自性なることばによって諸々の無自性なる事物(事物が無自性であること)の排除がなされるならば、それによってこの〔「声を出すな」という〕喩例は、〔我々の「すべての事物は空である」という主張を否定するものとして〕適当となろう。しかし、ここにおいて無自性であることばによって諸々の事物の無自性〔であること〕の否定がなされるならば、まさに〔その否定が〕無自性であることの否定であることによって、諸々の事物は有自性であることとなる。そして、〔それらの事物は〕有自性であることによって不空であることとなる。しかし、我々は諸々の事物の空性を主張しており、〔それらの事物の〕不空性を〔主張しているのでは〕ない。

したがって、これ(対論者の「声を出すな」という喩例)は、〔我々が空なることばによって自性を否定することの〕喩例ではけっしてないのである。(山口［1929］, pp. 28–29；K. Bhattacharya［1978］, p. 20；梶山［1974］, pp. 154–155)(9)

ここでは、中観論者は諸々の事物の空性を主張する立場から、対論者の「声を出すな」という喩例による批判は適切でないことを説いているのである。もし「声を出すな」と言って、声によって声を否定するのと同様に、中観論者が事物の自性を否定するのであれば、彼らの「すべての事物は空である」という空なることばは事物が空であることを否定することとなり、事物が不空すなわち有自性であることを定立してしまうこととなる。しかし、中観論者は、そのように事物の不空であることすなわち有自性を主張しているのではないのである。したがって、「声を出すな」というのは、中観論者が事物の自性を否定することの喩例としてふさわしいものではないのである。

そこで、ナーガールジュナは、以下に示すように、中観論者の否定における「否定されるべきもの」の微妙なあり方を正確に示すことによって、その否定の構造を明らかにしているのである。

〔6〕　あるいはまた、たとえばある人の、化作された女性を〔実在の〕女

> 性とする〔誤った〕執着を、化作された人が排除したとする。それと同様に、その場合（中観論者が自性を否定する場合）もそれは同じなのである。（第 27 偈）
>
> あるいはまた、たとえばある人に、化作された女性に対して「〔その女性は〕本当に〔存在する〕女性である」というこの〔誤った〕執着があったとする。〔そして、〕そのようにそれ（化作された女性）に対するその〔誤った〕執着によって、〔ある人が〕欲望を生じたとする。如来あるいは如来の弟子によって化作された者が作り出され、如来の神通力によってあるいは如来の弟子の神通力によって、それ（如来あるいは如来の弟子によって化作された者）がそれ（執着を有する人）のその〔誤った〕欲望を排除したとする。まさにそれと同様に、〔その〕化作された人に等しく、空である私（中観論者）のことばによって、化作された女性に似た無自性であるすべての事物に対するこの自性の執着が排除されるのである。
>
> それ故に、ここにおいてはこの喩例が空性を明らかにすることについては適当なのであるが、その他（「声を出すな」という喩例）は、〔適当〕ではないのである。（山口［1929］, pp. 29–30；K. Bhattacharya［1978］, p. 21；梶山［1974］, pp. 155–156）[10]

ここでは、たとえば如来や如来の弟子によって「化作された人」が「否定するもの」であり、「化作された女性」が実在すると誤って措定された女性に対する欲望が「否定されるべきもの」と理解されるのであるが、その構造を、自性を否定する議論に当てはめて示すと、次のようになる。中観論者の「すべての事物は空である」という空なることばが「否定するもの」であり、事物に対する誤って措定された自性すなわち空でないものを対象とする執着が「否定されるべきもの」となる。ここにおいて、「否定されるべきもの」としては、事物に対して誤って措定された自性すなわち空でないものに対する執着が挙げられているが、その執着の対象である自性あるいはそれを誤って措定した知をもまた「否定されるべきもの」として理解することができると考えられるのである。

そこで､そうした執着の対象であり誤って措定されたものである自性を｢否定されるべきもの｣とした場合､中観論者の語る「すべての事物は空である」という空なることばによって「否定されるべきもの」とは、実際は空であるけれども空でないもの（有自性）と誤って措定されたものであると言うことができるであろう。そして、そのように誤って措定されたものである自性は、前述のように、実際には存在せず、ことばによって措定されたものでしかないのであり、中観論者の語る「すべての事物は空である」という空なることばは、そのことを示すだけなのである。

このような構造を有する中観論者の「すべての事物は空である」ということばによる否定と､「声を出すな」という声による否定を比較すると、以下のようになる。

図表Ⅱ

	否定するもの	否定されるべきもの
「声を出すな」という声による否定	声	声
「すべての事物は空である」ということばによる否定	「すべての事物は空である」という空なることば	実際は空であるけれども、空でないものと誤って措定されたもの

ここで非常に重要と思われるのは、ナーガールジュナが、批判を回避するために､「否定されるべきもの」に空である側面と空ではないものと誤って措定される側面を巧妙に織り込んでいることである。そして、この「実際は空であるけれども、空でないものと誤って措定されたもの」という「否定されるべきもの」のあり方こそが、中観論者による「ことばによることばの否定」を理解する上で重要な意味を有するものなのである。以下においては、そのことに視点を移して、さらに検討を加えてみることにしよう。

Ⅲ

すでに示したように（図表Ⅰ参照)､『廻諍論』の当該箇所における対論者

は実体論者であり、彼らは空なるものを無と理解するのであった。したがって、中観論者が言うように、「否定されるべきもの」が無自性・空であるならば、実体論者にとってそれは存在しないものすなわち無を意味するものなのであった。そこで当然予想されるのが、対論者からの以下のような反駁である。

〔7〕　「家に瓶は無い」というこの否定は、存在するものにとってのみあるのである。したがって、汝（中観論者）にとって、このすべて（中観論者による否定のすべて）は存在する自性にとってのみ見られるのである。（第11偈）

そして、ここにおいて存在するものにとって〔のみそれ（瓶）の〕否定は〔あるのであり、〕存在しないものにとって〔その否定は〕ないのである。たとえば「家に瓶は無い」というのは、存在する瓶にとって〔のみその〕否定がなされるのであって、存在しない〔瓶にとってなされるのでは〕ない。まさにこれと同様に、「諸々の存在の自性は無い」というのは、存在する自性にとって〔のみその〕否定が得られるのであり、存在しない〔自性にとってその否定が得られるのでは〕ない。そこにおいて、「すべての事物は無自性（空）である」と語られたこと、それは〔適当では〕ないのである。まさに〔そのように〕否定がありうることにより、すべての事物の自性は否定されないのである。

さらにまた、〔以下のように対論者は語る。〕

また、もしその自性がまったく無いならば、〔「すべての事物は無自性である」という〕汝（中観論者）のことばによって、〔汝は一体〕何を否定するのか。なぜならば、〔汝の〕ことばがなくても、存在しないものの否定（無いこと）は成立する〔からである〕。（第12偈）

また、もしその自性がまったく無いならば、「すべての事物は無自性である」というこのことばによって、貴方（中観論者）は〔一体〕何を否定するのであろうか。なぜならば、〔その〕ことばがなくても存在しないものの否定（無いこと）は成立するのである。たとえば、〔それは〕火の冷たさや水の熱さ〔の否定（無いこと）がことばがなくても成立するのと〕同様である。（山口［1929］, pp. 17–18；K. Bhattacharya［1978］, pp. 12–13；梶山［1974］, pp. 145–146）[11]

ここでは、対論者からの二つの反駁が想定されている。第一の反駁は、次のようなものである。対論者すなわち実体論者にとって否定というものが何らかの形で成立するならば、「否定されるべきもの」が存在することが前提とされる。そして、すでに述べたように（図表Ⅰ参照）、実体論者にとって、事物が存在するならば、それが自性によって存在しなければならないのであるから、「否定されるべきもの」が存在するということは、それが自性によって成立することを意味するのであり、それは明らかに中観論者が提示する「すべての事物は空である」ということと抵触するものである。

それとは逆に、そのような「否定されるべきもの」が無いならば、否定することそのものが成立しないのである。つまり、否定するまでもなく「否定されるべきもの」の否定、すなわち、それが無いことが成立しているということになる。これが第二の反駁である。

これらの反駁に対してナーガールジュナが提示した答えは、大変興味深いものである。つまり、中観論者の「すべての事物は空である」ということばによる自性の否定は、以下に示すように、実際には否定ではないというのである。

〔8〕　私（中観論者）は何ものをも否定しないのである。また、否定されるべきものは何もないのである。したがって、「汝（中観論者）は、〔事物における自性を〕否定する」というこの誤った理解が、汝（実体論者）によってなされたのである。（第63偈）

もし私（中観論者）が何かを否定するならば、それに基づいて汝（実体論者）によってそれ（中観論者への批判）を語ることも実に正しいこととなろう。しかし、〔私には〕いかなる「否定されるべきもの」も〔実体的には存在し〕ないのである。したがって、私は〔実体的には〕まったく何ものも否定しないのである。それ故に、すべての事物は空なのであり、そして「否定されるべきもの」も「否定するもの」も〔実体的には〕存在しないのである。したがって、「汝（中観論者）は〔事物における自性を〕否定する」と示されたこの誤った理解が、汝（実体論者）によってなされたのである。（山口［1929］, p. 54；K. Bhattacharya［1978］, p. 41；梶山［1974］, pp. 177–178）(12)（強調点筆者）

ここにおいてナーガールジュナは、否定されるべきものが空すなわち無自性であるという意味において無であるとする。それは、あるものが自性によって成立する実体的なものとして存在するならば、それは否定されえないはずであるという理解に基づくものと考えられる。そして、そのように実体的に否定されるべきものが存在しないのであるから、実体的に否定することもないということなのである。つまり、中観論者が自性を排除する行為そのものが実体論者が唱えるような実体的な意味としての「否定」ではないという議論をここで提示しているのである。

ともかく、そのように中観論者の自性を否定する行為が実体的な意味での否定ではないということは、「否定されるべきもの」が実体的には存在しなくとも、非実体的には存在することを示すものであるから、その意味においては、確かに対論者による「否定されるべきものが実体的に存在しなければならない」という第一の反駁は有効性を失うことになるであろう。しかし、対論者である実体論者にとって「否定されるべきもの」が実体的なものではない、すなわち自性によって成立しないということは、それが無であることを意味するのである。したがって、その意味においては、対論者による第二の反駁は有効性を失っていないこととなる。では、その第二の反駁をナーガールジュナはどのように捉えているのであろうか。

中観論者の「すべての事物は空である」というのが否定でないとすれば、そこにおいては当然、次のような疑問が浮上してくる。つまり、「すべての事物は空である」というのが否定でないならば、中観論者はそのことばによって一体何を企図しているのであろうか、と。それについての明確な答えとして示されているのが、以下の記述である。

〔9〕　〔汝（対論者）が指摘するように、〕ことばがなくても存在しないものの否定（無いこと）は成立する。〔しかし、〕これに対して〔我々（中観論者）の〕ことばは「〔事物に自性が〕存在しない」と知らせ

> るのであって、それ（存在するもの〔＝事物における自性〕）を否定するのではない。（第64偈）
>
> 〈中　略〉
>
> これに対して、我々（中観論者）は〔以下のように〕語る。「すべての事物は無自性である」というこのことばは、すべての〔自性を有する〕事物を無自性にするのではない。そうではなく、〔諸々の事物に〕自性が無い時に、〔それらの〕諸々の事物が無自性であると知らしめるのである。たとえば、デーヴァダッタが家に居ない時に、ある人が「デーヴァダッタは家に居る」と言ったとする。それに対して、ある人が「〔デーヴァダッタは家に〕居ない」と言ったとする。そのことばはデーヴァダッタを非存在にするのではなく、ただ家におけるデーヴァダッタの非存在を知らしめるだけなのである。そして、それと同様に「諸々の事物の自性は無い」というこのことばも、諸々の事物を無自性にするのではなく、すべての事物における自性の非存在を知らしめる〔だけな〕のである。それに対して「自性が無い時に、『自性は無い』というそのことばによって何をなすのか。ことばが存在しなくとも、自性の非存在は成立する」と、汝（対論者）が語ることそれは正しくないのである。（山口［1929］，p. 54；K. Bhattacharya［1978］，p. 42；梶山［1974］，pp. 178–179）[13]

この引用を正しく理解するためには、以下の二点が重要となる。第一の点は、ここにおける中観論者による「否定」とは、対論者である実体論者が認める「有るもの」すなわち「自性によって成立するもの」を**無化することである**と、その対論者によって理解されているということである。第二の点は、その対論者が実体論者であり、すでに述べたように（図表Ⅰ参照）、彼らにとって無自性・空なるものとは「無」を意味するということである。

これらの二点に留意するならば、対論者よりの第二の反駁は、以下のように理解されるのである。中観論者は「すべての事物は空である」と主張するのであるから、中観論者にとってすべては無であるはずであると対論者である実体論者は捉えることになる。つまり、そこにおいては「否定されるべきもの」である事物における自性はまったく存在しないものと捉えられるということである。もしそうであれば、確かに対論者が指摘するように、「すべての事物は空である」ということばによって無化されるまでもなく、それが存在しないことは成立しているはずである。したがって、中観論者の「すべての事物は空である」ということばによる否定は無意義となる。

そして、それに対するナーガールジュナの回答は、次のようなものと理解しなければならない。

「デーヴァダッタは家に居ない」ということばは、家に居るデーヴァダッタを上に述べたような意味で否定するものではなく、デーヴァダッタは家に居ないにもかかわらず、「デーヴァダッタが家に居る」と誤って理解している人に、デーヴァダッタが家に居ないことを正しく理解させるものである。それと同様に、中観論者は、「すべての事物は空である」ということばによって、実際に有る事物、より厳密には事物に有る自性を否定すなわち無化するのではなく、対論者である実体論者が事物において誤って措定した自性が無いことを、彼らに正しく理解させるのである。言い換えれば、中観論者は、そのことばによって、「実際は空であるにもかかわらず、空でないと誤って措定されたもの」という、「否定されるべきもの」の正しいあり方を対論者に理解させるのである。

ところで、ナーガールジュナの『根本中論』に対する註釈者としても有名なチャンドラキィールティは『入中論』*Madhyamakāvatāra*（略号，MA；ただし、以下においては『入中論』と言った場合には、『入中論』に対するチャンドラキィールティによる自註を示す場合もある）において、そのように中観論者によって「否定されるべきもの」が誤って措定されたもの、すなわち実際には無いものであることから、「否定すること」そのものが実際にはありえないという趣旨を、以下に示すように、眼病者が誤って見る毛髪の喩例を用いて明確に表現している。

〔10〕　眼病によって、毛髪などの誤った〔自〕体が構想される。その同じものが本来清らかな眼によって見られるもの〔である〕。〔つまり、〕その同じものが真如（de bzhin）である。このように、ここにおい

て知られるべきである。(第29偈)

眼影を有する人（眼病者）は、〔その〕眼影（眼病）〔の影響〕によって自分の手の中に〔有る〕一角獣（サイ）などの〔骨あるいは角でできた〕器の中に毛髪などが垂れ下がって動くのを見て、〔そして〕それ（毛髪など）を取り除こうとして、その器を何度も何度もひっくり返してみる。〔一方、〕眼影を有さない人（非眼病者）は、〔眼病者がそうする〕のを知って、「彼は〔一体〕何をしているのか」と考え、その近くに赴くが、その毛髪〔など〕の対境に眼をやってもそれらの毛髪〔など〕の姿・形を把握しない（確認できない）のである。

〈中　略〉

また、眼病者が非眼病者に「毛髪などが見える」と自らの考えを説くと、〔その非眼病者は〕その〔誤った〕分別（理解）を取り除こうとして、眼病者の知覚の側に立って、「ここには毛髪〔など〕が無い」と否定に専念することばを語りかける。しかし、この話者（非眼病者）においてはそれ（毛髪など）を損減することはないのである。

毛髪〔など〕の真実（真の姿、本質）とは、非眼病者が見るそれであって、〔それ〕以外〔のもの〕ではない。(La Vallée Poussin［1910］, pp. 305-306；小川［1976a］, pp. 101-102)(14)（下線筆者）

ここでは、下線を付した箇所に注目する必要がある。実際に無いものを誤って有ると見なす「増益」(samāropa) ということとは逆に、「損減」(apavāda) というのは、実際に有るものを誤って無いと見なすこと、すなわち無化することである。チャンドラキィールティは、先に中観論者の自性の否定が実際は否定ではないすなわち無化ではないとされたことを、この「損減」という表現を用いてより的確に述べていると考えられる。この引用における眼病者は実体論者に、非眼病者は中観論者に、そして器の中に動いて見える毛髪などは誤って措定された「否定されるべきもの」である事物における自性に、それぞれ比定される。つまり、非眼病者が眼病者によって誤って知覚された毛髪などを無いと語ることが損減でないのと同様に、中観論者が実体論者によって誤って措定された事物における自性を無いと語ることも実は否定ではないということなのである。

「中観論者による自性の否定は、実際は否定ではない」という議論については、第４章ならびに第５章「中観論者における主張の有・無」において詳しく述べるので、ここではこれ以上議論を展開しないこととし、ともかく、中観論者の「すべての事物は空である」ということばによって事物における自性は無いとされる本題と、先のデーヴァダッタの喩例、そしてこの眼病者の喩例の要点を比較すると以下のようになる。

図表Ⅲ

	本　　題	デーヴァダッタの喩例	眼病者の喩例
立 論 者	中観論者	「デーヴァダッタが家に居ない」と正しく理解している人	非眼病者
対 論 者	実体論者	デーヴァダッタが実際に家に居ないにもかかわらず、「デーヴァダッタが家に居る」と誤って理解している人	眼 病 者
誤って措定された「否定されるべきもの」	事物において誤って措定された自性	実際に家に居ないにもかかわらず、誤って家に居ると理解されたデーヴァダッタ	眼病の影響で器の中に誤って見える毛髪など

そして、この図式こそが、中観論者による「ことばによることばの否定」という営みの構造を的確に示すものなのである。つまり、そこにおける「否定されるべきもの」は、実際には空であるけれども、空でないものすなわち実体的なものとことばによって誤って措定されたものであり、それが「否定するもの」である空なることばによって否定されるということなのである。ただし、そこにおける「否定」というのはけっして実体的な存在を前提にした「損減」としての否定ではないのである。つまり、それは無自性なことばによって事物における自性が無いこと（無自性）を正しく示すことなのである。そして、そのように理解される「ことばによることばの否定」という営みは、「声を出すな」ということにおいて声が声を否定するような自己矛盾を含んでいるものではけっしてないのである。

以上によって、本書のテーマである「ことばによることばの否定」ということの大きな枠組みが説明できたと思うが、次章以降においては、この営みの具体的な内容について考察を加えていくことにする。

〈註記〉

（1） 言真如者亦無相、謂言説之極、因言遣言。（『大乗起信論』：『大正』第32巻，p. 576上）

（2） 平川［1980］，pp. 77-78.

（3） karmakleśakṣayān mokṣaḥ karmakleśā vikalpataḥ/
te prapañcāt prapañcas tu śūnyatāyāṃ nirudhyate//（MMk. XVIII-5, p. 24）

（4） ……龍樹はこのように、自立的であり、恒常不変——ただ永続するというだけではなく、永続すると同時に絶対に変化しない、——であり、複合的なものでなく単一なものであるという、この三つの性質によってスヴァバーヴァ（実体）ということを規定するわけです。ところが龍樹のいうところによると、こういうものはことばの世界にしか存在しないということなのです。……（梶山［1983］，p. 32）

（5） sarveṣāṃ bhāvānāṃ sarvatra na vidyate svabhāvaś cet/
tvadvacanam asvabhāvaṃ na nivartayituṃ svabhāvam alam//（1）

〈中　略〉

yasmād atra sarvatra nāsti tasmān niḥsvabhāvam/yasmān niḥsvabhāvaṃ tasmāc chūnyam/tasmād anena sarvabhāvasvabhāvavyāvartanam aśakyaṃ kartum/na hy asatāgninā śakyaṃ dagdhum/na hy asatā śastreṇa śakyaṃ chettum/na hy asatībhir adbhiḥ śakyaṃ kledayitum/evam asatā vacanena na śakyaḥ sarvabhāvasvabhāvapratiṣedhaḥ kartum/tatra yad uktaṃ sarvabhāvasvabhāvaḥ pratiṣiddha iti tan na/（VV. pp. 10-11）

〔訳〕すべての事物の自性がいかなる所においても無いならば、汝（中観論者）のことば〔も〕無自性である。〔したがって、汝は〕自性を否定することはできない。（第1偈）

〈中　略〉

……したがって、ここにおいてすべて〔の事物〕において〔自性が〕無いのであるから、〔それらは〕無自性である。〔そして、それらは〕無自性であるから空である。それ故に、これ（空なことば）によってすべての事物の自性の排除をなすことはできない。〔たとえば、〕実に存在しない火によって〔ものを〕燃やすことができず、実に存在しない剣によって〔ものを〕切ることはできず、実に存在しない水によって〔ものを〕湿らすことはできないのである。そこにおいて、「すべての事物の自性が否定される」と〔汝によって〕語られたことそれは〔適当では〕ないのである。（山口［1929］，pp. 5-7；K. Bhattacharya［1978］，pp. 1-2；梶山［1974］，pp. 135-136）

（6） atha sasvabhāvam etad vākyaṃ pūrvā hatā pratijñā te/
vaiṣamikatvaṃ tasmin viśeṣahetuś ca vaktavyaḥ//（2）

〈中　略〉

kiṃ cānyat/evaṃ tad astitvād vaiṣamikatvaprasaṅgaḥ kiṃcic chūnyaṃ kiṃcid aśūnyam iti

/ tasmiṃś ca vaiṣamikatve viśeṣahetur vaktavyo yena kiṃcic śūnyaṃ kiṃcid aśūnyaṃ syāt / sa ca nopadiṣṭo hetuḥ / tatra yad uktaṃ śūnyāḥ sarvabhāvā iti tan na / (VV. pp. 11-12)

〔訳〕またもしその〔「すべての事物は空である」という〕文が自性を有するならば、以前の汝（中観論者）の主張は否定される。〔なぜならば、そこに〕不一致性〔があるからである〕。一方、〔そうでないならば、〕それ（汝の主張の不一致性）に対する特別な理由が、〔汝によって〕語られるべきである。（第2偈）

〈中　略〉

……またさらに、このようにそれ（中観論者の「すべての事物は空である」ということば）が〔不空なるものとして〕存在することによって、「あるものは空であり、あるものは空ではない」という不一致となってしまう。そして、それによって「あるものは空であり、あるものが空ではない」〔ということが成立することとなる〕その不一致性に関する特別な理由が〔汝によって〕提示されるべきである。しかし、〔汝によって〕その理由は示されていない。そこにおいては、「すべての事物が空である」と〔汝によって〕語られたこと、それは〔適当では〕ないのである。（山口［1929］, pp. 7-8；K. Bhattacharya［1978］, pp. 6-7；梶山［1974］, pp. 136-138）

（7） evaṃ madīyam api vacanaṃ pratītyasamutpannatvān niḥsvabhāvaṃ niḥsvabhāvatvāc chūnyam ity upapannam / yathā ca pratītyasamutpannatvāt svabhāvaśūnyā api rathapaṭaghaṭādayaḥ sveṣu sveṣu krāyeṣu kāṣṭhatṛṇamṛttikāharaṇe madhūdakapayasāṃ dhāraṇe śītavātātapaparitrāṇaprabhṛtiṣu vartante, evam idaṃ madīyavacanaṃ pratītyasamutpannatvān niḥsvabhāvam api niḥsvabhāvatvaprasādhane bhāvānāṃ vartate / tatra yad uktaṃ niḥsvabhāvatvāt tvadīyavacanasya śūnyatvaṃ, śūnyatvāt tasya ca tena sarvabhāvasvabhāvapratiṣedho nopapanna iti tan na / (VV. p. 24)

（8） nirmitako nirmitakaṃ māyāpuruṣaḥ svamāyayā sṛṣṭam /
pratiṣedhayeta yadvad prariṣedho 'yaṃ tathaiva syāt // (23)

yathā nirmitakaḥ puruṣo 'nyaṃ nirmitakaṃ puruṣaṃ kasmiṃścid arthe vartamānaṃ pratiṣedhayet, māyākāreṇa vā sṛṣto māyāpuruṣo 'nyaṃ māyāpuruṣaṃ svamāyayā sṛṣṭaṃ kasmiṃścid arthe vartamānaṃ pratiṣedhayet, tatra yo nirmitakaḥ puruṣaḥ pratiṣidhyate so 'pi śūnyaḥ / yaḥ pratiṣedhayati so 'pi śūnyaḥ / yo māyāpuruṣaḥ pratiṣidhyate so 'pi śūnyaḥ / yaḥ pratiṣedhayati so 'pi śūnyaḥ / evam eva madvacanena śūnyenāpi sarvabhāvānāṃ svabhāvapratiṣedha upapannaḥ / tatra yad bhavatoktaṃ śūnyatvāt tvadvacanasya sarvabhāvasvabhāvapratiṣedho nopapanna iti tan na // (VV. p. 25)

（9） mā śabdavad iti nāyaṃ dṛṣṭānto yas tvayā samārabdhaḥ/
śabdena tac ca śabdasya vāraṇaṃ naivam evaitat // (25)

nāpy ayam asmākaṃ dṛṣṭāntaḥ / yathā kaścin mā śabdaṃ kārṣīr iti bruvan śabdam eva karoti śabdaṃ ca pratiṣedhayati tadvat tac chūnyaṃ vacanaṃ na śūnyatāṃ pratiṣedhayati / kiṃ kāraṇam / atra hi dṛṣṭānte śabdena śabdasya vyāvartanaṃ kriyate / na caitad evam / vayaṃ brūmo niḥsvabhāvāḥ sarvabhāvā niḥsvabhāvatvāc chūnyā iti / kiṃ kāraṇam/

naiḥsvābhāvyānāṃ cen naiḥsvābhāvyena vāraṇaṃ yadi hi/

naiḥsvābhāvyanivṛttau svābhāvyaṃ hi prasiddhaṃ syāt// (26)

yathā mā śabdaṃ kārṣīr iti śabdena śabdasya vyvartanaṃ kriyate, evaṃ yadi naiḥsvābhāvyena vacanena naiḥsvābhāvyānāṃ bhāvānāṃ vyāvartanaṃ kriyate tato 'yaṃ dṛṣṭānta upapannaḥ syāt/iha tu naiḥsvābhāvyena vacanena bhāvānāṃ svabhāvapratiṣedhaḥ kriyate/yadi naiḥsvābhāvyena vacanena bhāvānāṃ naiḥsvābhāvyapratiṣedhaḥ kriyate naiḥsvābhāvyapratiṣiddhatvād eva bhāvāḥ sasvabhāvā bhaveyuḥ/sasvabhāvatvād aśūnyāḥ syuḥ/śūnyatāṃ ca vayaṃ bhāvānām ācakṣmahe nāśūnyatām ity adṛṣṭānta evāyam iti/(VV. pp. 26–27)

ツォンカパは、『菩提道次第論・広本』*Lam rim chen mo*（略号，LRChen）において、般若の智慧の対象である無自性が有ることが否定されるべきではないことを力説しており、それは彼の中観思想の大きな特徴の一つであると捉えられる。そして、「無自性が否定されたならば、有自性となる」云々という主旨のこの詩句が、その典拠として引用されているのである（LRChen. pa.384a5–6)。また、そうした理解は、『善説心髄』*Legs bshad shyin po*（略号，LNy）において、より精緻な形で論じられている。つまり、「勝義として有ること」(don dam par yod pa，有自性）と「『勝義として無いこと』（[don dam par] med pa，無自性）が勝義として有ること」(don dam du med pa don dam du yod pa，実体的な無自性）の両者は、共に正理〔知〕によって否定されるべきである。しかし、「勝義として有ること」(don dam par yod pa，有自性）と「勝義として無いこと」(don dam par med pa，無自性）の両者は、共にそれによって否定されることはない。すなわち、前者はそれによって否定されるものであるが、後者は否定されることはないのである。『善説心髄』においては、無自性は否定されてはならないということを論じる文脈において、この詩句が引用されているのである（LNy. pha.117a4–6)。

(10)　atha vā nirmitakāyām yathā striyāṃ strīyam ity asadgrāham/
nirmitakaḥ pratihanyāt kasyacid evaṃ bhaved etat// (27)

atha vā yathā kasyacit puruṣasya nirmitakāyāṃ striyāṃ svabhāvaśūnyāyāṃ paramārthataḥ strīyam ity asadgrāhaḥ syāt evaṃ tasyāṃ tenāsadgrāheṇa sa rāgam utpādayet/tathāgatena vā tathāgataśrāvakeṇa vā nirmitako nirmitaḥ syāt/tathāgatādhiṣṭhānena vā tathgataśrāvakādhiṣṭhānena vā sa tasya tam asadgrāhaṃ vinivartayet/evam eva nirmitakopamena śūnyena madvacanena nirmitakastrīsadṛśeṣu sarvabhāveṣu niḥsvabhāveṣu yo 'yaṃ svabhāvagrāhaḥ sa nivartyate/tasmād ayam atra dṛṣṭāntaḥ śūnyatāprasādhanaṃ pratyupapadyamāno netaraḥ/(VV. pp. 27–28)

(11)　sata eva pratiṣedho nāsti ghaṭo geha ity ayaṃ yasmāt/
dṛṣṭāntaḥ pratiṣedho 'yam sataḥ svabhāvasya te tasmāt// (11)

iha ca sato 'rthasya pratiṣedhaḥ kriyate nāsataḥ/tadyathā nāsti ghaṭo geha iti sato ghaṭasya pratiṣedhaḥ kriyate nāsataḥ/evam eva nāsti svabhāvo dharmāṇām iti sataḥ svabhāvasya pratiṣedhaḥ prāpnoti nāsataḥ/tatra yad uktaṃ niḥsvabhāvāḥ sarvabhāvā iti tan na/pratiṣedhasaṃbhavād eva sarvabhāvasvabhāvo 'pratiṣiddhaḥ/kiṃ cānyat/

atha nāsti sa svabhāvaḥ kiṃ nu pratiṣidhyate tvayānena/

vacanena ṛte vacanāt pratiṣedhaḥ sidhyate hy asataḥ // (12)

atha nāsty eva sa svabhāvo 'nena vacanena niḥsvabhāvaḥ sarvabhāvā iti kiṃ bhavatā pratiṣidhyate / asato hi vacanād vinā siddhaḥ pratiṣedhaḥ, tadyathāgneḥ śaityasya, apāmauṣṇyasya / (VV. pp. 18–19)

(12) pratiṣedhayāmi nāhaṃ kiṃcit pratiṣedhyam asti na ca kiṃcit/
tasmāt pratiṣedhayasīty adhilaya eṣa tvayā kriyate // (63)

yady ahaṃ kiṃcit pratiṣedhayāmi tatas tad api tvayā yuktam eva vaktuṃ syāt / na caivāhaṃ kiṃcit pratiṣedhayāmi, yasmān na kiṃcit pratiṣeddhavyam asti / tasmāc chūnyeṣu sarvabhāveṣv avidyamāne pratiṣedhye pratiṣedhe ca pratiṣedhayasīty eṣa tvayāprastuto 'dhilayaḥ kriyata iti / (VV. pp. 47–48)

(13) yac cāha ṛte vacanād asataḥ pratiṣedhavacanasiddhir iti/
atra jñāpayate vāg asad iti tan na pratinihanti // (64)

〈中　略〉

atra brūmaḥ / niḥsvabhāvāḥ sarvabhāvā ity etat khalu vacanaṃ na niḥsvabhāvān eva sarvabhāvān karoti / kiṃ tv asati svabhāve bhāvā niḥsvabhāvā iti jñāpayati / tadyathā kaścid brūyād avidyamāne gṛhe devadatte 'sti gṛhe devadatta iti / tatrainaṃ kaścit pratibrūyān nāstīti / na tad vacanaṃ devadattasyāsadbhāvaṃ karoti kiṃ tu jñāpayati kevalam asaṃbhavaṃ gṛhe devadattasya / tadvan nāsti svabhāvo bhāvānām ity etad vacanaṃ na bhāvānāṃ niḥsvabhāvatvaṃ karoti kiṃ tu sarvabhāveṣu svabhāvasyābhāvaṃ jñāpayati / tatra yad bhavatoktaṃ kim asati svabhāve nāsti svabhāva ity etad vacanaṃ karoti, ṛte 'pi vacanāt prasiddhaḥ svabhāvasyābhāva iti tan na yuktam / (VV. pp. 48–49)

(14) rab rib kyi mthus rab rib can gyis rang gi lag na thogs pa'i bse ru la sogs pa'i snod kyi nang na skra shad la sogs pa'i 'tshegs yongs su 'gyur bzhin par mthong bas de bsal par 'dod nas snod de la yang dang yang du bsgre bzlog byed pa'i tshegs thob par rig ste / 'di ci byed pa zhig snyam nas rab rib med pas de'i gan du phyin nas skra shad kyi yul der mig gtad kyang skra shad kyi rnam pa de dag ma dmigs shing / ......

〈中　略〉

......yang gang gi tshe rab rib can rab rib can med pa la skra shad mthong ngo zhes rang gi bsam pa ston par byed pa de'i tshe de'i rnam par rtog pa bsal bar 'dod pas rab rib can gyi dmigs pa'i ngor byas nas 'di na skra shad dag yod pa ma yin no zhes dgag pa lhur byed pa'i tshig smra mod kyi / smra ba po 'di la de la skur 'debs pa yod pa ma yin no // skra shad dag gi de kho na nyid ni gang zhig rab rib med pas mthong ba de yin gyi cig shos ni ma yin no // (MAbh. pp. 109–110)

第2章　否定対象の把握

I

前章では、本書全体のテーマである「ことばによることばの否定」ということの基本的な構造を示した。というのは、そのことを理解することが中観思想を読み解いていく上で有効であると考えるからであるが、本章以降においては、その「ことばによることばの否定」という中観論者が用いる方法が、どのような問題をめぐって、いかに展開していくのかを具体的に検証していくことにしたい。そして、その検証の主な対象として選んだのが、チベットの代表的な中観論者の一人であるツォンカパ・ローサンタクパ Tsong kha pa blo bzang grags pa（1357-1419年；以下、ツォンカパと呼称する）によって残された諸々の著作である。

ツォンカパは、単に優れた中観論者というだけでなく、仏教の長い歴史を通じても稀に見る偉大な思想家の一人である。周知のように、ツォンカパは、ダライ・ラマ制度の下で長い間チベットの政治・宗教の両面において主導的な地位を占めてきたゲルク派（dGe lugs pa）あるいはガンデン派（dGa' ldan pa）の開祖でもある。また、9世紀に吐蕃王国が崩壊したことによって、前期伝播時代（snga dar）が終焉を迎え、それ以後すっかり廃れてしまった戒律を基礎とする仏教のあり方を、中央チベットにおいて復興させ確立した功績も高く評価されている。ツォンカパについては、その他にも多くの特記すべきことがあるが、とりわけ重要と思われるのは、彼独自の中観帰謬派の思想解釈を確立したことであろう。すなわち、パツァップ・ニマタク Pa tshab nyi ma gragas（1055-?年）によるチャンドラキィールティの主な著作の翻訳などの活躍を契機として、後期伝播時代（phyi dar）において中観帰謬派の思想が支配的となり(1)、その時代の多くの思想家たちが同派の開祖であるチャンドラキィールティの思想に忠実であった中で、ツォンカパは、意図的ではないにしても、チャンドラキィールティをはじめとする従来の中観帰謬派の思想の解釈とは著しく異なった、極めて独創的な同派の思想についての解釈を提示したのである。

II

「仏教」というのは、歴史上実在したとされるシャキャムニ・ブッダあるいはゴータマ・ブッダをはじめとする覚者すなわち仏陀（Buddha）の教えであり、あるいは仏陀になるための教えであると言われている。というよりは、人々が仏になるための、仏陀によって説かれた教えと言った方がわかりやすいかもしれない。

仏教の特徴を示すものとして説かれた三法印、すなわち「諸法無我」、「諸行無常」、「一切皆空」（「涅槃寂静」を含めると四法印となる）の内容からも推察できるように、仏教は、「自らの思い通りにならない」という意味で、世界を「苦」なるものと捉えている。ことばを換えて言えば、人々が世界のあるがままの真実の姿を知らないことによって、無いものを有ると捉え、有るものを無いと捉え、自らの求めるものを得ることができず、心が満たされずに生きていること、それが「世界は苦である」ということの意味なのである。しかし、仏教は、世界が客観的な意味で苦なるものであり、生きるに値しないものであり、捨て去られるべきものと説いているのではない。仏教は、世界のあるがままの姿に無知なことによって、苦の大海に漂い続けている、すなわち輪廻に縛られていること、そしてそれから解き放たれる道を、人々に示してくれるものなのである。仏教における救済とは、超越的な絶対者への帰依の代償として与えられるものではなく、森羅万象すべてが原因と様々な条件によって成立している、すなわち縁起しているという正しい認識に基づいて得られるものなのである。つまり、その正しい認識とは、実体的な存在に対する執着である「常見」ならびに絶対的な無（虚無）に対する執着である「断見」の両者が排除された、非有・非無の中道すなわち「縁起」を内容とするものである。

では、どのようにすれば、そのような正しい認識に至ることができるのであろうか。

そこで、世界が縁起する、言い換えれば、無自性・空であるという正しい認識を得、そして輪廻から解放されるために必要となるのは、誤った認識すなわち煩悩、それも根源的な煩悩を否定することであると考えられる(2)。

一般に、貪・瞋・痴の三毒が代表的な煩悩とされるが、ツォンカパはその中の「痴」すなわち「愚痴」である「無明」を、最も根源的な煩悩と捉えている(3)。そして、その無明とは「有染汚の無明」すなわち十二縁起の第一支である「無明」のことであり、「所知障」ではなく「煩悩障」のことであると見なされている(4)。また、そうした十二縁起の第一支である無明は、有情を輪廻に繋縛する「倶生の無明」という根源的な性質をもつと理解されており、「遍計の無明」と区別されている(5)。

さらに、そうした無明については、以下のような説明が加えられている。

〔1〕そこにおいて、「無明」(ma rig pa) とは「明」(rig pa) の反対の部分であり、「明」というのもあらゆる「明」を意味するのではなく、〔ここにおいては〕「無我」という「真実」が「明」であり、〔それで〕あるところの「般若」である。その反対の部分は、その「『般若』が無いもの」のみである。そして、それ（般若を欠くもの）以外の他のものであるものすべては〔その反対の立場として〕というのでは不適切であるから、それ（般若）の矛盾項 ('gal zla)〔として〕の執着である。（長尾［1954］, pp. 208–209；Wayman［1978］, p. 266；Newland［2002］, p. 208）(6)

つまり、ここで問題となっている無明とは、我を誤って措定すなわち我を増益し、それに執着する「我執」なのであるが、その我執には、「人」(pudgala/gang zag, プドガラ) が実体的に存在すると捉える「人我執」と、その人を構成する五蘊などの要素を含め、世界を構成する様々な要素、すなわち「法」が実体的に存在すると捉える「法我執」があるとされている(7)。ただし、これら二つの我執には、後にも触れるように、倶生のものと遍計のものがあるが、ここで言う我執とは、その中の前者である。また、註 (13) にも示されるように、ツォンカパによれば、それら人我ならびに法我の「我」の内容が同じであるということであるから、それら二つの我執としての無明が、人あるいは法を実体的に存在すると捉える様相も同じものと考えられる。

Ⅲ

前節においては、縁起している世界についての正しい認識を得、そして輪廻から解放されるために否定されなければならない無明について概観したのであるが、以下においてはその無明をどのように否定するかについて述べてみることにしよう(8)。

ここで取り上げるのは、「我執」としての無明である。すでに触れたように、無明とは我執とも呼ばれるものであり、その我執を否定するということは、その対象である我を否定することである。したがって、その我なるものがどのようなものであるかが、まず確認されなければならない。そのことを、ツォンカパは、以下のように述べている。

〔2〕たとえば、「この人がいない」(gang zag 'di mi 'dug) と決定することにおいて、無いことの基体 (med rgyu) となるその人を知るべきであるように、無我 (bdag med) そして無自性 (rang bzhin med pa) という意味を決定することにおいても、〔それらが〕無いことの基体であるその我 (bdag) と自性 (rang bzhin) を十全に把握すべきである。なぜならば、否定対象一般が十全な形で〔知に〕顕現しないならば、〔たとえ〕それを否定しても、〔「無我」そして「無自性」という意味を〕正しく決定するものではないからである。〔すなわち、それは〕『入菩提行論』(*Bodhi*[*sattva*]*caryāvatāra*, 略号, BA) において、〔以下のように〕説かれている。

構想される事物に触れないでは、その事物が無いことを捉えるものではない。

(長尾［1954］, p. 118；Wayman［1978］, pp. 188–189；Newland［2002］, p. 126)(9)

さらに、ツォンカパは、否定対象を正確に理解しなければならないことを、「中道」という観点から、以下のように述べている。

〔3〕それに関連して、否定対象 (dgag bya) の様々な特色は無数であるけれ

ども、否定対象を要約したもの（dgag bya mdor bsdus pa）を根本より否定するならば、すべて〔の否定対象〕も妨げられることとなる。これはまた、〔以下のように説明される。〕否定対象の究極の枢要〔な部分〕（dgag bya'i gnad mthar thug pa）を詳細に妨げないで（否定しないで）、〔それによって〕残ったものが有ったならば「有辺」（yod pa'i mtha'）に堕し、「事物（実体的存在）と執着すること」（dngos por mngon par zhen pa）が生ぜしめられることによって、「有」（輪廻）より解脱することはできないのである。〔一方、〕否定対象の基準を〔正確に〕量らないで、行き過ぎた過大適用（ha can thal ches）を通して〔その否定対象が必要以上に〕否定されたならば、〔認められるべき言説〈世俗〉的な〕原因と結果すなわち縁起の連鎖が非難されることによって「断辺」（chad pa'i mtha'）に堕し、まさにその見は〔人々を〕悪趣に導くのである。したがって、否定対象を十全に把握することは重要なのである。なぜならば、これを把握しないならば、常見（rtag lta）あるいは断見（chad lta）が必ず生ぜしめられるからである。（長尾［1954］，pp. 118–119；Wayman［1978］，p. 189；Newland［2002］，p. 126）(10)

ここに示されているように、否定対象を正確に把握するということは、以下の二つのプロセスによって成り立っていると捉えられている。その一つのプロセスは、実際には実体的に無いものであるが、それにも関わらず実体的に有ると誤って捉えられた対象の実体性を正確に否定することである。もう一つのそれは、否定されるべきではないもの、すなわち言説（世俗）として有るものであるにも関わらず、まったく無いもの（虚無）と捉えられた対象を正しく確保することである。つまり、前者によっては「常見」あるいは「有辺」が、後者によっては「断見」あるいは「無辺」が否定され、そこに非有・非無の中道が確立されるとツォンカパは捉えているのである。

ところが、ツォンカパは、そのような常見ならびに断見の対象を、いわゆる「四句分別」を通して否定されるべき有と無と捉えて、以下のように、独特な理解を示している。

〔4〕〔対論者：〕中観の諸々の書籍（dbu ma'i gzhung rnams）において事物

(dngos po, 実体的存在）あるいは自性（rang bzhin）が「有」、「無」、「両者（有・無）共である」、「両者（有・無）のいずれでもない」〔という〕四辺（mu bzhi）すべてが〔正理（rigs pa）によって〕否定されている。そしてそれ（四辺）に含まれない（属さない）法（chos, 存在）は無いから、正理によってすべてが否定されるのである。

〔答論者：〕これは、前述のように、事物（dngos po, 存在あるいは有）に関して二〔種類のものがある〕(11) 中の「自体によって成立する事物」(rang gi ngo bos grub pa'i dngos po）は〔、たとえ〕二諦 (bden pa gnyis）のいずれにおいて有ると〔対論者によって〕認められても、〔そのような事物は正理を通して〕否定されるのである。しかし「効果的作用の能力」(arthakriyā, don byed nus pa）という「事物」は言説としては (tha snyad du) 否定されないのである。非存在 (dngos po med pa, 無)〔に関して〕も、諸々の「無為」(asaṃskṛta, 'du ma byas）については、〔それを〕「自体によって成立する非存在」(rang gi ngo bos grub pa'i dngos po, 絶対無）と認めるならば、そのような「非存在」も〔「自体によって成立する事物」と同様に正理によって〕否定されるのである。……（長尾［1954］, p. 186；Wayman［1978］, p. 246；Newland［2002］, p. 189）(12)

このような理解によれば、ツォンカパにとっての常見の対象は実体的に成立する存在としての「有」であり、断見の対象も同様に、実体的な存在として成立する「無」ということになる。であれば、それら常見と断見を否定するためには、先に示したような二つのプロセスを必要とせず、それら両者に共通するあり方である「実体的な存在として成立する」ということを否定するだけで十分であるということになる。この問題には今は立ち入らないこととして、以下では、常見の対象である「実体的に成立する存在としての有」を、ツォンカパがどのように理解しているかに焦点を絞って考察していくことにしよう。なお、彼は『善説心髄』*Drang ba dang nges pa'i don rnam par phye ba'i bstan bcos legs bshad snying po*（略号，LNy）において、この問題を比較的整理された形で取り扱っているので、次節以下の考察は主に同書における記述に基づいて進めていくこととする。

Ⅳ

否定対象としての「実体的な存在として成立するもの」というのは、一般に「我」(ātman, bdag) とされるが、前述のように、その我は「人我」と「法我」とに大別される。ツォンカパは、それらを対象とする人我執と法我執にはそれぞれ生得的な「倶生の我執」と後天的な(経験を通して形成される)「遍計の我執」があると理解しているのである。

以下においては、これらの遍計ならびに倶生の二つの我執について眺めてみることにしよう。

まず、「遍計の我執」から検討を加えていくことにしよう。結論を先取りするようであるが、ツォンカパの中観帰謬派の立場によれば、遍計の我執によって設定された我（人我ならびに法我）は、「考察あるいは精査された結果として得られるもの」と理解されている。ただし、ここで留意すべきことは、先にも触れたように、ツォンカパは「中観帰謬派は、中観自立派を含む仏教の諸派と異なって、人我ならびに法我の『我』は同じ存在内容を有すると考える」という独特な理解を持っているということである(13)。つまり、『善説心髄』における遍計の我執ならびに倶生の我執の議論において、ツォンカパが人我のあり方について主に説明を加え、法我についてあまり多くを語っていないのも、そのためであると考えられる。

では、そのような我が何らかの考察あるいは精査によって得られるとすれば、どのような考察や精査がなされることによって得られるのであろうか。この点が、遍計の我執の対象である「遍計の我」を考察していく上で最も重要となる。遍計の我は「自相によって成立するもの」(rang gi mtshan nyid kyis grub pa)(14) と捉えられているのであるが、それについて、以下のような問題設定がなされる。

〔5〕それならば、どのように捉えられたならば、「自相によって成立するもの」(rang gi mtshan nyid kyis grub pa) と捉えられるのか。(Thurman［1984］, p. 291；片野［1998］, p. 87)(15)

ここに言及されている「自相によって成立するもの」というのは、ツォンカパの思想を理解する上で最も重要な概念の一つであるが、そのように自相によって成立する遍計の人我がどのようなものであるかを、ツォンカパは、学説論者（grub mtha' smra ba）の議論という設定のもと、以下のように述べている。

〔6〕これに関しては、まず学説論者の見解が、〔以下のように〕語られるべきである。「この人がこの業をなす」（gang zag 'dis las 'di byas so）、「〔この人が〕この果を享受する」（'bras bu 'di myang ngo）と言語表現されることにおいて、〔この人〕自身の〔五〕蘊これこそが人であるのか、あるいはそれら（五蘊）より別の対象〔が人なのであるか〕と、「人」（gang zag）というその言語表現の対象が精査される（btsal [ba]）。つまり、〔五蘊と人が〕同一の対象なのか、〔あるいは〕別異〔なのか〕などのいずれかの立場が取られて（rnyed nas）、その人を設定する場合（'jog sa）が生じる（有る）時に、〔たとえば〕「業を集める人」（gsog pa po）などと設定することができるのである。一方、〔五蘊と人が同一であるか、あるいは別異であるかというずれの立場も〕取られないならば（ma rnyed na）、〔たとえば「業を集める人」などと〕設定することはできない〔のである。それ〕故に、「人」〔という〕言語表現のみであることに満足しないで（mi tshim bar）、その言語〔表現〕が、あるもの（gang）に対して施設されるその施設された基体（btags gzhi）はどのようであるかを考察し精査して（dpyad cing btsal nas）〔「人」というものが〕措定されるならば、「〔その〕人は自相によって成立する」（gang zag rang gi mtshan nyid kyis grub pa）と設定されるのである。そして、自部（仏教徒）のヴァイバーシカ派（毘婆沙師）から中観自立派〔に至る〕までのすべて〔の学説論者〕が、それと同様に認めているのである。（Thurman [1984], p. 291；片野 [1998], p. 87）(16)

この引用に示されている人と五蘊の議論は、『根本中論』をはじめとして多くの中観の論書で頻繁に扱われるものであるが、一応、ここではその内容を大まかに説明しておくことにしよう。まず例として取り上げられているのが、倫理的な観点から見て重要な事柄である、「この人がこの業をなす」そして「この人がこの果を享受する」という議論である。そして、そこにおける動作者であるところの「人」が「人我」として、言い換えれば「自相によって成立する人」として有るか否かが考察されるのである。具体的には、この人我が自相によって成立するものとして有るならば、それを構成する五蘊と同一か別異かのいずれかでなければならないが、そのように人我が考察され精査されたならば、結果として、いずれの選択肢も成立しないということになる。そのように、「自相によって成立する人」すなわち人我の存在が否定され、その人我というのは、実は五蘊に依って施設されたものにすぎないという結論が導き出されることとなるのである。

以上のことから、自相によって成立するところの「遍計の人我」とは、それを構成する五蘊と同一か、あるいは別異かが考察あるいは精査され、その結果として設定された、あるいは得られたものとされているのである。要するに、「遍計の人我」とは、「正理による考察（あるいは精査）によって得られたもの」と理解されるのである。

この引用に関して、もう一つ重要なことは、そのような「遍計の人我」の存在を、仏教内部においては、中観帰謬派を除くヴァイバーシカ派（毘婆沙師）から中観自立派に至るまでのすべての学派が容認しているとされていることである。このことは、ツォンカパが、それを容認しない中観帰謬派こそが真の非実体論者すなわち空論者であると理解していることを示すものであり、またとりわけ同じ中観派である中観自立派に対する痛烈な批判とも捉えることができるのである。

また、「遍計の人我」の「我」のあり方は、すでに述べたように、「遍計の法我」の「我」のそれと共通するものであるとされることから、「自相によって成立するもの」とは、「遍計の我執」の対象である「遍計の我」のあり方そのものと言ってよいであろう。

ツォンカパは、この議論の後に、「自相によって成立するもの」に焦点を絞り、先に示したように、それが考察（厳密には、正理による考察）によって得られるものと理解されることを、チャンドラキィールティの『プラサンナパダー』*Prasannapadā-mūlamadhymakaka-vṛtti*（略号，PPMv）を典拠として論じているのであるが、ここでは、その中で最も肝要と思われる箇所を見てみることにしよう。

まず、ツォンカパは経量部や仏教論理学における「自相」(svalakṣaṇa, rang mtshan) について簡単に触れ、さらに実体的な存在としての自相について言及し[17]、チャンドラキィールティはそのような自相 (厳密には、「自相によって成立する自性」(rang gi mtshan nyid kyis grub pa'i rang bzhin)) を言説においては認めていないという自らの理解を提示する[18]。そして、それに続いて『プラサンナパダー』に基づく議論が展開されていくことになるのであるが、そこで問題となるのが、「地の自相は堅さである」ということである。つまり、「地の自相は堅さである」ということにおいては、「堅さ」以外に「地」というものの存在は確認されず、実際に確認されるのは「堅さ」のみであるが、そのようであっても「地」というものは設定されうると対論者が主張していることが想定されているのである。そして、このことが「遍計の我」の問題とどのように関係するかは、対論者が持ち出してくる二つの喩例についての検討を通して明らかになっていくのである。

それら二つの例とは、「身体」以外に何もないにもかかわらず、それが「トルソーの身体」と言われたり、あるいは「頭」以外に何もないにもかかわらず、それが「ラーフの頭」と言われることがある、という通常の世間において経験される二つの事柄である。つまり、身体そして頭しか無くとも「トルソーの身体」ならびに「ラーフの頭」と言われて、その主体 (人) が設定されるように、「堅さ」しか無くとも「地」は設定できるというのが対論者の主張である。それを先に言及した我 (人) と五蘊との関係に当てはめて説明すれば、実際は五蘊のみしか無いにもかかわらず我 (人) が有るとされるが、そのように捉えられたものが我 (チャンドラキールティやツォンカパにとっては「遍計の我」である) というものである。つまり、そのような我が有るとされることが、「地の自相は堅さである」ということにおいて「地」が設定されうることによって例証されるということなのである。

それに対するチャンドラキールティの見解は、次のようなものである。つまり、身体ならびに頭以外に何も無くても「トルソーの身体」ならびに「ラーフの頭」というように、身体や頭とは別にトルソーならびにラーフが設定されることは確かに認められる。しかし、「地の自相は堅さである」という場合においては、堅さとは別に地が設定されることは認められないというのである。

では、その差異はどこにあると、ツォンカパは考えているのであろうか。この点がこの議論において最も重要な部分となるので、以下においては、上記の議論を、具体的な記述に沿って確認していくことにしよう。

まずトルソーならびにラーフがどのように設定されるかを述べるために、ツォンカパは、『プラサンナパダー』から、以下の一節を引用する。

〔7〕さらにまた、身体（lus）という所依を有するもの（rten can）であり、限定するもの（khyad par du byed pa）であり、世間の言説の一部となるもの（'jig rten pa'i tha snyad kyi yang lag tu gyur pa）であり、考察されない時に成立するもの（ma brtags na grub pa）であるところの能依者（rten pa po）であるトルソー（mchi gu）と、頭（mgo）という所依を有する（rten can）能依者（rten pa po）であるラーフ（dgra gcan）は、人（pudgala, gang zag）などが施設されるのと同様に（btags pa ltar）有るから、この喩例は正しくないのである。（Thurman［1984］, p. 292；片野［1998］, p. 89 / Stcherbatsky［1927］, p. 151；山口［1947］, pp. 97–98；本多［1988］, p. 51；奥住［1988］, pp. 112–113；丹治［1988］, p. 59；Seyfort Ruegg［2002］, pp. 116–117）(19)

ここにおいては、トルソーと身体ならびにラーフと頭は、能依（有所依者）と所依、限定するものと限定されるものの関係にあり、それらは世間的なもの、すなわち詳細な考察がなされなくとも認められるものと規定されている。つまり、「トルソーの身体」ならびに「ラーフの頭」と言われるように、身体や頭以外に何も無くても、それらとは別にトルソーならびにラーフは設定されうるというのである。ところが、それらは「地の自相は堅さである」すなわち「堅さを離れても地はある」という主張の喩例とはならないというのである。

ツォンカパは、そうした『プラサンナパダー』の趣旨を以下のように説明している。

〔8〕これ（上記の『プラサンナパダー』の引用）によって、〔以下のことが説かれている。つまり、〕世間で「トルソーの身体」（mchi gu'i lus）、「ラーフの頭」（dgra gcan gyi mgo）と言語表現することにおいて、身体と頭より別な限定〔するもの〕（トルソー、ラーフ）は無いけれども、分別の側では（rtog ngor）、基体（gzhi）と〔それを限定する〕法として〔別々に設定されることは〕適当なのである。（Thurman［1984］, pp. 292-293；片野［1998］, p. 89）(20)

つまり、ここでツォンカパは、トルソーと身体ならびにラーフと頭を、「限定する法」と「限定の基体」という関係にあると捉え、それらが言語表現される際には、つまり分別においては、別々に設定されうると捉えているのである。

そして、このような喩例とは異なるものと見なされる「地の自相は堅さである」ということがどのようなものであるかを、ツォンカパは再度『プラサンナパダー』の一節を典拠として、以下のように述べている。

〔9〕〔それと〕同様に、「地の自相は堅さである」ということにおいても、堅さでない地は無いけれども、このように〔「地の自相は堅さである」と〕言語表現するのである」という〔ように述べられた〕ことに対する答えとして、〔『プラサンナパダー』において、〕以下のような答えが〔示〕されている（取意）。「身体」と「頭」という語より、その二つを所縁（対象）とする慧（知）が生じた時、〔その語を聞いた人は、身体と頭を〕限定の基体（khyad gzhi）と捉えて、何の身体〔であるのか〕、何の頭であるのかを知りたいと思う。〔その〕場合に、〔「身体」と「頭」と〕説いた人によっても、トルソーとラーフでない身体と頭であることを取り除こうとして、世間の言語慣習（'jig brten pa'i brda）に従い、限定する法（khyad par gyi chos）である「トルソー」と「ラーフ」という語によって、〔その語を〕聞いた人の危惧を取り除くことは正しいのである。〔しかし、そのような〕場合において〔も、すなわち詳細に考察されるならば、〕堅さ以外の地は無いから、「地の自相は堅さである」ということに

おいて、その同じような危惧が取り除かれることはない。したがって、〔「トルソーの身体」と「ラーフの頭」という〕喩例と〔本〕義（本題）の二つは同じではないのである。*……（Thurman［1984］，p. 293；片野［1998］，p. 89）(21)

*（Stcherbatsky［1927］，pp. 150–151；山口［1947］，p. 96；本多［1988］，p. 50；奥住［1988］，p. 112；丹治［1988］，pp. 59–60；Seyfort Ruegg［2002］，pp. 115–116）

喩例である「トルソーの身体」ならびに「ラーフの頭」ということが成立する領域と、そしてそれによって例えられるところの「地の自相は堅さである」ということが成立しない領域を明確に区別することが、ここにおけるツォンカパの主旨である。そして、その喩例と本題の差異は、次のように理解できるであろう。身体より別なトルソーが、そして頭より別なラーフが無いというのは、正理による詳細な考察によって明らかになるのであって、詳細に考察されない場合は、トルソーならびにラーフが、身体ならびに頭とは別にそれぞれ設定されるのである。一方、「地の自相は堅さである」というのは、堅さ以外の地は無いというように、喩例の場合と同じ状況にあっても、正理による詳細な考察に晒されることによって、堅さ以外に地が設定されることはないということなのであろう。つまり、正理による詳細な考察がなされない場合は、限定基体とは別に限定する法が設定され、一方、正理による詳細な考察がなされる場合は、限定基体とは別に限定する法が設定されえないということなのであろう。このことは、限定する法が正理によって否定されることを意味するものであり、地という限定する法のあり方が、「遍計の我」——特に「遍計の人我」——のあり方と一致するものと見なされることから、遍計の我の正理によって否定される様相が、ここにおいて示されていると理解されるのである。

これまでの用語によって、喩例と本題を対比する形で図示すると、次のようになる。

図表Ⅰ

〔喩例〕

正理によって詳細に考察されない領域：「トルソーの身体」と「ラーフの頭」		
能依／限定する法	トルソー	ラーフ
所依／限定基体	身体	頭

〔本題〕

正理によって詳細に考察される領域：「地の自相は堅さ」	
能　相	地
所　相	堅さ

このような「遍計の我」は正理によって考察（あるいは精査）され、その結果として否定されるものなのであるが、議論の出発点であった「この人がこの業をなす」そして「この人がこの果を享受する」ということにおける動作者であるこの「人」とそれを構成する五蘊をはじめとする「法」なるものは、正理によって完全に否定されてしまうものなのであろうか。もしそうであれば、たとえば行為に関する責任の所在が失われてしまうこととなるであろう。

そこで、そのようなことが生じないことについて、ツォンカパは、人ならびに法の各々について説明を加えているのである。まず、人がどのように設定されるかについては、以下のように述べられている。

〔10〕「デーヴァダッタの色」、「デーヴァダッタの心」と語ることにおいて、その言説が施設される基体であるデーヴァダッタとその色と心はどのように成立するかを考察する時に、それらの法（色と心）もデーヴァダッタではなく、一方、その色と心より別のものとしてもデーヴァダッタは得られないから、「考察し精査して得られる対象に関して、デーヴァダッタと設定する基体が無いことが無我であるけれども」ということである。それは、デーヴァダッタが自相によって成立するものではないが、デーヴァダッタは存在しないのではないから、デーヴァダッタは〔五〕蘊に依って世俗として有るのと同様に、〔「トルソーの身体」と「ラーフの頭」という〕二つの喩例も設定するのであるということである。(Thurman［1984］, p. 294；片野［1998］, p. 91)(22)

つまり、「デーヴァダッタの色」あるいは「デーヴァダッタの心」というように言語表現される「デーヴァダッタ」という人は、正理による考察（あるいは精査）によって得られるものではない、すなわち「自相によって成立するもの」ではないが、色や心（識）などの五蘊に依って施設されたものとして、言説（世俗）において有るということなのである。

次に、法がどのように設定されるかについては、『プラサンナパダー』を典拠として、以下のように説明されている。

〔11〕諸々の法の設定方法（chos rnams kyi 'jog tshul）も、その聖教（『プラサンナパダー』）のまさに残りの部分（'phro nyid）において、〔以下のように〕説かれている。

それと同様に考察されて、それら地などに関しても堅さなどより別異な相基体（mtshan gzhi, 所相）は無く、相基体より別異に、依拠の無い能相（mtshan nyid）も無いけれども、そのようであっても、これは世俗として有るのである。そして、それ故に、諸々のアーチャーリヤ（ナーガールジュナなど）が相互依存のもの（phan tshun ltos pa）のみが成立する点より、〔それらが〕成立すると設定なさっているのである。

〔このように〕、地と堅さなどを能相（mtshan）と所相（mtshon）と設定することに関しても、能相と所相の言説が生じるその「生じる基体」（'jug gzhi）は、前〔述〕のように、「〔それらは〕精査して得られる対象〔である〕」と設定するならば、その二つ（能相と所相）を〔正理による考察あるいは精査を通して〕設定することはできないけれども、相互観待（相互依存）という点より、それら（能相と所相）は有ると設定するのである。（Thurman［1984］, pp. 294-295；片野［1998］, pp. 91-93）[(23)]

ここでは、先に遍計の我が成立しないことの例として用いられた地とその堅さが、能相と所相という関係にあるものとされ、それらは正理（あるいは正理知）による考察によっては得られないものではあるが、相互依存という関係に基づいて両者は世俗（言説）として有るとされているのである。つまり、遍計の我を例証するために提示された地と堅さというのは、能相と所相という相互依存の関係にあるものではなく、それぞれ独立して存在するものであり、換言すれば、言説（世俗）としてではなく、勝義として成立していると想定されたものと理解できるのである。

V

前節においては、「遍計の我執」によって誤って措定された対象である「遍計の我」がどのようなものであるかを確認したのであるが、ここでは「倶生の我執」によって誤って措定された対象である「倶生の我」についてのツォンカパの理解を見てみることにしよう。

ツォンカパは、「遍計の我執」と対比して、「倶生の我執」がより根源的なものであることを、『善説心髄』においても、以下のように述べている。

〔12〕そのように言説の対象を考察して、〔遍計の我執のように、その対象を〕「自相によって成立する自性が有る」(rang gi mtshan nyid kyis grub pa'i rang bzhin yod pa) と捉えることは、倶生の我執の執着方法 (lhan skyes kyi 'dzin tshul) ではないのである。そして、有情を輪廻に繋縛するものは、まさに〔その〕倶生のものであるから、それ（倶生の我執）こそが、諸々の正理によって主に否定されるべきである。〔それ〕故に…… (Thurman［1984］, p. 297；片野［1998］, p. 97)(24)

遍計の我執もこの倶生の我執も正理の否定対象となるものなのであるが、この引用からは、後者が有情を輪廻に繋縛するものであるという点において、正理の否定対象としてはより根源的なものであるとツォンカパが捉えていることを読み取ることができる。そして、そのようなより根源的なものとされる正理の否定対象である倶生の我執の対象すなわち「倶生の我」がどのようなものであるかについては、以下のように述べられている。

〔13〕〔対論者：それ〕故に、その執着の仕方 ('dzin tshul) はどのようであるか。

〔答論者：〕それは、外・内の諸法が言説によって設定されたものにすぎないのではなくて、自体という観点から有る (tha snyad kyi dbang gis bzhag pa tsam min par rang gi ngo bo'i sgo nas yod pa）と捉えることである。そして、……（Thurman［1984］, p. 297；片野［1998］, p. 97）[25]

遍計の我執の対象が正理による厳密な考察（あるいは精査）によって得られたものであり、具体的には「自相によって成立するもの」であったわけであるが、倶生の我執の対象は、ここに示されているように、「言説によって設定されたものにすぎないのではなく、対象の自体という観点から存在するもの」であるとツォンカパは理解しているのである。そして、先にも説明したように、ツォンカパによれば中観帰謬派は人我ならびに法我の「我」は同じ内容をもつものであるとされるのであるから、そのような「言説によって設定されたものにすぎないのではなく、対象の自体という観点から存在するもの」というあり方は、「倶生の法我」すなわち「倶生の我所」のあり方とも理解できるのである[26]。

以上のように、遍計の我執ならびに倶生の我執の対象である遍計の我ならびに倶生の我のあり方が確定されたわけであるが、そのあり方を簡単にまとめておくことにしよう。

図表Ⅱ

「遍計の我」のあり方	正理による考察（あるいは精査）によって得られるもの（あるいは設定されるもの）；具体的には、「自相によって成立するもの」
「倶生の我」のあり方	言説によって設定されたものにすぎないのではなく、対象の自体という観点から存在するもの

本章においては、まず輪廻から解放されるためには、人々（有情）には自分自身を含めた世界に関する正しい認識が必要であり、それは誤った知すなわち無明を否定することであるとされ、そして、その無明の否定は、無明の対象すなわち「否定対象」のあり方を正確に確認することによって、十全になされるという前提のもと、無明としての我執・我所執やそれらによって設定されるものについてのツォンカパの理解を眺めてきた。次章では、それらの否定対象が考察（あるいは精査）され、その結果として否定されることとなる際に用いられる「正理」のはたらきを明らかにすることを通して、本章で主に扱われた非有非無の「中道」の中の「有辺」の否定と対をなす「無辺」

の否定（非無）について検討を加えてみることにしたい。

〈註記〉

（1） ニマタクの活躍などを通して後期伝播時代に中観帰謬派が隆盛となったことについては、Lang [1990], 長島 [2004] を参照。また、ニマタクについては、Seyfort Ruegg [2000], pp. 44-49 参照。

（2） spyir dgag bya 'dzin pa'i rtog pa la mtha' yas pa zhig yod kyang nyes skyon thams cad kyi rtsa bar gyur pa'i phyin ci log gi rtog pa gang yin pa de legs par ngos bzung nas de'i zhen yul sun dbyung bar bya ste / de log na nyes skyon thams cad ldog par 'gyur ba'i phyir ro // （LRChen. pa.393a2-3）
〔訳〕一般に、否定対象に執着する分別（rtog pa）には無数なものが有るけれども、すべての過失の根本（rtsa ba）となるものであるその誤った分別が正しく把握されて、その後にそれ（誤った分別）の対境が非難されるべきである。なぜならば、それ（すべての過失の根本となる誤った分別）が滅する時には、すべての過失が滅することとなるからである。（長尾［1954］, p. 206；Wayman［1978］, p. 263；Newland［2002］, p. 206）

（3） de yang 'dod chags la sogs pa gzhan gyi gnyen po gsungs pa ni phyogs re re'i gnyen po yin la ma rig pa'i gnyen po gsungs pa ni mtha' dag gi gnyen por 'gyur bas ma rig pa ni nyes skyon thams cad kyi gzhi yin te / ...... （LRChen. pa.393a3-4）
〔訳〕それはまた、貪等の他の〔顛倒な分別の〕対治（gnyen po）が説かれているのは〔それら誤った分別の〕各々の対治〔が説かれているの〕であるが、無明の対治が説かれているのはすべて（他のすべての誤った分別）の対治となるからである。したがって、無明はすべての過失の基（gzhi）なのである。（長尾［1954］, p. 206；Wayman［1978］, p. 263；Newland［2002］, p. 206）
『菩提道次第論・広本』では、以下に示されるように、無明と有身見のいずれが輪廻の根本的な要因であるかが問題とされている。
de ltar ma rig pa 'khor ba'i rtsa ba yin na / *'Jug pa* dang *Tshig gsal* du 'jig lta 'khor ba'i rsta bar bshad pa mi 'thad de gtso bo'i rgyu gnyis med pa'i phyir ro zhe na /..... （LRChen. pa. 394a1-2）
〔訳〕〔対論者：〕そのように、無明が輪廻の根本〔的な要因〕であるならば、『入中論』や『プラサンナパダー』において有身見が輪廻の根本〔的な要因〕と説明されていることはふさわしくない。なぜならば、主となる原因が二つ〔有ることは〕無いからである。……（長尾［1954］, p. 208；Wayman［1978］, p. 265；Newland［2002］, p. 207）
それに対するツォンカパの答えは、以下にあるように、無明は一般的な総称であり有身見はその中の特殊なものであるから、そこに矛盾はないとする。
des na yan lag bcu gnyis kyi dang po'i ma rig pa 'di 'khor ba'i rtsa ba yin pa la 'jig lta yang 'khor ba'i rtsa ba yin par bshad pa ni ma rig pa spyi dang 'jig lta bye brag yin pas 'gal ba

med do // (LRChen. pa.394a6-b1)
〔訳〕それ故に、十二支の第一支のこの無明は輪廻の根本であり、有身見も輪廻の根本〔的な要因〕であると説明されたのは、無明が一般的なもの（spyi）であり、有身見が特殊なもの（bye brag）であるから、〔そこには〕矛盾はないのである。（長尾［1954］，p. 208；Wayman［1978］，pp. 265-266；Newland［2002］，p. 208）

ツォンカパの煩悩論については，小川［1976b］，［1988］；森山［1993］参照。

（4） ...... de yang nyon mongs can gyi ma rig par bzhed de sngar drangs pa ltar / *bZhi brgya pa'i 'grel pa* las nyon mongs can du bshad① cing / *'Jug 'grel* las kyang / 'dis sems can rnams ji ltar gnas pa'i dngos po lta ba la rmongs par byed pas na gti mug ste ma rig pa dngos po'i rang gi ngo bo yod pa ma yin pa sgro 'dogs par byed pa rang bzhin mthong ba la sgrib pa'i bdag nyid can ni kun rdzob bo② zhes dang / de ltar na srid pa'i yang lag gis yongs su bsdus pa nyon mongs pa can gyi ma rig pa'i dbang gis kun rdzob kyi bden pa rnam par bzhag go③ shes rten 'brel bcu gnyis kyi yan lag dang por bshad pas na nyon mongs yin gyi shes sgrib min no // (LRChen. pa.394 a3-6)

①CŚṭ. ya. 221b4.　②MAbh. p. 107.　③MAbh. p. 107.

〔訳〕それはまた、有染汚の無明（煩悩障）と〔チャンドラキールティが〕お認めになっているそれは、以前に引用したように『四百論』の註釈において「有染汚」と説明されており、『入中論』の註釈においても、〔以下のように説かれている。〕

これ（無明）によって諸々の有情があるがままの事物を見ることを眩すから、愚痴すなわち無明は〔実際には〕有るのでない事物の自体を増益するものであり、自性（真実）を見ることを本質とするものが世俗である①。

そしてまた、〔以下のようにも〕説かれている。

そのようであるならば、有（輪廻→十二縁起）の部分として摂められた有染汚の無明の力によって世俗諦は設定されるのである②。

〔このように、有染汚の無明が〕十二縁起の第一支と説明されているから、〔その無明は〕染汚〔すなわち煩悩障〕であって、所知障ではないのである。（長尾［1954］，p. 208；Wayman［1978］，p. 265；Newland［2002］，pp. 207-208）

①La Vallée Poussin［1910］, p. 304；小川［1976a］, p. 91.　②La Vallée Poussin［1910］, p. 304；小川［1976a］，p. 92.

（5） de ltar dgag bya 'dzin pa'i log rtog mthar gtugs pa ni yan lag bcu gnyis kyi dang po lhan cig skyes pa'i ma rig pa yin la ..... (LRChen. pa.396b6-397a1)
〔訳〕そのように、否定対象に執着する究極的な誤った分別は、十二の部分（十二縁起）の第一の倶生の無明である。（長尾［1954］，p. 214；Wayman［1978］，p. 270；Newland［2002］，p. 212）

...... bas shes rab can gyis ni / lhan skyes kyi ma rig pa'i zhen yul dgag bya'i tsha bar shes par bya yi kun brtags grub mtha' smra ba 'ba' zhig gis btags pa tsam dgag pa la lhur blang bar mi bya ste / 'di ltar dgag bya 'gog pa ni bya bas phongs nas byed pa min gyi dgag bya de'i yul can gyi log rtog des sems can 'khor bar 'ching bar mthong nas de'i yul sun 'byin pa yin la / sems can thams cad 'khor bar 'ching ba ni lhan skyes kyi ma rig pa'i phyir dang kun brtags kyi ma rig pa ni grub mtha' smra ba de dag kho na la yod pas 'khor ba'i rtsa bar mi 'thad pa'i phyir ro // (LRChen. pa.396b3-6)

〔訳〕……したがって、般若を有する者は、「倶生の無明の把握対境が〔すべての〕否定対象の根本である」と理解すべきである。しかし、遍計された〔もの〕、すなわち学説論者によって施設されたもののみを否定することに専念すべきではない。〔その理由は、以下のようである。〕このように否定対象を否定することは、行為の対象が無くて行うことなのではなく、その否定対象の有境であるその誤った分別が有情を輪廻に繋縛する〔のである〕と見て、その対境を非難するものである。そして、すべての有情を輪廻に繋縛するものは倶生の無明であるから、また遍計の無明はそれらの学説論者のみに有るのであるから、〔遍計の無明は〕輪廻の根本〔的な要因〕としては不合理であるからである。(長尾［1954］, pp. 213-214；Wayman［1978］, p. 269；Newland［2002］, p. 211)

(6) de la ma rig pa ni rig pa'i bzlog phyogs yin la rig pa'ang gang rung rung la mi bya yi bdag med pa'i de kho na nyid rig pa'i shes rab bo // de'i bzlog phyogs ni shes rab de med pa tsam dang de las gzhan pa tsam la mi rung bas de'i 'gal zla 'dzin pa'o // (LRChen. pa.394b1-2)

(7) de ni bdag tu sgro 'dogs pa yin la de yang chos kyi bdag tu sgro 'dogs pa dang gang zag gi bdag tu sgro 'dogs pa gnyis yin pas chos kyi bdag 'dzin dang gang zag gi bdag 'dzin gnyis ka ma rig pa yin no // (LRChen. pa.394b2-3)

〔訳〕それ（無明）は我を増益するものであり、それはまた法我を増益するものと人我を増益するものの二つであるから、法我執と人我執の両者が無明である。(長尾［1954］, p. 209；Wayman［1978］, p. 266；Newland［2002］, p. 208)

(8) 正理の否定対象の確認については、小川［1985］；野村［2004］参照。

(9) dper na gang zag 'di mi 'dug snyam du nges pa la med rgyu'i gang zag de shes dgos pa ltar / bdag med pa dang rang bzhin med pa zhes pa'i don nges pa la'ang med rgyu'i bdag dang rang bzhin de legs par ngos zin dgos te / dgag par bya'i spyi legs par ma shar na de bkag pa'ang phyin ci ma log par mi nges pa'i phyir te / *sPyod 'jug* las / brtags pa'i dngos la ma reg par // de yi dngos med 'dzin ma yin / *zhes gsungs pa'i phyir ro // (LRChen. pa.346b6-347a2)

*<u>kalpitaṃ bhāvam aspṛṣṭvā tadabhāvo na gṛhyate/</u>
tasmād bhāvo mṛṣā yo hi tasyābhāvaḥ sphuṭaṃ mṛṣā // (BA, IX-140ab, pp. 571-572；D. la. 36a6)（下線筆者）

(10) de la dgag bya'i mi 'dra ba'i khyad par ni mtha' yas kyang dgag bya mdor bsdus pa'i rtsa ba nas bkag na dgag bya thams cad kyang khegs par 'gyur ro // 'di yang dgag bya'i gnad mthar gtugs pa'i phra ba nas ma khegs par lhag ma lus na yod pa'i mthar ltung zhing / dngos por mngon par zhen pa bskyed pas srid pa las grol bar mi nus so // ha cang thal ches nas dgag par bya ba'i tshod ma zin par bkag na ni rgyu 'bras rten 'brel gyi rim pa sun phyung bas chad pa'i mthar lhung zhing lta ba de nyid kyis ngan 'gror 'khrid par byed do

// de'i phyir dgag bya legs par ngos zin pa gal che ste / 'di ngos ma zin na yang na rtag lta dang yang na chad lta gdon mi za bar bskyed pa'i phyir ro // (LRChen. pa.347a2-5)

(11)　事物については、以下のように、二種類のものがあるとされている。

des na dngos po ni rang bzhin la byed pa dang don byed nus pa la byed pa gnyis las...... (LRChen. pa. 358a2)

(12)　dbu ma'i gzhung rnams nas dngos po'am rang bzhin yod pa dang med pa dang gnyis ka dang gnyis ka min pa'i mu bzhi thams cad bkag la der ma 'dus pa'i chos kyang med pas rigs pas thams cad 'gog go snyam na / 'di ni sngar bstan pa ltar dngos po la gnyis las rang gi ngo bos grub pa'i dngos po ni bden pa gnyis gang du yod par 'dod kyang 'gog la don byed nus pa'i dngos po ni tha snyad du 'gog pa ma yin no // dngos po med pa'ang 'dus ma byas rnams la rang gi ngo bos grub pa'i dngos med du 'dod na ni de 'dra ba'i dngos med kyang 'gog go // (LRChen. pa.382b4-383a1)

(13)　この「中観帰謬派は、中観自立派などと異なって、人我ならびに法我の『我』は同じ存在内容を有する」ということについて、ツォンカパは以下のように述べている。

rNal 'byor spyod pa pa dang dBu ma rang rgyud pa rnams gang zag dang chos kyi steng du gang bkag pas bdag med du 'jog pa'i bdag gnyis dang der zhen lugs don mi 'dra ba kho nar 'dod mod kyang / lugs 'dis gzhi chos can gyi sgo nas bdag med gnyis su 'byed kyi med rgyu'i bdag la mi 'dra ba mi bzhed de / *'Jug pa* las / bdag med 'di ni 'gro ba rnam dgrol phyir // chos dang gang zag dbye bas rnam gnyis gsungs / *zhes chos dang gang zag gi dbye bas phye yi bdag gnyis kyi sgo nas phye bar ma gsungs la / ...... (LNy. pha.70b2-4)

*MAbh. p. 301 (VI-179ab)

〔訳〕瑜伽行派と中観自立派の人々は、人と法に関して否定されることによって無我と設定される〔その〕二我と、それを捉える（執着する）方法」(zhen lugs) は、まさに〔その〕対象が異なると認めているけれども、この派（lugs, 中観帰謬派）は、基体である有法の点から二無我と区別するのではあるが、無いことの基体である我に関しては差異をお認めにならないのである。〔例えば、〕『入中論』において、〔以下のように説かれている。〕

この無我は、有（srid, 輪廻）を超出するために法と人と区別することによって、二種が説かれているのである*。

〔このように、〕法と人を分けることによって区別されるのであって、二我という点より分けられると説かれてはいないのであるが……

*小川［1976a］, p. 325 .

そして、このような理解は、「声聞の三蔵においても人無我ばかりでなく、法無我も説かれている」というツォンカパの理解に深く関わるものなのである。(LNy. pha.71a4-75b4)

(14)　この「自相によって成立するもの」(rang gi mtshna nyid kyis grub pa) という存在は、ツォンカパの思想を理解する上で非常に重要なものである。『密意解説』*bsTan bcos chen po dbu ma la 'jug pa'i rnam bshad dgongs pa rab gsal*（略号, GR）において、ツォンカパ

は「名称という言説のみによって設定される存在（有）」(ning gi tha snyad kyi dbang tsam gyis gzhag pa'i yod pa）以外の下記の六種類の存在を、中観帰謬派の観点から否定対象として提示している（GR. ma. 88a1-3)。その中に中観自立派が言説として認めるとする三種類の存在のなかに、その「自相によって成立するもの」が含められている。

1）諦として成立するもの（bden pa[r grub pa]）
2）勝義として成立するもの（don dam par grub pa）
3）真実として成立するもの（yang dag tu grub pa）
4）自体によって成立するもの（rang gi ngo bos［grub pa］）
5）自相によって成立するもの（rang gi mtshan nyid kyis［grub pa］）
6）自性によって成立するもの（rang bzhin gyis grub pa）

ツォンカパによれば、中観自立派からすれば、最初の三つは仏教内外の実体論者が認めるもので、すなわち彼らにとっても否定対象であるが、残りの三つは彼らにおいては言説として存在するものとして認められるものである。重要なことは、中観自立派が最初の三つを否定対象とすることによって実体論者との間に一線を画すことを意図したとしても、ツォンカパからすれば（中観帰謬派の立場から見れば)、それら六つの種類の存在は実体的な存在と見なされ、換言すれば、中観自立派も実体論者と見なされるということである。

なお、この「自相によって成立するもの」については、小林［1994］;福田［2000］,［2006］;吉水［1992］,［1993a］,［1993b］,［1994］,［2002］, Appendix, pp. 275-276 参照。

(15) 'o na ji 'dra zhig tu bzung na rang gi mtshan nyid kyis grub par bzung ba yin zhe na /......（LNy. pha.66b1）

(16) 'di la thog mar grub mtha' smra ba'i lugs brjod par bya ste / gang zag 'dis las 'di byas so // 'bras bu 'di myong ngo zhes pa'i tha snyad btags pa la rang gi phung po 'di nyid gang zag yin nam 'on te de dag las don gzhan zhes gang zag gi tha snyad btags pa de'i don btsal te / don gcig pa'i don tha dad la sogs pa'i phyogs gang rung zhig rnyed nas gang zag de 'jog sa byung na las gsog pa po la sogs par 'jog nus la / ma rnyed na 'jog mi nus pas gang zag gi tha snyad btags pa tsam gyis mi tshim par de'i tha snyad gang la btags pa'i btags pa'i btags gzhi de ji ltar yin dpyad cing btsal nas 'jog na gang zag rang gi mtshan nyid kyis grub par 'jog pa yin te / rang sde Bye brag tu smra ba nas dBu ma rang rgyud pa'i bar thams cad kyis de bzhin du 'dod do //（LNy. pha.66b1-5）

(17) LNy. pha.66b5-67a2 .

(18) Zla ba'i zhabs kyi lugs ni de'dra ba'i sgo nas yod par 'jog pa ni tha snyad du yang mi bzhed pas ......（LNy. pha.67a2-3）

〔訳〕チャンドラキィールティの見解は、そのような点より（自相によって成立する自性として）有ると設定するものは、言説としてもお認めにならないものであるから、……（Thurman［1984］, pp. 289；片野［1998］, p. 87）

(19) gzhan yang lus kyi rten can khyad par du byed pa 'jig rten pa'i tha snyad kyi yan lag tu gyur pa ma brtags na grub pa rten pa po mchi gu dang / mgo yi rten can rten pa po dgra

gcan ni gang zag la sogs pa btags pa ltar yod pa'i phyir dpe 'di rigs pa ma yin no［//］（LNy. pha.67a3-4）

api ca pudgalādiprajñaptivat saśarīropādānasya śilāputrakasyopādātur laukikavyavahārāṅgabhūtasya viśeṣaṇasyāvicāraprasiddhasya sadbhāvāt / śiraupādanasya ca rāhor upādātuḥ sadbhāvād ayuktam etan nidarśanaṃ //（PPMv, p. 67；D.'a.22b7-23a1）

（20）'dis ni 'jig rten na mchi gu'i lus dang dgra gcan gyi mgo zhes tha snyad byed pa la lus dang mgo las tha dad pa'i khyad par med kyang rtog ngor gzhi chos rung ba......（LNy. pha.67a4-5）

（21）...... bzhin du sa'i rang gi mtshan nyid sra ba zhes pa la yang sra ba min pa'i sa med kyang de lta bu'i tha snyad byed do zhes pa'i lan du / lus dang mgo zhes pa'i sgra las de gnyis la dmigs pa'i blo skyes pa na khyad gzhir bzung nas gang gi lus dang gang gi mgo yin snyam du shes par 'dod pa na / ston pa pos kyang mchi gu dang dgra gcan min pa'i lus dang mgo yin pa bsal bar 'dod nas 'jig rten pa'i brda'i rjes su byed pa khyad par gyi chos mchi gu dang dgra gcan gyi sgras nyan pa po'i dogs pa sel ba ni rigs na / sra ba min pa'i sa med pas sa yi rang gi mtshan nyid sra ba'o zhes pa la dogs pa de 'dra bsal rgyu med pa'i phyir dpe don gnyis mi mtshungs so*zhes lan mdzad nas ......（LNy. pha.67a5-b2）

*下線部は、以下の『プラサンナパダー』の一節の意味を取ったものと考えられる。

śarīraśiraḥśabamātrālambano buddhyupajananaḥ sahacāripadārthāntarasākāṅkṣa eva vartate / kasya śarīraṃ kasya śira iti / itaro 'pi viśeṣaṇāntarasaṃbandhanirācikīrṣayā śilāputrakarāhuviśeṣaṇadhvaninā laukikasaṃketānuvidhāyinā pratikartuḥ kāṅkṣam apahantīti yuktaṃ / iha tu kāṭhinyādivyatiriktapṛthivyādyasaṃbhave sati na yukto viśeṣaṇaviśeṣyabhāvaḥ /（PPMv, p. 66；D.'a.22b3-5）

（22）lhas byin gyi gzugs lhas byin gyi sems zhes brjod pa la yang tha snyad de gang btags pa'i gzhi lhas byin dang de'i gzugs dang sems ji ltar grub dpyad pa na chos de dag kyang lhas byin min la de'i gzugs sems sogs las don gzhan du yang lhas byin mi rnyed pas dpyad cing btsal nas rnyed pa'i don la lhas byin 'jog sa med pa ni bdag med mod kyi zhes pa'o // de ni lhas byin rang gi mtshan nyid kyis ma grub pa yin gyi lhas byin med pa min pas phung po la brten nas kun rdzob tu yod pa bzhin du dpe gnyis kyang 'jog ces pa'o //（LNy. pha.68a4-6）

（23）chos rnams kyi 'jog tshul yang lung de'i 'phro nyid nas de bzhin du rnam par dpyad pa na sa la sogs pa de dag la yang sra ba la sogs pa dag las tha dad pa'i mtshan gzhi med la / mtshan gzhi las tha dad par rten med pa'i mtshan nyid kyang med mod kyi de lta na'ang 'di ni kun rdzob tu yod de / des na slob dpon rnams kyis phan tshun ltos pa tsam gyi grub pa'i sgo nas grub par rnam par gzhag par mdzad do //*zhes gsungs te sa dang sra ba sogs mtshan mtshon du 'jog pa la yang mtshan mtshon gyi tha snyad 'jug pa'i 'jug gzhi de sngar ltar btsal nas rnyed pa'i don la 'jog na de gnyis 'jog mi nus kyang phan tshun ltos pa'i sgo nas de dag yod par 'jog go //（LNy. pha.68a6-b3）

*evaṃ pṛthivyādīnāṃ yady api kaṭhinyādivyatiriktaṃ vicāryamāṇaṃ lakṣyaṃ nāsti lakṣyavyatirekeṇa ca lakṣaṇaṃ nirāśrayaṃ tathāpi saṃvṛtir eveti / parasparāpekṣayā tayoḥ siddhyā siddhaṃ vyavasthāpayāṃ babhūvur ācāryāḥ / （PPMv, p. 67 : D.'a.23a3-4）

（24） de ltar tha snyad kyi don la dpyad nas rang gi mtshan nyid kyis grub pa'i rang bzhin yod par 'dzin pa ni bdag 'dzin lhan skyes kyi 'dzin tshul min la / sems can 'khor bar 'ching ba ni lhan skyes nyid yin pas de nyid rigs pa rnams kyis gtso bor dgag dgos pas...... （LNy. pha.70a1-3）

（25） ...... pas de'i 'dzin tshul ji ltar yin zhe na / de ni phyi nang gi chos rnams tha snyad kyi dbang gis bzhag pa tsam min par rang gi ngo bo'i sgo nas yod par 'dzin pa ste / ...... （LNy. pha.70a3）

（26） de yang mchod sbyin la sogs pa'i gang zag la de ltar 'dzin na gang zag gi bdag 'dzin dang mig rna la sogs pa'i chos la de ltar 'dzin na chos kyi bdag 'dzin yin la des bdag gnyis kyang shes par bya to // （LNy. pha.70 a3-5）

〔訳〕それはまた、ヤジュニャーダッタなどの人（プドガラ）に対して、そのように（自体の側より有ると）捉えたならば、また眼、耳などの法に対してそのように捉えたならば法我執なのである。そして、それによって二我も理解されるべきである。（Thurman［1984］, p. 297；片野［1998］, p. 97）

第3章　正理のはたらき

I

縁起ということの理解を通して、実体的な有（sat）に対する執着である常見あるいは虚無としての無（asat）に対する執着である断見のいずれにも傾倒することなく、空に徹していくことが、中観思想の特徴の一つである。しかし、そのような中観思想は、自らが克服したはずの常見あるいは断見にすぐさま傾斜してゆく危険性を常に自らの中に潜ませている。もう少し具体的に述べれば、縁起ということの理解を通して得られた諸存在の空性そのものが逆に実体化・絶対化され、あるいは空に徹するあまり、実体的なものだけに止まらず、真理に至る過程において依拠となる言説あるいは世俗の世界までもが否定されてしまうという危険性が中観思想自身に常に潜在しているのである。そうした危険性を十分に把握していたツォンカパは、前章で見たように、否定対象を精緻に設定し、それを否定することによって非常に精度の高い非有の世界を提示したが、その一方で、彼は真実（般若）に向かう道程（修行すなわち方便）としての世俗の世界が、先に考察した否定対象の否定の中に不当に巻き込まれてはならないことを強く主張することによって、非無の世界を精緻に構築している。

仏教は、他の宗教と比較するとき、「信」の宗教ではなく、「覚」の宗教であると語られる。つまり、仏教においては、自分自身を含めた世界に関する正しい認識を得ることこそが重要とされ、そのような正しい認識を得るためには、世界に関する誤った認識を否定することが必要とされる。

そのような理解のもと、有辺すなわち実体的な存在である否定対象を否定することを通して、その有辺という対象に執着する常見をツォンカパがどのように回避しているかについては、前章で言及した。本章では、前章を受けて、常見と対をなす断見をツォンカパがどのように回避しているかを明らかにすることを通して、その両者を回避する、非有・非無の中道に関する彼の理解の大枠を示してみたい。つまり、前章において、否定対象を否定する正理によって､いかにその否定対象が否定されるかを通して中道思想の「非有」の側面が示されたのであるが、本章においては、その正理による考察が関わらない対象（換言すれば、それによって否定されない対象）があることを確認することを通して、ツォンカパの中道思想における「非無」の側面を明らかにしていきたい。つまり、それによって非有・非無の中道に関するツォンカパの理解が概観されることになると考えるのである。

II

“yukti”（rigs［pa］）という語には、結合、準備、適用、適当など多様な用法があるが、ここで検討するのは、一般に「正理」と称されるもの、つまり「道理」あるいは「論理」を意味する“yukti”（rigs［pa］）である。そして、それは論書などにおいて聖教（āgama, lung）とともに自らの主張を証明し、あるいは対論者の学説を否定する手段の一つとして用いられる特殊な論理のことである。

ツォンカパによれば、正理には正しいものとそうでないものがある。前者は真実を探究するものであり、たとえば『菩提道次第論・広本』*Lam rim chen mo*（略号, LRChen）では、「無垢な正理」(rigs pa dri ma med pa; LRChen. pa. 378a3)、「真実を考察する正理」(de kho na nyid la dpyod pa'i rigs pa; LRChen. pa. 362b3-4, etc.)、「究極を考察する正理」(mathar thug pa dpyod pa'i rigs pa; LRChen. pa. 363b1)、「勝れた正理」(rigs pa dam pa; LRChen. pa. 392b5)、あるいは「中観論者の正理」(dbu ma pa'i rigs pa; LRChen. pa. 364a5, 409b4）などと称されるもので、仏教内外の実体論者（Bhāva-vādin, dNgos por smra ba）ならびに中観自立派（Svātantrika-madhyamaka, dBu ma pa rang rgyud pa）が措定する実体的な存在を否定する論理と考えられる[(1)]。一方、誤った正理は「疑似正理」(rigs pa ltar snang）と称され、前者とは逆に、実体的な存在を措定する仏教内外の実体論者の論理であると考えられる（なお、以下においては、特に限定されない場合は、正理とは「無垢な正理」などの正しい正理を指す)。

ツォンカパは、前章でも触れたように、いくつかの観点から否定対象というものを捉えていたが、ここでは、前章で主に取り上げられた人我ならびに法我という否定対象を否定する正理について述べることから始めることにしよう(2)。

ツォンカパは、正理の否定対象の中でも最も根本的なものは、有情を輪廻に結びつけるところの人我執と法我執（厳密には、前章でも述べたように、倶生の無明としての人我執と法我執）であることを、以下のように述べている。

〔1〕……〔この〕ように、中観論者の論書において数限りなく（ji snyed cig）説かれている正理の考察のすべては、諸々の有情が解脱を得るためのみ〔のもの〕である。そして、諸々の有情も人我と法我に執着することのみによって、輪廻に束縛されているのである。さらに、あるものを我と考える対象である人（プドガラ）と、それの相続〔を構成するところ〕の法の二つを二我と執着することが、〔諸々の有情を輪廻に〕束縛するものの中心である。したがって、正理によってあるものを我と執着することを否定する〔場合のその〕基体（gzhi, 対象）の中心もその二つである。それ故に、諸々の正理も二我を否定するものとして有るのである。そして、……（Thurman［1984］, p. 364；片野［1998］, p. 209）(3)（下線筆者）

では、それら二つの我執の対象である人すなわちプドガラ（pudgala, gang zag）ならびに法（dharma, chos）は、正理によってどのように否定されるであろうか。

まず、人我執の対象であるプドガラに関しては、それの成立が可能となる、次のような七つの選言肢が設定される。

(1) プドガラと五蘊は同一である。

(2) プドガラと五蘊は異なる。

(3) プドガラが能依であり五蘊が所依である。

(4) プドガラが所依で五蘊が能依である。

(5) プドガラが五蘊を有する。

(6) プドガラは五蘊がただ集積されたものである。

(7) プドガラは五蘊がある特定の配列で結合したものである。(4)

そして、これらのいずれの場合もプドガラが存在し得ないことが示されるわけであるが、それらの七つの選言肢の総体が人我を否定する正理と見なされ、それによって導き出される結論が、人無我なのである。(5)

また、法我に関しても、それが成立するための次のような四つの選言肢が設定される。

(1) 諸存在は自らより生じる。

(2) 諸存在は他より生じる。

(3) 諸存在は自と他の両者より生じる。

(4) 諸存在は原因なくして生じる。(6)

そして、人無我の場合と同様に、これらのいずれの場合においても法我が存在し得ないことが示されるわけであるが、それらの四つの選言肢の総体が法我を否定する正理と見なされ、それによって導き出される結論が法無我なのである。(7)

Ⅲ

前節では、正理がどのように実体的な存在を否定するかを、人（プドガラ）ならびに法を例として説明したが、本節で問題とするのは、その正理がどの範囲までのものを対象とし、そして否定するかということである。そのことが正しく把握されずに、言説（世俗）の存在、いわゆる「言説有」（tha snyad du yod pa）が、実体的な存在と同様に、正理によって否定されてしまったならば、それは虚無論（断見）となるのであり、真実に至る営みの依拠を失うことになるのである。

ここでは、そのことに関する『菩提道次第論・広本』における議論から見ていくことにしよう。まず、同書の当該箇所では、正理のはたらきに関して、以下のような二つの誤った理解が紹介されている。

(1) 事物が「正理による考察に耐えない」(rigs pas dpyad mi bzod [pa]) ということは、「正理によって妨げられる」(rigs pas khegs pa)(8)、つまり「正理によって否定される」ということである。

(2) 言説有は、正理によって否定されるけれども存在する。(9)

(1)の理解は、「言説有は正理による考察に耐えないので、正理によって否定される」ということの根拠とされるものなので、この二つの誤った理解に通底することは、「言説有は正理によって否定される」ということである。そして、ツォンカパがここで主張しようとすることは、「言説有は正理によって否定されるものではない」ということなのである。

ツォンカパにとっても、言説有が正理による考察に耐えないということは異論のないところであろう(10)。しかし、彼によれば、それによってその言説有が妨げられる、すなわち否定されることは認められないのである。このことを理解するためには、正理による考察が及ぶ範囲について、ツォンカパがどのように捉えているかを把握することが必要となる。彼は、それについて、『四百論』の註釈 *Catuḥśataka-ṭīkā*（略号，CŚṭ）を引用しながら、以下のように述べている。

〔2〕さらに、『四百論』の註釈においては、以下のように説かれている。

> 我々の詳細な考察は、自性を探究することに専念するものであるからである。
>
> 以上のように、〔正理は〕色などにおける生・滅などの自性の有・無を探究するものである。（長尾［1954］，p. 152；Wayman［1978］，p. 215；Newland［2002］，p. 156）(11)（強調点筆者）

つまり、正理は、その考察の対象が自性によって成立するか否か、すなわち勝義（真実）として有るか否かを探究し、検証するものでしかないのである。したがって、「正理による考察に耐えるか否か」というのは、「正理による考察の対象としてふさわしいか否か」ということであり、そこにおいて重要な点は、その考察あるいは探究は対象が実体的なものとして誤って措定されたものだけに向けられるということなのである。

また、ツォンカパは、この「正理による考察に耐えるか否か」ということを、「対象が正理によって得られるか否か」と同義であるとする[12]。つまり、それは「正理による考察の対象として（実体的な存在として）得られるか否か」ということを意味するものと考えられる。さらに、その「対象が正理による考察の対象として得られるか否か」とは、「正理によって成立するか否か」ということであるともされる[13]。つまり、「正理による考察に耐えるか否か」、「対象が正理によって得られるか否か」そして「正理によって成立するか否か」の三つを、この『菩提道次第論・広本』において、ツォンカパは同義と理解していると考えられるのである。そして、このような理解の根底にあるのは、「ある対象が正理による考察に耐える（「正理によって得られる」あるいは「正理によって成立する」）ならば、それは必ず勝義的な存在すなわち実体有である」という考えである（以下においては、このような理解を［正理の理解Ｉ］と呼称する）。

図表Ｉ

［正理の理解Ｉ］

正理による考察に耐えるもの 正理によって得られるもの 正理によって成立するもの	＝勝義的な存在すなわち実体有

しかし、こうした正理に関する理解は、不十分なもので、同書においてツォンカパが示す別の正理に関する理解によって補われなければならないものである。つまり、正理による考察に耐えるとされているものすなわち実体的な存在は、正理によって得られるべきものであり、またそれによって成立すべきものではあるが、中観論者にとってはそうした実体的な存在は正理によって得られることはなく、正理によって成立するものではないと理解されるということである。言い換えれば、「正理による考察に耐えるもの」は、必ずしも「正理によって得られるもの」そして「正理によって成立するもの」ではないと理解されるということである[14]（以下においては、このような理解を［正理の理解Ⅱ］と呼称する。）

図表Ⅱ

［正理の理解Ⅱ］

正理による考察に耐えるとされるものすなわち実体的な存在は、正理によって得られるべきものであり、またそれによって成立すべきものではあるが、中観論者にとってはそうした実体的な存在は正理によって得られることはなく、正理によって成立するものではない。

以下においては、上記の二つの［正理の理解］を前提にして、段階的に問題点を整理しながら、言説有に関する考察に進んでいくことにしたい。

Ⅳ

すでに述べたように、正理は実体有と見なされるもののみに関わるものなのであったが、では、言説有とはまったく関わることがないのであろうか、ということを、翻って問うことから始めてみたい(15)。

ツォンカパによれば、言説（世俗）的な存在は正理による考察に耐えるものでもなく、つまりそれによって得られるものでもないけれども、だからといって正理によって妨げられたりあるいは否定されたりすることにはならないのである(16)。なぜならば、それらに対して、正理による考察そのものが加えられることはないからである(17)。ツォンカパは、そのことを以下のように述べている。

〔3〕そのようであるならば、〔正理は〕色などにおいて自体によって成立する生・滅〔など〕が有るか否かを探究するものであるが、その正理によって「〔唯〕生」（skye［ba tsam］）「唯滅」（'gag［pa］tsam）が探究されるものではない。（長尾［1954］，p. 152；Wayman［1978］，p. 215；Newland［2002］，p. 156）(18)

ここにおいて、「唯生」あるいは「唯滅」のように、「一般の」という意味を示す「唯」（tsam）の語が付されているような場合は、言説知によって成立する言説有を示していると考えられる(19)。このような言説有は、「通常の言説知」（tha snyad pa'i tshad ma）あるいは「言説の知識根拠」（tha snyad pa'i tshad ma）によって設定されるもの、すなわち「迷乱を生じさせる一時的な原因によって汚されていない明断な感官知」('phral gyi 'khrul rgyus ma bslad pa'i dbang po gsal ba'i shes pa）によって設定されるものであり[20]、つまり、正理による考察の対象とならないもの、すなわち「正理による考察が加えられないで認められるもの」と理解でき、その事物の存在のあり方に関する詳細な考察がなされることなく、日常的に認められているものと考えられる。

ちなみに、そのように正理による考察が加えられず、かつ正理によって排撃されないものとしては、上記の「言説有」の他に、迷乱を生じさせる一時的な原因によって汚された感官知によって設定される、いわゆる「言説無」なるものがある。確かに「言説有」と「言説無」の両者は、正理によって排撃されないことにおいては等しいが、その違いは後者は前者の観点から見てもさらに虚偽であると見なされることによって設定されるのである。

また、ツォンカパは、この正理に関する議論を聖者の定慮知との関連においても、以下のように述べている。

〔4〕……「自性が有るか否かを考察する正理によって得られないという意味は、正理によって排撃されるという意味である」(rang bzhin yod med dpyod pa'i rigs pas ma rnyed pa'i don rigs pas gnod pa'i don）と認めることは、中観の方規（dbu ma'i tshul）からは非常に大きく逸脱するものなのである。それと同様に、聖者〔は、そ〕の定慮〔知〕によっても色などの生・滅〔など〕は御覧にならないのであるが、それだからといって生・滅などが無いと〔聖者は〕どうして御覧になるであろうか。(長尾［1954］, p. 154；Wayman［1978］, pp. 216–217；Newland［2002］, p. 157）[21]

ここでは、言説有が正理によって得られないからといって、それらが排撃される、すなわち否定されることはないということが、聖者の定慮知との関連によって、説明されている。つまり、それら言説有である色などの生・滅などを、聖者は定慮知によって有ると確認することはないけれども、それらが無いと認定するわけではないというのである。

このような「言説有が正理による考察を通して否定されない」という点を、

ツォンカパは、以下のようにまとめている。

〔5〕そのように、それ（正理）によって生などが得られないことによって、自体によって成立する、あるいは真実として成立する、〔色などの〕生・滅などが〔正理によって〕否定されるのである。なぜならば、自体によって成立するならば、それ（正理）によって得られるべきであるにもかかわらず、得られないからである。たとえば、東方に瓶が有る時に得られると確信して〔瓶を〕捜している人が東方に瓶を捜す時に、〔瓶が〕得られないならば、それによって東方に瓶が有ることが妨げられるのである。しかし、瓶が有ること一般（tsam）〔までも〕が、それによってどうして妨げられよう。それと同様に、「自体によって成立する生が有るならば、〔正理によって〕得られる」と決定する中観論者の正理によって探究するならば、〔自体によって成立する〕生は〔正理によって〕得られないことそれによっては、自性あるいは自体によって成立する生が〔正理によって〕妨げられるのであるが、「唯生」（skye ba tsam）〔までも〕が、どうして〔正理によって〕妨げられよう。（長尾［1954］，pp. 152–153；Wayman［1978］，pp. 215–216；Newland［2002］，p. 157）[22]（下線筆者）

ツォンカパは、後年における著作である『善説心髄』（1408年著）においても正理のはたらきについて比較的多くの紙幅を割いて言及している。まず、彼は、言説有と実体有に対して正理がどのように関係するかを、以下のように述べている。

〔6〕それ故に、「芽が生じる」と言うことと「私が見る」ということなどの「法」と「人（プドガラ）」の言説と、「芽は実体〔として〕他の種子より生じる」ということと「実体として有るところの私が見る」という諸々の言説に関して、言説が〔施設〕される対象がどのように有るかを探究する時に、〔正理による考察によって〕得られないことに関して〔それら両者の間には〕区別は無いけれども、施設された通りの対象が有ることに対して他の知識根拠によって排撃されるか否か〔の区別〕は非常に大きいから、前者二つは言説として有り、後者二つは言説としても無いので

ある。(Thurman［1984］, p. 370；片野［1998］, p. 219)(23)(下線筆者)

ここにおいて、「芽が生じる」ということと「私が見る」というのは言説有の側面を示し、前者は法としての、後者は人（プドガラ）としてのそれを示すものである。そして、「芽は実体〔としての〕種子より生じる」ということと「実体として有るところの私が見る」ということは実体有（勝義有）の側面を示し、先の場合と同じように、前者は法としての、後者は人（プドガラ）としてのそれを示すものである。

そこで問題となるのは、「〔正理による考察によって〕得られないことに関して区別は無いけれども、……」(mi rnyed pa la khyad par med kyang......) と説かれているように、それらの言説有と実体有のいずれもが、正理による考察によって得られないとされていることなのである。つまり、「正理の理解Ⅰ」によれば、「正理による考察に耐えるか否か」と「正理によって得られるか否か」は同義であるとされており、実体有である法ならびに人（プドガラ）は正理による考察に耐えるものであるから、それは正理によって得られるべきであるにもかかわらず、この記述においては、言説有と同様に、それらも正理によって得られないものとされているのである。そして、こうした理解は「正理の理解Ⅱ」のそれに沿ったものと考えられる。

そのことは、この引用に続く、以下の記述にも見ることができる。

〔7〕これもまた、「正理知によって排撃されること」(rigs shes kyis gnod pa) と「〔正理による〕考察に耐えないこと」([rigs shes kyis] dpyad mi bzod pa) の二つの区別と、「正理知によって有るものとして得〔られ〕ないこと」(rigs shes kyis yod par ma rnyed pa) と「〔正理知によって〕無いと見〔られ〕ること」([rig shes kyis] med par mtong ba) の非常に大きい二つの区別がなされることに基づくのであり、それらは他〔の箇所〕で広く説明してしまった。(Thurman［1984］, p. 370；片野［1998］, p. 219)(24)(下線筆者)

この記述は、言説有に対して正理がどのように関係するかという観点から見てゆけば、理解しやすいと考えられる。つまり、言説有は正理による考察に耐えないからといって、それが正理によって排撃される（否定される）ものではない。それと同様に、言説有は正理によって有るものとして得られるわけではないからといって、それが正理によって無いと見られるものでもないということなのである。

「正理によって得られるか否か」ということを軸として改めて述べてみると、次のようになる。つまり、正理によって得られないもの（正確には、正理によって有るものとして得られないもの）の中には、正理による考察に耐えるものと正理による考察に耐えないものがある。前者は実体有なるものであり、それは正理によって排撃・否定されるものであり、正理によって無いものと捉えられる。一方、後者は言説有なるものであり（厳密には、通常の言説知によって虚偽とされる言説無も含まれる）、それは正理によって排撃されることはない、すなわち正理によって否定されないものである。

また、この引用の末尾で「他の〔箇所で〕すでに説明した」とツォンカパ自身が述べている、その箇所の一つとして、先に言及した『菩提道次第論・広本』の当該箇所も含まれていると考えられる。

以上、『菩提道次第論・広本』と『善説心髄』に示された正理のはたらきに関する理解を通して、言説有について述べてきたわけであるが、特に言説有のあり方を理解する上で重要な「正理によって得られないもの」について述べられていたことを簡単にまとめておくと、以下のようになる（なお、これを［正理の理解Ⅲ］とする）。

図表Ⅲ

［正理の理解Ⅲ］

正理によって得られないもの

(1) 正理による考察に耐えるもの （＝正理によって無いと認定されるもの／正理によって排撃・否定されるもの）	(2) 正理による考察に耐えないもの （＝正理によって無いと認定されないもの／正理によって排撃・否定されないもの）
例）実体有	例）言説有／通常の言説知によって虚偽とされる言説無

次に、「正理によって得られないもの」と対をなす「正理によって得られるもの」が、どのように捉えられているかについて、さらに見てみることにしよう。そのことを理解する上で非常に有益な記述が、ナーガールジュナの

『根本中論』に対するツォンカパ自身の註釈である『正理海』*dBu ma rtsa ba'i tshig le'ur byas pa shes rab ces bya ba'i rnam bshad rigs pa'i rgya mtsho*（略号，RGy）に与えられているので、その記述を中心に議論を進めていくことにしよう。

ツォンカパは、以下に言及する『正理海』の記述においては、これまでに言及したものとは別の形で、正理のはたらきに関する議論を展開させている。つまり、［正理の理解 I］、すなわち「正理による考察に耐えるか否か」、「正理によって得られるか否か」、そして「正理によって成立するか否か」の三つを同義とする理解があったことは、これまで何度も言及してきたが、以下の記述はそのような理解に対する批判と考えられる。

〔8〕これに対して、〔対論者たちは、〕「芽などが自性を有さないことそれが正理知によって成立するならば、究極（mthar thug, 勝義）を考察する正理による考察に耐えることとなるであろう」と見るのである。そして、〔その対論者の中の〕ある者は、「真実〔として〕事物が存在しないこと（bden dngos med pa,〔諸々の存在が〕無自性であること）が、真実として成立する（bden par grub pa）」と語るのである。しかし、……[25]

ここでの批判の内容は、次のように理解できよう。自性（あるいは自性によって成立するもの）は確かに正理によって成立するものではないが、自性が正理によって否定されることを考えた場合、無自性は正理によって成立すると言うことができよう。そして、［正理の理解 I］にもあるように、「正理による考察に耐えること」、「正理によって得られること」そして「正理によって成立すること」の三つが同義であるならば、その無自性は正理による考察に耐えるものとなる。そのように、正理による考察に耐えるものであるとされた無自性は、正理によって成立するものであり、それによって得られるものとなる。そして、正理によって成立するもの、あるいはそれによって得られるものは、実体的に成立するものであるから、**無自性そのものが実体的なものとなってしまうのである**。つまり、この批判の枢要な点は、「正理による考察に耐えること」と、「正理によって成立すること」ならびに「正理によって得られること」の三つが同義と理解されることによって、無自性であることが実体有として成立してしまうという自己矛盾が生じることにあるのである。

それに対して、ツォンカパは、以下に示されるように、「正理による考察に耐えること」と、「正理によって成立すること」「正理によって得られること」の二つは区別されるべきであるという、[正理の理解 I] とは明確に異なった見解を提示し、「無自性そのものが実体的なものとなる」というこの問題を回避しようとするのである。

〔9〕まず、芽などが真実として（bden par）有るか否かが〔正理によって〕考察され〔、芽などが真実として存在しないと見られ〕る。次に、〔その〕「真実〔として〕存在しないこと（bden med）が、再度（slar）真実として有るか否かが考察されるならば、〔その芽などが〕真実として存在しないことは、〔正理によっては〕得られない（mi rnyed）けれども、それ（その芽などが真実として存在しないこと）が、〔正理によってまったく〕得られなかった（ma rnyed pa）わけではない。一方、芽などが究極（mthar thug, 真実）を考察する正理による考察に耐えるものとして有るか否かが考察される時も、考察に耐えるものは得られないのであり、考察に耐えるものとして無いことまさにそれが、再度考察に耐えるものとして有るかを考察する時にも、まさにそれ（芽などが究極を考察する正理による考察に耐えるものとして無いこと）は得られない（mi rnyed pa）のである。したがって、「正理知によって得られること」と「それ（正理）による考察に耐えること」の両者も同〔義〕ではないのである。[26]（下線筆者）

まず、芽などが正理によって真実として有るか（自性によって有るか）否か、すなわち正理によって有るものとして得られるか（成立するか）否かが検討されるプロセスは、以下のように理解されよう。

(1) 芽などが真実として存在するか否かが正理によって考察される。

(2)「芽などが真実として存在すること」は正理によって得られない。そして、このことは、「芽などが真実として存在しないこと」を意味する。

(3) その「芽などが真実として存在しないこと」が真実として存在するか否かが、再度、正理によって考察される。

(4)「芽などが真実として存在しないこと」は、正理によって得られることはない。

しかし、ここで重要なことは、芽などが真実として存在することは正理によって得られない（mi rnyed)、つまり芽などは真実としては存在しない（無自性である）が、「芽などの無自性であること」は正理によってまったく得られなかった（ma rnyed）わけではないとされていることである。そこに含意されていることは、正理によって得られた「芽などの無自性であること」は、実体として成立するものではなく、言説（世俗）的なものであるということと考えられる。つまり、ツォンカパは、実体的に成立するとされる芽などの無自性であることは正理によって得られないが、言説有としてのそれは、正理によって得られると認めていると考えられるのである。

次に、芽などが正理による考察に耐えるものとして有るか否かが検討されるプロセスは、以下のように理解されよう。

(1) 芽などが正理による考察に耐えるものとして有るか否かが、正理によって検討される。

(2) 芽などは正理による考察に耐えるものではない。そして、このことは、「芽などが正理による考察に耐えないこと」を意味する。

(3) その「芽などが正理による考察に耐えないこと」が正理による考察に耐えるか否かが、再度、正理によって検討される。

(4)「芽などが正理による考察に耐えないこと」は、正理による考察に耐えるものではない。

以上の二つのプロセスを、「正理によって得られること」と「正理による考察に耐えること」とを比較しながら改めて説明すると、以下のようになる。たとえば、芽などは自性によって成立するもの（実体的なもの）ではない、すなわち正理によって得られるものではない。一方、芽などは自性によって有るものではなく、言説（世俗）として有るものであるから、正理の考察の領域にあるものではない、すなわち正理による考察に耐えるものではない。

次に、芽などが正理によって得られないということは、それらが自性によって有るのではないこと、すなわち無自性であることを示すものである。そして、その無自性であることも自性によって成立するものではないから、正理によって得られるものではないのである。しかし、芽などの無自性であることは、実体的なものではないという点においては、正理によって得られるものではないが、芽などの有自性であることが正理によって否定されることによって、間接的に得られることから、正理によって得られたものと理解されるのである。そこにおいて、その正理によって得られたものとしての芽などの無自性であることは、言説有として認められるものと考えられる。一方、芽などが正理による考察に耐えないことに関しては、それもまた言説有であると考えられるから、正理による考察の領域に属さないもの、すなわち正理の考察に耐えるものでもないのである。

したがって、同じ言説有として認められるものが、一方では「正理によって得られるもの」とされ、他方では「正理による考察に耐えないもの」とされているのである。

ここで注意しなければならないことは、言説の領域で認められる、つまり言説有として捉えられる「無自性」ということが、上記のように、一方では正理によって得られるものではないとされるそのもう一方では正理によって得られる（正理によって成立する）という理解が示されているということである。先の［正理の理解Ⅲ］では、「正理によって得られないもの」の中に「正理による考察に耐えるもの」と「正理による考察に耐えないもの」があるうち、言説有は後者に配当されていた。しかし、ここでは、言説有として理解される「無自性」ということは、「正理によって得られるもの」すなわち「正理によって成立するもの」とされているのである。このことは、以下に探っていくツォンカパの思想を理解する上において、極めて重要と思われるので、簡単にまとめておくことにしよう。

図表Ⅳ

[無自性と正理]

無自性（正確には、言説有としての無自性） 1）正理による考察に耐えない。 2）正理によって得られる（成立する）。

では、ツォンカパはどうして芽などの無自性であることが正理によって得られると理解する必要があったのであろうか。そのことは、以下のように説明できるであろう。「芽などの自性が得られない」ということは、芽などの自性が否定されるということであり、それは芽などの無自性が肯定されることによってはじめて成立すると考えられる。言い換えれば、芽などの自性が正理によって得られないことは、芽などの無自性であることが正理によって得られることなしには成立しないからである、ということになるであろう。

また、ツォンカパのこうした無自性に関する理解は、ここで取り上げた『正理海』ばかりでなく、『菩提道次第論・広本』（第5章、引用〔20〕、〔22〕、〔59〕参照）ならびに『善説心髄』（第5章、第Ⅶ節参照）においても、濃淡に差はあるが、示されているのである。

このようなツォンカパの理解は、「中観帰謬派にも自らの主張がある」あるいは「自性は正理によって単に否定されるだけでなく、証明されるべきである」などという彼独自の積極的な姿勢と密接な関係があると思われるが、それについては、後の章で詳しく述べることにする。

以上、ツォンカパにおける正理のはたらきについて考察を加えてきたが、次節以降では、彼によって、正理によって排撃・否定されないとされた「言説有」について検討を加えてみることにしよう。

Ⅴ

前節で取り上げた『菩提道次第論・広本』における議論の出発点であった、「ある対象が正理による考察に耐えない（正理によって得られない/正理によって成立しない）ならば、それは正理によって排撃・否定されることとなる」（[正理の理解Ⅰ]）という理解が誤りであることの一端を示すものとして、同書には以下のような記述がある。

〔10〕それ故に、「自体によって成立する自性が無いならば、他のいかなるものが有ろうか」と語るこの人は、必ずや芽が「無自性であること」と「芽が無いこと」の二つの区別をしていないことは明らかである。したがって、「芽が〔唯〕有ること」と「芽が自体によって成立すること」の二つも区別しないのであるから、「有るならば自体によって〔実体的に〕有る」そして「自体によって無いならば〔まったく〕無い」と認めていることは明らかである。そして……（長尾［1954］，p. 137；Wayman［1978］，p. 202；Newland［2002］，p. 142）[(27)]

ここで問題となっているのは、芽が有るならばそれは必ず自体すなわち自性によって有る（実体有）と理解される[(28)]、別の言い方をすれば、「実体有」と、いわゆる「言説有」（tha snyad du yod pa）との区別がなされない場合は、芽は実体有と理解されるということである。そして、そのような理解のもとでは、言説有までもが、自性によって有るものと同様に、正理による考察の対象となり、正理によって否定されてしまうことが、以下のように述べられている。

〔11〕そのようでないならば（「有るならば必ず自体によって有る」云々等々と理解しているのでないならば）、「自体によって成立するものを否定する正理によって唯有（有ること一般）と〔唯〕生（生じること一般）、唯滅（滅すること一般）などが否定される」とどうして語るのであろうか。……（長尾［1954］, pp. 137–138；Wayman［1978］, p. 202；Newland［2002］, p. 142）[(29)]

つまり、この記述の背後には「『唯有』、『唯生』あるいは『唯滅』などと称されるような言説有は、正理によって否定されるべきではない」というツォンカパの理解があると考えられるが、それでは、このような正理によって否定されることはないとされる「唯有」、「唯生」あるいは「唯滅」と表現される存在である言説有は、どのようなものと規定されているであろうか。

『菩提道次第論・広本』においては、そのような言説有が成立する条件が述べられているが、それらを要約すると、以下のようになる。

図表V

『菩提道次第論・広本』における「言説有」の成立条件：
(1) 言説知に広く知られているもの（極成なもの）である（tha snyad pa'i shes pa la grags pa yin pa）。
(2) 他の言説知（言説の知識根拠）によって排撃されない（tha snyad pa'i tshad ma gzhan gyis gnod pa med pa）。
(3) 正理知によって排撃されない（rigs shes pas gnod pa mi 'bab pa）。[30]

では、これら三つの条件の内容を、順を追って見ていくことにしよう。

第一の「言説知に広く知られているもの（極成なもの）である」というちの「言説知」について、ツォンカパは以下のように述べている。

〔12〕そこにおける言説知はいかなる法(存在)に関しても顕現するにしたがって生じるだけなのである。〔言い換えれば、ここにおける言説知は、〕「顕現するその対象が慧（知）にそのように顕現するだけなのか」あるいは「対象の在り方に基づいて（don gyi yin tshul la, 真実として）そのように成立するものなのであるか」という精査をなさない知であり、〔すなわち〕考察せずに生じる〔知〕なのである。〔また、それは〕「真実を考察しない知」というものではあっても、「分別をまったくなさない〔知〕」なのではない。（長尾［1954］, p. 174；Wayman［1978］, p. 236；Newland［2002］, p. 178）[31]

つまり、言説有を設定するところの言説知とは、正理知とは異なって、その知に顕現する対象が真実として有るか否か、すなわち自性として有るか否かというような考察をなさないものではあるが、分別をまったくなさないものではないのである。そして、そのような「言説知」に極成するということについては、以下のように説明されている。

〔13〕これ（言説知の対象）は、世間〔知〕あるいは言説知において顕現する通りに、すなわち極成するように生じるのであって、〔その対象の〕あり方（yin lugs, 真実）がどのようであるかが考察されることの結果として生じるものではないから、「世間極成」（'jig rten gyi grags pa）と言われるのである。したがって、このような知は、学説によって慧（知）が変革されている人と〔学説によって慧が変革されて〕いない人のすべ

てに有効である（存在する）。したがって、〔言説知は〕どんな相続（心）にも有るのであり、世間極成すなわち非考察の知というのであって、「学説によって慧が変革されていない世間的な人のみの相続に有る」とは捉えられていないのである。（長尾［1954］，pp. 174-175；Wayman［1978］，p. 236；Newland［2002］，pp. 178-179）(32)

ここにおいて「学説によって慧が変革されていない人」というのは、通常の世間の人々のことであり、一方そうではない「学説によって慧が変革された人」というのは、中観帰謬派、ならびに中観自立派を含めた仏教内外の実体論者のことと考えられる。それらのいずれの人々の相続（心）にも、このような考察をなさない知（ここでは「非考察の知」となっている）が有るとされ、その知によって設定されたものが、「言説知に広く知られているもの（極成なもの）」なのである。

次に、第二の「他の言説知（言説の知識根拠）によって排撃されない」という条件について、ツォンカパは、以下のように述べている。

〔14〕「他の言説の知識根拠によって排撃されるもの」とは、〔次のようなものである。〕たとえば、「ロープを蛇である」と、そして「陽炎を水〔である〕」と〔誤って〕捉える時、〔それらの対象はその〕あり方（yin lugs, 真実）に関してどのようであるかを考察することが無い（真実を考察しない）慧（知）によって捉えられる〔もの〕である。けれども、それ（真実を考察しない誤った知）によって捉えられた対象は言説の知識根拠によって排撃されるのであるから、それらは言説としても存在しないのである。（長尾［1954］，p. 175；Wayman［1978］，p. 237；Newland［2002］，p. 179）(33)

この第二の条件が付加された目的は、「正理によっては得られない」という点では「言説有」と同じ範疇に属する、いわゆる「言説無」（たとえば、ロープが誤認された場合の蛇、あるいは陽炎が誤認された場合の水など）という種類の存在を(34)、ここにおいて否定されてはならないとされる「言説有」から区別するためであると考えられる。つまり、その「言説無」という存在は、その対象を捉えている知とは別の言説知（あるいは言説の知識根拠）によって虚偽として捉えられるので、それは言説有として認められないものということなのである。

そして、第三の言説有が成立する条件である「正理知によって排撃されない」ということについては、以下のように述べられている。

〔15〕「自性が有るか否かを如理に考察する正理知によって排撃されることが降り懸からないこと」とは、〔次のようなことである。〕言説として設定される諸々の対象は、言説の知識根拠によって成立すべきである。しかし、〔それは〕自性が有るか否かを如理に考察する正理知によってはけっして排撃されないことが、なんとしても必要なのである。しかし、……（長尾［1954］, p. 175；Wayman［1978］, p. 237；Newland［2002］, p. 179）(35)

この条件は、これまで何度も言及してきたように、実体有とは異なって、言説有は正理による考察の領域の外に在るので、それは正理による考察に耐えないものであっても、その存在は正理によって否定されるわけではないことを示すものである。

以上、『菩提道次第論・広本』における言説有の成立条件を眺めてきたが、ツォンカパは『善説心髄』においても、この言説有の成立条件について言及しているので、それについても少し触れておくことにしよう。

ツォンカパが示した『菩提道次第論・広本』における言説有の成立条件の提示がある意味で羅列的であったのに対して、『善説心髄』では、それらを論理的な順序をもって示そうとする彼の意図が明確に読み取れるのである。いま、それらを要約すると、以下のようになる。

図表Ⅵ

『善説心髄』における「言説有」の成立条件：
(1) 正理知によって得られない。
(2) 正理知という知識根拠によって排撃されない。
(3) 他の言説の知識根拠によっても排撃されない。(36)

先に説明したように、言説有は正理知によって得られないのではあるが、「正理知によっては得られないもの」には、仏教内外の実体論者によって誤って措定される「正理によって否定される（排撃される）もの」すなわち実体有と、それによって否定されない「言説的なもの」すなわち言説有がある（図

表Ⅲ参照)。そこで、まず前者から後者を区別するために、「正理知という知識根拠によって排撃されない」という条件が付される。次に「正理知という知識根拠によって損なわれないもの」、すなわち「言説的なもの」には、通常の言説知（通常の言説の知識根拠）によって設定される「言説有」と、それによって誤りとされる陽炎における水のような「言説無」がある。したがって、後者より前者を区別するために「他の言説の知識根拠によっても排撃されない」という条件が付されたと考えられるのである。いずれにせよ、このような言説有の規定の中で正理のはたらきが制限を受けていることは、たとえ言説有と言われるものそれ自体が虚偽であっても、非常に重要な役目を担っており、安易に否定されてはならないという認識を、ツォンカパがもっていることの証左となると考えられる。

では、どのような意味で、ツォンカパはこの言説有を重視したのであろうか。その点を次節において検討してみることにしよう。

Ⅵ

第Ⅳ節で扱った議論の出発点であった、「ある対象が正理による考察に耐えない（「得られない」あるいは「成立しない」）ならば、それは正理によって排撃（否定）されることとなる」という誤った理解が修正されなければならないとされたのは、ツォンカパがそれによって真実（勝義）を指向する際の依拠となる言説（世俗）的存在までもが不当に否定されてしまうことに危惧の念を抱いていたからであると考えられる(37)。そこで、以下においては、そのように真実への道程において依拠とされる「言説有」について、さらに一歩踏み込んで考察を加えてみることにしたい。

ツォンカパは、まず『四百論』の註釈の一節に言及しながら、以下のように述べる。

〔16〕　〔対論者（実体論者）：〕眼などが有りえないならば、それ故にどうしてこれら眼根などが業の異熟したものであるという性質を有するものと設定されるのであろうか。

〔答論者（中観論者）：〕我々は、これらの異熟したものであるという性質を有するものを否定したであろうか。

〔対論者：〕「眼などを否定する」と〔いうことが〕証明されたことによって、それ（業の異熟した眼等）がどうして否定されないであろうか。

〔答論者：〕我々の考察は、自性を探究することのみに専念するのであるからである（kho bo cag gi rnam par dpyod pa ni rang bzhin tshol ba lhur byed pa nyid kyi phyir ro）。〔つまり、〕我々はここにおいて自体によって成立する諸々の事物が自体によって成立することを否定するのではあるが、眼などが所作（作られたもの）であり縁起である業の異熟したものであることは否定しないのである。それ故に、それは有るのであるから、「異熟する」と語られる眼などは必ず有るのである。

したがって、〔我々は〕正理によってこれ（自体によって成立するもの）だけを否定するのであって、これ（所作であり、縁起するもの）をけっして否定するのではないのである。（長尾［1954］, p. 157；Wayman［1978］, pp. 219-220；Newland［2002］, p. 160）(38)（下線筆者）

そして、この引用の「正理による考察は自性を探究することのみに専念する」（下線部）ということを解説する中で、ツォンカパは、言説（世俗）的存在（たとえば、業における因果関係など）が中観論者によって認められるべきであることを、以下のように明確に述べているのである。

〔17〕「諸々の正理は自性を探究することに専念するものである」と説かれていることによっては、正理は自性が有るか否かを探究するものであるから、それ（正理）によって否定される〔という〕ことも、自性が否定されるという意味であるから、この二つ（「諸々の業と果」と「自性」）は区別されるべきである。そのような諸々の業と果は否定されないどころか、「中観論者はそれ（諸々の業と果）を認めるべきである」と説かれているのである。……（長尾［1954］, pp. 157-158；Wayman［1978］, p. 220；Newland［2002］, p. 160）(39)（下線筆者）

ここで、引用の下線部において認められるべきであるとされる業とその結果（果報）は、正理による考察を介入させることによって否定されることなく、幻のように実体的に有でもなく無でもない縁起したものとして、それらが言説（世俗）として認められるべきであるというのである。さらに、言説（世俗）的存在がそのように正理によって否定されたならば、それは究極的には二諦説を損なうことになってしまうことを、ツォンカパは、以下のように述べている。

〔18〕そのようであるならば、すなわち自らが二諦の設定をする「勝義を決択する正理」（don dam gtan la 'bebs pa'i rigs pa）によって世俗の設定を排撃（否定）するならば、二諦をうちたてた設定〔方法〕に内部矛盾が生じるのである。〔それ〕故に、〔そのように捉える人が〕二諦の設定に非常に通じた（phul du byung ba）賢者としてどうしてふさわしいであろうか。その二〔諦〕の設定にいかなる内部矛盾もない〔ものとする〕ならば、勝義を決定する正理によって世俗の設定が非難されることは矛盾することなのである。（長尾［1954］, p. 158；Wayman［1978］, p. 220；Newland［2002］, p. 161）(40)

このように、ツォンカパが言説（世俗）の世界（厳密には言説有）を正理による考察の介入から守ることを、二諦説を通して正当化することは、ナーガールジュナが『根本中論』の第24章における一連の詩句において、言説という依拠を欠いたならば勝義が理解されることはないと述べていることを考え合わせば、容易に理解できると思われる(41)。一般に、中観帰謬派においては、世界は戯論寂滅すなわちことばを超えた世界と、ことばの世界とに截然と分けられる。前者は虚偽でない真実すなわち勝義の世界であり、後者は、前者から観た場合、虚偽なものと見なされる。しかし、その虚偽なる世俗の世界の内部において、相対的な観点から正しいと見なされるものがある。それが通常「世俗諦」と呼ばれるものである。

ツォンカパの二諦説の理解の特徴は、「勝義としてはXは無いが、言説（世俗）としてはXは有る」ということである(42)。一見すると、この理解の前半部である「勝義としてはXは無いが、……」によって勝義諦が示され、そして後半部の「……言説（世俗）としてはXは有る」によって言説（世俗）諦が示されていると捉えられるが、ツォンカパにとって本当の意味での勝義諦とは、あくまで戯論寂滅なものでしかないのである。つまり、「勝義としては、云々」、「真実としては、云々」あるいは「自性としては、云々」と言うように、正理による考察は、あくまでことば（言説）の世界に属するものなのであり、その考察を行う正理知は、ある意味で言説知と見なされるのである[43]。この点は、非常に重要なので、もう少し詳しく説明を加えておくことにしよう。

ツォンカパは、外・内の障害の無い感官知が迷乱であることについて、以下のように述べている。

〔19〕……〔障害の無い〕感官知には、色や声などが自相によって成立するものとして顕現するが、〔そのように〕顕現する通りには自相は言説としても存在しないのである。したがって、このアーチャーリヤ（チャンドラキィールティ）は、「これら（障害の無い感官知）は、言説としても迷乱である」とお認めになるのである。（長尾［1954］, p. 170；Wayman［1978］, pp. 231–232；Newland［2002］, p. 172）[44]（強調点筆者）

ツォンカパによれば、チャンドラキィールティが認めているように、外・内の障害の無い感官知（これは、言説有を設定する知すなわち通常の言説知である）には、無明に基づいて色や声などの事物が自相によって成立するもの（実体有）として顕現するが、そのような存在は言説としても有りえないから、そうした知は迷乱なのである。だが、そうした言説知は、あくまでもある条件の下で迷乱とされるだけであることが、以下のように述べられている。

〔20〕〔しかし〕、たとえそのようであっても、諸々の〔障害の無い〕感官知は言説として色や声などの諸々の対境を設定する知識根拠としてはふさわしくないことはないのである。なぜならば、「それら（障害の無い感官知）が迷乱〔である〕」と設定する根拠である〔障害の無い感官知に〕顕現する通りの自相によって成立する対象が存在しないことは、自性が有るか否かを考察する正理知（rigs pa'i shes pa）によって成立するの

であって、言説の知識根拠（tha snyad pa'i tshad ma）によっては、〔その迷乱であること〕はまったく成立しないのである。したがって、言説知（tha snyad pa'i shes pa）〔から見れば、それらの障害の無い感官知は〕迷乱ではないのである。（長尾［1954］, p. 170；Wayman［1978］, p. 232；Newland［2002］, p. 173）(45)

自相として成立するものが顕現するある言説知が迷乱であると判断するためには、その自相によって成立するもの（端的に言えば、自性などの実体有）が存在しないことが、他の言説知によって明らかにされなければならない。しかし、すでに述べたように、言説知（ここにおいては「言説の知識根拠」とされている）は、自性などの実体有が存在するか否かを考察することに関与しないのであるから、たとえ言説知に自相によって成立するものが顕現していようとも、それ以外の言説知が先の言説知を迷乱と判断することはないのである。したがって、言説のレベルにおいては、原則として自相として顕現している言説知は迷乱とはされないということなのである。ツォンカパは、そのことを例を用いて、以下のように説明している。

〔21〕二つの月の顕現や影像などが顕現する知〔に〕は、〔すなわち〕顕現する通りの対象である二つの月と顔などが無いと〔いうことは〕言説の知識根拠（tha snyad pa'i tshad ma）によって〔設定されるのであって、〕正理知に依ることなく成立するから、それら（二つの月と顔など）と前者の諸々のもの（二つの月の顕現と影像など）に関して正・邪（二つの月と顔が誤っているもので、二つの月の顕現と顔の影像が正しいもの）という世俗の（に関する）区別がなされることも適当なのである。（長尾［1954］, p. 170；Wayman［1978］, p. 232；Newland［2002］, p. 173）(46)

ここにおいて、二つの月の顕現そのものと鏡に映った影像そのものなどは言説有であり、他の言説知（言説の知識根拠）によって虚偽（迷乱）とされることはないが、二つの月と顔などは言説として存在せず、他の言説の知識根拠によって虚偽（迷乱）とされるものである。つまり、それら両者の間には言説（本文中では「世俗」となっている）として虚偽（迷乱）か否かについての区別が成立するのである。ツォンカパは、そのような理解に対する以下のような対論者からの反論を想定している。

〔22〕〔対論者：〕正理知と言説の知識根拠（tha snyad pa'i tshad ma）によって、「〔それぞれ二つの月の顕現や影像などと、二つの月と顔などが〕迷乱である」と理解する〔ことに関しては、そのように〕区別が有ると理解されるとしても、顔などとして顕現する対象が無いのと同様に、「自相として顕現する対象も無いのであって、自相に関して空である色などが有るように、顔などに関して空である影像」なども有るのである。それ故に、それら（そうした色と影像）に関しては通常の言説慧（tha snyad pa'i blo rang dga' ba）によっても顚倒と不顚倒の区別はないのである。……（長尾［1954］, p. 170；Wayman［1978］, p. 232；Newland［2002］, p. 173）(47)

ここに示されている対論者の理解は、次のようなものである。まず、鏡に映った影像に対して誤って措定される顔などと自相によって成立するものとして顕現する色などが検討される。前者は、すでに述べたように、言説無であり、また後者も、これまでに度々言及してきたように、ツォンカパの中観帰謬派の立場では自相によって成立するものは言説としても認められないから、言説無である。そして次に検討されるのが、その自相によって成立するものに関して空である色などと顔に関して空である影像そのものである。それらは両者とも言説有なのであり、言説知（厳密に言えば、通常の言説知）によって、顚倒（迷乱）と不顚倒（不迷乱）の区別がなされることはないのである。そのような対論者の理解を、ツォンカパは、以下のように要約する。

〔23〕それならば、［B］自相によって成立する自体と顔として顕現するものという二つの対象は言説として無いこと〔において〕は同じであり、［A］〔自相に関して空である〕色などと〔顔に関して空である〕影像の二つは言説として有ることにおいて同じである〔と対論者が言う〕ことに関して、……（長尾［1954］, p. 170；Wayman［1978］, p. 232；Newland［2002］, p. 173）(48)

その対論者の理解をまとめると、以下のようになる。

図表Ⅶ

［A］	・顔に関して空である影像（影像そのもの） ・自相によって成立することに関して空である色など	言　説　有
［B］	・顔（顔としての影像） ・自相によって成立する青などの色など	言　説　無

そこで問題となるのが、以下に示す『入中論』の一節なのである。

〔24〕縁って生じるものである影像やこだまなどのようなものは偽り（虚偽）ではあるけれども、無明を有する人々に顕現する。一方、青などの色・心・受などのものは諦（疑似な真実）として顕現する。自性（真実）は無明を有する人々にはまったく顕現しないのである。それ故、それ（真実としての自性）と世俗（言説）としても偽りであるそのようなもの（影像とこだまなど）は、「世俗の諦」（世俗諦）ではないのである。（長尾［1954］, p. 171；Wayman［1978］, p. 233；Newland［2002］, p. 173 / La Vallée Poussin［1910］, pp. 304-305；小川［1976a］, p. 92）(49)

ここで言及されているのは、(a) 影像・こだまなどの言説としても虚偽（迷乱）なものと、(b) 青などの色・心・受などの無明を有する人々に顕現するもの（正確には、無明によって設定されるもの）と、(c) 無明を有する人に顕現しない真の「真実」の三つである。そして、ここで問題とされるのは、それらの中の最初の二つ、つまり、(a) の影像やこだまなどと (b) の青などの色・心・受などであるが、これまでの議論の中においては、それらはそれぞれ、顔としての影像、そして自相によって成立する色などに相応し、両者はともに言説無であり（図表Ⅶ［B］下線部参照）、とりわけ後者は「世俗諦」と理解されるものであった。これら二つのものに関して、『入中論』で示されていることを、ここで一応整理しておこう。

図表Ⅷ

(a) 影像やこだまなど	凡夫に顕現する	世俗（言説）から見れば虚偽（迷乱）（非世俗諦）	言説無
(b) 青などの色・心・受など	凡夫に顕現する	世俗（言説）から見れば諦（世俗諦）	言説無

しかし、上記のように、『入中論』においてたとえ言説無という点では同じであっても非世俗諦と世俗諦と区別されている顔（正確には、顔としての影像）と、自相によって成立する青などの色などが、先の対論者が示したような理解では、そのように区別されなくなってしまうことを、ツォンカパは以下のように指摘する。

〔25〕……このように、〔対論者が、自相に関して空である色と、顔に関して空である影像などとを、同じように言説有と設定するならば〕、〔『入中論』において、自相によって成立する〕青など〔の色など〕が世俗諦として設定されるものであり、〔顔としての〕影像などが世俗諦と設定されないという区別は不適当である〔こととなる〕。このように〔我々＝中観帰謬派が〕言うならば、汝らにいかなる答えがあろうか。（長尾［1954］, p. 171；Wayman［1978］, p. 233；Newland［2002］, pp. 173–174）(50)

つまり、図表Ⅲに示されているように、言説知に関わる対象が［A］と［B］に分類され、それぞれに配当された二つのものを対論者が単純に同置するならば、［B］の中の「自相によって成立する青などの色など」と「顔」（顔としての影像）に関して、前者が世俗諦であり、後者が世俗諦ではないと区別されないこととなるのである。

このように「自相によって成立する青などの色など」と「顔としての影像」が世俗諦と非世俗諦として区別されるべきであるとするツォンカパは、言説知から見れば、前者が顕現するところの知を顛倒なるものと、後者が顕現するところのそれを不顛倒なるものと捉えていると推察できるのである。そこで、同じように言説無として捉えられる「自相によって成立する青などの色など」と「顔としての影像」が、『入中論』では前者が世俗諦と、後者が非世俗諦とされていることについての対論者の理解は、以下のように述べられる。

〔26〕〔対論者：〕その両者（「自相によって成立する青などの色など」と「顔としての影像」）は、言説知に顕現しうるものとしては同じであるけれども、〔顔としての〕影像などは、世間知によって虚偽であると理解されるのであるから、「世間世俗の諦」として設定されない。しかし、〔自

相によって成立するものとして顕現する〕青など〔の色など〕は、〔同じように〕虚偽であるけれども、「それは虚偽である」と世間世俗知によって決定されえないから、世間世俗の諦として設定するのである。……(長尾［1954］, p. 171；Wayman［1978］, p. 233；Newland［2002］, p. 174)(51)

まず、興味深いことに、ここに示されている「自相によって成立する青などの色など」と「顔としての影像」に関する対論者の理解は、ツォンカパ自身のそれらについての理解に極めて近似しているということである。というより、ツォンカパが自らの見解に近似する見解を対論者が取るように、巧妙に議論を組み立てているといった方が適切かもしれない。ともかく、その内容は次のように理解できるであろう。「自相によって成立する青などの色など」と「顔としての影像」は、言説無として同じように知に顕現する。そのうち、前者は正理知によってそれが自相によって成立することが否定されるが、世間世俗知（正確には、通常の言説知）によって否定され、虚偽と理解されることはないのである。一方、後者は世間世俗知によって虚偽と理解されるのである。したがって、それらが「世俗諦」と「非世俗諦」と区別されることになるというのである。

そして、ツォンカパ自身の見解と近似するこのような対論者の理解からは、当然のことながら、以下のような、ツォンカパにとって有利な議論が導き出されるのである。

〔27〕〔答論者（ツォンカパ）：〕そのようにその二つの対境（「自相によって成立する青などの色など」と「顔としての影像」）に関しては、言説知の観点から諦と虚偽（非諦）〔と設定することが〕適当であるのと同様に、二つの有境も言説知の観点から顛倒と不顛倒とであることが適切である。(長尾［1954］, p. 171；Wayman［1978］, p. 233；Newland［2002］, p. 174)(52)

このように、「自相によって成立する青などの色など」と「顔としての影像」という対境が言説知によって、それぞれ諦そして虚偽（非諦）とされることは、それらの有境に関しても同じことが言われることから、先に述べた「自相によって成立する青などの色など」が顕現する知が言説知から見れば不顛倒（不迷乱）であり、「顔としての影像など」が顕現する知を顛倒であるとするツォンカパの理解が認められることとなるのである。

それに対しては、さらに対論者から、以下に示すような反論があることが想定されている。

〔28〕〔対論者：有境である青などの色などの知が〕、言説知（tha snyad pa'i shes pa）から見れば不顛倒であるというならば、〔それが〕言説として（tha snyad du）迷乱であることと矛盾する。……（長尾［1954］，p. 171；Wayman［1978］，p. 233；Newland［2002］，p. 174）(53)

対論者によれば、ツォンカパは言説知に関して矛盾した理解を示しているというのである。では、その言説知に関する矛盾とは、どのようなものなのであろうか。この「有境である青などの色などが顕現するところの知が、言説知から見れば不顛倒である」というのは、先に説明した。また「その知が言説として迷乱である」ということは、すでに言及したチャンドラキールティが外・内の障害の無い感官知を言説としても迷乱であると認めていることを反映しているものと考えられる。そうした指摘に対して、ツォンカパは、以下のように述べるのである。

〔29〕〔答論者（ツォンカパ）：〕「言説として〔自相によって成立する青などの色などが顕現する知は〕迷乱である」〔と設定する〕場合の「言説〔知〕」と、「知がその〔言説知〕から見れば不顛倒である」と設定されるところの〔言説知のそれら〕二つの言説知（tha snyad pa'i shes pa）が同じであるならば、〔それらは〕矛盾するであろう。しかし、その二つの言説〔知〕が異なることは明らかであるから、〔そこに〕いかなる矛盾があろう。（長尾［1954］，p. 171；Wayman［1978］，pp. 233-234；Newland［2002］，p. 174）(54)

ここにおいて重要なことは、ツォンカパが二種類の言説知の存在を認め、それらを截然と区別すべきであると捉えていることである。その二種類の言説知とは、「正理知」（rigs pa'i shes pa）と「通常の言説知」（tha snyad pa'i shes pa rang dga dba'）（あるいは通常の世間世俗知）であり、ここでは便宜上、前者を［言説知 1］と、後者を［言説知 2］と呼称することとする。そして、この引用の意味は、次のように説明できよう。つまり、「言説として自相によって成立する青などの色などが顕現する知は迷乱である」ということは、「自相によって成立するものとして青などの色などが言説としても存在しない」ということを前提とするものであり、そのような存在が有るか否かを考察するのは、これまで何度も述べてきたように、正理あるいは正理知（[言説知1]）なのである。一方、「知がその〔言説知〕から見れば不顛倒である」というときの言説知は、たとえある知に自相が顕現していても、その言説知によって顛倒とされない場合の言説知のことである。すなわち、その言説知とは、正理知ではなく、通常の言説知すなわち言説の知識根拠（[言説知2]）のことなのである。したがって、虚偽であるとされる言説知と不顛倒（非虚偽）であるとされる言説知は別なものであることによって、指摘されたような矛盾はないことになるのである。

Ⅶ

以上のように、ツォンカパは、戯論寂滅なことばを超えた真実を勝義諦とし、「勝義としてはXは無いが、言説（世俗）としてはXは有る」ということを考察し明らかにしていくことばの世界すなわち世俗の世界を、それに至る道程における依拠として設定したものと考えられる。そこにおいては、無明を有する世間世俗の人々によって真実と誤って措定されたものが、「勝義としてはXは無いが、……」という形で正理によって否定され、「非有・非無の中道」の「非有」の部分が明らかにされる。一方、言説（世俗）において否定されてはならない言説有は、「……、言説（世俗）としてはXは有る」ということによって、正理による否定を通して不当に排除されることなく確保され、上記の中道の「非無」の部分が明らかにされるのである。

それを、「二諦」という枠組みを用いて表わせば、次のように示されるであろう。ことばを超えた勝義の世界とことばの世界としての言説（世俗）の世界という枠組み（これを広義の二諦の世界とする）があり、そのことばの世界としての言説（世俗）の世界の中に、狭義の二諦の世界、すなわち「勝義としてはXは無いが、言説（世俗）としてはXは有る」ということがあると捉えられるのである。このように、ツォンカパの二諦説は二重構造をなしているものであるが、それを図示すると以下のようになる。

図表IX
《二諦説の二重構造》

［広義の二諦説］

ことばを超えた世界（真の勝義の世界）
ことばの世界（世俗の世界）

［狭義の二諦説；ことばの世界の中の二諦説］

正理〔知〕 勝義（暫定的な勝義；世俗的勝義）としてはXは無いことを示す。
言説知 言説（世俗）としてはXは有ることを示す。

このようにツォンカパの非有・非無の中道思想すなわち中観思想を理解する上で、正理によって実体有が否定されることと、それによって言説有がけっして侵害されることがないことを理解することが、極めて重要であることが明らかになったと考える。そして、「ことばの世界」における二諦説を媒介として、戯論寂滅なことばを超えた「勝義の世界」すなわち「真実の世界」に至るこの二諦説の二重構造は、まさに筆者が言うところの「ことばによってことばを否定する」というプロセスを端的に示すものなのである。

また、興味深いことに、そのように狭義の二諦説すなわちことばの世界において勝義が認められるという点において、ツォンカパの二諦説は、いわゆる「異門勝義」（paryāya-paramārtha）を認めるとされる中観自立派のそれを強く連想させるものなのである(55)。そして、そうした中観自立派的な要素は、中観論者とりわけ中観帰謬派において自らの主張が有るとするツォンカパの態度にも見ることができるのである。したがって、以下に続く二章においては、そのことについて述べることにしたい。まず、次の第4章においては、中観帰謬派において主張が有るか否かが論じられる際に典拠として引用されるナーガールジュナやチャンドラキールティなどの文言を中心に議論を進めていくこととする。

〈註記〉

（1）...... spyir ni dngos po rnams la don dam par rang bzhin yod par 'dod pa'i dNgos por smra ba dang tha snyad du de dag la rang gi mtshan nyid kyis grub pa'i rang bzhin yod par 'dod pa'i Rang rgyud pa gnyis ka yin no // (LRChen. pa.420b6-421a1)

〔訳〕……一般には、〔我々にとっての対論者（phyi rgol）は、〕諸々の事物に勝義として自性が有ると認める実体論者と言説（世俗）においてそれら（諸々の事物）に自相によって成立する自性が有ると認める〔中観〕自立派の両者である。（長尾［1954］，p. 265；Wayman［1978］，p. 312；Newland［2002］，pp. 254-255）

（2）ツォンカパにおける「正理」に関しては、長尾［1978］；Lopez［1987］，pp. 160-191；四津谷［1987］；Napper［1989］；四津谷［1998］参照。

（3）...... ltar dbu ma'i bstan bcos las rigs pa'i dpyad pa ji snyed cig gsungs pa thams cad ni sems can gyis rnam grol thob pa kho na'i ched yin la / sems can rnams kyang gang zag dang chos kyi bdag tu mngon par zhen pa nyid kyis 'khor bar bcings so // de yang gang la nga'o snyam pa skye ba'i dmigs pa gang zag dang de'i rgyud kyi chos gnyis la bdag gnyis su mngon par zhen pa 'ching byed kyi gtso bo yin pas rigs pas gang du bdag tu 'dzin pa 'gog pa'i gzhi'i gtso bo yang de gnyis yin no // de'i phyir rigs pa rnams kyang bdag gnyis 'gog par 'du zhing ...... (LNy. pha.107b3-6)

（4）gang zag gi bdag 'gog pa'i rigs pa'i gtso bo ni '*Jug pa* las /
de ni de nyid du'am 'jig rten du //
rnam pa bdun gyis 'grub 'gyur min mod kyi //
rnam dpyad med par 'jig rten nyid las ni //
rang gi yan lag brten nas 'dogs pa yin / *

zhes shing rta rang gi yan lag dang ［1］ gcig dang ［2］ tha dad dang ［3］ ldan pa dang ［4 / 5］ phan tshun brten pa'i tshul gnyis dang ［6］ tshogs tsam dang ［7］ tshogs pa'i dbyibs te bdun du btsal bas mi rnyed kyang / rang gi yan lag la brten nas btags pa'i btags yod du 'jog pa bzhin du gang zag kyang 'jog par gsungs la / de nyid zab mo'i lta ba bde blag tu rnyed pa'i thabs su gsungs pas de'i rigs pa rnams ni gang zag gi bdag 'gog pa'i rigs pa'i gtso bor shes par bya ste / ..... (LNy. pha.108a6-b3)

* MA. VI-158, p. 277 .

〔訳〕人我を否定する正理の主なものは、『入中論』において、〔以下のように説かれている。〕

それは、真実あるいは世間において、七種〔のあり方〕として成立することは無いけれども、考察されないで、世間のみにおいては自らの部分に依って設定されるのである。*

このように、車が［1］自らの部分と同一か、［2］別異か、［3］〔部分を〕有するか、［4 / 5］相互に依存する二つのあり方か、［6］単に〔部分が〕集積したのみか、あるいは［7］集積した形が特定なものかという七〔種のあり方〕として探し求めても得られないけれども、〔車は〕自らの部分に依って構想（施設）される施設有（btags yod）として設定される。〔それと〕同様に、人も設定されると説かれているのである。そして、〔それらの正理は、〕真実すなわち深遠な見解を容易に得る方便として説かれたのであるから、そ〔れらの〕諸々の正理は、人我を否定する主要なものと知られるべきである。（Thurman［1984］, pp. 365-366；片野［1998］, p. 211）

*小川［1976a］, p. 299.

（5） こうした七種類の正理による考察については、たとえば、ここで主に資料とする『菩提道次第論・広本』でも詳細に説明されている（LRChen. pa. 434a4-454b6）。

（6） de'i phyir rigs pa rnams kyang bdag gnyis 'gog par 'du zhing / *'Jug pa* las de kho na nyid gtan la 'bebs pa'i rigs pa gsungs pa rnams *'Grel par* bdag med gnyis gtan la 'bebs par bsdus pa'i skabs su mtha' bzhi'i skye ba 'gog pa'i rigs pa rnams kyis chos kyi bdag med bstan par gsungs ① shing / *Sa bcu pa'i mdo* las mnyam pa nyid bcus sa drug pa la 'jug par gsungs pa'i chos thams cad skye ba med par mnyam pa nyid kho na rigs pas bstan pas ② / chos mnyam pa nyid gzhan bstan sla bar dgongs te slob dpon gyis dang por / bdag las ma yin gzhan las min / ③ zhes sogs bkod pa yin zhes gsungs pas chos kyi bdag med sgrub pa'i rigs pa'i gtso bo ni mtha' bzhi'i skye ba 'gog pa'i rigs pa'o // （LNy. pha.107b6-108a3）

① MAbh, pp. 301-302 .　② MAbh, pp. 80-81 .　③ MMk. I-1, p. 1 .

〔訳〕それ故に、諸々の正理も二我（人我、法我）を否定するものであり、『入中論』において説かれた真実を決択する諸々の正理〔に関して〕は、〔その『入中論』の〕註釈の二無我を決択することをまとめた箇所で①、「四辺生を否定する諸々の正理によって法無我が示される」と説かれている②。そして、『十地経』において「十平等性によって第六地に入る」と説かれた〔中の〕まさに一切法（存在）が生じることが無いことにおける平等性だけを正理によって示せば、他の法の平等性〔を理解すること〕は容易であるとお考えになられて、アーチャーリヤ（ナーガールジュナ）は、まず「自らより〔も生ぜ〕ず、他より〔も生ぜ〕ず……」云々等々と説かれたのである。したがって、法無我を証明する正理の主なものは、四辺生を否定する正理なのである。（Thurman［1984］, pp. 364-365；片野［1998］, pp. 209-211）

①小川［1976a］, pp. 325-326 .　② La Vallée Poussin［1910］, pp. 277-279；小川［1976a］, pp. 33-34 .

（7） こうした四不生の正理による考察については、たとえば、ここで主に資料とする『菩提道次第論・広本』でも取り上げられている（LRChen. pa. 454b6-458a2）。なお、特に「不自生」に関する議論は、第6章でも言及している。

（8） gal te de dag rigs pas dpyad mi bzod na rigs pas khegs pa'i don yod par ji ltar 'thad snyam na / ...... （LRChen. pa.363b2）

〔訳〕〔対論者：〕それらが正理による考察に耐えないならば、「正理によって妨げられない（否定されない）対象が有る」と〔理解することが、〕どうして合理であろうか。（長尾［1954］, p. 151；Wayman［1978］, pp. 214-215；Newland［2002］, p. 156）

（9） de nyid dpyod pa'i rigs pas 'gog mod 'on kyang skye ba sogs yod do zhes smra ba ni bab col yin pas kho bo cag mi 'dod do //　(LRChen. pa.363 b3)

〔訳〕「〔色などの生などは、〕真実を考察する正理によって否定はされるけれども、〔それらの〕生などは有るのである」と語ることは、軽率な行為（bab col）なのであるから、我々（ツォンカパ）は認めないのである。（長尾［1954］, p. 151；Wayman［1978］, p. 215；Newland［2002］, p. 156）

(10)　...... la rigs pa des gzugs sogs kyi skye ba dpyad bzod par ni kho bo cag mi 'dod pas bden dngos su thal ba'i skyon med do // (LRChen. pa.363b1-2)

〔訳〕……しかし、その正理によって色などの生〔など〕が〔正理による〕考察に耐えるとは、我々（ツォンカパ）は認めないのである。〔それ〕故に、〔色などの生が〕諦なる事物（bden dngos）となるという過失は無いのである。（長尾［1954］, p. 151；Wayman［1978］, p. 214；Newland［2002］, p. 156）

(11)　de yang *bZhi brgya pa'i 'grel pa* las / kho bo cag gi rnam par dpyod pa ni rang bzhin tshol ba lhur byed pa nyid kyi phyir ro *zhes gsungs pa ltar gzugs sogs la skye 'gag la sogs pa'i rang bzhin yod med 'tshol ba yin no // (LRChen. pa.363b4-5)

* CŚṭ. ya.201b2-3；Tillemans［1990］(Part 2), p. 82.

(12)　rigs pas dpyad bzod mi bzod kyi don ni de kho na nyid la dpyod pa'i rigs pa des rnyed ma rnyed yin la / ...... (LRChen. pa.363b3-4)

〔訳〕「正理による考察に耐えるか否か」は、「真実を考察するその正理によって得られるか否か」〔ということ〕であるが、……（長尾［1954］, pp. 151-152；Wayman［1978］, p. 215；Newland［2002］, p. 156）

(13)　des na skye 'gag la sogs pa rang gi ngo bos grub pa'am de kho nar grub na rigs pa des de rnyed dgos te rigs pa des gzugs sogs la rang gi ngo bos grub pa'i skye 'gag yod med tshul bzhin du dpyod pa yin pa'i phyir ro // (LRChen. pa.364a2-3)

〔訳〕それ故に、〔色などの〕生・滅などが自体によって成立する、あるいは真実として成立するならば、その正理によってそれは得られるべきである。なぜならば、その正理は「色などにおける自体によって成立する生・滅が有るか否か」を如理に考察するものであるからである。（長尾［1954］, p. 152；Wayman［1978］, p. 215；Newland［2002］, p. 157）

(14)　de lta bu'i rigs pa des dpyad pa'am btsal ba na skye ba la sogs pa cung zad kyang ma nyed pa la dpyad mi bzod pa zhes zer la rigs pa des ma rnyed pa tsam gyis khegs pa min gyi yod na rigs pa des 'grub pa dgos pa las des ma grub na khegs pa yin no// (LRChen. pa. 363b6-364b1)

〔訳〕そのような正理それが考察し精査する時、生などは少しも得られないことを考察に耐えないと言われるが、その正理によって得られないことだけで妨げられるものではない。しかし、〔実体的に〕有るならばその正理によって成立すべきであるにもかかわらず成立しないならば、〔その対象は〕妨げられるのである。（長尾［1954］, p. 152；Wayman［1978］, p. 215；Newland［2002］, p. 156）

de lta bu des skye ba sogs ma rnyed pas rang gi ngo bos grub pa'am de kho nar grub pa'i skye 'gag sog 'gog pa yin te rang gi ngo bos grub na des rnyed dgos pa las ma rnyed pa'i

phyir ro// (LRChen. pa. 364a3-4)
〔訳〕そのような〔正理〕によって生などは得られないから、自体によって成立するものあるいは真実として成立する生・滅などを否定するのである。なぜならば、自体によって成立するならば、それ(正理)によって得られるべきであるにもかかわらず得られないからである。(長尾〔1954〕, p. 152;Wayman〔1978〕, p. 215;Newland〔2002〕, p. 157)

(15) ツォンカパにおける「言説有」(tha snyad du yod pa)については、松本〔1999〕, pp. 229-246 参照。

(16) de ltar bu'i rigs pa des dpyad pa'am btsal ba na skye ba la sogs pa cung zad kyang ma rnyed pa la dpyad mi bzod pa zhes zer la rigs pa des ma rnyed pa tsam gyis khegs pa min gyi ...... (LRChen. pa.363b6)
〔訳〕そのような正理によって考察がなされたり、あるいは探求がなされたりするならば、生などは少しも得られないことが、「〔正理による〕考察に耐えない」と言われるのであるが、その正理によって得られないことだけでは、〔正理によって〕妨げられるものではないのであって、……(長尾〔1954〕, p. 152;Wayman〔1978〕, p. 215;Newland〔2002〕, p. 156)

(17) gzugs sgra la sogs pa kun rdzob pa 'di rnams yod du chug kyang de kho na la dpyod pa'am rang bzhin yod med dpyod pa'i rigs pas gtan mi 'grub pas de dag la rigs pa'i brtag pa mi 'jug go zhes ...... (LRChen. pa.364b2-3)
〔訳〕「色や声などのこれら世俗的な諸々のものが有る」と理解される(chug)けれども、「真実を考察する〔正理〕」(de kho na la dpyod pa'i rigs pa)あるいは「自性の有無を考察する正理」(rang bzhin yod med dpyod pa'i rigs pa)によってはまったく不成立であるから、それらに対して正理の考察は生じないのである。このように、……(長尾〔1954〕, p. 153;Wayman〔1978〕, p. 216;Newland〔2002〕, p. 257)

(18) de lta na gzugs la sogs pa la rang gi ngo bos grub pa'i skye 'gag yod med btsal ba yin gyi rigs pa des skye 'gag tsam tshol ba min no // (LRChen. pa.363b5)

(19) 「正理による考察に耐えないこと」と同義でありうる「正理によって成立しないこと」ならびに「正理によって得られないこと」に基づいて、言説有が否定されないことが以下のように述べられている。
gzugs la sogs pa'i skye 'gag rnams kyang tha snyad pa'i shes pas 'grub pa yin gyi de dag yod kyang rigs shes kyis mi 'grub pas des ma rnyed pas de dag ji ltar khegs te dper na mig gi shes pas sgra ma rnyed kyang des mi khegs pa bzhin no // (LRChen. pa.364 a1-2)
〔訳〕色などの生・滅も言説知によって成立するものであるが、それらは有るけれども、正理知によって成立しないことより、それ(正理あるいは正理知)によって得られないのであるから〔といって〕、それらがどうして妨げられよう。たとえば、眼識によって声は得られないけれども、それ(眼識)によって妨げられないのと同様である。(長尾〔1954〕, p. 153;Wayman〔1978〕, p. 215;Newland〔2002〕, p. 156)

(20) 感官知などを迷乱にさせる原因については、MA. VI-25 , MAbh, p. 107 . MAṭ. D.141b3-142b1 に述べられている。

(21) ...... rang bzhin yod med dpyod pa'i rigs pas ma rnyed pa'i don rigs pas gnod pa'i don

du 'dod pa ni dbu ma'i tshul las ches cher 'khyams pa yin no // de bzhin du 'phags pa'i mnyam gzhag gis kyang gzugs sogs kyis skye 'gag ma gzigs pa yin gyi des skye 'gag sogs med par gzigs pa ga la yin / （LRChen. pa.364b5–6）

（22）　de lta bu des skye ba sogs ma rnyed pas rang gi ngo bos grub pa'am de kho nar grub pa'i skye 'gag sogs 'gog pa yin te rang gi ngo bos grub na des rnyed dgos pa las ma rnyed pa'i phyir ro // dper na shar phyogs su bum pa yod na rnyed par nges pa'i tshol mkhan gyis shar du bum pa btsul ba'i tshe ma rnyed na des shar na bum pa yod pa khegs pa yin gyi bum pa yod tsam des ji ltar khegs / de bzhin du rang gi ngo bos grub pa'i skye ba yod na rnyed par nges pa'i dBu ma pa'i rigs pas btsal ba na skye ba ma rnyed pa des rang bzhin nam rang gi ngo bos grub pa'i skye ba khegs pa yin gyi skye ba tsam ji ltar khegs / （LRChen. pa.364a3–5）

（23）　des na myu gu skye'o zhes pa dang ngas mthong ngo zhes pa lta bu'i chos dang gang zag gi tha snyad dang / myu gu sa bon rdzas gzhan las skye'o zhes pa dang rdzas yod kyi bdag gis mthong ngo zhes pa'i tha snyad rnams gang la tha snyad byas pa'i don ji ltar yod pa btsal ba na mi rnyed pa la khyad par med kyang / ji ltar btags pa bzhin gyi don yod pa la tshad ma gzhan gyis gnod mi gnod shin tu khyad che bas snga ma gnyis ni tha snyad du yod la phyi ma gnyis ni tha snyad du yang med do // （LNy. pha.110b2–4）

（24）　'di yang rigs shes kyis gnod pa dang dpyad mi bzod pa gnyis kyi khyad par dang / rigs shes kyis yod par ma rnyed pa dang med par mthong ba gnyis kyi khyad par shin tu che ba legs por phyed pa la rag ste de dag ni gzhan du rgyas par bshad zin to // （LNy. pha.110b4–5）

（25）　dir myu gu la sogs pa rang bzhin med pa de rigs shes kyis grub na mthar thug dpyod pa'i rigs pas dpyad bzod du 'gyur bar mthong nas kha cig bden dngos med pa bden par grub ces smra la / ...... （RGy. ba.28a5–6）

（26）　sngar myu gu la sogs pa bden par yod dam med btsal ba'i 'og tu bden med rigs shes kyis rnyed pas slar bden med bden par yod dam med btsal ba'i tshe bden med mi rnyed kyang de ma rnyed par mi 'gyur la / sngar myu gu la sogs pa mthar thug dpyod pa'i rigs pas dpyad bzod du yod med btsal ba'i tshe yang dpyad bzod ma rnyed la slar dpyad bzod du med pa de nyid dpyad bzod du yod med btsal ba'i tshe yang de nyid mi rnyed pas rigs shes kyis rnyed pa dang des dpyad bzod gnyis kyang mi mtshungs so // （RGy. ba.28b5–29a1）

（27）　des na rang gi ngo bos grub pa'i rang bzhin med na gzhan ci zhig yod ces smra ba 'dis ni gdon mi za bar myu gu rang bhzin med pa dang myu gu med pa gnyis kyi khyad par ma phyed par gsal la de'i phyir myu gu yod pa dang myu gu rang gi ngo bos grub pa gnyis kyang mi phyed pas yod na rang gi ngo bos yod pa dang / rang gi ngo bos grub pa med na med par 'dod par gsal te / ...... （LRChen. pa.355b6–356a1）

（28）　de ltar ji srid du myu gu la sogs pa rnams yod par 'dod pa de srid du rang gi ngo bos grub pa'i yod par smra la rang gi ngo bos grub pa gtan med na gtan med du smra na ni mtha' gnyis su ltung bar gdon mi za bas dNgos por smra ba'i go lugs dang khyad med pa yin te / ...... (LRChen. pa.356a2-3)

〔訳〕そのように、〔対論者は〕「芽などの諸々のものが有ると認める限りは、自体によって成立するものが有る」と認め、「自体によって成立するものが無いならば、皆無（虚無、絶対無）である」と語るのである。〔そのようで〕あるならば、必ずや二辺に堕すること〔になる〕から、実体論者の理解の仕方と違いはないのである。そして、……（長尾［1954］, p. 138；Wayman［1978］, p. 202-203；Newland［2002］, p. 142）

(29) de lta ma yin na rang gi ngo bos grub pa 'gog pa'i rigs pas yod tsam dang skye ba dang 'gag pa tsam la sogs pa ci'i phyir 'gegs par smra / ...... (LRChen. pa.356a1-2)

(30) de la tha snyad du yod par 'dod pa dang med par 'dod pa ni ci 'dra ba zhig gi sgo nas 'jog pa yin snyam na / tha snyad pa'i shes pa la grags pa yin pa dang ji ltar grags pa'i don de la tha snyad pa'i tshad ma gzhan gyis gnod pa med pa dang / de kho na nyid la'am rang bzhin yod med tshul bzhin du dpyod pa'i rigs pas gnod pa mi 'bab pa zhig ni tha snyad du yod par 'dod la de dag las ldog pa ni med par 'dod do // (LRChen. pa.376b5-377a1)

〔訳〕そこにおいて、「言説として有る」と主張するものはどのような〔観〕点から設定されるのであるかといえば、〔それは以下のようである。〕(1)「言説知に極成であるもの」、(2)「極成のまま（知られたまま）のその対象に〔対して〕他の言説の知識根拠によって害（排撃/否定）されることが無いもの」、(3)「真実をあるいは自性が有るか否かを如理に考察する正理による排撃が投じられないもの」〔であるこれらの条件を満たすもの〕は「言説として有る」と認めるが、それらと反対のものは、「〔言説としては〕存在しない」と認めるのである。（長尾［1954］, p. 174；Wayman［1978］, p. 236；Newland［2002］, p. 178）

(31) de la tha snyad pa'i shes pa ni chos gang la'ang ji ltar snang ba ltar gyi rjes su 'jug pa tsam yin gyi snang ba'i don de blo la de ltar snang ba tsam yin nam / 'on te don gyi yin tshul la de ltar grub pa yin snyam du mi dpyod pa'i shes pa ma brtags par 'jug pa rnams so // de nyid la ma dpyad pa'i shes pa zhes bya yi brtag pa ye mi byed pa ni min no // (LRChen. pa.377a1-2)

(32) 'di ni 'jig rten pa'am tha snyad pa'i shes pa la ji ltar snang zhing grags pa ltar 'jug gi yin lugs ji ltar yin dpyad nas 'jug pa min pa'i phyir 'jig rten gyi grags pa zhes bya ba'ang yin pas 'di 'dra'i shes pa ni grub mthas blo bsgyur ma bsgyur thams cad la 'ong bas ji 'dra zhig gi rgyud la 'dug kyang 'jig rten pa'i grags pa'am ma dpyad pa'i shes pa zhes bya yi grub mthas blo ma bsgyur ba'i 'jig rten pa kho na'i rgyud la yod par mi bzung ngo // (LRChen. pa.377a2-4)

(33) tha snyad pa'i tshad ma gzhan gyis gnod pa ni dper na thag pa la sprul lo snyam pa dang smig rgyu la chu'o snyam du 'dzin pa na yin lugs la ji ltar yin dpyod pa med pa'i blos bzung ba yin mod kyang des bzung ba'i don la tha snyad pa'i tshad mas gnod pas de dag tha snyad du'ang med pa yin no // (LRChen. pa.377b2-3)

(34) これらの「言説無」には、ここにおけるロープや水などのような、外・内の一時的な迷乱の原因を有する感官知によって設定されたものと、自在天やプラダーナなどのように、誤った学説や疑似論証によって害された意によって設定されたもの、そして同じく眠りによって害された意によって設定された夢（夢の中の存在）がある（LRChen. pa.370b3-371a5）。

(35)　rang bzhin yod med tshul bzhin du dpyod pa'i rigs pas gnod pa mi 'bab pa ni tha snyad du 'jog pa'i don rnams tha snyad pa'i tshad mas grub dgos kyang rang bzhin yod med tshul bzhin du dpyod pa'i rigs pa'i shes pas ni rnam pa thams cad du mi gnod pa nges par dgos kyi ...... (LRChen. pa.377b3-4)

(36)　des na tha snyad du yod na rigs shes kyis ji ltar yod btsal bas rnyed pa 'gal med kyang / rigs shes tshad mas mi gnod pa cig nges par dgos la tha snyad pa'i tshad ma gzhan gang gis kyang mi gnod pa cig kyang dgos te / tha snyad du yod pa la tshad mas grub pa dgos pa'i phyir ro // (LNy. pha.111b1-2)

〔訳〕それ故に、言説として有るならば、〔その言説有が〕正理知によってどのように有るかを探ることによって得られることは矛盾するけれども、正理知という知識根拠によって排撃されないことは必ず有るべきであり、いかなる他の言説の知識根拠によっても排撃されるべきでもないのである。なぜならば、言説として有ることに関しては、知識根拠によって成立することが必要であるからである。(Thurman［1984］, pp. 371-372；片野［1998］, p.221)

(37)　...... shing rigs pa'i dpyad pa byas nas rigs pa des ma rnyed pa na kun rdzob pa de dag 'jig pa la kun rdzob 'jog pa la mi mkhas pa zhes mang du gsungs pa yin no // (LRChen. pa.364b3)

〔訳〕……そして、正理の考察がなされて、その正理によって得られない時に、〔それによって、〕それらの世俗的なものを破壊する人を、世俗を設定することに精通していない〔人〕である（kun rdzob 'jog pa la mi mkhas pa）と、〔このアーチャーリヤ・チャンドラキィールティは〕再三説かれているのである。(長尾［1954］, p. 153；Wayman［1978］, p. 216；Newland［2002］, p. 157)

(38)　gal te mig la sogs pa rnams mi srid na de'i phyir ji ltar mig la sogs pa'i dbang po 'di rnams las kyi rnam par smin pa'i ngo bor rnam par bzhag ce na / ci kho bo cag gis 'di rnams kyi rnam par smin pa'i ngo bo nyid bkag gam / gal te mig la sogs pa rnams 'gog par bsgrub pas de ji ltar ma bkag ce na / kho bo cag gi rnam par dpyod pa ni rang bzhin tshol ba lhur byed pa nyid kyi phyir ro // kho bo cag ni 'dir dngos po rnams rang gi ngo bos grub pa 'gog gi mig la sogs pa byas shing rten cing 'brel bar 'byung ba'i las kyi rnam par smin pa nyid ni mi 'gog go // de'i phyir de yod pas gang zhig rnam par smin pa nyid du bsnyad pa mig la sogs pa yod pa nyid do zhes rigs pas 'di tsam zhig 'gog la 'di tsam zhig mi 'gog ...... (LRChen. pa.366b3-6 / CŚṭ. ya.201b1-4)

(39)　rigs pa rnams rang bzhin tshol ba lhur byed par gsungs pas rigs pa ni rang bzhin yod med 'tshol ba yin pas des bkag pa'ang rang bzhin bkag ces pa'i don yin pas 'di gnyis phyed par bya'o // de 'dra ba'i las 'bras rnams mi 'gog par ma zad dBu ma pas de khas blang dgos par gsungs te ...... (LRChen. pa.367a1-3)

(40) de ltar na rang gis bden pa gnyis kyi rnam par bzhag pa byas pa'i don dam gtan la 'bebs pa'i rigs pas kun rdzob pa'i rnam par bzhag pa la gnod na ni bden pa gnyis rnam par 'jog pa'i rnam gzhag la nang 'gal byung ba yin pas / bden pa gnyis rnam par 'jog pa la phul du byung ba'i mkhas par ji ltar rung / rnam gzhag de gnyis la nang 'gal cung zad kyang med na ni don dam gtan la 'bebs pa'i rigs pas kun rdzob pa'i rnam par bzhag pa sun 'byin pa 'gal ba yin no // (LRChen. pa.367a4–b1)

(41) dve satye samupāśritya buddhānāṃ dharmadeśanā /
lokasaṃvṛtisatyaṃ ca satyaṃ ca paramārthataḥ // (MMk. XXIV-8, p. 34)
〔訳〕二つの真理（二諦）に基づいて、諸仏の教えが説示された。すなわち、〔それは〕世俗諦と勝義諦である。
ye 'nayor na vijānanti vibhāgaṃ satyayor dvayoḥ /
te tattvaṃ na vijānanti gambīraṃ buddhaśāsane // (MMk. XXIV-9, p. 34)
〔訳〕およそ、これら二つの真理（二諦）の区別を知らない人々は、仏陀の教えにおける深遠な真実を知ることはない。
vyavahāram anāśritya paramārtho na deśyate /
paramārtham anāgamya nirvāṇaṃ nādhigamyate // (MMk. XXIV-10, p. 35)
〔訳〕言説（世俗諦）に依らなければ、勝義は説かれえない。勝義に至らなければ、涅槃が得られることはない。

(42) de yang sangs rgyas rnams kyis chos bstan pa // bden pa gnyis la yang dag brten / * zhes skye 'jig sogs yod pa kun rdzob dang med pa don dam par yin pa'i bden gnyis kyi rnam dbye shes dgos par gsungs shing ...... (RGy. ba.18a2–3)
* MMk. XXIV-8. (註(40)参照)
〔訳〕さらに、「二諦に基づいて諸仏によって教えが説かれた」というように、生・滅などが有ることは世俗〔としてであり〕、また〔生・滅などが〕無いことは勝義としてであるという二諦の区別が理解されるべきであると、〔ナーガールジュナによって〕説かれており、……

(43) de nyid dpyod pa'i rigs pas 'gog na dgag pa de tha snyad du bya dgos pa'i phyir ro // (LRChen. pa.366a3)
〔訳〕真実を考察する正理によって否定するならば、その否定は言説としてなされるべきであるからである。(長尾［1954］, p. 156；Wayman［1978］, p. 219；Newland［2002］, p. 159)

(44) ...... dbang po'i shes pa la gzugs sgra sogs rang gi mtshan nyid kyis grub par snang la snang ba ltar gyi rang gi mtshan nyid tha snyad du yang med pas na slob dpon 'di tha snyad du yang 'di dag 'khrul par bzhed pa yin no // (LRChen. pa.374a4–5)

(45) de lta na'ang dbang po'i shes pa rnams tha snyad du gzugs sgra la sogs pa'i yul rnams rnam par 'jog pa'i tshad mar mi 'thad pa med de / de rnams 'khrul par 'jog pa'i rgyu mtshan snang ba ltar gyi rang gi mtshan nyid kyis grub pa'i don med pa ni rang bzhin yod med dpyod pa'i rigs pa'i shes pas 'grub pa yin gyi tha snyad pa'i tshad mas gtan mi 'grub

pas tha snyad pa'i shes pa la bltos te 'khrul pa ma yin no // (LRChen. pa.374a5-b1)

(46)　zla ba gnyis snang dang gzugs brnyan la sogs pa snang ba'i shes pa ni snang ba ltar gyi don zla ba gnyis dang byad bzhin la sogs pa med par tha snyad pa'i tshad ma nyid kyis rigs pa'i shes pa la bltos med du 'grub pas na de dag dang snga ma rnams la yang dag dang log pa'i kun rdzob kyi rnam dbye yang 'thad pa yin no // (LRChen. pa.374b1-2)

(47)　gal te rigs pa'i shes pa dang tha snyad pa'i tshad ma la brten nas 'khrul par rtogs pa'i khyad par yod du chug kyang byad bzhin la sogs par snang ba'i don med pa ltar rang gi mtshan nyid du snang ba'i don yang med la rang gi mtshan nyid kyis stong pa'i gzugs sogs yod pa ltar byad bzhin la sogs pas stong pa'i gzugs brnyan la sogs pa'ang yod do // de'i phyir de dag la tha snyad pa'i blo rang dga' ba la bltos nas kyang phyin ci log ma log gyi khyad par med do snyam na / ...... (LRChen. pa.374b2-4)

(48)　'o na rang gi mtshan nyid kyis grub pa'i ngo bo dang byad bzhin du snang ba ltar gyi don gnyis ka tha snyad du med par 'dra la gzugs sogs dang gzugs brnyan sogs gnyis ka tha snyad du yod par 'dra ba la / ...... (LRChen. pa.374b4-5)

(49)　brten nas 'byung ba gzugs brnyan dang brag cha la sogs pa cung zad cig ni brdzun yang ma rig pa dang ldan pa rnams la snang la sngon po la sogs pa gzugs dang sems dang tshor ba la sogs pa cung zad cig ni bden par snang ste / rang bzhin ni ma rig pa dang ldan pa rnams la rnam pa thams cad du mi snang ngo // de'i phyir de dang gang zhig kun rdzob tu yang brdzun pa ni kun rdzob kyi bden pa ma yin no // (LRChen. pa.374b5-375a1 / MAbh. p. 107)

(50)　......zhes sngon po la sogs pa kun rdzob bden par 'jog pa dang gzugs brnyan sogs kun rdzob bden par mi 'jog pa'i khyad par mi 'thad do zhes brjod na lan ci yod / (LRChen. pa.375a1-2)

(51)　de gnyis ka tha snyad pa'i shes pa la snang bar 'dra yang gzugs brnyan la sogs pa ni 'jig rten pa'i shes pa nyid kyis brdzun par rtogs pas 'jig rten kun rdzob kyi bden par mi 'jog la sngon po la sogs pa ni brdzun pa yin kyang de brdzun par 'jig rten pa'i shes pas khong du chud par mi nus pas 'jig rten kun rdzob kyi bden par 'jog go snyam na / ...... (LRChen. pa.375a2-3)

(52)　de ltar yul de gnyis la tha snyad pa'i shes pa la bltos te bden brdzun 'thad pa bzhin du yul can gnyis kyang tha snyad pa'i shes pa la bltos te phyin ci log ma log 'thad pa yin no // (LRChen. pa.375a3-4)

(53)　gal te tha snyad pa'i shes pa la bltos te phyin ci ma log pa yin na tha snyad du 'khrul ba dang 'gal lo snyam na / ...... (LRChen. pa.375a4)

(54)　tha snyad du 'khrul sa'i tha snyad dang shes pa gang la bltos nas phyin ci ma log par bzhag pa'i tha snyad pa'i shes pa gnyis gcig yin na 'gal ba yin kyang tha snyad de gnyis ni so so ba yin pas ci zhig 'gal / (LRChen. pa.375a4-5)

(55)　こうした勝義は、一般に中観自立派において認められる「異門勝義」(paryāya-paramārtha)と理解される。異門勝義については、安井[1970], pp. 174-176；江島[1980a], pp. 102–105；Tauscher［1988］；Seyfort Ruegg［2000］，p. 98，note 207 参照。

第4章　中観論者における主張の有無 (1)

I

仏教における究極的な境地は、無分別知すなわち主客未分な状態にある知であるとされる。そして、それに至るプロセスとは、主観と客観によって構成される通常の「対象的認識」において、まさにその主観と客観の枠を通した認識によって、主・客を超えた無分別知を志向する道程であると言える。それと同様に、ことばによっては表現しえない（ことばが断滅している）聖なる世界への道程である「ことばによることばの否定」ということも、ことばを通してことばを超えることを目指すものであると言える。そして、そのような意味で、ある意図のもと結びつけられた複数のことばの集まりである「主張」というものも、究極的な立場すなわち勝義においては認められないが、それに至る過程においてはけっして否定されないものと考えられるのである。

この「中観論者における主張の有無」という問題を考察する際に、とりわけ注意しなければならないことは、その議論が一体どのレベルのものであるかということである。つまり、中観思想の脈絡においてそれを表現すれば、その議論自体が勝義（厳密には、ことばを超えた勝義）におけるものなのか、あるいは世俗におけるものなのかが明らかにされなければならない。なぜならば、そのことが曖昧にされたままで、世俗の議論を「戯論寂滅」（prapañcopaśama）なる勝義のそれにすり替えることが容易に許されるならば、議論すること自体あるいは考察すること自体がまったく無意味となってしまうからである。本章では、そのような中観思想における問題点を取り扱っていくが、本題に入る前に、問題の所在を確認することを目的として、このテーマについてもう少し述べておくことにしたい。

中観論者、特に中観帰謬派の特徴として「主張は無い」（厳密には「自らの主張は無い」ということであるが、以下においては、「中観論者には自らの……」あるいは「自らの……」という表現を付さない場合もある）ということが挙げられるが、わずかばかり思いを廻らしただけでも、それに関しては、以下のような素朴な疑問がにわかに浮かび上がってくる。

たとえば、中観論者が「自らには主張は無い」と表明すること自体、ある種の主張と考えられるのではなかろうか[(1)]。もしある人が「自らには主張は無い」と臆面もなく語ったならば、それは「私は絶対嘘をつきません」と語ることと大差はなく、そのようなことが果たして信憑性をもって受け取られるだろうか。また、「勝義としては分別やことばを含めたあらゆるものは認められない」という前提のもと、中観論者は自らの主張を立てることなく、対論者の主張をただ単に否定するだけであるならば、そのような中観論者の姿勢は、単なる揚げ足とり（vitaṇḍā）でしかないであろう[(2)]。さらに、中観論者がいかなる立場も標榜することなく、ただ否定を機械的に繰り返すことによって真実に至ることができると考えるならば、その態度は「何についてもただ空と連呼すれば、真実に至ることができる」という極めて安易な理解と軌を一にするものとなってしまうであろう。それに加えて、もし「主張が無い」というのであれば、インド・チベット・中国などの中観論者と呼ばれる人々によって著わされた夥しい数の典籍の存在をどのように説明するのであろうか。

このように様々な側面で問題となるであろう、「中観論者、特に中観帰謬派における主張の有無」ということについて、以下に論究していくことにする。

Ⅱ

まず、ここで扱う「主張」というのは、狭義には論証式あるいはそれに準ずるものの一要素としての「主張命題」（pratijñā / dam bca', あるいは pakṣa / phyogs）を指し、広義には思惟作用によって形成された事柄がことばとして表出されたもの一般を指すと考えておきたい。そこで、本章のテーマである「中観論者における主張の有無」ということが、どのような脈絡の中で問題になるかについて簡単に述べておこう。

仏教思想を含めたインド思想全般において、究極的な真実は、それ自体が絶対的に存在するものであろうとなかろうと、通常の言語表現を拒むものである。もちろん大乗仏教の中核をなす中観思想に関しても、そのことは例外ではない。中観論者によってよく用いられる「戯論寂滅」という表現は、真実あるいは勝義という聖なる世界において、すべての分別やことばが跡形もなくその姿を消している様を表わすものである。たとえば『根本中論』第18章第9偈において「寂静であり、戯論によって戯論されることがなく、……」と示されることなどによれば[3]、言語表現（戯論）の一つである「主張」というものも、そこでは当然認められるものではないと考えられよう。

しかし、確かに究極的な境地においてはそうであるとしても、それに至る過程においてはどうなのであろうか。後に『廻諍論』の一節に言及する際に示すように、「主張が無い」という問題は、大きく分けて、存在論的なそして認識論的な二つの観点から論じられていると考えられる。存在論的な観点からの議論は、ある対象が本質すなわち自性を欠くことを述べるものであり、主張自体に自性が無いことを論じるものである。また、もう一方の認識論的な観点からの考察について略述すれば、以下のようになる。

何らかの「主張」が有るとすれば、そこには「主張されるべきもの」、そしてそれを設定するもの（たとえば知識根拠）が有るはずである。しかし、中観論者には「主張されるべきもの」を設定するものが無いことによって、「主張されるべきもの」も無いことになり、したがって「主張」そのものが無いと理解される。「主張されるべきもの」といっても、それには無数のものがあると考えられるが、それらの中で最も包括的なものは、有ということと無ということである。つまり、無数にある主張されるべきものは究極的には有と無に収斂され、それらのいずれもが成立しないので、あらゆる主張されるべきものが成立せず、したがって、いかなる主張も成立しないことになるのである。

ナーガールジュナのいわゆる「正理聚」（rigs tshogs）と呼ばれる著作群に属するとされる諸々の論書に関して見ただけでも[4]、そのような有と無（実体的な有と虚無）を否定することを内容とする詩句は枚挙に暇がないが、そのことを端的に示していると思われる詩句を、以下にいくつか挙げてみることにしよう。

〔1〕しかし、諸々の事物の有であることと無であることを見る少慧者は、
経験されるべきものが寂滅した
吉祥を見ることはない。(5)

『カーティヤーヤナ教誡経』において、
存在と非存在を明確に知る世尊によって、
「有」というのと「無」という両者が否定された。(6)

「有」というのは常住に対する執着であり、
「無」というのは断滅に対する執着である。
それ故に、智者は有であることと無であることに
依拠すべきではない。(7)

有であることと無であることは、
如実智によって認められない。
愚痴に基づいて無であることを得るならば、
どうして有であることを得ないこととなろうか。
(瓜生津［1974a］, p. 242)(8)

それ故に、諸仏の甘露なる教えは、有と無を超越し、
深遠であるこのことが、〔その教えによって〕説明された。
〔そして、それは〕法の贈り物であると知るべきである。
(瓜生津［1974c］, p. 243)(9)

愚かな人々は依拠に執着して、
有と無を超えることなく、

この依拠のない法を恐れて、〔結局〕破滅することとなる。
（瓜生津［1974c］，p. 245）[10]

王よ、汝が滅びることがなく生きていけるように、
〔有と無に〕依ることのない正しい出世間の法規が、
あるがままに聖教によって説かれたのである。
（瓜生津［1974c］，p. 246）[11]

このように、この世間は勝義として
真実であることと虚偽であることを超越している。
そして、まさにそれ故に、この世間は真実としては
有であるのでもなく無でもないのである。
（瓜生津［1974c］，p. 251）[12]

このような議論は、あくまで勝義の立場からのものであり、その背後では、「勝義においては非有であり且つ非無である」という非有・非無の離辺中道に関する一つの解釈がなされているのである（以下、このような離辺解釈を「勝義的離辺中道解釈」と呼ぶことにする）。しかし、非有・非無の離辺中道に関しては、もう一つの重要な解釈がある。それは「勝義としては無であるが、世俗（言説）としては有である」というものである（以下、このような離辺中道解釈を「二諦説的離辺中道解釈」と呼ぶことにする）。

そこで、以下においては、主に後者の二諦説的離辺中道解釈との関連で「中観論者における主張の有無」の問題を考察してみることにしたい。

ナーガールジュナは、『根本中論』第25章で涅槃（nirvāṇa）に関して考察を加えているが、その第24偈において、次のように述べている。

〔2〕〔涅槃とは〕すべての知覚が滅し、
戯論が滅して、吉祥なる〔境地〕である。
いかなる教えも、どこにおいても、誰に対しても、
仏陀は説かなかったのである。[13]

このように、ナーガールジュナによれば、「仏陀はいかなる教えも説かなかった」というのであるから、これを敷衍してナーガールジュナが「主張が無い」と説いていると理解することは、さほど不自然なことではないと思われる。しかしながら、この詩句を字義通りに理解して、仏陀はまったく何も説くことはなく、それと同様に、中観論者を代表するナーガールジュナもまったく何も主張することはないというならば、この450以上もの詩句からなる『根本中論』の存在意義そのものが失われてしまうことになるであろう。

ところで、その『根本中論』には、様々な形でいわゆる「空の論理」が展開されており、仏教教理において最も枢要と考えられる「四諦」あるいは「十二縁起」などのものまでもが、その空の論理によって否定されているのである。では、その「空の論理」とは、どのようなものなのであろうか。端的に言えば、それは実体論的な考え方と虚無論的なそれを否定する論理であると言える。そして、そこで採用される主要な方法は、一般に「プラサンガ論法」と言われる一種の仮定（仮言）的な論法なのである。

プラサンガ論法についての詳細は第6章で述べるので、ここではナーガールジュナが採用するプラサンガ論法の構造を簡略に示すに留めておくが、プラサンガ論法においては、まず実体論的な命題が仮定され、そしてその仮定が成立するであろうあらゆる選言肢が列挙される。次に、それらの選言肢のいずれもが虚偽であり、成立しえないことが示されることによって、最初に仮定された実体論的な命題そのものの虚偽であることが明らかになるのである。それを因果関係を例として説明してみると、次のようになる。

まず、原因と結果が実体的に成立することが仮定される。それら原因と結果の間に関係が成立することについては、両者が同一かあるいは別異かという二つの選言肢しか想定できない。原因と結果が同一であるということは、生ぜしめるもの（能生）と生ぜしめられるもの（所生）が同一であるということを意味するが、しかし、その場合には、因果関係が成立することは許されない。なぜならば、因果関係が成立するためには、少なくとも二つの異なったものが必要となるからである。では、原因と結果の両者がまったく別異である場合はどうであろうか。そこには、結果は原因に関わることなく成立し、同じく原因も結果に関わることなく成立することになる。そのうちの原因に関してだけ言えば、その両者がまったく別異である場合には、原因は自らの結果とまったく関わらなくとも、その結果の原因として成立することになるが、しかし、そのような原因のあり方は、その結果の原因ではないもの（非因）に関しても同じである。つまり、その結果の原因ではないもの（非因）と結果の間にも、生ぜしめるもの（能生）と生ぜしめられるもの（所生）の関係が成立するという誤った結論（過大適用という誤り）が導き出されることになるであろう。このように、実体的な原因と結果との関係が成立するためのすべての選言肢が否定されることによって、原因と結果が実体的に成立することが否定される。つまり、原因と結果は空であるということが明らかにされるのである。

しかし、この空の論理によって否定・排除されているのは、あくまで実体的な原因であり結果なのである。中観論者においては、実体的な存在が勝義的な存在と見なされるので、ここにおいて否定・排除されているのは、あくまで勝義的な原因や結果であり、もう一歩踏み込んで言えば、そこには世俗として相互に依存関係にある原因と結果の認められる余地が残されているということになるのである。

つまり、ナーガールジュナがこの『根本中論』において空の論理を駆使して実体論的な存在を否定しようとした背景には、その各々の章でテーマとして扱われているものが勝義としては成立しえないけれども、世俗としては成立するという考えがあると推測できるのである（ただし、『根本中論』の各章でテーマとされているものの中には、たとえば第 18 章「アートマンを考察する章」(ātma-parīkṣā) における否定対象であるアートマンや、第 15 章「自性を考察する章」（svabhāva-parīkṣā）における否定対象である自性などのように、勝義においてばかりでなく世俗においても否定されるものがあるということには、留意しておく必要がある)。確かに、『根本中論』における空の論理の展開においては、そのほとんどの考察がその主題となっているものを勝義として否定することに費やされており、世俗としてそれが有るという側面がほとんどの場合前面に提示されてはいない。しかし、上に述べたような世俗に対する肯定的な側面が前提にあるとしなければ、次の、空性が適合するところにこそ事物が成立するというような記述はありえないであろう。

〔3〕空性が適合するものには、すべてが適合する。

　　また、空なるものが適合しないものには、すべてが適合しない。[(14)]

そして、そのような言説（世俗）に対する肯定的な側面は、この詩句が由来する第24章において、縁起・空性が成立するからこそ四諦などの教え（法）が成立し、それに基づいてサンガ（僧）、そして覚った人（仏）、つまり仏教そのものを象徴するとも言える「三宝」が成立するとされていることに、端的に見て取ることができると考えられる。それを先の「二諦説的離辺中道解釈」の枠組みによって理解すれば、「勝義としては三宝などは無であるが、世俗としては有である」ということになる。さらに、それを「主張の有無」の問題として理解すれば、「勝義としては主張されるべきものは無いが、世俗としてはその主張されるべきものは有る」あるいは「勝義としては主張は無いが、世俗としては主張は有る」ということになる。したがって、主張が無いとされるのはあくまで勝義に関して言われているだけであると理解しうるのである。

ところで、ナーガールジュナの「正理聚」に属するとされ、そして先に引用された『根本中論』以外の著作の中にも、中観論者に主張が無いことに言及する箇所があるので、それらにも検討を加えてみることにしたい。

そこで、まず考察すべきは、『廻諍論』第29偈と第30偈である。

〔4〕もし私に何らかの主張が有るならば、

　　それによってこの過失が私に有るであろう。

　　しかし、私にはいかなる主張も無いのであるから、

　　したがって、この〔ような〕過失は私には無いのである。

　　（山口［1929］, p. 31；K. Bhattacharya［1978］, p. 23；梶山［1974］, p. 157）[(15)]

〔5〕もし私が直接知覚やその他のもの（知識根拠）によって

　　何かを知覚したとするならば、私は〔それによって、

その何かを〕証明したりあるいは否定したりすることができるであろう。
〔しかし、〕そのようなもの（直接知覚などの知識根拠）は
無いのであるから、私は非難されないのである。
（山口［1929］, p. 32；K. Bhattacharya［1978］, p. 24；梶山［1974］, p. 158）(16)

この二つの詩句は、本節の最後に言及するアーリヤデーヴァ（Āryadeva）の『四百論』*Catuḥśataka*（略号, CŚ）の詩句とともに（後に本章および次章で、チャンドラキィールティやツォンカパなどにおける「主張の有無」の問題に言及する際にも触れる）、「中観論者にはいかなる主張も無い」という解釈の典拠として最もよく採用されるものである。ここでは、まず第29偈に対するナーガールジュナ自身の註釈において、「主張の有無」の問題がどのように捉えられているかを見てみることにしよう。

〔6〕もし私に何らかの主張が有るとするならば、それに基づいて、私（中観論者）には主張の特徴を認めることがあることになり、汝が語ったような以前の過失が有るであろう。〔しかし、〕私にはいかなる主張も無いのである。それ故に、すべての事物が空であり、絶対的に寂静であり、本質を欠いている場合に、どうして主張が〔有るであろうか。〕どうして主張の特徴を認めることに関する過失が〔有るであろうか〕。そこにおいては、「汝には主張の特徴を認めることから、汝にこそ過失が〔有る〕」と、汝が語った〔批判〕それは正しくないのである。……（山口［1929］, p. 33；K. Bhattacharya［1978］, pp. 23–24；梶山［1974］, pp. 157–158）(17)

ここで「すべての事物が空であるから主張も無である」と説かれているのは、主張が無いことに関する存在論的な観点からの理解である。つまり、すべての事物の一つとして主張も空であり、それは非空すなわち勝義である主張が無いということである。したがって、ここで有るか否かが議論されているのは、「勝義的な主張」すなわち「実体的な主張」ということなのである。第1章の考察において「すべての事物は空である」ということばそれ自身が空であると理解されたように、事物に自性を認めず空であると非実体論を語ることばそれ自身が空すなわち非実体的なものであるということからすれば、

反対に実体的なことばとは、実体論を語ることばと見なすことができる。したがって、「実体的な主張」すなわち「勝義的な主張」とは、「実体論を語る主張」あるいは「自性を認める主張」と理解することができるのである。

このような理解は、この後で触れるチャンドラキィールティやツォンカパによる「中観論者における主張の有無」の議論において極めて重要な意味を持つことになるので、ここでひとまず図表として整理しておくことにしたい。

図表Ⅰ

無自性論者（中観論者）のことば（主張）： 事物が無自性・空であること、すなわち非実体論を説くことば（主張）は、それ自身も、無自性・空である。
有自性論者（実体論者）のことば（主張）： 事物に自性が有り非空であること、すなわち実体論を説くことば（主張）は、それ自身実体的である。

また、二つめの詩句『廻諍論』第30偈では、主張が無いことに関する認識論的な観点からの考察がなされている。証明あるいは否定がなされる場合、その対象の存在が前提となる。そして、それを確定するものが直接知覚などの知識根拠なのであるが、ここにおいて否定されているのは、先にも触れた『根本中論』の場合と同じように、あくまで実体的すなわち勝義的な直接知覚などの知識根拠であると考えられる。したがって、それに相応して無いとされる証明されるべきものあるいは否定されるべきものも勝義的なものと言えるであろう。本節の冒頭でも少し触れたが、それを「主張の有無」の問題として示せば、「証明されるべきもの」が「主張されるべきもの」であり、それが勝義として無いことによって、「主張するもの」（主張）も勝義として無いと理解されるのである。つまり、この認識論的な観点からの考察においても問題とされているのは、単なる主張ではなく、「勝義的な主張」すなわち「実体的な主張」ということなのである。

このように、この二つの詩句において無いとされる主張は、あくまで勝義的なもの（非空なるもの）、すなわち自性によって成立する主張であると理解できるのである。そこで、この二つの詩句に関する理解を、図示しておけば、次のようになる。

図表Ⅱ

《「主張」の問題に関する『廻諍論』第29偈ならびに第30偈の要点》

『廻諍論』第29偈： 主張が無いことに関する存在論的な理解	**『廻諍論』第30偈：** 主張が無いことに関する認識論的な理解
すべての事物が空であるから、主張も無自性・空である。	「主張されるべきもの」が勝義としては無いから、「主張するもの」（主張）も勝義としては無い、すなわち無自性・空である。

また、ナーガールジュナは、『六十頌如理論』*Yuktiṣaṣṭikā*（略号, YṢ）の第50偈でも、主張が無いことを次のように述べている。

〔7〕諸々の偉大な人々〔に〕は〔自らの〕主張が無く、論争〔も〕無い。
〔自らの〕主張が無い人々に他の主張がどうして有ろうか。（山口［1975］, pp. 100–101；瓜生津［1974b］, p. 80；Scherrer-Schaub［1991］, p. 294）(18)

この詩句においては、自らの主張と他者の主張の相互依存の関係性の中で、主張が実体的に（勝義として）無いことが示されていると考えられる。また、次に掲げる『ラトナーヴァリー』*Ratnāvalī*（略号, RV）においても同じような内容が示されている。

〔8〕菩提を依拠とすることによって
いかなる主張も無く、行為も無く、
心も無い人々は、真実として、
それらが無いことに基づいて、
どうして虚無論者と言われようか。
（瓜生津［1974c］, pp. 242–243）(19)（強調点筆者）

牟尼は、見られるものや聞かれるものなどは
実在でもなく、虚妄（虚無）でもない、と説かれた。
なぜならば、主張が有れば反主張が生じ、
しかもその主張と反主張の両者は、真実には
存在しないのであるから。
（瓜生津［1974c］, p. 250）(20)（強調点筆者）

この二つの詩句において、「真実には……」(arthataḥ) と述べられていることから明らかなように、この『ラトナーヴァリー』における「主張が無い」ということも、先に引用した『廻諍論』と同様に、「勝義としては主張は無い」ということを意味するものであると考えられる。

最後に、先にも断っておいた、『廻諍論』第29偈・第30偈とともに、「主張の有無」に関する議論で典拠として用いられるアーリヤデーヴァの『四百論』の第16章第25偈を見てみることにしよう。

〔9〕「有」、「無」、「有且つ無」
　という立場が存在しないその人には、
　どんなに長い時間が経て〔批判され〕ようとも、
　批判は語られることはない。
　(Lang〔1986〕, p. 151)(21)

この詩句に関してはチャンドラキィールティによる註釈がある。それを参照すると、有などの立場（主張）は虚空の絵などに例えられていることから、まったく無いものと捉えることもできるが、その一方で空性論者が唱えるものであるとされていることからすれば、勝義としては無く世俗としては有る、つまり無自性・空なものとも理解できるのである。(22)

Ⅲ

そもそも「中観論者には主張は無い」という学説が形成される上で一つの大きな契機となったのは、チャンドラキィールティの著作に見られる諸々の記述と言ってよいであろう。彼自身がその学説を字義通りに「中観論者にはいかなる主張も無い」という意味で唱えていたかどうかは別としても、彼の思想の追随者たち、つまり一般に「中観帰謬派」(Prāsaṅgika-Madhyamaka, dBu ma thal 'gyur ba) と呼ばれる人々によって、様々な形で解釈されながら、その学説自体は金科玉条のように伝承され護持されていったと思われる。

チャンドラキィールティが「主張の有無」の問題に言及することで特に知られているのは、『根本中論』に対する彼自身の註釈書である『プラサンナパダー』の第一章「縁に関する考察」(pratyaya-parīkṣā) の中のいわゆる「四不生」の議論である。正確に言えば、四不生の中の不自生（すなわち諸々の事物が自らより生じないこと）に関するブッダパーリタの註釈に対して、バァーヴィヴェーカが批判を加え、それをチャンドラキィールティが弁護するという経緯において、この問題が論じられているのである（なお、この『根本中論』の四不生に関して、ブッダパーリタ、バァーヴィヴェーカそしてチャンドラキィールティが展開し議論については、第6章で改めて言及する）[(23)]。

ブッダパーリタによる不自生説の理解に関するバァーヴィヴェーカの批判を前提として、チャンドラキィールティがブッダパーリタを弁護するという脈絡で、実際に語られているのは、次の記述である。

〔10〕しかし、中観論者が自ら自立論証をなすことは正しくない。なぜならば、他の立場（主張）を認めることはないからである。(Stcherbatsky［1927］, p. 95；山口［1947］, p. 22；Sprung［1979］, p. 37；本多［1988］, p. 13；奥住［1988］, p. 64；丹治［1988］, p. 13；Seyfort Ruegg［2002］, p. 28)[(24)]

ここにも見られるように、『プラサンナパダー』における「中観論者において主張は無い」という議論には、「自立」(svatantra) という概念が深く関係していると思われる。端的に言えば、チャンドラキィールティが無いと言うのは、単なる主張ではなく、自立的な主張ということなのである。そして、そのことはチャンドラキィールティがバァーヴィヴェーカの推論 (anumāna) あるいは論証式 (prayoga-vākya) を「自立論証」(svatantrānumāna) と呼称し、それを否定していることとまさに呼応するものと考えられる（なお、チャンドラキィールティの自立論証批判に関する主な考察は第8章に譲ることとし、ここではあくまで「主張の有無」の問題との関連でだけ「自立論証」に言及することにしたい）。

では、この「中観論者が自ら自立論証をなすことは正しくない。……」という記述は、「主張の有無」という問題の脈絡の中でどのように理解すべきものなのであろうか。まず気がつくことは、そこでは中観論者に主張が無いとは直接的に述べられていないことである。であれば、なぜこの箇所が「中観論者に主張が無いこと」と関連づけられるようになったのであろうか。

その根拠は、この記述の直後に典拠として引用される、すでに紹介した『廻諍論』第29偈・第30偈と『四百論』第16章第25偈において、明確に「主張が無い」と述べられていることに見出すことができると考えられる。『廻諍論』と『四百論』で無いと述べられている主張は、勝義的なものすなわち勝義において成立する主張であると理解できることは、すでに前節においてある程度確認した。したがって、そのような理解をチャンドラキィールティが忠実に継承し、それらの詩句を典拠として引用したとすれば、そこには「勝義としては主張は無い」ということが含意されていると考えられる。

そこで次に、そのような「勝義としては主張は無い」という趣旨が、上の『プラサンナパダー』の記述の中に直接的に読み取れるかどうかを吟味してみることにしよう。

まず問題としたいのは、「中観論者が自ら自立論証をなすことは正しくない」という前半の記述である。「自立論証」とは、先に触れたように、チャンドラキィールティがバァーヴィヴェーカの推論あるいは論証式を批判する際に用いた呼称であるが、その背後にあるチャンドラキィールティの意図は、次のように推察できる。バァーヴィヴェーカは中観論者すなわち空論者であるが、もし彼が真の空論者であるならば、実体論者すなわち不空論者に対して論証式を用いて諸々の事物の空性を証明できないはずである。なぜならば、空性を論じることにおいて、空論者と不空論者の間には、共通なものが成立しえず、議論における共通な基盤が成立しえないからである。それを、『プラサンナパダー』における中観論者とサーンキャ学派との間の議論に基づいて具体的に説明すると、次のようになる。中観論者がサーンキャ学派に提示する論証式の中で、たとえばその論証式の主語すなわち有法（dharmin）は、中観論者にとっては施設有（prajñapti-sat）であり、一方、実体論者であるサーンキャ学派にとっては実体有（dravya-sat）である。そこには、明らかに両者の間に共通な有法は成立しえない。それにもかかわらず、バァーヴィヴェーカがなんとか論証式を採用しようとして、実体論者との間で共有できるものを設定するというならば、彼自身が譲歩して、すなわち純粋な中観論者（空論者）であることを放棄して、幾分かでも実体的な要素を持つ有法を認めざるをえないことになる。つまり、諸々の事物の空性を証明するために、実体的（不空）なものを自ら受け入れなければならないという矛盾した態度が、バァーヴィヴェーカに要求されるのである。したがって、「自立論証」というのは、実体的な存在を基盤とした論証であり、「自立論証式」を構成する主張も、実体的な存在すなわち勝義的な存在を基盤としたものである、と考えられるのである。すると、上の記述の当該部分も、中観論者が実体的すなわち勝義的な主張を語ることがないということを示唆するものであると考えられる。

次に問題としたいのは、「……なぜならば、他の立場（主張）を認めることはないからである」という後半の記述である。そして、この部分を理解する端緒となるのが、同じ『プラサンナパダー』に現われる次の記述である。

〔11〕〔対論者：〕「〔諸々の事物は〕自らよりけっして生じない」と確定されているならば、〔それは〕「〔諸々の事物は〕他より生じる」という〔汝にとって〕望ましくないことに至るのではないか。

〔チャンドラキィールティ：それは、私にとって望ましくないことに〕至るのではない。なぜならば、〔そこには〕非定立的否定が含意されているからである。また、他より生じることも後に否定されるからでもある。（Stcherbatsky［1927］, p. 93；山口［1947］, pp. 18–19；Sprung［1979］, p. 36；本多［1988］, p. 11；奥住［1988］, p. 62；丹治［1988］, pp. 10–11；Seyfort Ruegg［2002］, pp. 18–23）(25)

これは、中観論者による諸々の事物が自らより生じることの否定が、定立的否定（paryudāsa）か非定立的否定（prasajya-pratiṣedha）かという議論である。つまり、対論者の非難の趣旨は、その否定が定立的否定であれば、たとえば「諸々の事物が他より生じること」が定立されてしまい、それは中観論者が唱える四不生説と抵触してしまうことにならないか、というものである。それに対するチャンドラキィールティの回答は、中観論者が唱える、諸々の事物が自らより生じることの否定には、それ以外の、すなわち、それより他の主張である「他より生じること」という設定は含意されていないことを示すものであり、また実際に他より生じることは、中観論者自身によって後に否定されている、というのである[26]。ただし、「自らより生じる」ということより他の主張としては、「他より生じること」だけではなく、「自らと他の両者より生じること」そして「原因無くして生じること」もを考慮しなければならないはずである。ここで、それらすべての主張が取り上げられない理由は定かではないが、ともかく、四不生の議論において否定される四種類の生じることとは、実体論すなわち自性を認める立場において生じることの選言肢を列挙したものであるから、それらはいずれも勝義として生じること(実体的なものが生じること)の選言肢と理解される。しかし、中観論者にとっては勝義において生じると主張されるべきものは無いので、そのような主張も勝義において無いことになる。したがって、そこには「勝義としては主張は無い」すなわち「勝義的な主張は無い」ということが含意されていると理解されるのである。そのように考えれば、「他の主張を認めない」云々というのは、厳密には「『自らより生じること』より他の主張である『他より生じること』を勝義としては認めない」という意味として理解すべきなのである。

ところが、同じ『プラサンナパダー』の自立論証批判の展開の中で、勝義的な主張というのではなく、主張そのものが中観論者に無いことを論じていると理解できそうな記述もある。

〔12〕〔チャンドラキィールティ：〕また、「プラサンガ〔により〕反対にされた意味」とは、敵者(サーンキャ学派)のみが結びつくのであって、我々とではないのである。なぜならば、我〔々〕には「主張」が無いからである。それ故に、「我々が定説と矛盾すること」(siddhāntavirodha)がどうして有ろうか。「プラサンガ〔により〕反対にされたもの」が成立させられることによって、敵者に多くの誤謬(たとえば「他より生じること」)〔が生じること〕となることそれこそが、我々の望むことに他ならないのである。(Stcherbatsky［1927], p. 103；山口［1947], p. 32；Sprung［1979], p. 39；本多［1988], p. 18；奥住［1988], p. 70；丹治［1988], p. 18；Seyfort Ruegg［2002], pp. 38–39)[27]

この記述は、先の議論と同じ内容のバァーヴィヴェーカによるブッダパーリタ批判に対して、ブッダパーリタを弁護するために、チャンドラキィールティが述べたものである。その趣旨は、中観論者にはいかなる主張も無いから、サーンキャ学派が唱える「自らより生じること」をプラサンガ論法によって否定すること（プラサンガ論法をチャンドラキィールティがどのように理解しているかについては、第6章で改めて論じるが、ここの場合は、定立的否定によって否定することを意味する）によって、中観論者であるブッダパーリタ自身が「他より生じること」を認めることはありえないということであると理解できることは、確かである。しかし、それにもかかわらず、この記述もまた中観論者には勝義的な主張が無いことを支持するものであると考えてみたい。その場合、上の記述は次のように解釈される。つまり、中観論者がけっして認めることがないのは、勝義的に「生じること」なのであるから、バァーヴィヴェーカが指摘しているように、プラサンガ論法によって勝義的な主張である「自らより生じること」を否定しているからといって、ブッダパーリタがそれ以外の勝義的な主張である「他より生じること」を認めていることにはならないのである。そして、自らの意図に反して「他より生じること」などを認めなければいけなくなるのは、誤った根拠に基づいて諸々の事物が自らより生じること、別な言い方をすれば実体論的な「因中有果説」を主張するサーンキャ学派の方である、と理解できるのである。

さらに、同じく『プラサンナパダー』の自立論証批判の関連で、主張そのものが中観論者に無いことを論じていると理解できそうな、もう一つの記述を見てみることにしよう。

〔13〕このように中観論者が自立論証をけっして語らない時に、サーンキャ学派が以下のような非難を投じるような、「諸々の内処は自らより生じない」という自立的な主張（svatantrā pratijñā）は、どこにあるであろうか。

〔サーンキャ学派：汝（中観派）の〕この主張の意味は何であるか。〔つまり、〕「自らより」というのは、「結果を自体とするものから」〔という意味なのか〕、あるいは「原因を自体とするものから」〔という意味〕のいずれであるのか。

〔中観派：〕それによって、どうなるというのか。

〔サーンキャ学派：〕もし「結果を自体とするものより」〔という意味〕なのであれば、「『すでに成立してしまっていること』を証明するもの」であり、「原因を自体とするものより」〔という意味である〕ならば、必ず「矛盾した意味」となる。なぜならば、すべての「『生じること』を有するもの」(生じる可能性を有するあらゆるもの）は、「原因を〔自〕体として有するもの」のみが生じるからである。

(Stcherbatsky［1927］, pp. 96–97；山口［1947］, pp. 23–24；Sprung［1979］, p. 37；本多［1988］, p. 13；奥住［1988］, pp. 64–65；丹治［1988］, pp. 13–14；Seyfort Ruegg［2002］, pp. 29–30)(28)(強調点筆者)

この引用箇所だけでは、その記述内容を十分に把握しきれないと思われるので、それが語られているコンテクストを通じて考察を加えてみることにしよう。

ブッダパーリタがサーンキャ学派の唱える「諸々の事物の自らより生じること」を否定したのに対して、サーンキャ学派はブッダパーリタが「諸々の事物が自らより生じない」と主張しているものと理解し、その主張の中の「自らより」という意味を、ここで問い質しているのである。サーンキャ学派の質問は、具体的にはその「自らより」の「自ら」というのが、結果を意味するものであるか、あるいは原因を意味するものであるかというものである。もし結果を意味するものであれば、サーンキャ学派にとっては「諸々の事物が自らより生じない」とブッダパーリタによって改めて指摘される必要はないのである。なぜならば、サーンキャ学派自身にとって、そのように結果であるものが再び生じないことは、すでに成立しており、ブッダパーリタが改めて証明する必要のないことであるからである。一方、原因を意味するものであれば、原因からこそ諸々の事物は生じるのであるから、その意味で「諸々の事物が自らより生じない」というブッダパーリタの主張は矛盾したものとなるのである。バァーヴィヴェーカは、このようなサーンキャ学派からの質問に対して、ブッダパーリタが何も答えていないことの問題性を指摘し、さらに、それに対してチャンドラキィールティがブッダパーリタを弁護するために述べたのが、この引用箇所なのである。

チャンドラキィールティは、そこでブッダパーリタをはじめとする中観論者にはサーンキャ学派がその意味を問い質すところの主張そのものが無いと明確に述べているので、「主張が無い」というのは、確かに「勝義として主張が無い」（あるいは「勝義的な主張が無い」）というのではなく、主張そのものが無いという意味であると理解できるのである。ところが、ここでけっして見落としてはならないことは、その「主張」という語には、「自立的」（svatantra）という限定がなされていることである。この「自立的な主張」というのは、「自立論証式」の主張あるいは主張命題のことであり、すでに述べたように、実体的な存在すなわち勝義的な存在を基盤としたものであると考えられるのである。したがって、ここにおいて中観論者が語ることがないとされる主張も、やはり勝義的な主張と理解でき、そこには中観論者は主張を認めること（正確には、「言説（世俗）として主張を認めること」）が含意されていると考えられるのである。

Ⅳ

以上のように、『プラサンナパダー』の「主張の有無」という問題に関して重要と思われる記述を見る限り、そこで中観論者に無いとされているのは、「勝義的な主張」すなわち「実体的な存在を基盤とする主張」という点で、概ね一致していると考えられたその『プラサンナパダー』は、『根本中論』の註釈であるが、チャンドラキィールティにはその他に『入中論』という重要な自著があり、それに対して自ら註釈も著わしている。そして、その『入中論』第6章第173偈にも「主張の有無」に関する記述があるので、それを以下に見ておくことにしよう。

『入中論』における「中観論者における主張の有無」についての議論は、原因と結果が自性を有するものであり、そして前者が後者を生ぜしめることを認める実体論者に対する中観論者の批判が契機となっている。中観論者によるその批判は、まず、自性を有する原因と結果の両者に関して、前者が後者と会することによってそれを生ぜしめるのか、あるいは会することなくそれを生ぜしめるのか、という二つの選言肢が設定され、そのいずれもが否定されることによって、原因と結果には自性が無いと理解される。それに対して、「中観論者のそのような非難するものは非難されるべきものと会することによって非難するのか、あるいはそれと会することなく非難するのか」という切り返しの反論が想定されている。つまり、中観論者が実体論者の原因と結果に関して語ったことと同じことが、自らの非難に関しても適用されるということなのである(29)。そして、その反論の意図は、次のように推察される。もし中観論者の非難に対する実体論者の批判は不適当であり、彼らの非難が成立するならば、原因と結果に関する実体論者の主張に対する中観論者による非難も同じく不適当であり、彼らの主張も成立することになる。一方、実体論者の批判によって中観論者の非難が成立しないことになるならば、それによって原因と結果の関係が非難されないことになるから、間接的に実体論者の原因と結果に関する主張が成立することになる、というのである。

さらに実体論者によって、中観論者は自らの主張を何ら設定することなく、ただ対論者の主張を非難するだけであるということなどのいくつかの批判が紹介された後に(30)、チャンドラキィールティが準備した答えは、次のようなものである。

〔14〕　「非難するものが非難されるべきものに会さないで非難するのか、あるいは会して〔非難するので〕あるのか」と語って、この過失に〔陥ることに〕なるのは、立場（phyogs, 主張）が明確にある人においてである。しかし、自分〔たち〕（中観論者）にはこの立場が有るのではないから、このプラサンガはありえないのである。

そこにおいて、「自らの語句においても同じプラサンガ〔となるという〕詭弁（jāti）によって」(rang gi tshig la'ang thal ba mtshungs pa'i ltag chod kyis）と語られたことは、〔以下のようなことである。〕我々の主張において同じようにプラサンガとならないのである。なぜならば、我々の立場においては、非難するものが非難されるべきものに会してもけっして非難しないのであり、非難するものが非難されるべきものに会さないでも非難するのではないのである。というのは、〔我々の立場においては、〕

非難するものと非難されるべきものは自性によって成立しないからである。それ故に、〔我々は〕「会する」そして「会さない」と考えないのである。（小川［1976a］，p. 316）(31)

上の詩句の部分だけを見れば、「非難するものが、非難されるべきものと会して非難するのか、あるいは会さないで非難するのか」という対論者によるプラサンガ論法に基づく批判は、確かに立場（主張）を有する者のみに当てはまるのであり、中観論者には主張そのものが無いから対論者によって批判されるべきものが無いというように理解できる。しかし、チャンドラキィールティ自身の註釈に目を向けてみると、その主張とは、非難するものと非難されるべきものが自性によって成立することを認める主張（すなわち「勝義的な主張」）であると述べられている。つまり、前述のプラサンガ論法に基づく批判が中観論者に向けられないのは、中観論者に批判されるべき主張がまったく無いからではなく、その批判が前提とする実体論を彼らが唱えないからであると理解できるのである。そして、そのように中観論者が実体論を唱えないということは、すでに述べたように（図表Ⅰ参照）、中観論者の主張自体が非実体論的なものであることを含意し、言い換えれば、それが勝義としては無い、無自性・空なものとして有ると理解されるのである。

また、そのように「主張が無い」というのが勝義としてであると限定されること、そして上の記述でチャンドラキィールティ自身が「我々の立場（主張）において」（kho bo cag gi phyogs）と語っていることによっても、中観論者は主張を認めること（正確には、「世俗として主張を認めること」）がそこに含意されていると推測できるのである。

〈註記〉

（1）　Seyfort Ruegg［2000］，p. 177.

（2）　Nyāya-sūtra. I-i-1 / I-ii-3.

（3）　aparapratyayaṃ śāntaṃ prapañair aprapañcitam //
nirvikalpam anānārtham etat tattvasya lakṣaṇam //（MMk. XVIII-9, p. 25）（下線筆者）

（4）　チベット仏教においては、ナーガールジュナの諸々の著作を分類し、たとえば、『根本中論』、『六十頌如理論』、『空七十論』、『廻諍論』、『ヴァイダルヤ論』、『ラトナーヴァリー』（この書の代わりに『言説成就』が挙げられる場合がある）の六つの著作を「正理聚」（rigs tshogs）と呼称した Seyfort Ruegg［1981］, p. 8；ツルティム［1986］；小林［1990］, p. 107, 註(4)参照)。

（5） astitvaṃ ye tu paśyanti nāstitvaṃ cālpabuddhayaḥ /
bhāvānāṃ te na paśyanti draṣṭavyopaśamaṃ śivam // （MMk. V-8, p. 7）

（6） kātyāyanāvavāde cāstīti nāstīti cobhayam /
pratiṣiddhaṃ bhagavatā bhāvābhāvavibhāvinā // （MMk. XV-7, p. 19）

（7） astīti śāśvatagrāho nāstīty ucchedadarśanam /
tasmād astitvanāstitve nāśrīyeta vicakṣaṇaḥ // （MMk. XV-10, p. 20）

（8） anicchan nāstitāstitve yathābhūtaparijñayā /
nāstitāṃ labhate mohāt kasmān na labhate 'stitām // （RV. I-58, p. 24）

（9） dharmayautakaṃ ity asmān nāstyastitvavyatikramam /
viddhi gambhīram ity uktaṃ buddhānāṃ śāsanāmṛtam // （RV. I-62, p. 26）

（10） tasmād anālayād dharmād ālayābhiratā janāḥ /
astināstyavyatikrāntā bhītā naśyanty amedhasaḥ // （RV. I-76, p. 32）

（11） rgyal po khyod ni mi phung bar //
bgyi slad 'jig rten 'das kyi tshul //
gnyis la mi brten yang dag pa //
ji bzhin lung gi dbang gis bshad // （RV. I-78, p. 33）

（12） iti satyānṛtātīto loko 'yaṃ paramārthataḥ /
asmād eva ca tattvena nopaity asti ca nāsti ca // （RV. II-5, p. 40）

（13） sarvopalambhopaśamaḥ prapañcopaśamaḥ śivaḥ //
na kva cit kasyacit kaścid dharmao buddhena deśitaḥ // （MMk. XXV-24, p. 40）

（14） sarvaṃ ca yujyate tasya śūnyatā yasya yujyate /
sarvaṃ na yujyate tasya śūnyaṃ yasya na yujyate // （MMk. XXIV-14, p. 35）

（15） yadi kā cana pratijñā syān me tata eṣa me bhaved doṣaḥ /
nāsti ca mama pratijñā tasmān naivāsti me doṣaḥ // （VV. 29, p. 29）

（16） yadi kiṃ cid upalabheyaṃ pravartayeyaṃ nirvartayeyaṃ vā /
pratyakṣādibhir arthais tadabhāvān me 'nupālaṃbhaḥ // （VV. 30, p. 30）

（17） yadi ca kācin mama pratijñā syāt tato mama pratijñālakṣaṇaprāptatvāt pūrvako doṣo yathā tvayoktas tathā mama syāt / na mama kācid asti pratijñā / tasmāt sarvabhāveṣu śūnyeṣv atyantopaśānteṣu prakṛtivivikteṣu kutaḥ pratijñā / kutaḥ pratijñālakṣaṇaprāptiḥ / kutaḥ pratijñālakṣṇaprāptikṛto doṣaḥ / tatra yad bhavatoktaṃ tava pratijñālakṣaṇaprāptatvāt tavaiva doṣa iti tan na / ...... (VVv., p. 29)

（18） che ba'i bdag nyid can de dag //
rnams la phyogs med rtsod pa med //
gang rnams la ni phyogs med pa //

de la gzhan phyogs ga la yod//（YṢ. 50 ; D. tsa. 22a6 ; Scherrer-Schaub［1991］, p. 89）

（19） na pratijñā na caritaṃ na cittaṃ bodhiniśrayāt/
nāstikatve 'rthato yeṣāṃ kathaṃ te nāstikāḥ smṛtāḥ//（RV. I-60, p. 24）

（20） dṛṣṭaśrutādyaṃ muninā na satyaṃ na mṛṣoditam/
pakṣād dhi pratipakṣaḥ syād ubhayaṃ tac ca nārthaḥ//（RV. II-4, p. 40）

（21） CŚ. XVI-25 ; D: tsha. 18a5 ; Lang［1986］, p. 150.

（22） CŚṭ. D: ya. 238b1-7 ; V. Bhattacharya［1931］, pp. 296-298.

（23） チャンドラキールティは、『入中論』ならびに『プラサンナパダー』において四不生を「主張」（pratijñā）と捉えている（MAbh. p.81, PPMv. p. 13）。

（24） na ca mādhyamikasya svataḥ svatantram anumānaṃ kartuṃ yuktaṃ pakśāntrābhyupagamābhāvāt/......（PPMv. p. 16）

（25） nanu ca naiva svata utpānnā ity avadhāryamāṇe parata utpannā ity aniṣṭhaṃ prapnoti/ na prapnoti prasajyapratiṣedhasya vivakṣitatvāt parato 'py utpādasya pratiṣetsyamānatvāt/（PPMv. p. 13）

（26） PPMv. p. 13 .

（27） prasaṅgaviparītena cārthena parasyaiva saṃbandho nāsmākaṃ svapratijñāyā abhāvāt /tataś ca siddhāntavirodhāsaṃbhavaḥ / parasya ca yāvad bahavo doṣāḥ prasaṅgaviparītāpattyāpadyante tāvad asmābhir abhīṣyata eveti/（PPMv. p. 23）

（28） yadā caivaṃ svatantrānumānānabhidhāyitvaṃ mādhyamikasya tadā kuto nādhyātmikāny āyatanāni svata utpannāni/ iti svatantrā pratijñā yasyāṃ sāṃkhyāḥ pratyavasthāsyante ko 'yaṃ pratijñārthaḥ kiṃ kāryātmakāt svata uta kāraṇātmakād iti kiṃ cātaḥ kāryātmakāc cet siddhasādhanaṃ kāraṇātmakāc ced viruddhārthatā kāraṇātmanā vidyamānasyaiva sarvasyotpattimata utpādad iti//（PPMv. p. 16-18）

（29） MAbh. pp. 293-294.

（30） MAbh. p. 294.

（31） sun 'byin pas sun dbyung bya ma phrad sun ni 'byin byed dam//
'on te phad nas yin zhes smras zin nyes pa 'dir gang la//
nges par phyogs yod de la 'gyur gyi bdag la phyogs 'di ni//
yod pa min pas thal bar 'gyur ba 'di ni srid ma yin//（VI-173）

de la rang gi tshig la'ang thal ba mtshungs pa'i ltag chod kyis zhes gang smras pa ni kho bo cag gi phyogs la mtshungs par thal bar mi 'gyur/gang gi phyir kho bo cag gi phyogs la ni sun 'byin pas sun dbyung bar bya ba phrad nas kyang sun 'byin par mi byed pa nyid la sun 'byin pas sun dbyung bar bya ba ma phrad par yang sun 'byin par mi byed de/sun 'byin pa dang sun dbyung bya gnyis rang bzhin gyis ma grub pa'i phyir ro//de'i phyir phrad pa dang ma phrad pa'i bsam pa mi byed do//（MAbh. pp. 294-295）

第5章　中観論者における主張の有無 (2)[1]

I

前章では「主張の有無」の問題に関連するナーガールジュナとチャンドラキィールティによる一連の記述を主に検討し、それらに含意されているのは、「中観論者にはいかなる主張も無い」(厳密には、「中観論者には自らの主張は無い」) ということではなく、中観論者には「勝義的な主張が無い」あるいは「勝義としては主張が無い」ということであることを確認した。したがって、中観帰謬派が主に唱えるとされる「中観論者にはいかなる主張も無い」という学説が明確な意図をもって形成されたのは、少なくともチャンドラキィールティ以降の時代においてであると推測される。

ところで、学界の現状では、チャンドラキィールティ以降の、とりわけインドにおける中観帰謬派の思想史自体が明らかになっていないので、その学説の軌跡を辿ることは困難である。しかし、チャンドラキィールティ以降の「中観論者における主張の有無」の問題に取り組む端緒がまったくないというわけでもない[2]。その問題に関して非常に有益な情報を提供してくれるのが、実はチベット仏教の文献資料、とりわけ後期伝播時代のチベットの学僧たちの著作なのである。後期伝播時代 (phyi dar) のチベットでは、中観思想、特に中観帰謬派の思想が最も優れたものとして高く評価されたので、その時代の多くの学僧たちがこぞって同派の思想家であることを自認していたのであった。そして、その中観帰謬派の思想の最も特徴的な学説の一つが、ここで問題となっている「中観論者には主張は無い」ということであったのである。

そこで、以下において主に取り上げるのは、独自の立場からこの議論に非常に重要な問題を提起したツォンカパの理解である。

ツォンカパの中観思想を俯瞰してみた場合、「中観論者には自らの主張が有る」ということこそが、その原点であり、そしてその根幹をなすものであると言ってよいであろう。すなわち、ツォンカパが独自の立場から提示した中観思想に関する様々な理解は、最終的にはこの「中観論者には主張が有る」という点に収斂されると言うことができる。そのことは、『菩提道次第論・広本』において、ツォンカパがその問題を詳細に論じているということにも窺い知ることができるのである。

ツォンカパが、ラマ・ウマパ（bLa ma dBu ma pa）の仲介によるMañjghoṣa（あるいはMañjśrī）との邂逅を通して、まったく新しい思想家として生まれ変わり、独自の中観思想を形成していったことは有名である[3]。そして、その新しい思想家としてのツォンカパが最初に著わした（1402年）ものこそ、『菩提道次第論・広本』という大著なのであった。つまり、そこには新しく生まれ変わったツォンカパの思想が生き生きとした形で満載されていると考えられる。中でも、同書の最後に置かれた「毘鉢舎那（vipaśyanā）章」はとりわけ重要な章であり、そこに示されるツォンカパの見解のうち最も興味深いものが、「中観論者には自らの主張は有る」ということなのである。ツォンカパは、この問題に取り組むことを通して、虚偽なる世俗から無媒介的に戯論寂滅なる勝義を志向するいわゆる「離辺中観思想」[4]という従来の（少なくともチベットにおける）伝統的な中観帰謬派の態度とは明らかに異なった姿勢を表明している。具体的に言えば、彼はこの章において、「中観論者には主張は無い」ということを直接的あるいは間接的に表明する四つの説を列挙し、それらを否定することを通して、自らの「中観論者には自らの主張は有る」という理解を前面に打ち出していくのである。

Ⅱ

「中観論者には主張は無い」ということを表明する四つの見解のうち、ツォンカパが最初に取り上げるのは、ジャヤーナンダ（Jayānanda）の説である[5]。ツォンカパは、ジャヤーナンダが著わした『入中論』の副註 *Madhyamakāvatāra-ṭīkā*（略号，MAṭ）から二つの箇所を引用し、それらに示されている見解を批判するのであるが、その最初の引用は、プラサンガの理由（hetu, gtan tshigs / liṅga, rtags）に関するものであり、第二の引用はその遍充関係（vyāpti, khyab pa, 必然的な論理関係）に関するものである。それぞれの記述に示されているジャヤーナンダの見解をあらかじめ要約して表示すると、次のようにまとめることができる。

図表 I

《ジャヤーナンダのプラサンガの理解》

プラサンガの理由について	プラサンガの遍充関係について
中観論者がプラサンガによって対論者の説を否定する場合に、その理由（hetu, gtan tshigs / liṅga, rtags）は知識根拠（pramāṇa, tshad ma）によって成立しない。したがって、中観論者は対論者によって認められていることのみに基づいて対論者の説を否定する。	中観論者がプラサンガによって対論者の説を否定する場合に、そこにおける遍充関係（vyāpti, khyab pa）は知識根拠によって成立しない。したがって、中観論者は対論者によって認められていることのみに基づいて対論者の説を否定する。

このように中観論者がプラサンガによって対論者の学説を否定する場合に、理由や遍充関係が知識根拠によって成立しないということは、明確な論拠をもって自らが何かを積極的に認めること、すなわち主張することを、ジャヤーナンダが排除していたことを裏付けるものと考えられる。つまり、ツォンカパがこの主張の有無についての議論においてジャヤーナンダの説を取り上げて批判した理由は、それによって説明されるであろう。

では、それらの引用を具体的に見ていくことにしよう。プラサンガの理由に関する記述では、最初にジャヤーナンダに対する対論者からの次のような批判が想定されている。

〔1〕〔対論者（ジャヤーナンダの対論者）：〕もしプラサンガの理由を認めるならば、それ（理由）は知識根拠（pramāṇa, tshad ma）によって成立するのであるか、あるいは〔知識根拠によって〕成立しないのであるかである。そこにおいて、もし第一の立場〔、すなわち「理由が知識根拠によって成立する」という立場〕であるようならば、その時〔その理由は〕両〔論者〕共においても成立するものであるから、「対論者によって認められるもの」（gzhan gyis khas blangs pa）と〔だけ〕どうして語

られるのであろうか。第二の立場〔、すなわち「理由が知識根拠によって成立しない」という立場〕のようであるならば、対論者によって認められることはけっして適当ではないから、「対論者によって認められるもの」とどうして語られるのであろうか。……（長尾［1954］，p. 230；Wayman［1978］，p. 284；Newland［2002］，pp. 226–227）(6)

中観論者がプラサンガによって対論者の学説を否定する際に、その理由が知識根拠によって成立するのであれば、それは中観論者が対論者自身が認めていることのみを通して対論者の学説を否定するということと抵触することになる。なぜならば、ジャヤーナンダに対してこの批判を投じている論者にとって、知識根拠によって成立するものとは、対論者と立論者の両者によって共通に認められるものを意味すると考えられるからである。つまり、中観論者が知識根拠によって成立する理由によって対論者の説を否定するということは、対論者と中観論者において共通に成立する知識根拠に基づいて設定された、すなわち両論者によって認められている理由によってその否定が行われることになる。一方、もしその理由が知識根拠によって成立しないのであれば、知識根拠によって成立しないようなもの、つまり根拠が無いようなものを対論者が認めることはありえないから、対論者が認めるものそのものが存在しないことになる。

この第二の選言肢、つまり「知識根拠によって成立しないものは認められない」ということは、ジャヤーナンダにとっても自明なことであるから、彼にとって問題となるのは、第一の選言肢のみと考えられる。

そこで、その第一の選言肢について、ジャヤーナンダは次のように述べる。

〔2〕……「知識根拠によって成立する」（tshad mas grub pa）というまさにそのことが、〔前論者（立論者）ならびに後論者（対論者）の〕両者において成立すること〔を意味する〕と、我々は知らないのである。その根拠は、以下のようである。〔前〕論者（[snga] rgol ba）が能証（sgrub byed, 理由）を設定する時、論証因（能証）を設定するその人（前論者）に〔その理由（論証因）が〕知識根拠によって成立しているとしても、対論者（後論者）において〔それが〕知識根拠によって成立していると

彼（前論者）はどのように知るのであるか。なぜならば、他の人（gzhan）の心の特徴は直接知覚（pratyakṣa, mngon sum）と推論（anumāna, rjes su dpag pa）の対境ではないからである。〔また、前論者が能証を設定する時に、〕「自分自身においても〔能証が〕知識根拠によって成立している」と、どのように知るのであろうか。なぜならば、〔その前論者の直接知覚と推論は〕迷乱の原因によって、長い時間〔対象を〕捉えているので、虚偽でもありうるのである。（長尾［1954］, pp. 230–231；Wayman［1978］, pp. 284–285；Newland［2002］, p. 227）[(7)]

ここに示されるジャヤーナンダの理解は、次のようにまとめることができよう。前論者（立論者）である中観論者が対論者の学説をプラサンガによって否定する際に、彼によって設定される理由が知識根拠によって成立したもの、つまり両論者によって認められたものであるとする。その場合、対論者においてその理由が知識根拠によって成立していることと、そして自分自身においてもそれが知識根拠によって成立していることを、中観論者自身が認識していなければならないはずである。しかし、中観論者は対論者においてその理由が知識根拠によって成立していることを確認しえないのである。なぜならば、対論者の心の内容は立論者である中観論者の直接知覚あるいは推論のいずれによっても知ることができないからである。また、中観論者が自分自身においてもそれが知識根拠によって成立していることを、必ずしも正しく認識できるとは限らない。なぜならば、対論者の心の内容どころか、自分自身の心の内容についてさえも誤認することは十分にありうるからである。

ジャヤーナンダは、このように立論者である中観論者が、対論者ばかりでなく自分自身の認識の内容までも正確に確認できないことを根拠に、理由が知識根拠によって成立することを認めないのである。そして、ジャヤーナンダは次のような結論を導き出していく。

〔3〕それ故に、〔前〕論者（立論者）と後論者（対論者）の両者がまさに知識根拠と認めるものによって、諸々の事物の自性（あり方）が認められるのである。したがって、対論者によって認められるものによって、対論者の立場（主張）は非難されるのである。（長尾［1954］, p. 231；

Wayman［1978］, p. 285；Newland［2002］, p. 227）[(8)]

つまり、対論者の主張あるいは学説を否定する際に、その理由は対論者とその対論者を批判する立論者との間に共通に成立する知識根拠に基づくことが望ましいが、そうした理由は両論者の間に成立しない。そのような場合、チャンドラキィールティが『プラサンナパダー』で示唆していたように[(9)]、対論者が認めている知識根拠によって成立する理由を通してのみ、対論者の主張が否定されうるというのである。これが、上に示した（図表Ｉ参照）プラサンガの理由についての「中観論者は対論者によって認められていることのみに基づいて対論者の説を否定する」ということの意味であると考えられる。

では、ツォンカパは、このジャヤーナンダの理解をどのように批判するのであろうか。次の記述の中に、ツォンカパの評価が示される。

〔4〕〔ジャヤーナンダによって著わされた〕『入中論』の副註の見解（lugs）である、「理由と遍充関係は知識根拠によって成立しない」ということの中の「理由は知識根拠によって成立しない」ということ〔に関する〕その根拠（rgyu mtshan）は、正しくないのである。なぜならば、以下のように〔考えられるからである。〕「理由は〔前〕論者と後論者の両者によって知識根拠を通して成立してしまっているべきである」（rtags rgol phyir rgol gnyis kas tshad mas grub zin dgos so）と認める立場に対して、後論者において〔知識根拠によって〕成立しているものが前論者によって知られない時に、〔その後論者において知識根拠によって成立しているものを〕理由と認めないのではない。したがって、〔「対論者（後論者）の心の内容は、立論者（前論者）の直接知覚あるいは推論のいずれによっても知ることはできない」という〕その論拠（rgyu mtshan）によって、〔理由が〕後論者において知識根拠によって成立しなければならないことが妨げられないからである。そして、「後論者である対論者の心を知らないから、敵者（後論者）において知識根拠によって成立していることも知らない」と設定するならば、〔それも正しくないのである。なぜならば、〕「対論者がその対象を認めている」ということも知らないからといって、「敵者が認めていること」〔のみ〕を通して否定す

ることなども不合理である。なぜならば、敵者が「私はこのように認める」(kho bo 'di ltar 'dod do) と〔語った〕ことばを直接的に〔立論者が〕決定するとしても、語られた通りに〔対論者(敵者)が〕認めていると決定し〔え〕ないからであり、つまり他人の心を知らないからである。(長尾［1954］, p. 238；Wayman［1978］, p. 290；Newland［2002］, pp. 233-234)(10)

ジャヤーナンダが理由は対論者によって認められたものでなければならないと考える主な根拠は、他の人の心の内容と自分自身の心の内容は正確に認識しえないということであった。ここで、特に他の人の心の内容は正確に認識しえないという見解に対して、ツォンカパは二つの観点から批判を加えている。まず第一に、理由が両論者に共通な知識根拠によって成立すべきであることを前提として、そのうちの後論者(対論者)において「理由が知識根拠によって成立していること」は、後論者の心が前論者に知られないからといって排除されないという。なぜならば、理由が自らにおけるのと同様な知識根拠によって成立すると前論者が知らなくても、それはただ前論者が知らないだけであって、それによってその理由が後論者において知識根拠によって成立することが排除されるわけではないからである。また第二に、他の人の心の内容を知ることができないとすれば、対論者が認めていることも当然確認できないはずであり、したがって、「対論者の認めることに基づいてその説を否定する」というジャヤーナンダの理解は矛盾を含んでいることになる、というのである。

要するに、ツォンカパは、ジャヤーナンダのこのような理解を、自分の内外のものすべてに関する認識は虚偽なものであるとする懐疑主義的あるいは不可知論的な要素を多分に含むものと考えており、そして、その背後には「世俗的なものはすべて虚偽であり、それらをただ否定し続けることによってのみ真実に至ることができる」という短絡的な中観思想が存在することを見抜いていたと推測することができるのである。

では、次に遍充関係が成立しないとするジャヤーナンダの見解を見てみることにしよう。ジャヤーナンダは、仏教論理学の伝統に従って、直接知覚と推論のみが知識根拠であると捉え、それらのいずれによっても普遍的な遍充関係（vyāpti, khyab pa）が確立されないので、遍充関係は知識根拠によって確立されないというのである。

まず、直接知覚するものと直接知覚しないもの、すなわち非知覚なものによって遍充関係が確立されないことに関して、次のように述べる。

〔5〕……そこにおいて、ともかく直接知覚によって遍充関係は成立しない。なぜならば、以下のように竈（かまど）において直接知覚するものと非知覚なもの（mi dmigs pa）の二つによって、火と煙の両者に関して「これが有る時にこれが有り、これが無い時にこれが無い」（'di yod na 'di yod 'di med na 'di med do）という必然的関係（avinābhāva, med na mi 'byung ba）を理解するのであるが、すべての対境に有るものに関して、〔それら直接知覚と非知覚を通して、その必然的関係を理解するの〕ではない。……（長尾［1954］, p. 231；Wayman［1978］, p. 285；Newland［2002］, p. 227）(11)

ジャヤーナンダは、遍充関係はある対象を直接知覚することと、そのように知覚しないこと（非知覚）を通して成立するものであるとし、それは「XがあるならばYが有り、一方Yが無いならばXは無い」という必然的関係（avinābhāva）に基づくものと規定している。しかし、彼は、それを確立する直接知覚はすべてのものを対境とするものではないから、その遍充関係が普遍的なものではなく、あくまでも限定されたものとなると捉えているのである。たとえば、煙と火の遍充関係について言えば、普遍的な煙と火の間の遍充関係ではなく、あくまで竈の煙と竈の火の間のそれが確認されるだけであるという。また、そのことは遍充関係が推論によって成立するという理解に関しても同じであるとし、次のように述べている。

〔6〕……〔遍充関係を成立させるのは、〕推論でもない。なぜならば、それはまた、〔推論に関しても、その〕対境が限られているからである。そのように（直接知覚の場合と同様に）、推論の対境はすべてではないのである。その根拠は、以下のようである。所証と関係する証因が有るその所にのみ無常などと知るもの（知）が生じることになるのであって、あ

らゆる場所と時に〔その知が生じるの〕ではない。(長尾［1954］, pp. 231-232；Wayman［1978］, p. 285；Newland［2002］, p. 228)(12)

それに対して、ツォンカパは、直接知覚と推論によって遍充関係は確立されないというこれら二つの理解には同じ難点があるとし、それらの中から直接知覚に関する議論のみを取り上げて(13)、その問題点を次のように指摘する。

〔7〕「遍充関係が知識根拠によって成立しない」ということの理由も、不合理である。その根拠は、以下のようである。「竈の上に『煙が有ること』が、『火が有ること』によって遍充されること」が証明される時に、〔その遍充関係が〕理解されるべき基体は竈である。ところが、それ（竈）の上に理解されるべき意味内容は、他ならぬ「煙が有ることが、火が有ることによって遍充されること」であり、「『竈の煙が有ること』が、『竈の火が有ること』によって遍充される」と把握するものではけっしてないのである。〔それ〕故に、ある場所と時に〔限定されたところ〕の遍充関係がどうして把握されているというのであろうか。そのようでないならば、〔竈は〕そのような遍充関係それを決定する基体である竈として不適切であるから、〔遍充関係が〕この基体の上に決定すべき〔とされるその〕基体が〔汝によってさらに〕説かれるべきである。〔それは、〕たとえば声の上に決定されるべきである所証の法である「無常であること」それは、声、瓶の二つともに随順すべきであるが、声の一部となる〔無常のみ〕であると設定されることは不適当であるのと同様である。……(長尾［1954］, pp. 238-239；Wayman［1978］, p. 291；Newland［2002］, p. 234)(14)

ツォンカパは、まずジャヤーナンダが煙と火の間ではなく、竈の煙と竈の火の間に遍充関係が成立すると理解していることを取り上げて、正しい論証因（理由）に関する三つの条件の一つである「主題所属性」(pakṣadharmatā)との関連で、そのことを論じているのである。「主題所属性」というのは、「論証因（能証）は、必ず主題（pakṣa）すなわち有法（dharmin）に属していなければならない」ということであり、そのことはその遍充関係も同様に有法に属していなければならないことを含意するものである。そのことを竈の上の煙と火の関係を例として具体的に説明すると、次のようになる。そこにおける遍充関係は、「煙が有る所には必ず火が有り、火が無い所にはけっして煙は無い」というものであり、そこにおける有法は竈である。そして、そこにおける論証因である「煙」と上述の遍充関係が、必ず竈という有法に属していなければならないということである。ツォンカパが指摘するのは、この遍充関係が有法に属していなければならないことに関するものである。つまり、ジャヤーナンダのように、竈の煙と竈の火の間に遍充関係が成立すると理解しているのであれば、その証因である「竈の煙」が属するものが何であるかが、竈とは別に示されなければならないことになる。ジャヤーナンダがそのようなものを提示できないことによって、「竈の煙と竈の火の間に遍充関係が成立する」という彼自身の理解が否定されることになる、というのである。

また、ジャヤーナンダのような理解では、喩例が機能しないことになるとも、ツォンカパは述べている。瓶を喩例として声が無常であることを論証する場合、瓶が喩例として機能するには声の所作性が声の無常性だけでなく瓶の無常性によっても遍充されることが前提とされる。しかし、上述のジャヤーナンダのような遍充関係の理解においては、声に固有の所作性が声に固有の無常性によってのみ遍充される関係が想定されていることになる。つまり、声に固有の所作性は瓶には存在しないのであるから、瓶の無常性によって遍充されることはありえない。したがって、瓶が喩例として機能することはない、というのである。

いずれにしても、ここで示されるジャヤーナンダの懐疑主義的あるいは不可知論的な態度に対する批判は、とりもなおさず、いわゆる「論理学派」（pramāṇa-vāda）あるいはその影響を強く受けた中観自立派のような人々にも向けられているものと考えられるが、前章より継続している議論から考えれば、そのような態度はジャヤーナンダが属する中観帰謬派の主導者であるチャンドラキィールティの考えだけでなく、ナーガールジュナの考えとさえも抵触するものと考えられるのである。

Ⅲ

次に、ジャヤーナンダに続いて、ツォンカパが否定するのは、ジャヤーナンダの弟子と目される人物の見解である。このジャヤーナンダの弟子が誰であるかについては、『菩提道次第論・広本』において実名では言及されていないが、それがジャヤーナンダと翻訳作業などを共に営んだとされるク・ドデワル（Khu mdo sde 'bar)、一般に「ク翻訳官」と呼ばれる人物であると推定される(15)。

まず、具体的な議論に入って行く前に、以下の議論において留意すべきことについて簡単に指摘しておくことにしよう。第一に、ここで論じられる「主張」とは、たとえば「彼はデーヴァダッタである」などという日常的な主張でなく、「諸々の事物には自性は存在しない」あるいは「諸々の事物は自らより生じることはない」などという正理（あるいは正理知）による考察内容に関わるものであるということである。第二に、ここでは中観帰謬派こそが真の中観論者であることが前提とされ、主張に関するどのような理解が真の中観論者（すなわち中観帰謬派）のそれとしてふさわしいかが論じられているということである。

それでは、具体的な記述によって、ツォンカパが提示する議論を見ていくことにしよう。ツォンカパは、ク・ドデワルの見解を要約して、次のように述べる。

〔8〕この〔論者〕は（'dis)、〔以下のように理解している〕ようである。自らにおける立場が証明されることはなくとも対論者を否定することだけ〔は有ること〕、〔何かを〕認める意図（'dod pa）は有っても主張（dam bca'）は無いこと、自らの立場（phyogs）が無い〔という〕ことも「勝義を考察する場合において、無自性などの主張を設定しないこと」を意味するのであるが、「認めることがまったく無い」というのではない。したがって、勝義を考察する場合に無自性という所証を認め、それを自らの見解として証明することは〔中観〕自立派（[dBu ma] rang rgyud pa）であり、そのように認めないで、対論者の認めることを否定するこ

と〔のみ〕をなすのが〔中観〕帰謬派（[dBu ma] thal 'gyur ba）〔である〕。（長尾［1954］，p. 234；Wayman［1978］，p. 288；Newland［2002］，pp. 229-230）(16)

この記述の前半において示されているク・ドデワルの中観帰謬派の姿勢に関する見解は、次のようにまとめることができよう。

図表Ⅱ

(1) 自らの立場（主張）を証明しないで、対論者の主張を否定するのみである。
(2) 自ら何かを認める意図は有っても、自らの主張は無い。
(3) その「自らの主張が無い」ということは、勝義を考察する場合に関するものである。

そして、この図表中の(3)の内容を、無自性・空を巡る議論における中観自立派の姿勢との比較の中で示したものが、後半の記述である。つまり、勝義を考察する場合に無自性ということを自らの主張すなわち証明されるべきもの（所証）として設定し、それを証明するのが中観自立派であり、一方、無自性・空ということを自ら主張し証明することなく、対論者が唱える「自性が有る」という理解をただ否定するのが中観帰謬派であるというのである。

図表Ⅲ

中観自立派	勝義を考察する場合に、無自性・空ということを自らの主張すなわち証明されるべきもの（所証）として設定し、証明する。
中観帰謬派	無自性・空ということを自ら主張し証明することなく、対論者が唱える「自性が有る」という理解をただ否定する。

では次に、ツォンカパがこのク・ドデワルによる三つの論点をどのように捉えているかを、順を追ってもう少し詳しく見ていくことにしよう。

まず論点(1)について、ツォンカパは次のように述べる。

〔9〕……中観論者においては、対論者の説（'dod pa）を否定することだけ〔で、それ〕以外の自らの主張（dam bca' ba）は無いのである。そして、両〔論者〕共において極成（成立）している有法（chos can）などのものが成立しないから、自立〔論証〕（rang rgyud）は不合理である。正理によって考察される結果（'bras bu, 目的）も、対論者の学説を捨てること（否定すること）だけであり、それ以外の〔いかなる〕自らの説も無いので

あるから、自立〔論証〕の証因はまったく語られるべきではない。……
（長尾［1954］, p. 232；Wayman［1978］, p. 286；Newland［2002］, p. 228）(17)

つまり、中観論者が勝義に関して考察する際には（厳密には、中観帰謬派が正理によって考察する場合には）、対論者との間で有法などの論証式の構成要素を共有することができないから、自立論証を採用することはできないのであり、自らの立場あるいは主張を証明することはなく、ただ対論者の見解を否定するだけであるというク・ドデワルの見解がここに示されている。この状況で対論者の見解を否定するために中観論者によって採用されるのが、プラサンガつまりプラサンガ論法なのである。

ここで、本題からは少々逸れることになるが、ク・ドデワルのプラサンガに関する理解を、ツォンカパの要約にしたがって眺めてみることにしたい（なお、プラサンガ論法の構造については、すでに簡単に触れたが、改めて次章で詳しく考察する）。

まず、ク・ドデワルは、プラサンガには「証明されるプラサンガ」（bsgrub pa'i thal 'gyur）と「非難のプラサンガ」（sun 'byin gyi thal ba）の二種類があるとする(18)。ツォンカパの記述によれば、次のようになる。

〔10〕それ故に、プラサンガ〔のみが認められるの〕であり、それ（プラサンガ）に関しても「証明されるプラサンガ」（bsgrub pa'i thal 'gyur）は、最も典型的な自立〔論証〕（rang rgyud kyi mthar thug pa）であるから、〔中観帰謬派によって採用されるのは〕「非難のプラサンガ」（sun 'byin gyi thal ba）のみである。これはまた証因と遍充関係の二つが〔対論者に〕認められる〔プラサンガ〕、すなわち最も典型的なプラサンガ（mthar thug pa'i thal ba）であるから、正しい知識根拠（yang dag pa'i tshad ma）ではないのである。（長尾［1954］, pp. 232–233；Wayman［1978］, p. 286；Newland［2002］, p. 228）(19)

さらに、ツォンカパによれば、ク・ドデワルはそのような「非難のプラサンガ」として、以下の四種類のものを認めているという。

① 矛盾が指摘されるプラサンガ（'gal ba brjod pa'i thal 'gyur）

② 対論者に極成する推論（gzhan grags kyi rjes dpag）

③ 能証が所証相似であること（sgrub byed bsgrub bya dang mtshungs pa）を指摘するプラサンガ

④ 論拠が同様であること（rgyu mtshungs pa'i mgo snyoms）を指摘するプラサンガ

なお、②の「対論者に極成する推論」は、形式的には明らかにプラサンガではなく推論であるが、その構成要素が両論者に共通に成立しないから、正式な推論とは認められず、また対論者の主張を否定することのみを意図して採用したものであるので、プラサンガの一つとして挙げられたものと考えられる。

ここで、これら四種類のプラサンガについて少し説明を加えておけば、①の「矛盾が指摘されるプラサンガ」（'gal ba brjod pa'i thal 'gyur）の具体例としてク・ドデワルが言及しているとされるのが「四不生」の中の「諸々の事物が自らより生じないこと」（不自生）を論じる際に採用されるプラサンガである。それは、次のように説明される。

〔11〕……そこにおいて、「矛盾が指摘されるプラサンガ」は、〔以下のようなものである。〕

生じることが有意義であり有限であると認め、〔諸々の事物が〕自ら〔より〕生じることを認める対論者においては、自らより生じるならば、〔すでに〕有るものが生じるから、〔諸々の事物が〕生じることは無意義であり、無限となる。〔それ〕故に、〔諸々の事物が自らより生じることを認めるならば、「生じることが〕有意義であり、有限である」と認めることは正しくない。一方、そのように〔生じることが有意義であり、有限であると〕認めるならば、「〔諸々の事物が〕自らより生じること」を認めることは正しくない。

このように、〔対論者の説の〕矛盾を指摘する〔のである。その〕時に、〔このプラサンガは、〕対論者がそれを理解して、〔自らの〕学説を放棄するのみという結果を伴うのである。（長尾［1954］，p. 233；Wayman［1978］，p. 287；Newland［2002］，p. 229）[20]

さて、ここでの対論者というのはサーンキャ学派と考えられる。そして、この「矛盾が指摘されるプラサンガ」によって、彼らの「原因の中には潜在的に結果が内在しなければならない」(因中有果論)という説が内包する自己矛盾が指摘されているのである。つまり、サーンキャ学派が「〔諸々の事物の〕生じることが有意義であり、また有限である」と認めるということは、彼らが「それらが生じるならば、その生じることは必ず有意義であり、また有限である」と認めることを示すものである。ところが、そのサーンキャ学派が「諸々の事物は自分自身より生じる」ということを主張するならば、そこにおける生じることは無意義であり、また無限となる。なぜならば、それらの事物はすでに自らとして存在しているからである。一方、サーンキャ学派が「諸々の事物が生じることが有意義であり、有限である」と主張するならば、それらがすでに存在してしまっている自分自身より生じることは認められないことになる。

ここに示された「矛盾が指摘されるプラサンガ」を形式を整えて示すと、次のようになる。

諸々の事物が生じることは、無意義となり、無限となる。

なぜならば、自ら生じるから。

さらに、それを換質換位すると、次のようになる。

諸々の事物は、自ら生じない。

なぜならば、生じることは、有意義であり、有限であるから。

そして、ここで重要なことは、このプラサンガによって「諸々の事物が自分自身より生じる」という対論者の主張が否定されるだけであって、それ以外のいかなるものも立論者すなわち中観論者の主張として論証されるわけではないということなのである。

次に、②の「対論者に極成する推論」については、①のプラサンガと同じように、「不自生」の議論を通して、以下のように説明される。

〔12〕……「自らより生じると認め〔られ〕る芽は、自らより生じることはない。なぜならば、自分自身として〔すでに〕有るからである」と対論者に極成する有法と証因などが語られて、敵者(pha rol po, 対論者)を否定するものである。(長尾［1954］, p. 233；Wayman［1978］, p. 287；

Newland［2002］, p. 229）(21)

中観論者がサーンキャ学派との間で諸々の事物が自らより生じるか否かを論じる場合に見られるように、中観論者と対論者である実体論者との間では、論証式の構成要素である有法などが共有されることはありえない。その場合、中観論者は対論者においてのみ成立している論証式の構成要素を用いて論証式を組み立て、それによって対論者の説を否定すると考えられるのである。

そのような論証式の一例として、ク・ドデワルが提示しているのは、次のようなものと考えられる。

自らより生じるとサーンキャ学派によって認められた芽は、自らより生じることはない。

なぜならば、自分自身としてすでに有るからである。

ここでの有法とは、自らより生じるとされた「芽」であり、このような存在を中観論者が認めることはない。また、証因である「有法である芽が原因の段階ですでに存在していること」も、中観論者が認めることはないのである。

また、「対論者に極成する推論」は、中観論者自らが対論者の主張する「諸々の事物が自らより生じること」を否定するだけであって、それによって「諸々の事物が自らより生じないこと」を主張するものではないことについては、次のように説明される。

〔13〕「〔諸々の事物は、〕自ら〔より〕生じることはない」と語っても、〔それは〕対論者の〔主張する〕「自ら〔より〕生じること」を否定するのみであって、〔中観論者〕自らが「〔諸々の事物は、〕自らより生じることはない」と証明するものではないから、〔中観論者にはいかなる〕主張〔も〕無いのである。（長尾［1954］, p. 233；Wayman［1978］, p. 287；Newland［2002］, p. 229）(22)

次に、③の「能証が所証相似であることを指摘するプラサンガ」については、短く次のように記述されている。

〔14〕……敵者（pha rolo po）が自らの立場（phyogs）を証明するために設定するそのすべての喩例と証因は、以前のもの（snga ma）と同様に不成

立であることになる。(長尾［1954］, p. 233；Wayman［1978］, p. 287；Newland［2002］, p. 229)[23]

これは明らかに、対論者が自らの主張を証明するために提示した論証因や喩例の妥当性自体が証明を要するものであること、すなわち証明されるべきものに等しいものであること（sādhya-sama）を指摘するものであると考えられる。

最後に、④の「論拠が同様であることを指摘するプラサンガ」に関しても、③の場合と同様に、短く次のように記述される。

〔15〕「これを認めるならば、これ〔も〕認める」と論拠（rgyu mtshan）が区別を有さないことより、同等なもの（mgo snyoms pa）である。(長尾［1954］, p. 234；Wayman［1978］, p. 287；Newland［2002］, p. 229)[24]

これは、ある論者がある論拠に基づいて彼の対論者の見解を否定した場合、その同じ論拠がその論者自身の見解にも適用されることを指摘するものである（引用〔20〕参照)。

以上がツォンカパによる、ク・ドデワルが認める四つのプラサンガに関する説明であるが、このような手法を用いて、ク・ドデワルは、自らの立場あるいは主張を証明することなく、ただ対論者の見解を否定することに努めるというのである。

それでは、議論をツォンカパによって要約されたク・ドデワルの見解（図表Ⅱ参照）に戻すことにしよう。そこで次に問題となるのは、論点(2)の「自ら何かを認める意図は有っても、自らの主張は無い」ということである。まず、ツォンカパは、ク・ドデワルに対して設定されたとする、次のような質問に言及する。

〔16〕〔対論者：〕それならば、汝（ク・ドデワル）においては敵者が認めることを否定しようという〔意図〕が有るのか無いのか。〔もし汝に敵者が認めることを否定しようという意図が〕有るならば、それは主張であるから、それを証明する「自立の証因」(rang rgyud kyi rtags）が有ることになる。〔一方、そうした意図が〕無いならば、対論者の認めることを否定する正理を語ることは不合理である。(長尾［1954］, p. 234；

Wayman［1978］, p. 287；Newland［2002］, p. 229）[25]

中観論者が自らの主張を証明することなく、ただ対論者の主張を否定するだけである場合に、中観論者には対論者の主張を否定しようとする意図が有るか否かが、ここで問題とされる。そこで、もしそのような意図が有るというならば、それが自らの主張と認められ、それは真の中観論者である中観帰謬派の態度ではなく、中観自立派のそれとなってしまうと見なされ、一方、もし中観論者に対論者の主張を否定しようとする意図が無いならば、それを否定することそのものが成立しないことになるというのである（なお、ここにおいては「自立」(rang rgyud）という表現が「自分自身の側において成立している」という意味で用いられていると考えられるが、そのことについては第８章において改めて触れる）。

そして、そのような質問に対するク・ドデワルの回答には、この論点(2)ばかりでなく、論点(3)の「その『自らの主張が無い』ということは、勝義を考察する場合に関するものである」ということについても言及されることになるが、それは次の通りである。

〔17〕勝義を考察する場合において「自性が無いこと」(無自性）あるいは「生じることが無いこと」(不生）という所証を認めるならば、自立の主張と証因（rang rgyud kyi dam bca' dang rtags）を認めるべきであるけれども、〔自分（ク・ドデワル）は〕それ（勝義における所証）を認めないのであるから過失はないのである。〔また、〕認めること（'dod pa, 意図）が有るだけによって主張が有るとすれば、あらゆる〔場合〕において主張が有ることになる。（長尾［1954］, p. 234；Wayman［1978］, p. 287；Newland［2002］, p. 229）[26]（強調点筆者）

中観論者に対論者の主張を否定する意図が有るか否かについては、この引用の最後の部分に述べられているように、意図が有ることが必ずしも主張が有ることを意味しないとされる。そして、中観論者自らがいかなる主張も設定することなく、対論者の主張を否定するだけであっても、彼らがそうした否定の意図を有していることを、ク・ドデワルは認めているというのである。そのことを論点(1)の「自らの主張を証明せず、ただ対論者の主張を否定するだけである」という見解との連関で説明するのが、上の引用の前半の記述である。つまり、勝義を考察する場合に無自性などの主張を設定しない（より厳密には、証明しない）のであって、対論者が認める自性などを否定するだけであるというのである。そして、ク・ドデワルにとっては、これこそが真の中観論者である中観帰謬派の態度ということなのである。なぜならば、そうではなく勝義を考察する場合に無自性などの主張が証明されるべきものとして有るというのは自立論証を認めることであって、中観自立派の態度であると見なされるからである。

以上が、ツォンカパが理解するところの「中観論者における主張の有無」に関するク・ドデワルの見解であるが、そこで、ツォンカパによって重点的に取り上げられ批判されることになるのが、ク・ドデワルが「勝義を考察する場合に」という限定を付したことである。ツォンカパは、まず「勝義を考察する場合には主張は無い」ということを「真実を考察する場合には主張は無い」と言い換え、真実を考察する際に認められるような主張は自立論証における主張であるというク・ドデワルの見解に言及する。

〔18〕「真実を考察する場合に『自性が無い』という主張（所証）を認めないこと」を、「『自立の主張を設定しないこと』の意味である」と〔ク・ドデワルが〕認めること〔がある。〕（長尾［1954］, p. 239；Wayman［1978］, p. 291；Newland［2002］, p. 235）[(27)]

さらに、ツォンカパは、それについて次のような問いを設ける。

〔19〕……それは「自性が有るか否かを考察する正理知によってその主張は成立しないから（rang bzhin yod med dpyod pa'i rigs shes kyis dam bca' de mi 'grub pas）、その主張を認めない」ということなのであるか、それとも「『真実を考察する場合であるから』（de kho na nyid la dpyod pa'i skabs yin pa'i phyir）という証因を設定して、〔その〕主張を認めない」と主張するのであるか。（長尾［1954］, pp. 239-240；Wayman［1978］, pp. 291-292；Newland［2002］, p. 235）[(28)]

つまり、ここで「真実を考察する場合には『自性が無い』」という主張をク・ドデワルが認めない理由について、二つの選言肢が設定される。一つは「それが正理知によって成立しないから」ということであり、もう一つは「それが真実を考察する場合であるから」というものであるが、前者の場合に関して、ツォンカパは次のように述べる。

〔20〕前者のようであるならば、〔以下のようになる。つまり、〕「自性が無い」と主張するその意味内容が正理知によって成立しないならば、「自性が有る」と主張するその意味内容も正理知によって妨げられないことになる。なぜならば、〔正理知がはたらかないという点において〕論拠（rgyu mtshan）が同じであるからである。（長尾［1954］, p. 240；Wayman［1978］, p. 292；Newland［2002］, p. 235）(29)

「真実を考察する場合に『自性が無い』という主張を認めないのは、それが正理（あるいは正理知）によって成立しないからである」ということは、真実を考察する場合すなわち勝義においては正理知を含めてあらゆる対象的な知がはたらかないからという意味であろう。しかし、そうであれば、「主張が有る」ということも正理知によって否定されないことになる、というのである。

次に、ツォンカパは対論者であるク・ドデワルによる次のような応答を想定し、それをさらに批判する。

〔21〕〔対論者（ク・ドデワル）：〕真実を考察する場合には、「自性が有る」と主張する意味内容も妨げられないのである。

〔答論者（ツォンカパ）：〕それはまったく正しくないのである。というのは、以下のような理由からである。以前に「諸々の正理による考察（真実を考察すること）それは、対論者の立場を妨げるもの（否定するもの）である」と語られているからである。そして、〔真実を〕考察しない知（正理知でない知）が対論者の諸々の立場を否定することはできないからである。また、そうでないならば（正理知が論者の立場を否定するのでないならば）、「自らの立場の主張を認めない」と言って、ことさらに〔自分の主張を〕排除する必要がどこにあろう。なぜならば、〔真実を考察する場合に「自性が有ると主張する意味内容も妨げられない」というならば、正理によって〕対論者の立場を否定するプラサンガも認められないからである。(長尾［1954］, p. 240；Wayman［1978］, p. 292；Newland［2002］, p. 235) (30)

まず、ク・ドデワルが「諸々の正理による考察（真実を考察すること）それは、対論者の立場を妨げるものである」と自ら語っているとされることによって、彼自身が真実を考察する場合に「自性が有る」という対論者の主張は正理によって否定されると明確に認めていることが指摘されている。ここでク・ドデワルの見解として述べられているものが、彼自身の記述からの直接的な引用か否かは判断できないが、先に掲げた引用では、確かに「正理によって考察される目的も、対論者の学説を捨てること（否定すること）であり、それ以外の〔いかなる〕自らの説も無いのであるから、……」(rigs pas rnam par dpyad pa'i 'bras bu yang gzhan gyi grub mtha' 'dor ba tsam zhig yin la de las gzhan pa'i rang 'dod med pas......) という記述があったのである。次にその議論を補完するために、「〔真実を〕考察しない知（正理知でない知）が対論者の諸々の立場を否定することはできないからである」(ma dpyad pa'i shes pas gzhan gyi lugs dgag par mi nus pa'i phyir) ということを通して、自性が有ることを否定するものは、真実すなわち勝義の考察に関わらない言説知（世俗知）ではなく、正理知こそがそれらを否定するものであることが明示されている。そして、真実を考察する場合に正理知によって対論者の立場が否定されないならば、プラサンガも正理を用いた考察であることにより、「プラサンガによって対論者の主張を否定するだけである」ということも意味をなさないこととなる。したがって、改めて「自らの主張は無い」と言って「自らの主張」を排除する必要はないことになる、つまり、ク・ドデワルが「自らの主張は無い」と言うことそれ自体が無意義となる、というのである。

そこで、「自性が有る」という対論者の学説を非難のプラサンガによって否定することについての自らの理解を、ツォンカパは次のように述べる。

〔22〕対論者の学説を非難するプラサンガをなすならば、「自性が有ること」が否定されることはまさに「無自性」が証明されるのであると、以前に『廻諍論』の根本〔偈〕と註釈において説かれているのと同じであるから、

そこには、〔「有自性」、「無自性」、そして「それらのいずれでもないもの」という第〕三の選言肢は無いのである。そのようでないならば、「無自性が証明されるのではあるが、自性が有ることが否定されないのである」と反対にして語るならば、どんな返答が〔なされることが〕あろうか。〔なぜならば、〕無自性を肯定的に決定する（yongs su gcod［pa］）ならば、自性が必ず否定的に決定される（rnam par bcad［pa］）べきであるから〔である。〕そのようであるならば、自性が有ることを否定的に決定する場合も必ず無自性を肯定的に決定すべきであることは同じである。（長尾［1954］, p. 240；Wayman［1978］, p. 292；Newland［2002］, p. 235）(31)

ツォンカパにおいては、プラサンガによって自性が否定されるならば、その自性が無いことが積極的に証明されるべきであり、そこには自性が有ることが否定されても、無自性が定立されることを拒む有自性でも無自性でもない第三の選択肢はありえないのである。そのことを特別な用語によって表現すれば、自性を否定的に決定する（rnam par bcad pa）ならば、無自性が肯定的に決定される（yongs su gcod pa）はずであるということである(32)。したがって、中観論者が正理による考察によって、つまりプラサンガによって「自性が有る」という対論者の説を否定する場合、そこでは「自性が無い」ということが明確に積極的に証明されるべきであり、それはすなわち「自性が無い」という所証としての主張が有るべきであるということなのである。ツォンカパのこのような理解の中に、ダルマキィールティ Dharmakīrti（600–660年頃）への、そしてその多大な影響を受けて発展した中観自立派の中観思想への傾倒を見て取ることができるのであるが、この点については、本章の最後（第Ⅶ節）で、ツォンカパの無自性に関する理解に言及する際にもう少し詳しく説明する。

では、次に真実を考察する場合に「自性が無い」という主張をク・ドデワルが認めないことについて設定されたもう一つの見解である「それが真実を考察する場合であるから」ということについての議論を見てみることにしよう。その「真実を考察する場合であるから」ということが、どのような意味であるかを示すものが、次の記述である。

〔23〕〔対論者（ク・ドデワル）：〕真実を考察する場合であるから、無自性などの主張〔が存在すること〕は不適当である。

〔答論者（ツォンカパ）：〕その理由が、今またさらに語られるべきである。

〔対論者：〕真実を考察する場合に成立するならば、〔それは〕勝義として成立するはずであるから、〔真実を考察する場合には、無自性などの主張が成立することを〕認めないのである。……（長尾［1954］，p. 240；Wayman［1978］，p. 292；Newland［2002］，p. 235）(33)

真実を考察する場合に何かが成立するならば、それは勝義として成立するものすなわち実体的なものとなる。真の中観論者にとってはそのようなものは当然認められることはないのであり、また実体的なものとは自性によって成立するものであるから、「自性が無い」という主張そのものが自性によって成立するという自己矛盾が付随することになる。これが、ここに示されている「真実を考察する場合であるから、『自性は無い』という主張はない」ということに関するク・ドデワルの理解と考えられる。

この理解に対するツォンカパの批判は、次のようなものである。

〔24〕〔答論者（ツォンカパ）：〕それは正しくないのである。その理由は、以下のようである。〔そもそも、「真実を考察する場合」そのものが認められるのか。そこにおいて、もし〕真実を考察する場合も認めないならば、中観論者が正理によって考察する場合がありえないと認めるべきであり、〔一方〕その場合（真実を考察する場合）を設定するならば、考察者、考察する正理、考察基体（考察される対象）と共に考察する対論者なども必ず認めるべきであるから、その場合に成立するものすべてが勝義として成立する必要がどこにあろうか。（長尾［1954］，p. 241；Wayman［1978］，pp. 292-293；Newland［2002］，pp. 235-236）(34)

ここに示された議論そのものは、「真実を考察する場合」が、実体的なものをはじめとしてあらゆるものが認められることのない戯論寂滅な勝義を意味するならば、「真実を考察すること」自体が成立しないことになると指摘する、一見単純なものではあるが、実際にはもう少し深い意味があると考えられるので、その点について説明を加えてみることにしよう。

この記述に示されているのは、中観論者に特徴的な二諦説を背景とした議論と考えられる。「二諦説」とは、おおまかに言えば「Xは、勝義あるいは真実としては存在しないが、世俗あるいは言説としては非存在ではない」という形で示される。とりわけその前半部は、「Xは、勝義（真実）あるいは自性として成立するか否かを詳細に考察した場合には存在しない」ということを意味するものであるから、二諦説においては、そのような考察そのものが成立することが不可欠なのである。しかし、「戯論寂滅な勝義においては」という意味で真実を考察する場合には、ここで主題とされている「主張」はもちろんのこと、考察する主体や対象、考察する正理などのすべてが成立しないのであるから、「正理による考察」すなわち「真実を考察すること」そのものが無いことになる。したがって、そのような状況では二諦説が成立しないのである。つまり、「真実を考察する場合であるから、すなわちいかなるものもそこにおいては成立しないから、主張は無い」という理解は否定されることになる。そのように否定されるべき理解を、中観帰謬派が用いるプラサンガとの関連で論じているのが、次の記述である。

〔25〕「プラサンガだけが、対論者によって認められることすなわち認められることの究極〔に基づくもの〕であるから、知識根拠が無くともプラサンガをなす〔のである〕」と語ることも、〔賢者を〕喜ばせるものではないから、以前に第一の見解（ジャヤーナンダの見解）が否定されたことと同様に否定されるべきである。（長尾［1954］, p. 241；Wayman［1978］, p. 293；Newland［2002］, p. 236）(35)

ここで問題とされている理解は、真実を考察する場合において中観論者自らが知識根拠に基づいていかなるものも認めなくとも（つまり、自らにおいて知識根拠に基づいていかなる主張が無くても）、対論者が認めることのみを通してその説を否定することができるプラサンガは有効な手段であるということである。しかし、それは、「自らにおいて知識根拠に基づくいかなる主張も無いから、対論者の説を否定するためには、プラサンガが有効である」というジャヤーナンダの説を検証した際に、すでに否定されたものである、ということになる。その結果として、対論者であるク・ドデワルは、「主張が無いというのは真実を考察する場合ではなく、あくまで言説（世俗）としてである」と述べざるをえない状況が、ツォンカパによって次のように設定されている。

〔26〕〔対論者（ク・ドデワル）：〕さらにまた、「真実を考察する場合において認められるものは無いが、言説としては認めるものは有る」と設定する。……（長尾［1954］, p. 241；Wayman［1978］, p. 293；Newland［2002］, p. 236）(36)

これに対して、ツォンカパは「真実を考察する場合」というのは、一体言説に属するものなのか、あるいは戯論寂滅としての勝義に属するものなのかという選言肢を設定して、いずれにおいても問題があることを指摘する。まず、言説に属する場合に関しては、次のように述べる。

〔27〕〔答論者（ツォンカパ）：……そのように〕設定したとしても、〔それは〕不合理である。なぜならば、真実を考察する場合〔というの〕は、勝義としては不適当であり、言説としてなされるべきであることによって、それは矛盾するからである。（長尾［1954］, p. 241；Wayman［1978］, p. 293；Newland［2002］, p. 236）(37)

確かに「真実を考察する」という営みは、すでに述べたように、戯論寂滅の勝義としてなされることはありえないから、言説（世俗）において行われるはずである。それを主張の問題と絡めて説明すれば、真実に関する考察が営まれる言説においては「認められない」すなわち「主張は無い」とされる一方で、通常の言説においては「認める」すなわち「主張が有る」ということ、つまり、言説において一方では無いとされ、もう一方では有るとされる点で、それは明らかに矛盾すると理解されるということなのであろう。

もう一つの選言肢である、戯論寂滅としての勝義に属する場合については、次のように述べられる。

〔28〕……また「真実を考察する場合に無い」ということが「勝義として無い」という意味であるならば、勝義として〔何かを〕認めることが有ると唱えるいかなる中観論者もいないのであるから、〔「真実を考察する場合に

は主張が無い」というのが、中観〕帰謬派の特殊な教義であることは不適当である。（長尾［1954］，p. 241；Wayman［1978］，p. 293；Newland［2002］，p. 236）(38)

ここで前提とされているのは、対論者であるク・ドデワルが「真実を考察する場合には主張が無い」ということを中観帰謬派独自の理解と捉えていると見なされていることである。そこで「真実を考察する場合に主張は無い」ということが「戯論寂滅としての勝義において無い」という意味であるならば、それを主張に関する中観帰謬派の特徴的な理解であると、ク・ドデワルが改めて語る必要はないのである。なぜならば、「戯論寂滅な勝義においてあらゆる事物が成立しない」と説かない中観論者はどこにも存在しないからである。つまり、中観帰謬派ばかりでなく中観自立派もそのように理解するはずであるからということである。

以上が、ツォンカパが捉えた、ク・ドデワルによる「中観論者における主張の有無」に関する理解と、それに対する彼の批判であるが、そこに示されているク・ドデワルの理解の特徴は、次のような二点に集約できるであろう。

まず第一に、中観論者に有るか否かが問題とされているのは、主張一般ではなく、たとえば「諸々の事物に自性は存在しない」あるいは「諸々の事物は自らより生じることはない」などという主張である。もう少し厳密に言えば、対論者の実体的な存在論に基づく学説を中観論者が正理あるいは正理知によって否定する場合、中観論者はそうした学説をただ単に否定するだけなのか、そうではなくて否定された内容（たとえば、無自性や不自生など）を自らの主張として自ら積極的に認めるのかどうかがここで問題とされているのである。そして、ク・ドデワルの立場は、中観論者は対論者のそうした学説を否定するのみであって、その否定された内容を自らが主張することはないというのである。

第二は、中観論者は真実を考察する場合すなわち勝義においては主張は無いが、言説（世俗）においては主張が有るということである。

次節の冒頭の部分においても言及するように、ツォンカパ自身も主張を言説（世俗）において認めるけれども、彼自身の理解と顕著に異なる点は、ク・

ドデワルにおいては「真実を考察する場合」が「戯論寂滅という意味での勝義として」に短絡的に置き換えられているということにあると考えられる。つまり、世界を戯論寂滅な勝義と無明に完全に覆われた世俗に二分し、それら両者が重なる領域を認めないことによって、勝義に関して積極的に自らの主張を展開することが許されないことになってしまい、その結果、勝義を巡る議論において中観帰謬派に許されることは、唯一プラサンガによって対論者の誤った主張を否定するだけに止まっていることを、ツォンカパは問題にしているのである。

その戯論寂滅な勝義の世界と無明に完全に覆われた世俗の世界が重なる領域とは、一般に「異門勝義」(paryāya-paramārtha)あるいは「依言勝義」といわれるものであり、そこにおいて正理知やそれに伴う言語活動が営まれることを認めるのは中観自立派の特徴である。そして、このツォンカパによるク・ドデワル批判の中に、中観帰謬派である彼自身がそのような勝義的世俗(あるいは世俗的勝義)の領域を認めていることを窺うことができるのは、先にも言及したように、ツォンカパ独自の中観思想の形成に、中観自立派の思想が深く関わっていることの一つの証左であると考えられるのである。

Ⅳ

ツォンカパが批判の対象として取り上げる第三の見解は、「中観論者は、勝義においてだけではなく、言説(世俗)においても主張を有さない」という理解である。ツォンカパは、この説を否定することによって、「中観論者には、言説(世俗)において主張は有る」という自らの理解を示そうとしたと考えられる。

ツォンカパは、最初に「中観論者は、勝義においてだけではなく、言説(世俗)においても主張を有さない」という説において典拠とされる多くの聖教をまとめて列挙し、その後にそれらに対する自らの解釈を提示することによって、それらの典拠としての妥当性を否定していくが、以下には、理解の便宜を図って、議論の構成の観点から、その言及されている聖教の順序を幾分変更し、またそれらの典拠の一つひとつの後に、ツォンカパのそれらについての解釈を紹介し、彼の理解を明らかにしていきたいと思う（ここにおいて典拠として用いられた聖教の多くは、前章でもすでに言及したものであり、それらの多くはサンスクリット語原典から訳出したのであるが、後に示すように、ツォンカパはそのチベット語訳を主に用いていたと推測できるので、ここではチベット語訳から改めて訳出することとする。加えて、同じく前章ですでに言及した典拠でチベット語訳でしか確認できなかったものに関しても、議論の展開上、重複を恐れずチベット語訳から再度訳出することにする。また、必要に応じて前章を参照されたい）。

まず、批判の対象となる説が、ツォンカパによって次のように紹介される。

〔29〕勝義と言説に関する「認めるもの」（khas len, 主張）は、言説としても自らの体系（rang lugs, すなわち対論者自身が自らのものと考えるところの中観帰謬派の体系）においては無いのである。もしそのような主張が有るならば、それを証明する喩例と証因も認められるべきであり、そしてそのようであるならば〔つまり、自らの主張を証明する証因や喩例が認められるならば〕、〔中観〕自立派となる。それ故に、〔中観〕帰謬派においてはいかなる自らの立場（lugs, 主張）も無いのである。（長尾［1954］, p. 235；Wayman［1978］, p. 288；Newland［2002］, p. 230）[39]

ここからもわかるように、ツォンカパによれば、この第三の説は、第二の説の場合と同様に、真の中観論者は中観帰謬派であること、逆に言えば中観自立派のように自立論証を認めるのであってはならないということを前提とするものであり、そしてその「自立論証を認めない」ということから、「中観論者は、勝義においてだけではなく、言説（世俗）においても主張を有さない」という理解が導き出されるというのである。「自立」（svatantra, rang rgyud）については、第8章で詳しく扱うので、上記の引用では、それは「自らの主張を有し、それを証明する喩例と証因を有すること」が含意されているとだけ言っておく。

続いて、この第三の説が典拠とする、ナーガールジュナ、アーリヤデーヴァ、そしてチャンドラキィールティらの著作から多くの引用がなされる。

まず最初に示される典拠は、ナーガールジュナの『廻諍論』第29偈と第30偈である（前章第Ⅱ節 p. 106 以下参照）。

〔30〕もし私によって主張されるものが有るならば、
それによって私にその過失が有ることになろう。
〔しかし〕私には主張が無いのであるから、
私には〔そのような〕過失はけっして無いのである。
（長尾［1954］, p. 235；Wayman［1978］, p. 288；Newland［2002］, p. 230）(40)

〔31〕もし、直接知覚などのもの（知識根拠）によって、
何らかのものを知覚するならば、
それを証明し、あるいは覆す（否定する）はずであろう。
その場合、それ（直接知覚などの知識根拠）が無いから、
私には非難されることは無いのである。
（長尾［1954］, p. 235；Wayman［1978］, p. 288；Newland［2002］, p. 230）(41)

前章ですでに述べたように、最初の詩句（第29偈）においては、中観論者が無自性・空と捉えるすべての事物の中に、主張も空・無自性であるということが含意されていた。つまり、中観論者の主張は勝義としては無であるが、縁起するものとして言説（世俗）としては有であると理解できるのであり、ここで無いと表現されている主張はあくまで勝義的な主張のことであった。

では、この詩句をツォンカパ自身はどのように解釈しているのであろうか。彼は、この詩句が語られるコンテクストについて、次のように述べている。

〔32〕それに関して、『廻諍論』において「主張が無い」(dam bca' med pa)と説かれたのは、「事物が自性を有さない〔ことである〕」と中観論者が語ったことについて、実体論者が〔以下のように〕論難したことに対して示されたものである。

そのように〔「事物が自性を有さない」と〕主張するその〔中観論者〕のことばに自性が有るならば、「すべて〔の事物〕に自性が

> 無い」ということは不合理である。一方、自性が無いならば、〔それは無であるから、無なるもの（非存在なもの）が〕自性が有ることを否定することはできないのである。①

しかし、「無自性なものに関しても、否定と証明という行為をなすことは合理である」ということに関しては、以前に引用された②『廻諍論』の根本〔偈〕と註釈の通りである。（長尾［1954］, p. 248；Wayman［1978］, p. 299；Newland［2002］, p. 241）(42)

①第1章第Ⅱ節参照。　② LRChen. pa. 391a6–392b2

『廻諍論』でこの詩句が説かれるコンテクストについては、第1章である程度詳しく述べたので、ここではそれを簡単に確認しておくだけにしよう。

中観論者が「すべての事物は空である」と説いたのに対して、対論者である実体論者から、「すべての事物は空である」というまさにそのことばが空なのか否かと質問が投じられた。そして、中観論者のことばが空でないならば、それは「すべての事物が空である」ということと矛盾することになり、一方それが空であるならば、実体論者にとって「空」とは「無」すなわち「非存在」を意味するから、存在しないものによって否定などなされることはない。たとえば、存在しない火によってものが焼かれないのと同様に、存在しないことばによってすべての事物における自性も否定されることはないというのであった。このような二つの選言肢のうち、まず中観論者のそのことばが空でないことは、「すべての事物は空である」ということと明らかに矛盾するので、その選言肢は排除される。もう一つの選言肢である「中観論者のことばは空である」ということについては、ナーガールジュナによって、次のように理解されていた。つまり、空とは無すなわち非存在ではなく、無自性すなわち縁起であると捉えられ、「縁起するもの」（自性によって成立しないもの）のみによって否定や証明などの行為がなされると考える中観論者にとっては、自らの「すべての事物は空である」ということばはむしろ空でなければならないというのである。

そこで、ツォンカパは、「主張が無い」（たとえば、「すべての事物に自性は無い」という主張が無い）ということが、中観論者の主張すなわち彼らのことばそのものが空であり自性によって成立するものではないことを意味すると解釈すべき旨を、次のように述べる。

〔33〕それ故に、「主張が有るか否か」〔ということ〕は、一般に〔主張が〕有るか否かを論じるものではなくて、「すべての事物に自性が無い」と主張することばに自性が有るか否かを論じるものであるから……。(長尾［1954］, pp. 248-249；Wayman［1978］, p. 299；Newland［2002］, p. 241)(43)(強調点筆者)

このように、ツォンカパによれば、「主張が無い」というのは、字義通りに主張が非存在であるというのではなく、主張には自性が無い（すなわち、自性によって成立する主張が無い）ということなのであり、言い換えれば、無自性なものとして主張は有るということなのである。彼は、それを前提として、『廻諍論』のこの詩句が「中観論者においてはいかなる主張も無い」ことの典拠としてふさわしくない旨を、次のように説明する。

〔34〕……であるから、〔その聖教は〕「そのような主張〔をする〕語句（tshig, ことば）に自性が有ると認められるならば、『すべての事物は無自性と主張することと矛盾する』という過失が私には有るけれども、私はそのように認めないのであるから、その〔ような〕過失は私には無い」という意味である。したがって、〔その聖教（『廻諍論』）は〕「主張が〔まったく〕無いこと」の典拠（sgrub byed）としてはふさわしくないのである。なぜならば、「〔主張には〕自性が無い」(rang bzhin med pa)〔ということ〕と「〔主張が〕無い」(med pa)〔ということ〕の区別は非常に大きいからである。(長尾［1954］, p. 249；Wayman［1978］, p. 299；Newland［2002］, p. 241)(44)

次に、『廻諍論』の第二の詩句（第30偈）についてであるが、まず前章で示したそれについての理解を確認しておこう。中観論者には勝義的な直接知覚などの知識根拠は認められないので、それによって何か勝義的なものが認識されることはない。つまり、中観論者には勝義として証明されるべきものや、あるいは否定されるべきものはありえず、したがって勝義として何かを証明したり、あるいは排除・否定したりするところの主張はありえないということであった。

では、このような内容が、ツォンカパの記述の中にも同様に確認できるであろうか。彼は、最初に前章でも触れた『プラサンナパダー』の一節を典拠として、直接知覚などの知識根拠自体が無自性であること、すなわち縁起するものであることを述べ[45]、直接知覚などが無自性であることと無すなわち非存在であることが明確に区別されるべきことを意識しながら、『廻諍論』においてこの詩句が述べられる前提である対論者による中観論者批判を、次のように示す。

〔35〕それはまた、彼（対論者）の考えにおいては、以下のように考えられているのである。事物の自相が直接知覚によって成立し、〔それを「すべての事物は空である」と言って〕否定するならば、〔それは〕合理であったとしても、中観論者が「すべての事物が自性に関して空である」と語る時に、直接知覚とそれによって〔その〕対境を量ることも〔すべての〕事物の中に含まれるから、〔直接知覚とそれによって対境を量ることも〕自性に関して空であるはずである。だが、そのようであれば、〔直接知覚とそれによってその対境を量ることは空すなわち〕無であるから、それ（「すべての事物が自性に関して空である」と語ること）によって否定はなされないのである。……（長尾［1954］, p. 249；Wayman［1978］, p. 300；Newland［2002］, p. 242）[46]

つまり、対論者である実体論者によれば、中観論者においては何ものかが直接知覚などの知識根拠によって認識されることはなく、したがって否定されるようなものもありえないのである。なぜならば、中観論者によれば、そのような直接知覚などもそれによって対象を量ることも当然のこととして空であるが、すでに度々述べてきたように、実体論者にとってはそのような空なるものとは無すなわち非存在なものでしかなく、そうした非存在なものによって何かが認識され、さらに「すべての事物は空である」と言って、それが否定されることはありえないからである。

続いて、当該の詩句が、上で述べたような実体論者よりの批判に対してナーガールジュナが準備した答えであることを、ツォンカパは次のように説明する。

〔36〕……その典籍（gzhung,『廻諍論』の当該箇所）は、『廻諍論』において〔対論者の見解として以下のように想定されていること〕それ〔に対する〕返答なのである。

　ともかく、事物が直接知覚によって知覚され〔、そして〕否定されるならば、それによって諸々の事物（自相）が知覚されること〔になり、否定されること〕になるが、その〔ような〕直接知覚は無いのである。

〔それは、〕註釈において以下のように説かれているからである。

〔対論者（実体論者）：〕すべての事物が直接知覚によって〔まず〕知覚され、そして「すべての事物が空である」と否定されるならば、適当である。〔しかし、〕それもまた、合理ではないのである。

〔中観論者：それは、〕なぜなのか。

〔対論者：〕それは、〔以下のようであるからである。〕すべての事物の中に直接知覚という知識根拠もまた含まれるから〔、それもまた〕空であり、事物を知覚することも空〔、すなわち無〕である。それ故に、〔直接知覚という〕知識根拠によって知覚されることはないのである。〔そして、〕知覚されないならば、否定されることも不合理である。それ故に、そこにおいて「すべての事物は空である」と語られたことそれは合理ではないのである。*

（長尾［1954］, pp. 249–250；Wayman［1978］, p. 300；Newland［2002］, p. 242）[47]

*山口［1929］, p. 11；K. Bhattacharya［1978］, p. 9；梶山［1974］, p. 140.

この引用の内容そのものは改めて詳述する必要はないと思われるので、ここではツォンカパが理解する、『廻諍論』第 30 偈と「主張の有無」の問題との関連を中心に、少し説明を加えておくことにしよう。

中観論者が「すべての事物は空である」と説いて、事物における自性を否定することによって、直接知覚などの知識根拠における自性も否定され、それらが無すなわち非存在となると理解する対論者にとっては、中観論者の「すべての事物は空である」という主張そのものが成立しないことになる。なぜならば、存在しない知識根拠によって事物の自性（自相）が認識されることはなく、そして事物の自性が認識されることがないならば、それが否定されることもないからである。したがって、そこにおいては、事物の自性が否定されることを内容とする「すべての事物は空である」という主張そのものが成立しない、すなわち無いことになる。それに対して、直接知覚などの知識根拠がまったく無いのではなく、それらには自性が無いだけであると理解する中観論者にとっては、「すべての事物は空である」という主張もけっして無なのではない、というのである。このことは、前章で確認した「中観論者には勝義としては主張が無い」すなわち「中観論者には言説（世俗）において主張は有る」という『廻諍論』そのものの理解を正しく反映していることを示すものと考えられる。そして、それを最初の詩句に含意されていると考えられる「縁起するものすなわち自性によって成立しないもののみによって、否定や証明などがなされる」ということと結びつけて理解するならば、「すべての事物は空である」というその主張自体は無自性・空なるものとして有るのであり、事物における自性を否定しうるものとなるのである。

このように、ツォンカパによれば、『廻諍論』の二つの詩句に示されている趣旨は、主張がまったく無いというのではなくて、「主張には自性が無い」（言い換えれば、「自性によって成立する実体的な主張が無い」）ということなのである。

それをもう少し詳しく説明すると、次のようになる。まず第一に、「自性を認める主張が無い」ということは、「『自性が無い』と主張する」ということを意味するものであり、それは「主張に自性が無い」ということと同義である。第二に、その「主張に自性が無い」ということは、「勝義として主張が無い」ということそして「言説（世俗）として主張が有る」ということを含意するものであり、さらに厳密に言うと、「言説（世俗）として無自性な主張が有る」ということである。それを次のようにまとめて、図示しておく。

図表Ⅳ

(1) 自性を認める主張が無い＝「自性が無い」と主張する＝主張に自性が無い	
(2) 主張に自性が無い	→ 勝義としては主張は無い
	言説（世俗）としては主張が有る
	（＝言説あるいは世俗として無自性な主張が有る）

そして、それは、すでに述べたように、第1章で言及した「すべての事物は空である」という中観論者のことばに関する議論と相応するものなのである。つまり、「すべての事物は空である」という中観論者のことばはそれ自体空であり、それは縁起するものとして、幻のように存在する。すなわち、それは勝義としては無であるが、言説（世俗）としては有なのである。さらに、そうしたことばのみによって、すべての事物に関して誤って措定された自性を否定しうるのである。これも図示しておけば、次のようになる。

図表Ⅴ

(1)「すべての事物は空（無自性）である」ということば	
	＝そのことば自体が空（無自性）である
(2)「すべての事物は空（無自性）である」ということば（主張）	
	＝縁起・無自性・空（例：幻）
	→勝義としては無い/言説（世俗）としては有る

『廻諍論』第29偈・第30偈に続いて、ツォンカパが掲げる聖教は、アーリヤデーヴァの『四百論』第16章第25偈である（前章第Ⅱ節 p. 110 参照）。

〔37〕有と無、有且つ無

という立場が有るのではないその人に対しては、

長い時間を経ても

非難が語られない。

（長尾［1954］, p. 236；Wayman［1978］, pp. 288−289；Newland［2002］, p. 230）(48)

この詩句は、『菩提道次第論・広本』で、中観論者に主張がまったく無いことを述べるために列挙された聖教の順序から言えば、この後で言及する『六十頌如理論』の引用の後に置かれている。ツォンカパがこの順序を入れ替えて『六十頌如理論』に先んじてこの『四百論』に言及したのは、『プラサンナパダー』の「主張の有無」に関する議論において、『四百論』の詩句が、先に言及した『廻諍論』の二つの詩句と相前後して引用されていることに基づくものと考えられる（ただし、『プラサンナパダー』では、『四百論』の詩句が、『廻諍論』の二つの詩句の前に置かれている）(49)。

ツォンカパは、まずチャンドラキィールティによって著わされたそれに対する註釈を参照すると、この詩句は「空性を認める者に対する非難が成立しえない」ということを意味するものであって、「すべての事物は空である」ということも含めて、いかなる主張すなわち認めるものも無いことを示すものではない、という旨を次のように述べる。

〔38〕『四百論』において「有ならびに無、そして有且つ無という……」云々等々と説かれたことは、その註釈において「空性論者（すなわち、「空性を説く者」あるいは「空性を認める者」）に対しては、長い時〔をかけて非難すること〕によっても非難が語られえない」と説かれている〔その〕ことに対して、汝（対論者）によっては、〔「有と無、有且つ無という立場が有るのではない」というのは〕「空性〔さえも〕認めない」〔という意味である〕と語られているのである。したがって、〔その『四百論』の引用が「中観論者には〕いかなる認めるもの（主張）も無い」〔という〕こと（'dod pa gang yang med pa）の根拠（khungs）としてどうして適当であろうか。（長尾［1954］, p. 250；Wayman［1978］, p. 300；Newland［2002］, p. 243）(50)（強調点筆者）

この記述で重要な点は、有ならびに無、そして有且つ無という立場を有さない者というのは、空性という立場を有する者すなわち空性論者であると捉えられていることである。そこで、ツォンカパは、当該の『四百論』の詩句に言及している『入中論』を典拠として、その空性論者を「仮設有」（prajñapti-sat, btags yod）を認める者であると規定する。その上で、彼は、『四百論』のこの詩句が、存在は実体的な有あるいは虚無のいずれかに必ず還元されるとする「二元論」（gnyis su smra ba）の立場から中観論者に非難が加えられえないことを示すものである旨を、次のように説明する。

〔39〕『入中論』の註釈において「施説有を語る人々に対して、〔実有か無かの〕

二元論を語ること（gnyis su smra ba）これは、正しくない。まさにそれ故に、二元論に基づいて非難することと答えを投じることによっては、中観論者がまったく〔非難される〕余地を〔二元論者が〕得ることはないのである。〔たとえば、〕アーリヤデーヴァによって『有と無と、……』]* 云々等々という四つの句が引用されているのである。……（長尾［1954］，pp. 250–251；Wayman［1978］，p. 301；Newland［2002］，pp. 242–243）(51)

*小川［1976a］，pp. 318–319.

さらに、この引用の内容をもう少し詳しく説明するのが、次の記述である。

〔40〕そのように、「自体によって成立する実体有が妨げられた（否定された）施設有を認める人々」(rang gi ngo bos grub pa'i rdzas yod khegs pa'i btags yod du 'dod pa rnams, すなわち空性論者）を、「事物（実体としての事物）が有ると説く人」(dngos po yod par smra ba）すなわち「自体によって成立するものを認める人」(rang gi ngo bos grub par 'dod pa）と、「事物が無いと説く人」(dngos por med par smra ba）すなわち「色などの諸々の事物のすべての効果的作用を妨げること（否定すること）を認める人」(gzugs sogs kyi dngos po rnams kyi don byed pa thams cad khegs par 'dod pa）の両者が非難することがないことの典拠として、〔『四百論』のこの箇所が『入中論』に〕引用されたのである。したがって……（長尾［1954］，p. 251；Wayman［1978］，p. 301；Newland［2002］，p. 243）(52)

ここで、空性論者つまり中観論者の立場を示していると考えられる「自体によって成立する実体有が妨げられた（否定された）施設有を認める」というのは、諸々の事物は勝義においては無であるが、言説（世俗）としては有であると認めることであると考えられる。一方、そのような立場に立つ空性論者に対して非難を投じることができないとされるその論者（二元論者）とは、諸々の事物が自体によって成立することを認める、すなわち実体有を認める実体論者と、いかなる効果的作用も認めない虚無論者であると捉えることができる。そして、そのように空性論者に対して実体論者と虚無論者の立場から非難が投じられないということは、前者が後者の二つの立場を取らないこと、あるいは後者が前者とはまったく異なった前提に基づいていることを意味すると考えられる。

以上に基づき、『四百論』第16章第25偈が「中観論者にはいかなる主張も無いこと」の典拠としてふさわしくない旨が、改めて次のように述べられる。

〔41〕したがって、〔『四百論』のこの詩句は、〕自らの見解（主張）が〔まったく〕無いこと（lugs med pa）の根拠としては不適当であり、〔そこに説かれている〕有ならびに無などの立場（phyogs）も二元論（gnyis su smra ba）の立場のようであることは非常に明確である。したがって、……（長尾［1954］, p. 251；Wayman［1978］, p. 301；Newland［2002］, p. 243）(53)

このように、ツォンカパによれば、『四百論』のこの詩句に説かれている有ならびに無などの主張が無いというのは、実体論（有）と虚無論（無）を内容とする主張が無いということである。そして、中観論者が主張する空論というのは、実体論の立場と虚無論の立場を取らないということである。しかし、そのことは中観論者には主張がまったく無いことを意味するものではない。つまり、中観論者には、諸々の事物が勝義として有るのでもなく、まったく無いのでもない、施設有として存在するという第三の立場すなわち主張が有るということを、それは示すものなのであると考えられる。

したがって、このような理解を有するツォンカパにとって、この詩句もやはり「中観論者にはまったく主張が無いこと」の典拠としては妥当なものではないのである。

次にツォンカパは、『六十頌如理論』第50偈を取り上げる（前章第Ⅱ節 p.109参照）。

〔42〕その偉大なる〔、そして〕自在なる人々においては、
立場（phyogs, 主張）〔も〕無く、論難（rtsod pa）〔も〕無い。
そして、〔自らにおいて〕立場の無い人々において、
どうして他の立場（gzhan phyogs）が有ろうか。
（長尾［1954］, p. 235；Wayman［1978］, p. 288；Newland［2002］, p. 230(54)

ツォンカパは、まずこの詩句に対するチャンドラキィールティによる註釈に言及する。

〔43〕そのように事物は無いから、自と他の立場は有りえないのである。それ故に、そのように見る（理解する）人々の諸々の煩悩は必ず滅することとなる。（長尾［1954］, p. 251；Wayman［1978］, p. 301；Newland［2002］, p. 243／瓜生津［1974b］, p. 80）(55)（強調点筆者）

そして、ツォンカパは、この記述の中から、自らのものであろうと対論者のものであろうと、いずれにしても立場すなわち主張が無いことの根拠となっている「事物が無いこと」（dngos po med pa）を取り上げて、次のように述べる。

〔44〕……このように、「立場（主張）が無いこと」（phyogs med）の根拠（rgyu mtshan）として、「事物が無いこと」（dngos po med pa）が〔チャンドラキィールティによって〕説かれているが、そしてさらに、自相（rang mtshan nyid）あるいは自性（rang bzhin）を〔その〕事物と〔チャンドラキィールティは〕お認めになっているのである。なぜならば、〔事物ということが自相や自性を意味するのではなく、〕効果的作用（don byed pa）を意味することによっては、それ（事物）が無いと見ることで煩悩が滅すると説かれたことと矛盾するからである。（長尾［1954］, p. 251；Wayman［1978］, p. 301；Newland［2002］, p. 243 / 瓜生津［1974b］, p. 80）(56)

ツォンカパは、煩悩が滅することの根拠となる「事物が無いこと」の「事物」（dngos po）とは、「自相」あるいは「自性」という実体的存在のことであるというのであるが、彼がそのように理解することになった経緯は、以下のように説明することができるであろう。上の記述にもあるように、事物は、一般的には自相や自性といわれる実体的な存在、あるいは縁起によって成立しているものとしての「効果的作用」（artha-kriyā, don byed pa）の二通りに理解される。

前者の意味での「事物が無いこと」とは、端的に言えば「無自性」（あるいは「無自性な存在」）のことである。一方、後者の意味では、それは「虚無」

のことである。では、それらのいずれに基づいて煩悩が滅するかと言えば、それは明らかに自相や自性といわれる実体的な存在が無いことすなわち無自性（厳密に言えば、諸々の存在を無自性と理解すること）に基づくと考えられるから、煩悩が滅することと矛盾する「事物が無いこと」とは、「効果的作用の無いこと」である。したがって、煩悩が滅することの根拠となる「事物が無いこと」の「事物」とは、自相あるいは自性という実体的存在であることになるのである。

また、そのように「自性などの実体的な存在を認めない」という根拠によって「立場が無い」（正確には、「自と他の立場が有りえない」）と説かれたことは、以下のように理解することができるであろう。諸々の事物に自相あるいは自性などの実体的な存在を認めないならば、それらの事物の一つである立場すなわち主張にも自性が無いのであるから、自らの立場あるいは対論者の立場という固定的な（すなわち実体的な）立場も無いこととなる。つまり、自性などの実体的な存在を認めないということは、そのような存在を認める立場を取らないということであり、そのように主張しないということである。それを、ツォンカパは次のように述べる。

〔45〕それ故に、「自性という事物を認める立場（主張）が無いこと」(rang bzhin gyi dngos khas len pa'i phyogs med pa）が、「立場が無い」(phyogs med)〔ということである〕と説かれているのである。……（長尾［1954］, p. 251；Wayman［1978］, p. 302；Newland［2002］, p. 243）(57)

このように、『六十頌如理論』第50偈に説かれている「立場が無い」ということは、「自性である事物すなわち実体的存在を認める立場が無い」という意味であり、換言すれば立場あるいは主張が無自性・空であり、さらには勝義としては無く、言説としては有るということであって、それらがまったく無いということではないと理解されるのである（図表Ⅳ-(2) 参照)。

さらに、ツォンカパが挙げる聖教は、次の『プラサンナパダー』の一節である（前章第Ⅲ節 p. 111 以下参照)。

〔46〕中観論者であるならば、自立論証（あるいは自立的推論）をなすことは正しくないのでもある。なぜならば、他の立場（主張）が無いからであ

る。（長尾［1954］, p. 236；Wayman［1978］, p. 289；Newland［2002］, p. 230）(58)

この記述の内容が、すでに検討を加えた『廻諍論』と『四百論』によって裏付けられるものであり、また先に言及した『六十頌如理論』と同趣旨のものであることを、ツォンカパは次のように述べる。

〔47〕それ故に、それらの聖教（『廻諍論』と『四百論』）は「中観論者に自らの立場（主張）は〔まったく〕無い」（rang lugs med pa）と説くものではないから、『廻諍論』と『四百論』を引用して、「他の立場（主張）を認めることは無いからである」（phyogs gzhan khas blangs pa med pa'i phyir ro）と『プラサンナパダー』で説かれた意味は、そのように（『六十頌如理論』の当該箇所と同様に）理解されるべきである。（長尾［1954］, p. 252；Wayman［1978］, p. 302；Newland［2002］, p. 244）(59)

まず、この『プラサンナパダー』の一節は、自立論証批判のコンテクストにおいて述べられているのであるから、ツォンカパが「自立論証」をどのように捉えているかが、彼の解釈を知る上で重要となる。つまり、彼にとって「自立論証」とは、自相あるいは自性などによって成立する事物すなわち実体的な存在である有法などによって構成されている論証あるいは論証式である、ということはすでに短くではあるが言及した（なお、詳しくは第10章で論じることとする）。では、もし『プラサンナパダー』の記述が『六十頌如理論』のそれと同趣旨であるとするならば、『プラサンナパダー』で説かれている、「中観論者がそのような自立論証をなすことは正しくないこと」（この部分を“『プラサンナパダー』a”と呼称する）に対して、「他の立場（主張）が無いこと」（この部分を“『プラサンナパダー』b”と呼称する）が根拠となることが、『六十頌如理論』によっても何らかの形で説明されるはずである。以下においては、まずそのことを確認してみることにしよう。

『六十頌如理論』において「自と他の立場（主張）が有りえない」と説かれたことは、自性などの実体的な存在を認めないという根拠に基づいて、自あるいは他という固定的な（実体的な）立場が無いこと、すなわち立場（主張）に自性が無いことと捉えられるのであり、それはさらに「諸々の事物に実体的な存在を認める」という立場すなわち主張が無いことを意味するというのが、ツォンカパの理解であった。もしこの『プラサンナパダー』の記述が、『六十頌如理論』のそれと同様な意味を有するのであれば、『プラサンナパダー』における「他の立場が無い」ということは、『六十頌如理論』の「自と他の立場が有りえない」ということの中の特に「他の立場が有りえない」ということを示すものであるはずである。したがって、その「他の立場が有りえない」ということは、固定的な（実体的な）立場が無い（主張に自性は無い）という意味である。さらにそれは「自性などの実体的な存在を認める立場すなわち主張が無い」と言い換えることができるのであり、要するに実体的な存在を認めないということなのである（図表Ⅳ-(1) 参照）。一方、自立論証とは自相あるいは自性などによって成立する事物すなわち実体的な存在である有法などによって構成されている論証あるいは論証式であれば、「他の立場が無い」（『プラサンナパダー』b）ということは、それが「実体的な存在を認めないこと」（『六十頌如理論』の主旨）を含意することを通して、「中観論者が自立論証を採用しないこと」（『プラサンナパダー』aの主旨）の根拠となると理解されるのである。

次に、そのように理解される『プラサンナパダー』の記述内容を、『廻諍論』と『四百論』がどのように裏付けるかについても、検証しておくことにしよう。

まず『廻諍論』（特に第29偈）に関してであるが、それについてのツォンカパの理解は、中観論者のことばとしての主張には自性は無い、言い換えれば、主張は実体的にすなわち勝義としては存在しないということであり、これはまさに中観論者のことばとしての主張は言説（世俗）として無自性なものとして有ることを示していると理解できるのであった。つまり、それは、『廻諍論』が『プラサンナパダー』の「他の立場（主張）が無いこと」が「立場すなわち主張に自性が無いこと」、さらには「言説（世俗）として無自性な立場すなわち主張が有ること」を含意することの典拠となることを示すものなのである（図表Ⅳ-(2)参照）。

次に『四百論』に関してであるが、それが引用されている『入中論』の議論を踏まえて述べれば、「中観論者においては『諸々の事物が勝義として有るのでもなく、まったく無いのでもない』、すなわち施設有として存在することを認める第三の立場すなわち主張が有る」ということを示すものであり、つまり「中観論者には、『諸々の事物が施設有であり、すなわち無自性・空である』と唱える立場すなわち主張が有る」ということなのである。したがって、この『四百論』も、『廻諍論』と同様に、『プラサンナパダー』のその一節が「主張に自性が無いこと」、さらには「言説（世俗）として無自性な主張が有ること」の典拠となると理解できるのである。

次にツォンカパが示す典拠も、同じく『プラサンナパダー』の以下の記述である（前章第Ⅲ節 p. 114 参照）。

〔48〕……プラサンガの反対にされた意味も、対論者のみに結びつくのであって、我々〔に〕ではない。なぜならば、私には主張が無いからである。（長尾［1954］, p. 236；Wayman［1978］, p. 289；Newland［2002］, p. 231）(60)

この記述の内容全体に関する詳細な説明は次章に譲るとして、ここで問題となる「なぜならば、私には主張が無いからである」（......te rang la dam bca' ba med pa'i phyir ro zhes......）という部分の記述についてのみ検討することにしたい。先の『プラサンナパダー』の一節の場合と同様に、この記述にある「主張が無い」ということを、自立論証批判と関連づけて、ツォンカパは次のように説明する。

〔49〕『プラサンナパダー』において「自らに主張が無いから」（rang la dam bca' ba med pa'i phyir）と説かれたことも「自らの立場（主張）が無いこと」（rang lugs med pa）の根拠ではないのである。なぜならば、それは「自立の主張が無い」（rang rgyud kyi dam bca' med pa）という意味であるからである。（長尾［1954］, pp. 253–254；Wayman［1978］, p. 303；Newland［2002］, p. 245）(61)

ツォンカパにとって自立論証というのは、すでに言及したように、自相あるいは自性などによって成立する実体的な存在である有法などによって構成されている論証あるいは論証式のことであるから、「自立の主張が無い」ということは、「実体的な有法などによって構成された主張が無い」ということであり、それは主張には自性が無いということを示していると捉えられるのである。言い換えれば、それは主張が無自性なものとして有ることを示し、さらには勝義としては主張が無いが、言説（世俗）としては有ることを含意するものと考えられるのである（図表Ⅳ-(2) 参照)。したがって、この『プラサンナパダー』の記述も「中観論者には自らの主張がまったく無い」という解釈を支持するものではないということになるのである。

ツォンカパが次に挙げる聖教は、『入中論』第6章第173偈である（前章第Ⅳ節 p. 118 以下参照)。まず、その詩句を典拠とした「中観派には主張は無い」という見解に関して、ツォンカパが提示した議論の導入部の記述を見てみることにしよう。

〔50〕　「非難するもの」が「非難されるべきもの」に会さないで
非難をなすのか、そうではなく会してから
非難をなすのであるかと説かれた。〔したがって、〕
立場が有るその人には、この過失〔が〕必ず〔付随すること〕
になるのである。だが、自らにはこの立場（主張）は
有るのではないから、このプラサンガはありえないのである。*

〔このように、〕自らに立場が無いことによって、過失が生じないと説かれているからである。（長尾［1954], p. 236；Wayman［1978], p. 289；Newland［2002], p. 231）(62)

*小川［1976a], p. 316.

この詩句の前提となっている議論は、前章でも考察したように、以下のようなものであった。つまり、実体論者が唱える因果関係（実体的な原因が実体的な結果を生じること）において原因が結果と会するか否かが問われ、そのいずれの選言肢においても因果関係は成立しないというプラサンガを通して、中観論者はその実体論者が唱える因果関係を非難する。しかし、そうした原因と結果に関して投じられた「会する」あるいは「会さない」というプラサンガは、そのまま中観論者によるその非難にも当てはまるのではないかということである。正確に言えば、「非難するもの」としての中観論者の正理と「非難されるべきもの」としての実体的な因果関係の間にも、「会する」

あるいは「会さない」というプラサンガが当てはまるのではないかと考えられたのである。そして、この批判に対する返答が、この詩句なのであった。

前章で見たように、『入中論』の議論においては、中観論者は実体論を唱えないという根拠に基づいて、実体論を前提としたプラサンガによる非難が中観論者に加えられることはないとされたのであった。つまり、実体論を前提とするプラサンガによる非難が、そのまま中観論者自らに向けられたとしても、中観論者による設定が同じように否定されないということであった。しかし、そこでツォンカパが批判の対象としているのは、中観論者に対してプラサンガによる非難が妥当とならないのは、彼らが実体論を唱えないからというのではなく、プラサンガによって非難されるべき認めるものすなわち主張するものがまったく無いからであるという理解であると考えられる。

そのような議論の流れの中で、ツォンカパがとりわけ問題としているのが、上記の見解の一側面を示す「中観論者が対論者との議論において設定するものは、あくまで対論者の側で認められたものでしかない」ということである。それをもう少し具体的に説明すれば、中観論者がプラサンガによって対論者の学説を否定する場合、対論者の学説、それを構成している諸々の要素、そして対論者そのものなどは、中観論者自身によっても認められなければならないはずであるが、それらはあくまで対論者を否定するために、対論者において成立している通りに且つ暫定的に認められるだけであるということである[(63)]。『入中論』の当該の詩句（第6章第173偈）について論じる前に、以下においては、まず上記の点について見てみることにしよう。

そこで、上記のような理解の典拠とされるうちの一つが、同じ『入中論』の次の詩句に示されている。

〔51〕しかし、汝（唯心派）が依他起〔性〕を事物と認めるのと同様に、世俗は我〔々中観論者〕によっては〔そのような事物として〕認められないのである。やむを得ず必要であるから、「これらは無いけれども有る」と世間の側に立って、私は語るのである。*（長尾［1954］, p. 237；Wayman［1978］, p. 289；Newland［2002］, p. 231）[(64)]（強調点筆者）

*小川［1976a］, p. 202.

ツォンカパが、この詩句を持ち出してきたのは、先の『入中論』の詩句の検討に入る前に、プラサンガ論法に言及する必要があったためと考えられるが、プラサンガ論法とは、前章でも触れたように、一般的には自らが主張したいことを証明するために、それとは反対のことを仮定し、その仮定から虚偽な結論を導き出すことによって、自らの主張の真であることを間接的に証明する論法である。ところが、中観論者が採用するプラサンガとは、対論者である非空論者（実体論者）の主張することを中観論者が仮に認め、そこに内包される自己矛盾を指摘することによって、その実体論を否定するものでしかないのである。つまり、この中観論者のプラサンガは、一般のプラサンガとは異なり、あくまで対論者の学説の否定に終始するものであって、自らの主張を間接的に証明するというものではないのである。そして、上記の下線を付した記述のように、中観論者のプラサンガでは、あくまで対論者が認めていることに基づいて議論が進められていくのであるから、そこにおける様々な設定はすべて対論者の側あるいは対論者の立場で認められるという理解が成立するのである。ツォンカパが批判の対象としているのは、まさにこのような理解なのである。

ツォンカパは、まずそのような理解から導き出されうる「中観論者は自らいかなるものも認めない」という考えを、以下のように批判する。

〔52〕それと同様に、「認めること」より解放されることを望んで、「諸々の設定を対論者の側のみにおいて設定する」と語ること（gzhan ngo kho nar 'jog par smra ba）も、正しくないのである。〔たとえば、〕「色などが有ることは対論者の側のみで認められるべきである」ということにおいても、彼〔自身〕は色などが有ることを認めなくと、「対論者の側で設定されている」〔という〕ことは、どうしても認められるべきであるから、「認めること」より解放されることはないのである。その場合に、その人の立場で設定されるところのその対論者そして設定者自身などは認められるべきであるから、「対論者の側のみ〔において〕認められる」と語られることによっては、「自らの立場（主張）が無い」（rang lugs med pa）〔という説〕に利益をもたらさないばかりでなく、〔「自らの立

場が無い」という説をも〕損なうものでもある。（長尾［1954］，p. 245；Wayman［1978］，p. 296；Newland［2002］，pp. 238–239）(65)

ここで批判しているのは、具体的に言えば、「中観論者が認める色などが、実は対論者の立場において設定されたものであるから、中観論者にはいかなる認めるものも無いのであり、したがって立場すなわち主張も無いのである」という理解である。それに対して、たとえその色などが対論者の側で設定されたものでしかなくとも、少なくとも対論者の側で設定されること、そしてそれらの色などを設定する対論者そのものが中観論者によって認められるべきであるから、それは当然「中観論者にはいかなる認めるものも無い」ということと抵触するとツォンカパは指摘しているのである。

それに対して想定される反論は、次に示すように、そうした「自らに立場すなわち主張が無い」あるいは「中観論者の設定は、対論者の立場において認められたものにすぎない」と自ら語ることすら、中観論者にはありえないというものである。

〔53〕〔対論者：〕もし「自らの立場（主張）は無い」（rang lugs med pa）ということと「〔中観論者の設定が〕対論者の側だけで認められる」（gzhan ngo tsam du khas blangs so）ということも、我〔々対論者〕がそのように語るのではなく、汝（ツォンカパ）らの側で〔語っている〕ことは明らかである。（長尾［1954］，p. 245；Wayman［1978］，p. 296；Newland［2002］，p. 239）(66)

それに対して、ツォンカパは次のように答える。

〔54〕〔答論者（ツォンカパ）：〕……そのように、ローカーヤタ（Lokāyata, 'Jig rten rgyang phan pa）によっても論難されえない直接知覚を論難するならば、汝自身が語ったことも〔汝（対論者）は〕感受しない〔はずな〕のであり、我々が聞いたことなどを汝が知っていることそれ自体が不思議なのである。……（長尾［1954］，p. 245；Wayman［1978］，p. 296；Newland［2002］，p. 239）(67)

ここでのツォンカパの批判は、二段構えで設定されている。まず、そのように対論者が自ら語ったことさえも、自分自身があたかも何も聞こえなかった（直接知覚しなかった）かのように否認することは、一般的に最も素朴な説を唱えるとされるローカーヤタ（順正外道）でさえも認める直接知覚を否定するものである、と非難する。そこには対論者がローカーヤタより劣るものであることが暗示されていると考えられる。次に、そのように直接知覚したものさえも認めないというならば、ツォンカパが語った内容を知っていることを前提として、「私（対論者）がそのように語るのではなく、汝（ツォンカパ）らの立場で〔語っている〕ことは明らかである」(kho bos de ltar ma smras kyi khyed cag gi ngo na snang ba yin no）と対論者が反駁することはありえないことである、というのである。

しかし、そのような批判にも関わらず、すべてが対論者の側で設定されたものと固執するならば、どんなことを語っても、それは対論者の側で設定されたものとされるから、殊更に「認めるものは無い」と対論者が力説する必要がないことを、ツォンカパは次のように述べる。

〔55〕そのようであるならば、「認めるもの（主張）は無い」などの独断的な語句（thig nges pa can）によって一体何がなされるというのであろうか。〔何もなされるはずがないのである。〕なぜならば、たとえどのようなことが語られても、究極的にはそれを〔対論者の側で設定されたものとして、自分自身が語ったことを否認したように、〕否定する〔だけ〕で十分なのであるから、〔いかなる場合も対論者にいかなる〕過失〔も〕降り掛かることはないからである。（長尾［1954］, p. 245；Wayman［1978］, p. 296；Newland［2002］, p. 239）(68)

次に、ツォンカパが問題とするのは、これまでの議論をより限定した形で、プラサンガによる議論の内容は対論者の側でのみ認められるのか、あるいはそれを中観論者一般というのではなく、中観帰謬派自身が認めるのか、ということである。ツォンカパが、何故にここにおいてのみそのような限定的な表現を用いたかは不明であるが、ともかく、彼は次のように議論を展開する。

〔56〕もし「プラサンガも対論者の側だけで設定するのであって、自らの立場では認めないのである」(thal 'gyur yang gzhan ngor tsam du 'jog gi rang lugs la mi 'dod do）と〔汝（対論者）が〕語るならば、「自立を否定して、

〔中観〕帰謬〔派〕の教義をうちたてる」〔という〕チャンドラキィールティの見解を信じることによって何がなされようか。〔その理由は、以下のようである。〕自立〔論証〕が自らの立場にふさわしくないのと同様に、プラサンガもふさわしくないのであり、またプラサンガが対論者の立場にふさわしいように、自立〔論証〕も必要に応じて（dgos pa'i dbang gis)、対論者の立場においてなすことが適当であるからである。（長尾［1954］, p. 245；Wayman［1978］, p. 297；Newland［2002］, p. 239）(69)

中観帰謬派の代表的人物であるチャンドラキィールティが行ったうちで最も重要なことの一つは、実体論者に対して諸々の事物が無自性・空であることを明らかにする手段として、自立論証を採用することを排除して、プラサンガを採用することの意義を中観思想の中に明確な形で位置づけたことである。ところが、自ら認めるものは何一つなく、すべての設定は対論者の側でのみなされたものであるとする原則に従って、「プラサンガを用いた議論の内容も対論者の側のみにおいて設定されるものであって、自らの立場ではいかなるものも認めない」と理解された場合、次のような問題が生じることになる。つまり、「自らの立場ではいかなるものも認めない」というのであれば、自立論証が自らの立場で認められないのと同様に、プラサンガを用いた議論の内容も同じく自らの立場では認められないことになる。また、対論者の側で認められるものとしては、プラサンガを用いた議論の内容ばかりでなく、たとえば自立論証を用いた議論の内容も想定できるのであるから、前者を認めるならば、後者も認めなければならないこととなる。したがって、それはチャンドラキィールティが自立論証を斥けたことに反するものとなってしまう、というのである。

さらに、「プラサンガを用いた議論の内容が対論者の側だけで認められる」ということについて、ツォンカパは例を用いて次のように述べる。

〔57〕唯心〔説〕を対論者の側において認めるのであって、自らの立場においては認めないその人が、唯心〔論〕者（Sems tsam pa, 唯識論者）として設定されることはふさわしくない。〔それと〕同様に、中観の意味をプラサンガによって決択する〔その〕プラサンガ〔による議論の内容〕

が自らの立場にふさわしくなく、対論者の側のみにおいて設定するその人も、〔中観〕帰謬派としてふさわしくないのである。そして、〔彼はまた中観〕自立派でもないから、〔そのように語る人は〕「自分たちは中観論者でない」と明らかに説いている〔ことになる〕のである。（長尾［1954］，p. 246；Wayman［1978］，p. 297；Newland［2002］，p. 239）(70)

つまり、唯心論者がその唯心説を自分自身によって認めることなく、対論者の側だけで認めるとすることが正しくないように、中観の意味を確立するそのプラサンガによる議論の内容も対論者の側だけで認めるとすることも正しくないというのである。さらにそのような理解は、中観論者として二つのグループを構成するうちの、中観帰謬派においてだけでなく、もう一方の中観自立派においても許されるものではないから、そうした説を唱えることは自らが中観論者でないことを示すものであるというのである。

以上のように、ツォンカパは、「中観論者が対論者との議論において設定するものは、あくまで対論者の側で認められたものでしかない」という理解を誤ったものと考えるのである。

ともかく、このような経緯で引用されるのが、先の『入中論』の「汝（唯心論者）が事物である依他起性を認めるのと同様に、……」という詩句なのである。そのコンテクストで問題とされているのは、「中観論者自身の側で認められない」ということの一つの側面であると考えられる「中観論者自身の側ではなく、世間の側で認められる」という理解である。

そこで、その詩句が前提とする対論者の見解は、次のように述べられている。

〔58〕〔対論者（唯心論者）：〕汝（中観論者）が、我々に従うことなく、そのように語るならば、今は我々も汝に我慢しきれないのである。もし自分が他ならぬ対論者の立場を非難することに熟知していることを明らかにして、合理（'thad pa）によっては正しくないから〔と言って〕、〔我々が説く〕依他起性を排除するならば、それならば今度は〔我々が、「汝によって〕語られたまさに〔その〕正理によっては正しくないから」〔と言って〕、汝に極成している世俗を排除するのである。……（La Vallée

Poussin［1911］, p. 236；小川［1976a］, p. 202）[71]

ここに示される唯心論者による主張の要点は、「中観論者が唯心論者の唱える依他起性を正理によって否定するならば、唯心論者はその際に用いられたまさに同じ正理によって中観論者自身が世俗として認めるものを否定する」ということである。

それに対する答えが当該の『入中論』の詩句において提示されているのであるが、ツォンカパが問題とするその理解は、「中観論者はたとえ世俗としてもいかなるものも認めないのであるから、自らが提示したまさに同じ正理によって否定されることはないのであり、あくまで対論者が設定するものに沿って議論を進める」というようなものであると考えられる。

先の『入中論』の詩句が、「中観論者が対論者との議論において設定するものは、あくまで対論者の側で認められたものでしかない」すなわち「中観論者にはいかなる主張も無い」ということの典拠であることに否定的なツォンカパは、まず「中観論者自らが提示したまさに同じ正理によって否定されることはない」ということについての自らの理解を、以下のように述べている。

〔59〕……以上のこと（『入中論』の当該の詩句）の意味内容はまた、「すべての設定を対論者の側でなす」（rnam gzhag thams cad gzhan ngor byed pa）ということの根拠としてはふさわしくないのである。なぜならば、〔唯心派の依他起性のような実体的なものを否定するのは、〕諸法において自体によって成立する自性が有るか否かを如理に考察する正理知の側で設定されるのであって、通常の言説知（tha snyad pa'i shes pa rang dga' ba）の立場では設定されないからである。というのは、それ（通常の言説知）によって無自性が成立する〔、すなわち自性が否定される〕ならば、正理知が無意味となってしまうからである。そして……（長尾［1954］, p. 246；Wayman［1978］, p. 297；Newland［2002］, pp. 239-240）[72]

ツォンカパは、「中観論者は実体的なものと見なされる依他起性を考察の対象とし、それを否定するのであるが、そのように無自性と設定することができるのは、言説知ではなく、あくまで正理知である」と力説するのであり、そうではなくて、もし言説知が実体的なものを考察の対象とし否定することになれば、正理知の存在意義は失われてしまうと説明しているのである。

ここで重要なことは、第３章でも述べたように、正理知というものは実体的なもの（厳密には、実体的なものとして構想されたもの）のみを考察の対象とするのであって、諸々の世俗の存在は考察の対象とされないということである。つまり、中観論者が認める諸々の世俗の存在は正理による考察の対象とされることはなく、したがって否定されることもないということなのである。そして、そこには中観論者が世俗として認める事物が存在することが含意されていると考えられるのである。

そして次に論じられるのは、「中観論者自身の側で認められない」ということの一つの側面と理解される「……世間の側でしか認めない」ということである。

〔60〕また、まさにその典籍（『入中論』）において「……〔は〕有ると世間の側に立って」（yod do zhes/ 'jig rten ngor byas）と説かれたことによっては、「諸々の色などが有ると設定することは世間の側で設定する」と説かれている〔のであって、「すべての設定を対論者の側でなす」と説かれていない〕からである。（長尾［1954］, p. 246；Wayman［1978］, p. 297；Newland［2002］, p. 240）[73]（強調点筆者）

まず、ここでツォンカパは、『入中論』の当該の詩句において「中観論者によって設定がなされるのは、対論者の側ではなくて世間の側である」と説かれていることを確認する。次に、彼はその設定がなされるとされる「世間の側」が、「中観論者の側」すなわち「中観論者の立場」を指すものであることを、「〔中観論者によって〕世俗は認められない」（kun rdzob khas ma blangs）という記述の解釈を通して、次のように暗示する。

〔61〕〔さらに〕「〔中観論者によって〕世俗は認められない」（kun rdzob khas ma blangs）と説かれたことは、「唯心派が依他起性を認めるようには認めないのである」という意味であって、「その世俗を自らの立場において認めない」（kun rdzob de rang lugs la khas mi len）というのではないのである。なぜならば、「汝（唯心派）が依他起性を事物〔と〕認める

ように」(ji ltar khyod kyis gzhan dbang dngos 'dod ltar) と説かれているからである。(長尾［1954］, pp. 246-247；Wayman［1978］, p. 297；Newland［2002］, p. 240)(74)(強調点筆者)

ツォンカパによれば、「世俗は認められない」というのは、唯心論者が依他起性を事物(この場合は、「実体」を意味する)として認めるように、中観論者は諸々の世俗の事物を認めないが、それらをまったく認めないというのではけっしてないということなのである。それを先程の正理による考察の議論と関連づけて述べれば、実体的に認められた依他起性と中観論者が認める諸々の世俗の事物は、正理によって否定されることに関して、唯心論者が考えるように、同じものではないということなのである。ツォンカパは、さらにその点について次のように述べる。

〔62〕その典籍(『入中論』)の挿入部分(mtshams sbyar)においても「汝(中観論者)が合理('thad pa)すなわち正理(rigs pa)によって依他起性を排除する(否定する)ならば、汝は自らの諸々の正理によって〔それが排除されることを〕決定するけれども、〔それらの正理は〕汝の世俗を排除するのである」という論難〔へ〕の〔中観論者よりの〕答えである。したがって、〔汝(対論者)は〕依他起性は正理による考察に耐える〔と認める〕のであり、汝〔はその依他起性を事物(実体)と認めるが、汝〕が事物を認めるのと同様に、〔我々中観論者は〕諸々の世俗〔の事物〕を認めないのであるから、〔依他起性と事物(諸々の世俗の事物)に関して〕正理によって否定されうるか否かは同じではないのである。……(長尾［1954］, p. 247；Wayman［1978］, pp. 297-298；Newland［2002］, p. 240)(75)

つまり、唯心論者が認める依他起性も中観論者が認める世俗の存在も、事物(dngos po)と呼称される点では同じであっても、前述のように、依他起性は正理による考察の対象とされ、その考察に耐えるものであり、そしてその正理による考察によって否定されるものである。一方、中観論者が認める諸々の世俗の事物は正理による考察そのものに耐えないものであるから、それによる考察の対象とならないものであり、したがってその考察によって否定されるものでもないというのである。

このように中観論者自らが世俗を認める様相の一端が明らかにされたが、それが「諸々の設定が、対論者の側ではなくて中観論者自らの側でなされる」というツォンカパ自身の理解とどのように結びつくかをもう少し具体的に説明するのが、次の記述である。

〔63〕「世間の側に立ってなされる」（'jig rten gyi ngor byas）というのは、「自らの立場ではない対論者の側〔である〕」（rang lugs min pa'i gzhan ngo）ということを言うのではなく、「諸々の障害の無い言説知」（tha snyad pa'i shes pa gnod med rnams）を示すのである。なぜならば、諸々の世俗の対象が有ると設定することはすべて、それ（諸々の障害の無い言説知）の側で設定されるべきものであるから、〔すなわち〕中観論者自身の相続（心）においても言説を設定するそれらの知識根拠は有るからである（dBu ma pa rang gi rgyud la yang tha snyad 'jog pa'i tshad ma de rnams yod pa'i phyir ro）。（長尾［1954］，p. 247；Wayman［1978］，p. 298；Newland［2002］，p. 240）(76)（強調点筆者）

このように、「世間の側に立ってなされる」ということは、世間の側で色などの世俗の諸々の事物が中観論者自身の健全な言説知によって設定されることなのであって、それらが中観論者自身の側でなく対論者の側であることを含意する「世間の側」で設定されるということではないのである。

ツォンカパは、さらに諸々の世俗の事物が中観論者によってどのように認められるかを、当該の詩句の中の「無いけれども有る」（med kyang yod do）という部分を説明することを通して、以下のように述べている。

〔64〕それ故に、「……〔は〕無いけれども」（med kyang）ということは、自相によって成立することが無いことを示すのである。「……〔は〕自相によって無くとも、それ（自相によって成立するもの）として有る」と〔理解〕されるべきであり、また〔ただ何の限定も付すことなく〕「……〔は〕無いけれども有る」と〔理解〕されることは不適当である（rang gi mtshan nyid kyis med kyang der yod do / zhes bya ba dang med kyang yod do zhes ni byar mi rung ste）。なぜならば、これは〔中観論者〕自

らの言説の諸々の対象の設定方法であって、自相によって成立するものは言説としても無いからである。また……（長尾［1954］, p. 247；Wayman［1978］, p. 298；Newland［2002］, p. 240）[77]（強調点筆者）

ここにおいて、中観論者自身の健全なすなわち障害の無い言説知（通常の言説知）によって諸々の世俗の事物が自相によって成立するものとして設定されないということは、それらが単に有るもの（yod pa tsam）として設定されるということなのであろう。そして、「無いけれども……」という記述を、そのように「自相によっては無いけれども……」とツォンカパが解釈しているのは、これまで何度も言及したように、彼にとって真の中観論者である中観帰謬派は、中観自立派とは異なり、自相によって成立するものを言説としても認めることはないと彼が理解するからなのである。

また、『入中論』の当該箇所のコンテクストにおいては、以下のような経典が引用されている。

〔65〕〔それは、〕以下のように世尊によって説かれている通りである。

世間は私と議論するが、私は世間と議論することはない。世間において有ると認められるものを、私も有ると認める。世間において無いと認められるものを、私も無いと認める。

（La Vallée Poussin［1911］, p. 237；小川［1976a］, p. 203）[78]

ツォンカパは、この引用を典拠として、中観論者によって設定されたものが対論者によるものではなく、彼ら自身のものであることを、以下のように述べる。

〔66〕この註釈（『入中論』の自註）において、それ（偈の内容）の典拠として「世間において有る〔あるいは〕無いと認められるものは、私もそのように認めるのである」ということが引用されているから、〔中観論者に自らの設定がまったく〕無いというのはふさわしくないからである。……（長尾［1954］, p. 247；Wayman［1978］, p. 298；Newland［2002］, p. 240）[79]

このように、中観論者は自ら諸々の世俗の事物を設定するのであって、それらがけっして中観論者以外の立場で設定されるというのではないというのであり、要するに「中観論者にはいかなる主張も無い」ということを『入中論』の当該の詩句を典拠として論じることはできないというのである。

いささか遠回りをしたが、ここで『入中論』第6章第173偈、すなわち「『非難するもの』が『非難されるべきもの』に会さないで非難をなすのか、……」という詩句についてのツォンカパの理解に関する議論に戻って、検討を進めていこう。まず、彼は、それについて次のように述べる。

〔67〕『入中論』において「立場（主張）が無い」（phyogs med）と説かれたことは、以下のような意味である。自らの体系（rang lugs, 中観帰謬派の体系）においては、「非難されるべきものと非難するものの両者が自性によって成立しない」と認めるのである。したがって、汝（対論者である実体論者）が原因と結果が自性によって成立すると認めることに対して、「会してから（phrad nas）あるいは会さないで（ma phrad par）、原因が結果を生ぜしめる〔のか〕」という正理の考察がなされて、否定されるところの非難は我々には生じない〔すなわち、存在しない〕のである。なぜならば、〔我々の非難は〕正理による考察に耐えると（rigs pas brtags bzod du）認める必要はないからである。だが、〔『入中論』の当該箇所の意味は〕「自らの立場（主張）が〔まったく〕無い」（rang lugs med pa）というのではけっしてないのである。……（長尾［1954］, p. 254；Wayman［1978］, p. 303；Newland［2002］, p. 245）[80]（強調点筆者）

この記述においてとりわけ重要なことは、対論者の唱える因果関係は正理による考察に耐えるものであるが、それに対して中観論者の非難はそれに耐えないものであるということである。すでに第3章で論じたように、ある対象が「正理による考察に耐えない」ということは、一面ではその対象が勝義としてあるいは自性として存在しないということを示し、他面ではたとえそれが勝義として存在しなくても、言説（世俗）において存在することまで排除・否定されるものではないことを含意しうるものであった。したがって、中観論者による対論者の因果関係の非難が正理による考察に耐えないことが、「中観論者において主張は無い」という問題とどのように関連するかは、以下のような二点にまとめることができよう。

図表Ⅵ

(1) 中観論者による実体論者の因果関係（実体的な原因が実体的な結果を生じること）に対する非難が、勝義としてすなわち自性として存在しないのであり、非難されるべきものと非難するものが自性によって成立することを認める立場（勝義的な立場）、つまり実体論を認める主張が無いことを示す。
(2) そのような実体論を認めない立場すなわち主張は勝義としては無いけれども、実体論を認めない立場すなわち主張（実体的に成立しない、すなわち無自性・空な立場すなわち主張）は言説（世俗）としては有る。

さらにツォンカパは、図表Ⅵの第一の論点を『入中論』に言及しながら、次のように述べる。

〔68〕……その理由は、以下のようである。その聖教（『入中論』）の註釈において、以下のように〔説かれている。〕

我々の立場（主張）においては、同じようにプラサンガとはならないのである。その理由は、以下のようである。我々の立場では非難するものが非難されるべきものに会しても非難せず、非難するものが非難されるべきものに会さないでも非難しないのである。なぜならば、非難するものと非難されるべきものの両者は自性によって成立しないからである。それ故に、〔実体的な意味において〕「会する」とかあるいは「会さない」と〔我々は〕考えないのである。*

以上のように、実体論者が設定した正理の考察が生じないこと（rigs pa'i brtags pa mi 'jug pa）、〔すなわち正理による考察に耐えないこと〕の論拠として、〔次のようなことが述べられる。我々（中観論者）は〕「〔非難するものと非難されるべきものの両者が〕自性によって不成立であること」を設定するものであるからであり、「認めるもの」が無いことを〔論拠として〕設定しないからである。また、……（長尾［1954］，p. 254；Wayman［1978］，p. 303；Newland［2002］，p. 245）(81)

*小川［1976a］，p. 316.

チャンドラキィールティは、『入中論』の当該のコンテクストで、以下に示す『般若経』に言及しているのであるが、そこでツォンカパもその箇所に触れて、図表Ⅵの第二の論点について、次のように述べる。

〔69〕……また、その典拠として引用された『〔仏〕母経（般若経）』において、シャーリプトラは、カーシャパに、「〔実体的に〕すでに生じた〔法〕と未だ生じていない法のいずれによって〔実体的に〕未だ生じていない法（真実）を証得するのかと考察し質問して、この二つ（実体的にすでに生じた法と未だ生じていない法）によって、〔未だ生じていない法を〕証得することが否定された。次に、シャーリプトラは、〔以下のように〕質問した。それならば、「証得すること」(thob pa) と「〔現〕観すること」(rtogs pa) は無いのか。〔その答えとしては、〕以前に引用したように、〔以下のように説かれている。〕その二つ（「証得すること」と「〔現〕観すること」）は有るけれども、二つのあり方〔すなわち実体的にすでに生じた法と実体的に未だ生じていない法〕として〔有るの〕ではない。それはまた、言説として〔有るの〕であって、勝義としては無いのである。*このように説かれたことを例となさって、それと同様に〔非難するものと非難されるべきものの両者が自性によって成立しないと〕認められるのであると説かれている。……（長尾［1954］, p. 254；Wayman［1978］, p. 304；Newland［2002］, p. 245）(82)（強調点筆者）

*小川［1976a］, pp. 316−317.

この記述の要点は、自性を認める立場を有さない、すなわち主張を有さない中観論者には、勝義としては「証得すること」(thob pa) も「〔現〕観すること」(rtogs pa) も無いが、言説（世俗）としてそれらは有るということである。つまり、中観論者には勝義的な「証得すること」と「〔現〕観すること」つまり、立場すなわち主張は無いけれども、言説（世俗）としては無自性な「証得すること」と「〔現〕観すること」は認められるということなのである。そして、それを実体論者が唱えた因果関係を中観論者が非難したこととの関連で言えば、自性を認めない立場を取る中観論者には、「非難するもの」と「非難されるべきもの」が無自性なものとして、すなわち言説（世俗）として認められるということである。つまり、先に言及したツォンカパの第二の論点（図表Ⅵ参照）すなわち「実体論を認めない立場あるいは主張（実体的に成立しない、無自性・空な主張）は、勝義としては無いけれども、言説（世俗）としては有る」ということが、ここに説明されていると捉えることができるのである。

次に、ツォンカパは、中観論者にはそのように「非難されるべきもの」と「非難するもの」（すなわち、対論者の誤った見解を非難・否定すること）が無自性なものとして、すなわち言説（世俗）として有ることを、『入中論』の議論に絡めながら、次のように説明する。

〔70〕　これによっては、以下のように理解されるべきである。二つ〔のあり方〕としてプラサンガとなるから、〔実体的に〕すでに生じた〔法（教え）〕と〔実体的に〕未だ生じていない法によって否定され、両者（「証得すること」と「〔現〕観すること」）が非存在であることにおいて〔も〕正しくないから、〔それら両者は〕考察されることなく、世間の言説として得られると認められるのである（ma brtags par 'jig rten gyi tha snyad du thob par khas blangs pa）。〔それと〕同様に、非難されるべきものと非難するものの両者も〔実体的に〕「会して」と「会さないで」〔という二つのあり方のいずれとしても有る〕のではないけれども、言説として非難するものによって非難されるべきものが非難されるのである。*

このように、「会して」と「会さないで」という正理の考察がなされたならば、そのいずれにおいても「非難すること」は無いけれども、それによって「非難すること」が有ることが〔まったく〕妨げられる（否定される）のではないから、〔中観論者が〕言説としては対論者を非難することは認められるべきであると明らかに説かれているからである。（長尾［1954］，pp. 254–255；Wayman［1978］，p. 304；Newland［2002］，pp. 245–246）(83)（強調点筆者）

*小川［1976a］，p. 317.

このように、中観論者には言説として対論者を非難することが有るということは、無自性な「非難されるべきもの」と「非難するもの」が認められることを示している。したがって、中観論者が実体論（ただし、誤って措定された実体論である）を非難することが成立することとなるのである。

さて、第1章では、『廻諍論』における「中観論者には、否定することそのものが無い」という議論に言及したが、この「中観論者における主張の有無」に関する議論においても、ツォンカパはこの問題を取り上げている(84)。そして、その出発点となるのが、以下に示す『廻諍論』第63偈である。

〔71〕否定されるべきものは何もないのであるから、私（中観論者）は何ものをも否定しないのである。したがって、「〔事物における自性を〕否定する」というこの損減は、汝によってなされたのである。（長尾［1954］, p. 237；Wayman［1978］, p. 289；Newland［2002］, p. 231）(85)

ツォンカパは、この詩句を引用した後に、次のような、それについての対論者の誤った解釈に言及する。

〔72〕……このように、〔自らに証明すべき主張が無いばかりでなく、〕対論者の立場が否定されることも〔まったく〕無いと〔対論者によって〕説かれているからである。（長尾［1954］, p.237；Wayman［1978］, p.289；Newland［2002］, p.231）(86)

このような「自らの立場（主張）を証明することばかりでなく、対論者の立場すなわち主張を否定することすらも認めない」という理解を批判的に扱う議論の背後には、勝義においては中観論者が証明や否定などのあらゆる営みを超越しているということを、言説においてまで安易に受け入れる悪しき超絶主義（誤った離辺中観思想）を手厳しく批判するツォンカパの姿勢を読み取ることができる。

第1章でも触れたように、当該の詩句は、『廻諍論』第11偈に示されている、次のような対論者からの批判に対して語られたものなのであった。つまり、「すべての事物には自性は無い」と言って、事物における自性を否定するナーガールジュナの対論者すなわち実体論者であるニヤーヤ学派は、否定というものが何らかの形で成立するならば、「否定されるべきもの」すなわち「否定対象」が実在することが前提となると捉える。したがって、そのように中観論者がすべての事物に自性は無いと唱えることは、かえって実体的な存在を「否定対象」として認めることになり、彼ら自身が実体を認めないことと矛盾することになるというものであった。

そして、その批判に対するナーガールジュナの返答が上掲の詩句に述べられているのである。つまり、中観論者には、そのような実体的な存在である否定対象は存在しないのであるから、否定するということそのものも有りえないというのである。言い換えれば、中観論者には否定対象が存在しないのであるから、否定することも無いということなのである。しかし、そのようであれば、中観論者が自性を否定することも無いことになってしまうのではないかという危惧が生じることとなる。

そこで、ツォンカパによって特に問題とされるのは、そこでの否定対象に関する理解である。

〔73〕〔『廻諍論』において〕「いかなる否定対象も無いのであるから、私は何ものをも否定しないのである」(dgag bya ci yang med pas na//nga ni ci yang mi 'gog go//)*と説かれたことは、〔以下のように理解されるべきである。『廻諍論』の当該箇所において説かれている〕「否定対象」(dgag bya) には、二つ〔の種類のものが有る〕中、〔対論者が言うところの否定対象は、〕自性が有ると増益するもの（有境すなわち知）の対境である否定対象（rang bzhin yod par sgro 'dogs pa'i yul gyi dgag bya）を示すのであるから、それ（増益する有境である知の対境）が無いことが理由とされて、「否定しない」(mi 'gog pa) と〔ナーガールジュナによって〕説かれている〔と理解する〕ことは正しくない。したがって、〔そこにおける否定対象は〕有境である否定対象（yul can gyi dgag bya)、すなわち増益するもの（知）を示すべきである。(長尾［1954], p. 252；Wayman［1978], p. 302；Newland［2002], p. 244)[87]（強調点筆者）

*第1章引用〔8〕参照。

この記述は、対論者が自性を増益するのを否定することを目的とする議論であり、正確にはそこにおいて否定対象（dgag bya）とされているのは「増益するもの」(yul can, 有境）かあるいは「増益されるもの」(yul, 対境）かを論じるものである。つまり、ツォンカパは、自性を増益することには二つの側面があると捉えている。その一つは、事物が自性によって成立すると捉えるすなわち増益する有境（知）であり、もう一つはそれを通して増益された自性（自相）によって成立するものとしての事物すなわち対境である。彼によれば、この詩句における「否定対象」は、前者すなわち事物が自性によって成立すると捉えるすなわち増益する有境（知）である。このツォンカパの理解は、先に説明したように、『廻諍論』第30偈において、勝義としては直接知覚などの有境が無いことによって勝義として事物が認識されることがなく、それによって「すべての事物は空である」という否定もありえないとされたうちの「直接知覚などの有境が無いこと」に相応すると考えられる。

そのような否定対象（すなわち、実体論者の自性を増益する知）が無いという理解に基づいて、「中観論者には、否定することそのものが無い」ということを論じているのが、次の記述である。

〔74〕その註釈に「否定するものも有るものではない」（'gog byed kyang yod pa ma yin pa）と説かれていることによっては、〔次のようなことが〕説かれているのである。〔つまり、〕その二つ（否定対象と否定するもの）が無いことは、自相によって成立する「否定対象」（対論者の自性を増益する知）と「否定するもの」が無いこと（rang gi mtshan nyid kyis grub pa'i dgag bya dang 'gog byed med pa）〔なのであるが、それら否定対象と否定するもの〕がそのように〔自相によって〕有ると捉えられて、「これ（中観論者）がこれ（自相によって成立する否定対象）を否定する」というように、「汝（実体論者）は〔中観論者の否定を〕損滅するのである」（khyod kyis skur ba btab bo）と説かれたのである。しかし、〔ナーガールジュナは〕その二つ（否定対象と否定するもの）を幻のように〔存在すると〕お認めにならないのではないのである。……（長尾［1954］, p. 252；Wayman［1978］, p. 302；Newland［2002］, p. 244）(88)

ここでツォンカパが説こうとしていることは、引用の最終部に示されているように、否定対象である対論者の自性を増益する知と否定するものである中観論者の正理（あるいは正理知）は実体的には成立しないが、それらは幻のように無自性なものとして認められないのではけっしてないということである。つまり、中観論者においては、否定対象と否定するものが無自性・空なものとして存在するのであるから、その意味において彼らには否定することは認められるのである。それに対しては、上掲の引用には言及されていないことであるが、そのような理解に対しては、中観論者の否定対象とは実体的なものすなわち有自性なものなのではないかという反論が予想されるが、第1章で述べたように、それはあくまで無自性・空な存在が実体的なものとして対論者によって誤って構築されたすなわち増益されたものであると言うことができる。

ともかく、上の記述で典拠として引用されているのが、『廻諍論』第23偈の次の記述である。

〔75〕「化作されたもの」(sprul pa) によって「化作されたもの」〔が否定され、〕「幻の人の幻」(sgyu ma yi skye bu yi sgyu ma) によって「幻」(sgyu ma) が否定されるように、この否定もそのように〔成立することに〕なる。(山口［1929］, p. 25；K. Bhattacharya［1978］, p. 18；梶山［1974］, p. 152／長尾［1954］, p. 253；Wayman［1978］, p. 302；Newland［2002］, p. 244)(89)

また、そのように「否定対象」と「否定するもの」が無自性・空であるということは、逆にそれらが自性を有するものであるならば、中観論者の否定という営みが成立しないことを含意する。ツォンカパは、『廻諍論』第66偈と第67偈に言及しながら、次のように述べる。

〔76〕……また、

もし〔否定対象である自性を増益する〕執着する〔知〕が
自性を有するものであるならば、〔その執着が〕
依って生じるものとはならない。
執着が依って生じるならば、
まさにそれ（執着）は空性となるのではないか。
もし執着が自性を有するならば、それを誰が覆せよう
（否定できよう）。その他のことに関しても、
その〔理解〕方法〔が適用されるの〕である。それ故に、
その非難（実体論者による非難）が〔成立することは〕ないのである。*

このように、「蜃気楼を水と執着することに自性が有るならば、〔その執着が〕自らの原因と条件に依って生じることはふさわしくない」と、〔そ

して〕「その執着は誰によっても覆されることは適当ではない」と説かれているからである。（長尾［1954］, p. 253；Wayman［1978］, p. 303；Newland［2002］, p. 244）(90)

*（山口［1929］, pp. 56–57；K. Bhattacharya［1978］, pp. 43–44；梶山［1974］, pp. 180–181）

このように、中観論者には、幻のように無自性・空なるものとして、すなわち縁起するものとして、否定することが有るということが、ツォンカパによって説かれている。そこには、中観論者には言説（世俗）において所証を証明することばかりでなく、否定対象を否定することも有るというツォンカパの意図を見ることができる。さらに、それを主張の有無の問題との関連で言えば、そうした証明と否定に基づいて、中観論者には、無自性・空なるものとしてすなわち縁起するものとして「すべての事物は空である」という主張が有るということなのである。

V

以上に、「中観論者には、勝義としてばかりでなく、言説としても立場（主張）がまったく無い」という説を裏付けるものとされる諸々の典拠が誤って理解されたものであるというツォンカパの指摘を眺めてきたが、では、そのような「中観論者には自らの主張はまったく無い」すなわち「中観論者には、勝義としても言説（世俗）としても主張が無い」という説は、どのように形成されたのであろうか。ツォンカパは、その点を次のように述べている。

〔77〕「中観論者においては言説としても認めること（khas len, 主張）は無い」と語ることは、前述のような、正理の否定対象（rigs pa'i dgag bya）をよく把握しなかったことによって、〔以下のように〕見る（理解する）こと〔になるのである〕。〔つまり、〕自性を否定する諸々の正理によって向こうに対して（phar la, つまり対論者に対して）〔その説を〕否定する時に、こちらに対して（tshur la, つまり中観論者に対して）〔同じ論難が〕反対に向けられる。その際に、〔中観論者〕自身の見解（rang gi lugs）に関しても同じようなこと〔つまり、正理によって否定されること〕が同じく生じるのである。……（長尾［1954］, pp. 241-242；Wayman［1978］, p. 293；Newland［2002］, p. 236）(91)

この記述は、以下のように理解することができるであろう。すでに第3章との関連で説明したように、対論者である実体論者の唱えるもの（中観論者の正理による考察を通して否定される対象、すなわち中観論者の正理の否定対象）は、正理による考察に耐えるものであり、そしてそれによって否定されるものである。一方、中観論者が言説（世俗）として認めるものは、正理による考察には耐えないもの、すなわちそれによる考察の対象とはならないものであるから、それは正理による考察を通して肯定もされなければ否定もされないのである。ところが、「正理による考察に耐えないならば、それによって勝義としてばかりでなく、言説（世俗）としても否定される」と把握されてしまうのであれば、中観論者の主張それ自体も正理による考察に耐えないものであるから、それは勝義としてはもちろんのこと言説（世俗）としても否定されることになる。つまり、そこに「中観論者においては言説としても認めることすなわち主張は無い」という理解が生じると考えられるのである。

また、そのような理解においては、中観論者が縁起説に基づいて設定する輪廻や解脱などが、たとえば自在天（īśvara, dbang phyug）のような誤って措定された（増益された）実体的な存在と同じように、否定されてしまうことになることを、ツォンカパは次のように指摘する。

〔78〕……〔そのように捉える人は、「中観論者によって〕自らの見解が設定される時には過失が回避される」〔という〕こと〔換言すれば、「中観論者が自らの見解を設定しても、自らに過失は生じない」ということ〕をまったく知らないのであるから、〔そこにおいては〕輪廻と解脱という縁起するすべてのものが、有・無〔に関して〕自在天と同様〔に理解されること〕になるのである。それ故に、それ（「正理による考察に耐えないならばそれによって否定される」と理解すること）は中観論者を損減するものであり、非常に卑しいものである。〔そして、〕それ（中観論者に対する損減）を否定することも以前に多く説明してしまったのであ

る。（長尾［1954］, p. 242；Wayman［1978］, p. 293；Newland［2002］, p. 236）[92]

このように、中観論者が認める輪廻や解脱などは、対論者である実体論者が誤って措定した自在天が正理による考察に耐え、そしてそれによって否定されるのとは異なり、そうした正理による考察に耐えるものではないことによって、否定されることにはならないのである。つまり、中観論者が認めるものすなわち主張するものは、正理による考察が及ばないものとして言説（世俗）として有るのである。したがって、（もちろん言説として）中観論者には明確に主張が有るのである。そのことがツォンカパ自身の中観思想に関する独自な理解と関連して、次のように示される。

〔79〕「中観論者において、認めるもの（主張）が有るか否か」（dBu ma pa la khas len yod med）を考察する人は、なんらかの「中」（dbu ma）という〔理解〕を有する時に「中観論者」と設定することが認められるはずである。したがって、〔次のように〕「勝義としては微塵も不成立であり、また言説としてはすべてが幻のように縁起するものである」と理解することを認めるべきである。〔それ〕故に、認められるべきもの（主張）は有るのであり、さらに〔上述の〕その二つの反対の立場（見解）である、「勝義としては有ること」と「言説としては無いこと」を認める悪説を否定して、〔上述のこと（「勝義としては微塵も不成立であり、また言説としてはすべてが幻のように縁起するものである」ということ）が〕設定されるべきである。……（長尾［1954］, p. 242；Wayman［1978］, pp. 293–294；Newland［2002］, pp. 236–237）[93]

ツォンカパは、中観論者において主張が有るか否かを考察する際には、少なくともそれ以前に中観論者であることが成立していなければならず、つまり何らかの「中」ということ（正確には、「中」という立場）を認めることが有るはずであるという。彼はその「中」の立場を、具体的に二諦説に基づいて「勝義としては非有であるが、言説としては非無である」という意味での「非有・非無の中」（→前章で言及した「二諦説的離辺中道解釈」）と理解し、そのような立場（主張）が明確に有り、それはその反対の「勝義として有」ならびに「言説として無」という二つの見解を否定することによってはじめて成立するもの、すなわち定立・証明されるものであると捉えている。

そして、ツォンカパは、そのような否定と証明を行う際の手段としての「知識根拠」とそれらを通して設定された中観論者のことば（中観論者の主張あるいは立場）が誤謬のない優れたものである旨を、次のように述べている。

〔80〕……したがって、否定と証明の対象を認識する知識根拠が有る〔という〕ことと、対論者に対して自分が理解するようにすなわち不顛倒に中観論者の説くことばが知覚されるから、それら〔の知識根拠やことば〕を設定することに関して他の諸々の論者によって法と相応する（正しい）非難〔がなされること〕は少しもないのである。したがって、〔「中観論者には主張が有る」という〕この見解は非常に清浄なのである。（長尾［1954］, p. 242；Wayman［1978］, p. 294；Newland［2002］, p. 237）(94)

さらに、ツォンカパは、そのような中観論者の立場とは、二諦説の枠組みを通してなされるものであることを、次のように強調する。

〔81〕……等々、このように、以前に引用したものと同様に説かれている中観論者の立場である、「勝義を決択する知識根拠と言説の知識根拠の道（lam）より〔見て〕適当である（'ongs pa）設定〔に〕は過失が結びつくことはないから、〔それらは〕非常に清浄（ches dag）であり、〔それによっては〕輪廻と解脱のすべての設定が十分なされるのである」ということに決定が得られるべきである。（長尾［1954］, p. 243；Wayman［1978］, p. 294；Newland［2002］, p. 237）(95)

それに対して、「中観論者には主張が無い」ということを字義通りに捉えるならば、「中観論者には主張が無い」ということを標榜する者自身が、そのこと自体を主張できるか否かが問われることになるのである。ツォンカパは、そのような議論を展開させていくのであるが、ここでその一端に触れてみよう。

〔82〕そのようではなく、「中観論者には自らの立場が無い」と語ることに〔自己矛盾という〕過失が結びつくことがないならば、「〔私によって〕語られたことばは、すべて虚偽のことばである」（tshig smras pa gang yin pa de thams cad ni brdzun gi tshig yin no）ということも少しも非難されえないこととなろう。なぜならば、論拠（rgyu mtshan）がすべての点で同じであるからである。（長尾［1954］，p. 243；Wayman［1978］，p. 295；Newland［2002］，p. 237）(96)

つまり、ある中観論者が「自らに立場は無い」すなわち「自らには主張は無い」と唱えた場合、その「自らには主張は無い」ということそのものが主張なのではないかということが問い質されることになる。もしそれ自体が主張であるとすれば、それは明らかに自己矛盾であり、一方それが許されるとするならば、「語られたことばは、すべて虚偽である」（「すべての語られたことばは、虚偽である」）と語ることも同じく許されることになるというのである。

また、ツォンカパは、上述のような批判を対論者が回避しようとすることを想定した上で、次のように述べている。

〔83〕〔対論者：〕「認めるものは無い」と語られること（khas len med par smras pa）に対して〔「認めるものが無いこと」を〕認めることが有る（khas len yod pa）〔か否かという〕考察がなされるべきではないのである。それ故に、過失が〔我々に〕降り掛かることはないのである。なぜならば、いかなるものも認められないからである（ci yang khas ma blangs pa'i phyir ro）。

〔答論者：しかし、そのようである〕とも言えないのである。なぜならば、そのようであるならば、「語られたことはすべて虚偽である」と語られたことに関しても、「すべての語句は虚偽である」と語られることによって、まさにその語句が真実の語句であるか〔否か〕という考察がなされるべきではない〔ことになる〕。したがって、そこにおいては〔「すべての語句は虚偽である」と語った人〕自身の語句の矛盾が指摘されることはありえない〔ことになる〕からである。……（長尾［1954］，p. 243；Wayman［1978］，p. 295；Newland［2002］，p. 237）(97)

ここでまず述べられている対論者の見解は、次のようなものである。「自らが何も認めない」すなわち「自らにはいかなる主張も無い」と語っているのであるから、そこにおいて認めることがあるのではないかと思いが巡らされることはない。つまり、それは考察の対象から除外されるべきであるということなのである。それに対して、ツォンカパは、再び「語られたことばはすべて虚偽である」という喩例を用いてその問題点を指摘している。つまり、対論者が言う通りであれば、語られたことばの中の一つであるこの「語られたことばはすべて虚偽である」という表現自体が、同じように虚偽であるか否かが考察の対象から除外されるべきであることになる。したがって、「語られたことばはすべて虚偽である」ということに含意される自己矛盾が正しく指摘されないことになるというのである。

さらにツォンカパは、同じ論点から、『入中論』に言及して、次のように論じる。

〔84〕……また、〔それは〕『入中論』においても、〔以下のように説かれているのと同様である。〕

もし我なるものが事物（実体）として成立することになるならば、心のように成立すべきであるから、〔その〕事物（我）は〔五蘊と同一か別異かのいずれとも〕不可言とはならない。*

このように、犢子部（Vātsiputrīya, gNas bu pa）が「〔五〕蘊と同一か別異かのいずれとも不可言であるプドガラが実体として有る」と認めることに関しても、〔汝のように、「『認めるものが無い』ということを認めるか否かは、考察されるべきではない」と云うならば、〕「実体として有るならば、〔五〕蘊と同一か別異かのいずれかであると語るべきであり、それら〔二つのいずれ〕として〔も〕語られないことは不合理である」と〔我々が〕非難することはできないのである。なぜならば、〔対論者（犢子部）〕が〔我々の非難に対して、以下のように〕答えを投じるだけで十分であるからである。

我々によって、〔五蘊と〕同一と〔も〕別異と〔も〕語られない我が実体として有ると語られることに関して、「同一か別異かのいずれかとして認められる〔べきもの〕として有るべきである」という考察はなされるべきではないからである。

〔対論者：〕「プドガラが実体として有る」と云うならば、〔そのこととプドガラが五〕蘊と同一か別異かの〔のいずれか〕として存在しないことは矛盾するのである。したがって、〔プドガラが〕それら二つ〔のあり方〕のいずれとして〔も〕語られないことは不合理である。〔それ〕故に、〔プドガラが五蘊と同一か別異かという〕その考察が生じるのである。

〔中観論者：〕〔そのように、汝によって〕云われるならば、〔以下のように語られる。〕「いかなるものも認めない」と言うならば（ci yang khas mi len na）、〔「『何も認めない』と語られることを認めることが有るのか〔否か〕」という考察がなされることにおいて、〕「認めることが無い」ということも、意図して（zhe bas）語ることは不適当であるという点で、〔そのプドガラの喩えと〕まったく同じなのである。（長尾［1954］，pp. 243–244；Wayman［1978］，p. 295；Newland［2002］，pp. 237–238）(98)

* La Vallée Poussin［1910］，p. 314；小川［1976a］，p. 291.

周知のように、犢子部は五蘊と同一でもなく且つ別異でもないプドガラ（pudgala）なる実体的な存在を、輪廻の主体として認めている。この議論は、そのプドガラを喩例とするものであるが、その内容は以下のようなものである。正量部がたとえそのプドガラを五蘊と同一でもなく且つ別異でもないものと認知していたとしても、それは五蘊と同一か別異かのいずれかであるはずである。なぜならば、プドガラが実体的な存在として認められるならば、それは五蘊と同一かあるいは別異か以外のあり方として存在しえないからである。それと同様に、ある中観論者が意図して「中観論者には認めるものは無い」と語った場合も、彼がどんなにそれを認めることはないと言ったとしても、プドガラの場合のように、彼自身によってそれが認められるか否かが問われることになる。そして最終的には、その中観論者は「中観論者には認めるものは無い」ということを認めなくてはならないから、彼における自己矛盾が露呈することになるのである、ということである。

ツォンカパは、それに対する次のような反駁を想定している。

〔85〕〔ある人が、ある人に「財をよこせ」と言った時、財を求められた人によって〕「私には財は無い」(kho bo la nor med do) と語られた時に、〔財を乞うた人が、〕「その『財が無い』(主張が無い) という財をよこせ」(nor med pa'i nor de byin cig)〔と言った〕ということと、「私には『認めるもの』(主張) が無い」(khas len med do) と語られた時に、「『認めるものが無いこと』(主張が無いこと) まさにそれを認めること (主張すること) なのである」(khas len med pa de nyid khas len no) という二つのことも同じなのである。…… (長尾［1954］, p. 244 ; Wayman［1978］, pp. 295–296 ; Newland［2002］, p. 238)[99]

ここに示されている喩例の内容を簡単に説明すると、以下のようになるであろう[100]。

(1) Aが、Bに財を乞う。

(2) Bは、自分には「財が無い」と言う。

(3) Aは、Bには「財が無い」という財が有るはずであると理解する。

それがどのように当該の問題に関する対論者の理解と対応するかを示せば、次のようになるであろう。

(1) ツォンカパが、ある中観論者に認めるもの (主張) が有るかどうかを尋ねる。

(2) その中観論者は、自分には「認めるもの (主張) は無い」と言う。

(3) ツォンカパは、その中観論者には「認めるもの (主張) は無い」という認めることが有るはずであると捉える。

したがって、喩例において「財が無いこと」を「財」と見なすことは誤りであるのと同様に、「認めるもの (主張) が無いこと」を認めることが有ることと捉えるのも正しくないというのである。

それに対するツォンカパの答えは、次のように示される。

〔86〕〔答論者 (ツォンカパ) :〕……〔というように対論者が〕語ることは、前主張 (phyogs snga ma, ツォンカパの主張) を理解していないと〔自ら〕語るものなのである。なぜならば、我々は「『認めるものが無いこと』それ自体 (de nyid) が『認めること』である」と語っているのではな

い〔から〕である。

〔対論者：〕それでは、〔それによって〕何が語られているのであるか。

〔答論者：〕「『認めるものは無い』ということを意図的に（zhe bas）語るそのこと（人）は、『認めるものは無い』と認めるべきである」と説くものである。したがって、〔対論者においては、〕自らのことばが排除（否定）されることが回避されえないのである。（長尾［1954］，p. 244；Wayman［1978］，p. 296；Newland［2002］，p. 238）(101)（強調点筆者）

喩例において「財が無いこと」が財と捉えられたように、当該の議論においても「認めるものの否定」そのものが「認めるものの肯定」であると捉えられるならば誤りであろうが、そこで問題とされているのは「認めるものの否定」が「『認めるものの否定（認めるものの非存在)』の肯定」であり、その議論の設定に誤りはないのである。つまり、「認めるものの否定」は、「『認めるものの否定（認めるものの非存在)』を認めること」なしには成立しえないと捉えるツォンカパにとっては、「認めるものは無い」ということ自体が自己矛盾を含むものと理解されるのである。このツォンカパの理解を要約すれば、「主張の否定」そのものが「主張の肯定」ではないが、「主張の否定」が成立するためには、少なくとも「主張の否定」ということは肯定されなければならないということなのである。

このような「主張が無いこと」は「『主張が無いこと』の肯定」であるという捉え方は、「Xの否定」は「Xの非存在の肯定」であることを強調するツォンカパの特徴的な思想を反映していると考えられる。さらに、もし「中観論者には立場（主張）が無い」ということを、中観論者が自らの立場として認めないというのであれば、ナーガールジュナやアーリヤデーヴァもいかなる立場をとることはないはずであるから、彼らの聖教を典拠として用いることは矛盾するのであり、またその「中観論者には立場が無い」ということが、中観論者ばかりでなく仏教の教義そのものとしても認められないことになる。ツォンカパは、それを次のように述べる。

〔87〕〔汝（対論者）は中観論者には立場（主張）は無いというのであるから、〕

汝が語ったそのようなことそれが中観論者の見解（主張）でないならば、

〔汝が〕聖父子（ナーガールジュナならびにアーリヤデーヴァ）などの聖教が引用されて証明されること〔と〕も矛盾し、〔聖父子などだけでなく〕チャンドラキィールティの見解としても設定されることにならないのであり、他の仏教徒の見解としても不適当であるから、この法（仏教）以外のものになるのである。（長尾［1954］, p. 244；Wayman［1978］, p. 296；Newland［2002］, p. 238）(102)

Ⅵ

それでは、「中観論者における主張の有無」の問題について、ツォンカパが第四番目にすなわち最後に取り上げる説を検討することにしよう。ただし、この主張の有無に関する理解は、セイフォート・ルエッグ博士が指摘しているように、ジャムヤン・シェーパは、『大学説書』*Grub mtha' chen mo* の中で、マチャ・チャンチュプ・ツォンドゥ（rMa bya byang chub tshon 'dus）の見解としている。そのことの真偽についての議論を含めて、この第四説については、同博士がすでに詳しく検討されているので、その内容を紹介するに留めておくことにする(103)。

ツォンカパは、第四説を次のように紹介する。

〔88〕以前（前期伝播時代）の中観論者でアーチャーリヤ・チャンドラキィールティに随順するチベットのある賢者は、以下のように説明する。

そのように中観論者自らの立場の主張（rang lugs kyi phyogs）とそれら（諸々の自らの主張）を成立させる知識根拠が無いと認める〔という〕諸々の立場（lugs）を見事に非難して〔設定する〕自らの立場は、〔次のようなものである。〕正理によって考察される自相によって〔成立する〕知識根拠の対象（gzhal bya）と知識根拠（tshad ma）の設定を認める「事物を依拠とする知識根拠」（vastubalapravṛta-pramāṇa, dngos po stobs zhugs kyi tshad ma）である直接知覚と推論の両者共を否定して、言説において考察しない世間極成の知識根拠の対象と知識根拠（'jig rten grags pa'i tshad ma dang gzhal bya）が認められる。そして、中観論者自身が〔前論者として〕後論者に対して証明する語句（論証式）を設定することを通して、〔すなわち〕正しい証因によって、「〔諸々の事物は〕諦（真実）としては無い」という意味を証明するのである。〔ただし、〕そのようであっても、〔中観〕自立派とならないのは、〔「諸々の事物は諦（真実）としては無い」と証明する論証式が〕考察されない世間極成の知識根拠を通して設定されているからである。（長尾［1954］, pp. 237–238；Wayman［1978］, p. 290；Newland［2002］, p. 231）(104)

前期伝播時代のチャンドラキィールティに随順する、すなわち中観帰謬派と目される、この論者の見解に関するツォンカパの紹介の要点は、幾分ことばを補って整理すると、次のようになる。

図表Ⅶ

第四説の特徴：

(1) 中観帰謬派は前論者として、後論者である実体論者に対して「諸々の事物は真実としては存在しない」ということを、正しい論証因に基づいて証明する。

(2) その論証因を成立させる知識根拠は、正理による考察に耐える自相によって成立する知識根拠の対象とそれに対して不迷乱な知識根拠（すなわち実体的な知識根拠の対象と知識根拠）を前提とする「事物を依拠とする知識根拠」ではなく、言説において認められ、自性の有無等を考察することをしない世間極成の知識根拠である。

(3) また、そのように諸々の事物が無自性であるという見解を証明することがあっても、それが自立論証とならないのは、それが「事物の力が住する知識根拠」に基づくものでなく、真実の考察に携わることのない世間極成の知識根拠によって、論証式の諸々の要素が成立するからである。

ツォンカパは、その理解を次のように批判している。

〔89〕これ（彼）によっては、言説として自相が有るけれども、正理による考察に耐える自相を言説として否定しているようであることが良くないことは、以前に説明してしまった。〔そして、前論者である〕中観論者（中観帰謬派）が後論者である実体論者に対して「対論者に示すための推論」（gzhan don rjes dpag）によって証明する〔場合の前論者と後論者の〕両者の立場において成立する三相〔を有する〕証因は、アーチャーリヤ・チャンドラキィールティの見解であると認めることは正しくないのである。なぜならば、そのようなことそれについて『プラサンナパダー』において特に〔場所を〕割いて否定なさっているからである。また、その

ようなそれ（実体論者との間で成立する証因）を認めるならば、「事物を依拠とする証因」（dngos po stobs zhugs kyi rtags）という言説（tha snyad, 名称）を採用することが認められていないとしても、「自立の証因」（rang rgyud kyi rtags）であることが覆（否定）されることはないからである。（長尾［1954］, pp. 260–261；Wayman［1978］, pp. 308–309；Newland［2002］, p. 249）(105)

対論者が「諸々の事物は真実としては存在しない」という主張とそれを成立させるための知識根拠があると認めているという点に関しては、ツォンカパも同じ理解であると考えられるが、問題となるのは、それが実体論者に対して正しい論証因に基づいて論証されるとする点である。それは、前論者である中観帰謬派と後論者である実体論者との間に共通な論証因が成立することを意味するのであり、両者が何らかの存在論を共有することを含意するものである。そして、共有される存在論の基調をなすものが、中観自立派が言説で認めているような「自相」（rang mtshan）と考えられる。そして、そうした論証が世間極成の推論と理解されているというのであるが、ツォンカパが問題にしているのは、まさにこの「自相」についてなのである(106)。対論者は、正理による考察に耐える自相と彼らが言説として認める自相を区別して、前者は言説としても否定されるものではあるが、後者はそうではないと理解しているということなのである。ツォンカパによれば、それら両者は別なものではなく、前者が言説において否定されるならば、後者も同じように否定されるべきであり、一方後者が言説として認められるならば、前者も同じように認められるべきであると捉えていると考えられる。そのことは、引用の最初の部分にある「言説として自相が有るけれども、正理による考察に耐える自相を言説として否定しているようであることが良くないこと……」（tha snyad du rang gi mtshan nyid yod kyang rang mtshan rigs pas dpyad bzod tha snyad du 'gog par snang ba mi legs pa ni......）という記述に示さらていると考えられる。そして、「事物を依拠とする証因」と「自立の証因」は名称は異なるものの自相によって成立するものを前提とする点において同じであるという理解のもと（ツォンカパにおける「自立論証」の定義については、

第9章註（13）参照）、なんらかの形で自相を認めることによって成立する論証因を「事物を依拠とする証因」と呼ばないとしても、それを採用する中観帰謬派の論者は自立論証を認めることになってしまうというのである。

VII

前節まで、「中観論者における主張の有無」の問題についてツォンカパが提示した四つの異説とそれに対する彼の批判を見てきたが、それらを通して浮かび上がってきた彼の最も特徴的な理解は、第三説の否定から導き出された「中観論者には、言説（世俗）として、無自性・空という主張は明確に有る」というものであると考えられる。そのような理解に見られるツォンカパの積極的な姿勢は、実体的な存在すなわち自性を否定する際の彼の態度にも明確に反映されている。以下においては、自性を否定することに関して、最初にツォンカパが属する中観帰謬派がどのような態度を取るかを、中観自立派のそれとの比較を通して示し、次にその中観帰謬派の中においてツォンカパがいかに特異な立場をとっているかを確認していきたい。

まず、中観帰謬派が空性あるいは無自性を論じていく態度に関する一般的な理解を紹介することから始めることにしよう。

三枝充悳博士は、中観帰謬派の方法論について、端的に以下のようにまとめている。

〔90〕プラサンガという語を「過失に堕する」と解する用例が『中論』には少なくない。それは、相手の主張をとりあげて突きつめてゆき、そのなかの過失（自己撞着）を鋭く指摘して、その主張を破り去る。そのために自らは主張を立てず、また自説のないことを標榜しつつ、ひたすら相手を問難し排撃する。(107)（強調点筆者）

このように、対論者の学説における自己矛盾を指摘することのみに専心し、そこにおいて自らの主張をいっさい定立しないことが、中観帰謬派の方法論の特徴とされている。

また、中観帰謬派は自らの主張を提示しないことを、思想的な背景を絡めて、もう少し詳しく説明しているのが、平川彰博士による以下の記述である。

〔91〕このような仕方で、相手の主張に過失のあることを指摘すれば、最後には相手はいかなる立言もできなくなる。かかる方法で、あらゆる存在(法)に、把握すべき実体のないこと、即ち「空」を示さんとするのがプラーサンギカ派の方法である。このようなプラサンガ(過誤附随)の論法を用いる人々をプラーサンギカ派と呼ぶ。故にプラーサンギカ派は、自らは主張を立てないのである。もしみずから主張を持てば、その主張にも過失を指摘することができるからである。この点をチャンドラキィールティは「自らに宗なきが故に」と表現している。「宗」(pratijñā)とは、主張命題のことである。したがって、……[108](強調点筆者)

これら両博士のいずれの記述においても、中観帰謬派が空性あるいは無自性を論じていくことにおける特徴として、「自らの主張が無い」ということが挙げられている。これを中観自立派の態度と比較して、論証という見地から述べてみると、以下のようになる。中観自立派は、自らの立場において成立する有法、つまり論証式の主張命題における主語などからなる論証式によって自らの見解を積極的に論証する。他方、中観帰謬派は、自らの立場あるいは主張を有することなく、ただ単に対論者の立場に沿って、その見解を否定することに終始する。つまり、中観帰謬派は、対論者が認める自性をプラサンガを通して否定するだけであって、自性が否定されたところの「無自性」という理解をいっさい肯定するものではないということになる。

そして、このことが、以下において紹介する、ツォンカパが『善説心髄』において提示した議論の出発点となるのである。

彼は、その問題の所在を、次のように明確な形で描き出している。

〔92〕〔対論者:〕それならば、〔汝(中観帰謬派)は〕「人(gang zag, プドガラ)と法(chos)における自性が証因によって否定されるのみなのであって、証明されないのである」と語っているようなのであるか、あるいは「〔人と法において〕自性が無いこと(無自性)が証因を通して証明される」〔と語っている〕のであるか。……(Thurman［1984］, p. 376;片野［1998］, p. 227)[109]

無自性というのは自性が否定されたものであるが、そこで問題となるのは、この否定がどのように機能するかである。つまり、そこにおいてはその否定は非定立的否定（prasajya-pratiṣedha, med［par］dgag［pa］）なのか、あるいは定立的否定（paryudāsa, min［par］dgag［pa］）なのか、という点が問題となる[110]。もし前者であれば、自性がただ否定されるだけなのであって、無自性が積極的に定立されないことになる。一方、後者であれば、自性が否定されることによって無自性が積極的に定立されることになる。言い換えれば、そこには無自性が証明されるという理解が成立するということである[111]。

図表Ⅷ

〔自性の否定と二種類の否定に関する一般的な理解〕
　非定立的否定＝自性が否定されるのみである
　定立的否定＝無自性が証明される

つまり、先に触れた一般的な理解からすれば、中観帰謬派にとって自性の否定は明らかに絶対否定であると考えられる。ところが、中観帰謬派に属するツォンカパは、中観帰謬派に属していながらも、その自性の否定を非定立的否定と理解する一方で[112]、無自性は証明されるべきであるという立場を取るのである。それを主張の有無との問題との関連で述べると、ツォンカパによれば、自性の否定は絶対否定ではあるが、明確に「無自性」という主張を有するということなのである。

図表Ⅸ

自性の否定に関するツォンカパの理解：
　自性の否定は非定立的否定
　自性が否定されるだけでなく、それが否定されたところの無自性は証明される（→「無自性」という主張が有る）

ツォンカパは、否定というものの大枠を、以下のように述べている。

〔93〕これに関しては、まず二つの否定（dgag pa）の定義（mtshan nyid）が理解されるべきであるから、それが説明されるべきである。そこにおいて、否定が言語表現された時は、語句によってことごとく（zin par）否定対象（dgag bya）が断じられる（否定される）〔だけ〕か、あるいは

それの形相（rnam pa）が慧（blo, 知）に顕現する時は、否定対象が否定された形相を有するものとして直接に（dngos su）〔慧（知）に〕顕現して理解されるべきものなのである。前者は「無我」（bdag med）のようなものであり、後者は「法性」（chos nyid）のようなものである。これ（法性）においては語句によってことごとく否定対象が断じられることはないのであるけれども、それの意味内容が顕われる時は、戯論（spros pa）が断じられた形相を有するものとして顕現することが有るのである。（Thurman［1984］, p. 376；片野［1998］, pp. 225–227）[113]

ここにおいては、まず否定が、「ことばによって否定対象が否定されただけのもの」と「否定対象の否定された内容が知に顕現して、その内容が理解されることとなるもの」の二つに分けられ、前者が絶対否定の内容を示すものであり、後者が定立的否定のそれである。

図表X

《ツォンカパにおける否定の理解》

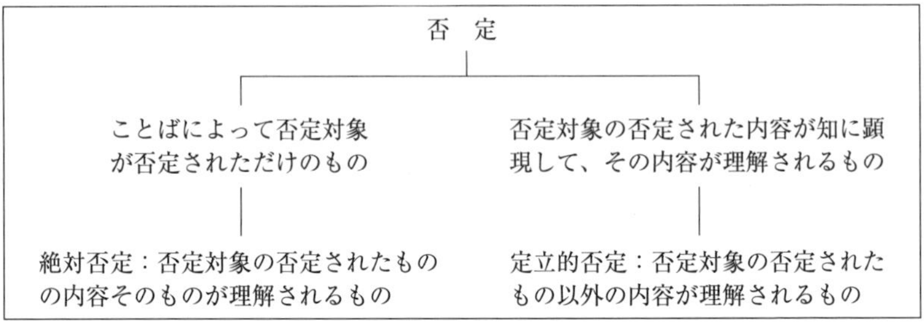
否　定
ことばによって否定対象が否定されただけのもの
否定対象の否定された内容が知に顕現して、その内容が理解されるもの
絶対否定：否定対象の否定されたものの内容そのものが理解されるもの
定立的否定：否定対象の否定されたもの以外の内容が理解されるもの

ツォンカパは、このような理解を、非常に興味深いことに、中観自立派の代表的人物の一人であるバァーヴィヴェーカの著わした『思択炎』*Tarkajvālā*（略号，TJ）に示されている非定立的否定ならびに定立的否定の定義と齟齬がないことを通して示しているのである。

そこで最初に、ツォンカパが言及している『思択炎』の定立的否定に関する記述を見てみることにしよう。

〔94〕定立的否定とは、存在の特質（dngos po'i ngo bo nyid）を否定することによって、それと類似しており且つそれとは別の存在の特質（gzhan pa'i dngos po'i ngo bo nyid）を証明するもの（sgrub par byed pa）である。たとえば、「これはバラモンではない」という否定によって、バラモンに似ているがバラモンとは異なり、苦行と学問に関してバラモンではない者であることを証明するのと同様である。(Thurman［1984］, p. 376；片野［1998］, p. 229)(114)

ツォンカパは、それについて簡単な説明を、次のように加えている。

〔95〕定立的否定とは、否定対象（dgag bya）を直接に（dngos su）排除して、他の法（chos gzhan）を含意するもの（'phen pa）である。……(Thurman［1984］, p. 376；片野［1998］, p. 229)(115)

続いて、ここでの考察において主な対象となっている非定立的否定については、『思択炎』で次のように述べられている。

〔96〕非定立的否定とは、存在のとある特質（dngos po'i ngo bo nyid tsam zhig）のみを否定することに尽きるのであって、それ（その存在のとある特質）と類似はするが、それ（その存在のとある特質）とは同一ではない他の事柄（gzhan gyi dngos po）を定立するものではない。たとえば、「バラモンは飲酒してはならない」というのは、その飲酒だけを単に否定するだけなのであって、「それ（酒）以外の飲み物を飲んでもよい」あるいは「〔それ（酒）以外の飲み物を〕飲んではならない」と説く（含意する）のではない。(Thurman［1984］, pp. 376–377；片野［1998］, p. 229)(116)

また、ツォンカパによるそれについての説明は、次の通りである。

〔97〕非定立的否定とは、否定対象を直接排除して、他の法を含意しないものであって、……（Thurman［1984］, p. 377；片野［1998］, p. 229)(117)

『思択炎』の記述に関するツォンカパの解説のうち、とりわけ重要なことは、彼が「証明する」（sgrub pa, √ sādh）ということを「含意する」（'phen pa, √ kṣip）と理解することによってその意味に幅をもたせ(118)、「他の法」（chos gzhan）ということを「否定対象が否定されただけではないもの（否定対象の否定以外のもの, dgag bya bkag tsam min）」と理解していることである(119)。つまり、ツォンカパにおいては、定立的否定とは「否定対象の否定以外のものを含意する」ということであり、非定立的否定とは、「否定対象の否定以外のものを含意しない」ということ、言い換えれば「否定対象の否定されたものを含意する」つまり「否定対象の否定されたものを証明する」という理解が成立していたと推測されるのである[120]。

図表XI

〔ツォンカパの二種の否定に関する理解〕 定立的否定＝否定対象の否定以外のものを証明（含意）する 非定立的否定＝否定対象の否定以外のものを証明（含意）しない、つまり否定対象の否定を証明（含意）する

以上により、ツォンカパにとっては、「自性の否定は非定立的否定である」ということは、自性の否定すなわち無自性が証明されることになるのである。このようにして、ツォンカパは「自性の否定は非定立的否定であるにもかかわらず、無自性が証明される」という理解を導き出したと考えられる。

これまで述べてきたツォンカパの理解を、次に示す、それに対するいくつかの論難を通して、もう少し明確にしてみることにしよう。

まず示される反論は、以下のようなものである。

〔98〕これに関して、以前（前期伝播時代？）のある人（sngon gyi kha cig）は、「中観論者には自性を否定する証因と推論（rjes dpag）が有るが、無自性を証明するその二つ（証因と推論）は無い」と語っている（Thurman［1984］, p. 378；片野［1998］, p. 233）。[121]

これは、前述した通常の理解のように、中観論者（厳密には、中観帰謬派）による自性の否定は、単に否定対象である自性を否定するだけなのであり、それが否定された無自性というものが証明されることはないという理解である。

それに対して、ツォンカパは、以下のように述べている。

〔99〕〔これは〕適当ではない。なぜならば、証明対象（bsgrubs bya, 所証）の無い正しい証因と知識根拠の対象（gzhal bya）の無い推論という知識根拠（tshad ma）は有り得ないからである（Thurman［1984］, p. 378；片野［1998］, p. 233）。[122]

ツォンカパは、ここにおいて否定と証明の区別をすることなく、いずれであっても証因が有るならば、そこには証明されるべきものが有るという理解を示しているのである。

次に、ツォンカパは、『プラサンナパダー』を典拠とする、以下のような反論を提示している。

〔100〕他の人々によって、〔次のように〕説かれている。〔中観〕自立派には無我を証明する論証因（rtags）と推論（rjes dpag）があるが、〔中観〕帰謬派には〔無我を証明する論証因と推論は〕無い。たとえば、『プラサンナパダー』において、次のように説明されている。

〔中観論者（チャンドラキィールティ）：〕我々は、これを存在しないと証明するのではない。

〔対論者：〕それならば、汝たちは何をするのか。

〔中観論者：〕我々は対論者が存在すると誤って措定したものを排除するのである。それと同様に、我々はこれを存在すると証明するのではない。

〔対論者：〕それならば、汝たちは何をするのか。

〔中観論者：〕我々は、対論者が存在しないと誤って措定したものを排除するのである。なぜならば、私は二つの極論を回避することによって中道をうちたてることを望むからである。

また、〔同書における〕「プラサンガ（thal 'gyur）は、対論者の主張をただ否定することだけをなさなければならない」と説明されており、……（Thurman［1984］, p. 378；片野［1998］, p.233）(123)

ツォンカパがこの引用において対論者に語らせているのは、「中観帰謬派は自性を否定するのみであり、無自性を積極的に証明するものではない」ということであり、それは本節の冒頭でも言及した「中観帰謬派はただ対論者の立場に沿ってその見解を否定することに終始する」という一般的理解と軌を一にするものと考えられる。それに対するツォンカパの考えは、次に示す、先の引用において言及された『プラサンナパダー』の最初の引用に関する彼の解釈に明確に示されている。

〔101〕『プラサンナパダー』においても「対論者が存在すると誤って措定する

ものを排除するのであって、存在しないと証明するのではない」と説かれているが、「存在しないと誤って措定されたものを排除すること」とは、「勝義的な生が無いことが諦（真実）として捉えられることはない」という否定と同様なものである。「有と証明するのではないこと」とは、「勝義的な生が〔実体的に〕有ると証明しないこと」なのである。（Thurman［1984］, p. 381；片野［1998］, pp. 237-239）(124)

当該の『プラサンナパダー』の引用で示されていたことの中の重要な部分をまとめると、次のようになる。

図表XII

	考察の対象	否定する内容	証明しない内容
(1)	対論者が存在すると誤って措定したもの	それが存在することを否定する	それが非存在であると証明しない
(2)	対論者が存在しないと誤って措定したもの	それが存在しないことを否定する	それが存在すると証明しない

そして、上の引用において取り上げられているのは、この中の (2) であり、それに関するツォンカパの理解をまとめると、次のようになる。

図表XIII

考察の対象	否定する内容	証明しない内容
対論者が存在しないと誤って措定したもの	たとえば諦（真実）として捉えられた「勝義的（実体的）な生が無いこと」を否定する	たとえば「勝義的（実体的）な生が無いこと」が実体的に有ると証明しない

さらに、これをツォンカパによる自性を否定する議論に当てはめてみると、次のようになる。

図表XIV

考察の対象	否定する内容	証明しない内容
対論者が存在しないと誤って措定したもの	実体的な無自性を否定する	無自性が実体的に有ることを証明しない

この中の「証明しない内容」である「無自性が実体的に有ることを証明しない」ということは、ツォンカパにおいては、無自性が実体的に有ることを証明・定立することはなくても、「無自性」そのものを証明・定立することを認めているものと考えられる。したがって、そこから、「中観帰謬派は自性を否定するだけでなく、無自性を積極的に証明すべきである」とツォンカパが考えていたことを導き出すことができる。

そして、先に触れた対論者のものと思われる以下の反論の中に、中観帰謬派が否定対象を否定することに終始するという説がより鮮明に浮き彫りにされている。

〔102〕……そして〔その対論者は、〕「『入中論』において、「分別（rtog［pa］）の滅が、詳細な考察の目的であると賢者は語った」と説明されているからである。それ故に、そのような対論者の立場（gzhan lugs）を否定するだけなのであり、「自性の非存在」（無自性）を〔積極的に〕証明するのではない」と〔語っている〕。(Thurman［1984］, p. 378；片野［1998］, p. 233)[125]

それに対して、ツォンカパは、まず「否定対象が否定されるだけである」と解釈しうるような記述は、中観帰謬派の典籍ばかりでなく、中観自立派の典籍の中にも見出せることを、バァーヴィヴェーカの『思択炎』を典拠として、以下のように述べている。

〔103〕「否定対象が断じられるだけの必然性がある」（dgag bya bcad tsam gyi dgos pa can）と説明されるのは、〔中観〕帰謬派のみの特徴ではないのである。なぜならば、『思択炎』において「地等は勝義において大種を特質とするものではない」（sa la sogs pa don dam par na 'byung ba'i ngo bo nyid ma yin pa）と否定するだけなのであって、「〔地が〕他の特質（gzhan gyi ngo bo nyid）〔を有する〕、そして非存在を特質とすると証明（定立）していないのである」と説明されているからである。(Thurman［1984］, pp. 378–379；片野［1998］, p. 233)[126]

このように中観自立派の典籍においても、明確に否定対象が否定されたもの以外の何か、つまり他の法を定立するものではないという記述が見られるので、中観帰謬派のみが否定対象を否定することに終始するという理解は、あまりにも単純なものと捉えられている。

ツォンカパによれば、中観自立派であろうと中観帰謬派であろうと、否定対象が否定されるだけであって、そこにおいてはいかなるものも証明されたり、理解されたりするものはないというその解釈は、あまりにも単純なだけでなく、誤ったものなのである。

そして、そのことは、たとえば「否定対象をただ否定するのみである」(dgag bya bcad pa tsam)ならびに「対論者の誤った理解をただ否定するのみである」(gzhan gyi log rtog log pa tsam) という表現の中の "tsam" (skt. eva)「ただ～のみ」という語の働きについてのツォンカパの説明を通してより明確に理解することができる。

〔104〕それ故に、諸存在が自相によって成立することを否定する場合に、「否定対象をただ否定するのみである」そして「対論者の誤った理解をただ否定するのみである」という表現の中の「ただ～のみ」(tsam) という語は、正理の対象としての否定対象が否定されただけではない〔それ以外の〕他の特質を含意することを排除するものである。したがって、「〔それが〕定立的否定であろう」という考えを取り除き、〔それが〕非定立的否定であることを説くものである。なぜならば、以前に「それ(非定立的否定)はただ自らの否定対象を否定するのみであって、〔否定対象が否定されたもの以外の〕他の法を証明(定立)するものではない」と説明されているからである。(Thurman [1984], p. 379 ; 片野 [1998], pp. 233-235)(127)(強調点筆者)

ここでツォンカパによって批判されている理解は、たとえば「否定対象をただ否定するのみである」という表現の中の "tsam" という語によって、否定対象を「肯定すること」が排除されることを通して「否定すること」が限定され確保されるというものである。つまり、否定対象がただ否定されるだけであるという理解である。一方、ツォンカパ自身の理解は、この "tsam" によって「否定対象の否定されたもの以外の他の何ものかが定立されること」が排除されることを通して「否定対象が否定されたものの定立」が限定され確保されるというものなのである。要するに、否定対象はただ否定されるだけでなく、それが否定されたものは証明されるということなのである。

これら二つの理解の相違をもう少し具体的に言えば、次のように説明できよう。つまり、自性を“tsam”という限定語を付して否定する場合、前者すなわち対論者によれば、否定対象である自性がただ否定されるだけであって、そこに何らかのもの（たとえば、無自性）が肯定（証明・定立）されることはない(128)。しかし、後者すなわちツォンカパによれば、否定対象である自性がただ否定されるだけではなく、否定対象である自性が否定されたもの以外のもの（たとえば、無自性そのものが実体的に有ること）が肯定（証明・定立）されることはない。このようなツォンカパの理解の背後にあると考えられるのは、「『否定対象の否定』は、すなわち『否定対象が否定されたものの肯定』である」という理解である。つまり、否定対象を“tsam”という限定語を付して否定する場合、対論者によれば、その限定語によって排除されるのは、「否定対象を否定すること」以外の事柄であり、ツォンカパによれば、「否定対象が否定されたもの以外の肯定（証明・定立）」ということなのである。

図表XV

〔tsam の機能〕

	限定され、確保されるもの	排除されるもの
ツォンカパによって批判されている理解	否定対象の否定	「否定対象の否定」以外の事柄
ツォンカパの理解	「否定対象の否定」の肯定（証明・定立）	「否定対象の否定」以外のものの定立（証明・定立）

さらにツォンカパは、それを、例を用いて次のように説明している。

〔105〕たとえば、「湖の上に煙が無い」と〔いう表現〕は、湖の上の煙をただ排除するだけであって、それ（湖の上の煙の存在）以外の他の法を含意するものではない。けれども、その表現によっては湖〔に〕煙が無いことが示されていない〔わけでもなく〕、またそれ（その表現）に続いて生じる知によって湖〔に〕煙が無いことが決定（証明）されているわけ

でもないのである。それと同様に、「芽に自性が無い」という表現においても、芽における自性がただ排除されるだけであるが、〔その排除が〕その語と〔その語に続く〕知によって「芽に自性が無い」と示し、そして〔「芽に自性が無い」と〕決定することといかなる矛盾があろう。それ故に、その表現による湖の上の煙のまさにその排除において、煙の非存在が示されているのであり、また知による煙のまさにその排除〔において〕も煙の非存在が決定されるのである。なぜならば、否定対象の否定的決定（rnam par bcad pa）と〔否定対象の否定の〕肯定的決定（yongs su gcod pa）の二つは、一方がなければもう一方もないからである。（Thurman［1984］, p. 379；片野［1998］, p. 235）(129)

ここに示されているように、湖の上の煙の否定は「湖の上の煙の非存在」の肯定（証明・定立）がなければ成立しないのと同様に、「芽における自性」の否定も「芽における自性の非存在」の肯定がなければ成立しないということなのである。そして、ツォンカパによれば、「湖の上の煙の否定」と「『湖の上の煙の非存在』の肯定」（すなわち、「芽における自性の否定」と「『芽における自性の非存在』の肯定」）の間の「一方がなければもう一方がないという関係」（たとえば、一つのコインの両側のような関係）は、"rnam par bcad pa"（vyavaccheda, 否定的決定）と "yongs su gcod pa"（pariccheda, 肯定的決定）との関係に比定できるというのである(130)。

では、そのような関係は、どのような条件の下で成立するのであろうか。ツォンカパは、『正理海』において同様の問題を扱う際に、それを次のように説明している。

〔106〕さらに、直接的に矛盾する（dngos 'gal）すなわち第三の選択肢が排除された二つの選択肢の一方が指摘されえない場合には、有・無や一・多などの二つの選択肢に限定した考察がなされて〔自性が〕否定されることはないのである。一方、〔そのようなことが〕あるならば、直接的に矛盾する二つの選択肢の一方の否定は、もう一方の選択肢の証明（肯定あるいは定立）なしに〔成立することは〕ないのである。……(131)

以上のように、"rnam par bcad pa" と "yongs su gcod pa" ということによっ

て「一方がなければ、もう一方がない」という関係が成立するのは、たとえば有・無、一・多などのように、当該の二つの関係項の間に第三の選択肢が存在しない、すなわちそれらが相互に矛盾する（あるいは、直接的に矛盾する）ことが必要とされるのである。

ツォンカパは、上掲書において、二種類の否定の典拠をバァーヴィヴェーカの著作に求めたのと同様に、上述のような理解の根拠を中観自立派を代表する重要な論者の一人であるカマラシーラ Kamalaśīla の『中観光明論』*Madhyamakāloka*（略号，MĀ）の中の次の一節に見出しているのである。

〔107〕一方の肯定的決定はもう一方の否定的決定なしにはありえないところの両者は、相互矛盾の関係にあるという性質を有する。相互矛盾の関係にあるこれら〔両者〕によってあらゆるものが遍充されている。これら相互矛盾関係にある二つのものは他の選択肢を拒むのである。たとえば、有身と非有身の区別のように。(132)

本節の冒頭でも言及した「中観帰謬派はただ対論者の立場に沿ってその見解を否定することに終始する」云々という一般的な理解に従えば、「中観帰謬派にはいかなる自らの主張も無く、ただ対論者の見解の否定に終始する」ということになる。ところが、ツォンカパによれば、彼の非定立的否定に関する理解に見られたように、否定対象が否定されることは、否定対象が否定されたものの肯定（証明・定立）と表裏一体の関係にあるから、自らには明確に証明・定立されるべき主張があることになる。たとえば、中観帰謬派が「諸々の事物に自性が存在する」という実体論者の見解を否定する場合、彼らは実体論者が事物において誤って措定した自性を実体論者の立場に沿ってただ否定すると理解される。ここで問題となるのは、「中観帰謬派は自性をただ否定する」ということの意味である。一般的な理解に基づけば、中観帰謬派は否定対象である自性をただ否定するだけで、否定対象である自性が否定されたところの無自性を証明・定立することはない。ところが、ツォンカパによれば、否定対象である自性をただ否定することは、否定対象である自性が否定されたところの無自性を証明・定立することなしには成立しないのであるから、「中観帰謬派は自性をただ否定する」（もちろん、それは言説としてである）ということは、実は「中観帰謬派は無自性を証明・定立する」ということなのである。したがって、中観帰謬派には明確に証明・定立されるべき主張が有ることになる。つまり、「中観帰謬派でありながらも、自らの主張は有る」ということ、これがツォンカパの理解であると考えられるのである。そして、そのような理解は、中観自立派が自らの主張を有し、それを論証式によって証明するという立場を取ることを考慮すると、ツォンカパの立場は、ある意味で中観帰謬派でもなく中観自立派でもない第三の流れを形成するものと見ることができるのではないだろうか。

また、先の「中観帰謬派はただ対論者の立場に沿ってその見解を否定することに終始する」というのが一般的な理解だとすれば、中観帰謬派が対論者の見解を否定するために採用する「プラサンガ論法」と「対論者に極成する論証」をツォンカパがどのように捉えていたかが問題となる。つまり、一般的には、その二つの方法は、自らの主張を証明・定立することなく、ただ対論者の見解を否定することのみを目的とするものと捉えられているのであるから、ツォンカパがそれらを「自らの主張を証明・定立することを認める」という考え方と抵触することなく、どう位置付けているかが問題となるのである。

さらに、ツォンカパのそのような「自らの主張を証明・定立することを認める」という姿勢は、中観自立派の「自らの主張を有し、それを論証式によって証明する」ということとどう異なるのかも問題となる。厳密に言えば、そこにツォンカパの中観自立派の思想（少なくとも、方法論に関して）への傾斜が確認できる一方で、彼の自らの主張を証明するという姿勢が、中観帰謬派が批判するところの中観自立派が採用する「自立論証」とどう異なるかが明確にされなければならないことになるのである。

このように、ツォンカパの「中観論者には主張は有る」という解釈は、中観帰謬派の思想を把握する上で最も重要と思われる「プラサンガ論法」、「対論者に極成する推論」そして「自立論証批判」に関する自らの理解に大きな影響を与えているものと考えられる。そこで、以下の章では、それらに対するツォンカパの独自な理解を順を追って考察していくことにしよう。

〈註記〉

(1)　この『菩提道次第論・広本』の解読に関しては、ジャムヤン・シェーパ（1648-1721あるいは1722年）をはじめとする四人の註釈者による註釈“*Lam rim mchan bzhi sbrags ma*”（2 vols.）は極めて有益であり、同書を参考としたが、註記があまりにも煩雑となるため言及しないこととする。「中観論者における主張の有無」の問題だけでなく、ツォンカパおよび彼を開祖とするゲルク派の特徴的な教説を理解するにあたっては、Dargay［1987］, Cabezón［1988］, 松本［1990］を参考とした。また、ゲルク派以外の観点から扱われた「中観論者における主張」の問題としては、サキャ派のロントゥンの見解を扱ったものとして、Cabezón［1997］があり、ニンマ派の見解を扱ったものとして、Franz-Karl［1988］がある。

(2)　中観帰謬派の歴史的な展開については、佐藤［1976］；立川［1973］参照。特に、前期伝播時代の中観帰謬派については、Seyfort Ruegg［2002］, pp. 14-16参照。

(3)　ラマ・ウマパの仲介による、ツォンカパとMañjughoṣa（あるいはMañjuśrī）との邂逅については、Seyfort Ruegg［2002］, pp. 89-90. note 193；福田［2002］参照。

(4)　「離辺中観」については、松本［1999］, pp. 287-401.

(5)　ジャヤーナンダについては、Das［1993］；Seyfort Ruegg［2000］, pp. 20-22参照。

(6)　gal te thal 'gyur gtan tshigs su 'dod na de tshad mas grub pa yin nam 'on te ma grub pa yin / de la gal te phyogs dang po ltar na de'i tshe gnyis ka la'ang grub pa yin pas gzhan gyis khas blangs pa zhes ji ltar brjod / phyogs gnyis pa ltar na gzhan gyis khas len par mi 'os pa nyid yin pas gzhan gyis khas blangs pa zhes ji ltar brjod ce na / ......（LRChen. pa. 404b5-405a1；MAṭ. D. ra. 120a6-7）

(7)　......tshad mas grub pa gang yin pa de gnyis ka la grub pa yin no zhes pa de nyid kho bos mi shes te 'di ltar rgol bas sgrub byed bkod pa'i dus na gang gtan tshigs 'god pa de la tshad mas grub pa yin kyang gzhan la tshad mas grub par des ji ltar shes te gzhan gyi sems kyi khyad par mngon sum dang rjes su dpag pa'i yul ma yin pa'i phyir ro / / rang nyid la'ang tshad mas grub par ji ltar shes te 'khrul pa'i rgyu mtshan gyis dus ring po nas bzung ba'i phyir bslu ba srid pas so / /（LRChen. pa.405a1-3；MAṭ. D. ra. 120a7-b2）
このプラサンガの理由が知識根拠によって成立しないとするジャヤーナンダの理解について、ツォンカパは『善説心髄』においても論じている（LNy. pha. 85a6-b1）。

(8)　de'i phyir rgol ba dang phyir rgol ba dag gis tshad ma nyid du khas blangs pa'i stobs kyis dngos po rnams kyi rang bzhin khas len pa yin no / / des na gzhan gyis khas blangs pa'i sgo nas gzhan gyi phyogs sun 'byin pa yin no / /（LRChen. pa. 405a3-4；MAṭ. D. ra. 120b2）

(9)　第7章引用〔5〕参照．

(10)　*'Jug pa'i 'grel bshad* kyi lugs rtags khyab tshad mas ma grub pa'i rtags tshad mas ma grub pa'i rgyu mtshan de ni rigs pa ma yin te / 'di ltar rtags rgol phyir rgol gnyis kas tshad mas grub zin dgos so / zhes / 'dod pa'i lugs la yang phyir rgol la grub pa snga rgol gyis ma

shes na rtags su mi 'dod pa ma yin pas rgyu mtshan des phyir rgol la tshad mas grub pa dgos pa mi khegs pa'i phyir dang/phyir rgol gyi gzhan sems mi shes pas gzhan la tshad mas grub pa mi shes par 'jog na gzhan gyis don de khas blangs par yang mi shes pas pha rol po'i khas blangs kyi sgo nas 'gog pa sogs kyang mi 'thad pa'i phyir te/pha rol pos kho bo 'di ltar 'dod do/zhes pa'i mngon sum du nges kyang ji ltar smras pa ltar khas len par ma nges pa'i phyir dang gzhan sems mi shes pa'i phyir ro// (LRChen. pa. 408a3-b1)
プラサンガの理由が知識根拠によって成立しないと理解するジャヤーナンダを、ツォンカパは『善説心髄』においても批判している（LNy. pha. 85b1-2)。

(11) de la re zhig mngon sum gyis khyab pa mi 'grub ste/'di ltar tshang mang du mngon sum dang mi dmigs pa dag gis me dang du ba dag la 'di yod na 'di yod la 'di med na 'di med do zhes med na mi 'byung ba rtogs kyi yul thams cad na yod pa la ni ma yin no// (LRChen. pa. 405b1-2；MAṭ. D. ra. 120b4-5)
遍充関係が知識根拠（直接知覚）によって成立しないとするジャヤーナンダの理解について、ツォンカパはプラサンガの理由が知識根拠によって成立しないことについてとともに『善説心髄』においても言及している（LNy. pha. 85b2-3)。

(12) rjes su dpag pas kyang ma yin te de yang yul nges pa can yin pas so// 'di ltar rjes su dpag pa'i yul ni thams cad ma yin te gang gi phyir gang na bsgrub par bya ba dang 'brel ba'i rtags yod pa de kho nar mi rtag pa la sogs pa shes pa skye bar 'gyur ba yin gyi yul dang dus thams cad du ni ma yin no// (LRChen. pa, 405b2-3；MAṭ. D. ra. 120b5-6)

(13) ジャヤーナンダの推論によって遍充関係が成立しないという見解を批判することに関して、ツォンカパは、以下に示すように、直接知覚に関して述べた論理に沿って同様に否定されるとし、あらためて考察を加えていないのである。
rigs pa des khyab pa bsgrub pa'i rjes su dpag pa la'ang tshad ma med par 'dod pa mi rigs par shes par bya'o// (LRChen. pa.408b4)
〔訳〕その正理によって「遍充関係を成立させる推論に関しても、〔その推論が遍充関係を成立させる〕知識根拠は無いのである」と主張することは、正しくないと理解されるべきである。

(14) khyab pa tshad mas ma grub pa'i rgyu mtshan yang mi 'thad de tshang mang gi steng du/du yod la me yod kyis khyab pa bsgrub pa na rtogs par bya ba'i gzhi ni tshang mang yin la/de'i steng du rtogs par bya ba'i don ni du yod la me yod kyis khyab pa tsam yin gyi tshang mang gi du yod la tshang mang gi me yod kyis khyab par 'dzin pa gtan min pas yul dus phyogs re ba'i khyab pa bzung ba ga la yin/de lta ma yin na de 'dra ba'i khyab pa de nges pa'i gzhi tshang mang du mi rung bas gzhi 'di'i steng du nges dgos pa'i gzhi bstan dgos so//dper na sgra'i steng du nges par bya rgyu'i bsgrub bya'i chos mi rtag pa de sgra bum gnyis ka la rjes su 'gro dgos kyi sgra'i cha shas su gyur pa'i mi rtag par bshag tu mi rung ba dang 'dra'o// (LRChen. pa. 408b1-4)

(15) ク・ドデワルについては、Seyfort Ruegg［2000］, p. 42；pp. 161-162 参照。

(16) 'dis ni rang la phyogs bsgrub rgyu med kyang gzhan phyogs 'gog pa tsam dang 'dod

pa yod kyang dam bca' med pa dang rang phyogs med pa yang don dam pa la dpyod pa'i skabs su rang bzhin med pa la sogs pa'i dam bca' mi 'jog pa la byed kyi khas len gang yin thams cad med par ni mi 'dod pas don dam pa la dpyod pa'i skabs su rang bzhin med pa'i bsgrub bya khas blangs nas de rang lugs su bsgrub pa ni rang rgyud pa dang de ltar khas mi len par gzhan gyi 'dod pa 'gog pa tsam byed pa ni thal 'gyur bar byed par snang ngo// （LRChen. pa. 406b6-407a2）

（17）　......dBu ma pa la gzhan gyi 'dod pa 'gog pa tsam ma gtogs pa'i rang gi dam bca' med cing chos can la sogs pa gnyis ka la grags pa'i thun mong pa ma grub pas rang rgyud mi 'thad do//rigs pas rnam par dpyad pa'i 'bras bu yang gzhan gyi grub mtha' 'dor ba tsam zhig yin la de las gzhan pa'i rang 'dod med pas rang rgyud kyi gtan tshigs rnam pa thams cad du brjod par mi bya'o//...... （LRChen.pa.406a2-3）

（18）　様々な種類のプラサンガについては、小野田［1986］,［1988］を参照。

（19）　des na thal 'gyur kho na yin la de la'ang bsgrub pa'i thal 'gyur ni rang rgyud kyi mthar thug pas sun 'byin gyi thal ba kho na'o// 'di yang rtags dang khyab pa gnyis khas blangs pa'am khas blangs pa'i mthar thug pa'i thal ba yin pas yang dag pa'i tshad ma ma yin no// （LRChen. pa. 406a3-4）

（20）　......de la 'gal ba brjod pa'i thal 'gyur ni pha rol po skye ba don bcas pa dang thug bcas su 'dod cing bdag skye 'dod pa la bdag las skye na yod pa skye bas skye ba don med dang thug med du 'gyur bas don bcas dang thug bcas 'dod pa mi rigs la der 'dod na bdag las skye ba 'dod pa mi rigs so zhes 'gal 'du brjod pa na pha rol pos der shes nas grub mtha' 'dor ba tsam gyi 'bras bu can no// （LRChen. pa. 406a5-b1）

（21）　......bdag las skye bar 'dod pa'i myu gu ni bdag las skye ba med de rang gi bdag nyid du yod pa'i phyir ro/zhes gzhan la grags pa'i chos can dang rtags la sogs pa brjod nas pha rol po 'gog pa'o// （LRChen. pa.406b1-2）

（22）　bdag las skye ba med de zhes smras kyang gzhan gyi bdag skye' gog pa tsam yin gyi/ rang gis bdag las skye ba med pa mi bsgrub pas na dam bca' med do// （LRChen. pa. 406b2）

（23）　......pha rol pos rang gi phyogs bsgrub pa'i phyir du dpe rtags gang bkod pa thams cad snga ma dang 'dra bar ma grub par 'gyur ba'o// （LRChen. pa. 406b2-3）

（24）　'di khas len na 'di khas len zhes rgyu mtshan khyad par med pa'i sgo nas mgo snyoms pa'o// （LRChen. pa. 406b3-4）

（25）　'o na khyod la pha rol po'i khas len 'gog 'dod yod dam med yod na de nyid dam bca' yin pas/de bsgrub pa'i rang rgyud kyi rtags yod par 'gyur ro//med na gzhan gyi khas len 'gog pa'i rigs pa brjod pa mi 'thad do zhe na....../（LRChen. pa. 406b4-5）

（26）　don dam la dpyod pa'i skabs su rang bzhin med pa'am skye ba med pa zhes pa'i bsgrub bya 'dod na rang rgyud kyi dam bca' dang rtags 'dod dgos pa las de mi 'dod pas skyon med do// 'dod pa yod pa tsam gyis dam bca' yod na thams cad du dam bca' yod par 'gyur ro......// （LRChen. pa. 406b5-6）

(27) de kho na nyid la dpyod pa'i skabs su rang bzhin med pa'i dam bca' khas mi len pa rang rgyud kyi dam bca' mi 'jog pa'i don du 'dod pa de/...... (LRChen. pa. 409a1)

(28) ......de/rang bzhin yod med dpyod pa'i rigs shes kyis dam bca' de mi 'grub pas dam bca' de khas mi len pa yin nam/'on te de kho na nyid la dpyod pa'i skabs yin pa'i phyir zhes rtags su bkod nas dam bca' khas mi len par 'dod pa yin/ (LRChen. pa. 409a1-2)

(29) dang po ltar na rang bzhin med par dam bcas pa'i don de rigs shes kyis mi 'grub na rang bzhin yod par dam bcas pa'i don de yang rigs shes kyis mi khegs par 'gyur te rgyu mtshan mtshungs pa'i phyir ro// (LRChen. pa. 409a3)

(30) gal te de kho na nyid la dpyod pa'i skabs su rang bzhin yod par dam bcas pa'i don yang mi khegs so snyam na/de ni shin tu mi rigs te sngar rigs pa rnams kyis rnam par dpyad pa de gzhan lugs rnams 'gegs pa yin no/zhes smras pa'i phyir dang/ma dpyad pa'i shes pas gzhan gyi lugs dgag par mi nus pa'i phyir dang/gzhan du na rang lugs kyi dam bca' mi 'dod ces dmigs kyis bsal ci dgos te/gzhan lugs 'gog pa'i thal 'gyur yang mi 'dod pa'i phyir ro// (LRChen. pa. 409a3-6)

(31) gzhan gyi grub mtha' la sun 'byin pa'i thal 'gyur byed na ni rang bzhin yod pa bkag pa nyid rang bzhin med pa bsgrubs pa yin par sngar *rTsod zlog rtsa 'grel* las gsungs pa ltar yin pas de la phung gsum med do//de ltar min na rang bzhin med pa bsgrubs pa yin gyi rang bzhin yod pa bkag pa min no/zhes/bzlog nas smras na lan ci yod/rang bzhin med pa yongs su gcod na rang bzhin gdon mi za bar rnam par bcad dgos pas so snyam na/de lta na rang bzhin yod pa rnam par bcad na'ang gdon mi za bar rang bzhin med pa yongs su gcod dgos pa mtshungs pa yin no// (LRChen. pa. 409a6-b2)

(32) "vyavaccheda" (rnam par gcod pa) ならびに "pariccheda" (yongs su gcod pa) については、梶山 [1973]; Seyfort Ruegg [2000], p. 287 参照。

(33) gal te de kho na nyid la dpyod pa'i skabs yin pa'i phyir na rang bzhin med pa sogs kyi dam 'cha' ba mi rung ngo snyam na/de'i rgyu mtshan da dung smros shig// (?) ci ste de kho na nyid la dpyod pa'i skabs su grub na ni don dam par grub dgos pa'i phyir khas mi len no snyam na/...... (LRChen. pa. 409b2-3)

(34) de ni rigs pa ma yin te 'di ltar de kho na nyid la dpyod pa'i skabs kyang mi 'dod na ni/dbu ma pa'i rigs pas rnam par dpyod pa'i dus mi srid par 'dod dgos la skabs de 'jog na ni dpyod pa po dang dpyod pa'i rigs pa dang dpyod pa'i gzhi dang gang dang lhan cig dpyod pa'i phyir rgol sogs kyang nges par 'dod dgos pas de'i skabs su grub pa thams cad don dam par grub la dgos/ (LRChen. pa. 409b3-5)

(35) thal ba tsam ni gzhan gyis khas blangs pa'am khas blangs pa'i mthar thug pa yin pas tshad ma med kyang thal ba byed do//zhes/smra ba yang yid tshim par byed pa ma yin pas sngar lugs dang po bkag pa bzhin du dgag par bya ba yin no// (LRChen. pa. 409b5-6)

(36) gzhan yang de kho na nyid la dpyod pa'i skabs su khas len med la tha snyad du khas len yod do/zhes/rnam par 'jug...... (LRChen. pa. 409b6-407a1)

(37) ......//zhes/rnam par 'jog na'ang 'thad pa ma yin te de kho na nyid la dpyod pa'i

skabs ni don dam du mi rung bas tha snyad du bya dgos pas de ni 'gal ba'i phyir......（LRChen. pa. 409b6-407a1）

（38） ......dang / de kho na nyid la dpyod pa'i skabs su med pa don dam du med pa'i don yin na don dam du khas len yod par 'dod pa'i dbu ma pa su yang med pas de thal 'gyur ba'i khyad chos su mi rung ba'i phyir ro //（LRChen. pa. 410a1-2）

（39） don dam pa dang tha snyad pa gang la brtsams pa'i khas len ni tha snyad du yang rang lugs la med de gal te de 'dra ba'i dam bca' yod na de sgrub byed kyi dpe dang rtags kyang 'dod dgos la de lta na rang rgyud par 'gyur ro //des na thal 'gyur ba la rang lugs gang yang med de / ......（LRChen. pa. 407a2-4）

（40） gal te ngas dam bcas 'ga' yod //
des na nga la skyon de yod //
nga la dam bca' med pas na //
nga la skyon med kho na yin //（LRChen. pa. 407a3; VV. 29, D. tsa. 28a1）

（41） gal te mgon sum la sogs pa'i //
don gyis 'ga' zhig dmigs na de //
bsgrub pa'am bzlog par bya na de //
med phyir nga la klan ka med //（30）（LRChen. pa. 407a3-4; VV. 30, D. tsa. 28a1-2）

（42） de la *rTsod zlog* las / dam bca' med par gsungs pa ni / dngos po rang bzhin med do / zhes dbu ma pas smras pa la dngos smra bas de ltar dam 'cha' ba'i tshig de la rang bzhin yod na dngos po thams cad la rang bzhin med pa mi 'thad la / rang bzhin med na rang bzhin yod pa 'gog mi nus so zhes / brtsod pa las / 'phros pa yin la rang bzhin med pa la yang dgag sgrub kyi bya byed 'thad par sngar *rTsod zlog rtsa 'grel* drangs pa ltar yin no //（LRChen. pa. 413b3-5）

（43） des na dam bca' yod med ni spyir yod med rtsod pa ma yin gyi dngos po thams cad la rang bzhin med do //zhes / dam bcas pa'i tshig la rang bzhin yod med rtsod pa yin pas......（LRChen. pa. 413b5-6）

（44） ......yin pas de 'dra ba'i dam bcas pa'i tshig de la rang bzhin yod par khas blangs na dngos po thams cad rang bzhin med par dam bcas pa dang 'gal ba'i skyon nged la yod na'ang / nged de ltar mi 'dod pas skyon de nga la med ces pa'i don yin pas dam bca' med pa'i sgrub byed du mi rung ste / rang bzhin med pa dang med pa gnyis khyad par shin tu che ba'i phyir ro //（LRChen. pa. 413b6-414a1）

（45） gal te mngon sum la sogs pa'i / zhes sogs kyis mngon sum la sogs pas 'ga' yang dmigs pa med par gsungs pa'ang / sngar *Tshig gsal* kyi lung drangs pa ltar tshad ma dang gzhal bya la rang gi ngo bos grub pa'i dmigs bya dang dmigs byed med par ston pa yin gyi / rten 'byung gi tshad ma dang gzhal bya med par ston pa min no //（LRChen. pa. 414a1-3）

〔訳〕「もし直接知覚などの」云々等々によって、〔以下のようなこと、すなわち〕「直接知覚によっていかなるものも知覚することも無い」と説かれたことも、以前に『プラサンナパダー』の聖教が引用されたように、知識根拠と知識根拠の対象に自体によって成立する知覚対象と知覚するものは無いと説くものであって、縁起する知識根拠と知識根拠の対象が無いと説くものではない（長尾［1954］, p. 249；Wayman［1978］, pp. 299-300；Newland［2002］, p. 242）

(46) de yang kho'i bsam pa la dngos po'i rang gyi mtshan nyid mngon sum gyis grub nas 'gog na 'thad na'ang dbu ma pas dngos po thams cad rang bzhin gyis stong pa'o/zhes/smra ba na mngon sum dang des yul 'jal ba yang dngos po'i nang du 'dus pas rang bzhin gyis stong dgos la/de lta na med pa yin pas des mi 'gog go snyam du bsams pa yin te......（LRChen. pa. 414a3-5）

(47) ......gzhung de ni/*rTsod zlog* las/

re zhig dngos po mngon sum gyis//
dmigs nas zlog par byed yin na//
gang gis dngos rnams dmigs 'gyur pa//
mngon sum de ni med pa yin/[/][①]

zhes pa de'i lan yin la/de'i *'grel par* yang/gal te khyod kyis dngos po thams cad mngon sum gyis dmigs nas dngos po thams cad stong pa'o/zhes/zlog par byed na ni rung na de yang 'thad pa ma yin te ci'i phyir zhe na dngos po thams cad kyi nang du ni mngon sum gyi tshad ma yang 'dus pa'i phyir stong pa yin la/dngos po la dmigs par byed pa gang yin pa de yang stong pa yin no//de'i phyir tshad mas dmigs pa med do//mi dmigs na 'gog par yang mi 'thad pas de la dngos po thams cad ni stong pa'o/zhes[②]/smras pa gang yin pa de 'thad pa ma yin no zhes gsungs pa'i phyir ro//（LRChen. pa. 414a5-b2）

① VV. 5, D. tsa. 122b4-5 .　② VV. D. tsa. 122b5-7 .

(48) yod dang med dang yod med ces//
gang la phyogs ni yod min pa//
de la yun ring po na'ang//
klan ka brjod par nus ma yin/[/]（LRChen. pa. 407a3-4 ; CŚ. XVI-25, D. tsha. 18a5）

(49) PPMv, p. 16.

(50) *bZhi rgya pa* las/yod dang med dang yod med ces/zhes sogs gsungs pa ni de'i *'grel pa* las/stong pa nyid du smra ba la yun ring pos kyang sun 'byin brjod mi nus par bstan pa la/khyed ni stong pa nyid du'ang mi 'dod do zhes smra bas na 'dod pa gang yang med pa'i khungs su ji ltar rung/（LRChen. pa. 414b2-3）

(51) *'Jug 'grel* las/gang gi phyir btags par yod par smra ba rnams la gnyis su smra ba 'di mi rigs pa de nyid kyi phyir/gnyis la brten nas sun 'byin pa dang lan smra bas dbu ma pa la rnam pa thams cad du glags mi rnyed do//ji skad du 'Phags pa lhas/yod dang med dang/* zhes sogs rkyang pa bzhi drangs so//（LRChen. pa. 414b3-4）

* MAbh. p. 297.

(52) de ltar rang gi ngo bos grub pa'i rdzas yod khegs pa'i btags yod du 'dod pa rnams la dngos po yod par smra ba rang gi ngo bos grub par 'dod pa dang dngos po med par smra ba gzugs sogs kyi dngos po rnams kyi don byed pa thams cad khegs par 'dod pa gnyis kyis

sun mi 'phyin pa'i shes byed du drangs pas na......（LRChen. pa. 414b4-6）

（53）......bas na rang lugs med pa'i khungs su mi rung la / yod med la sogs pa'i phyogs kyang gnyis su smra ba'i phyogs lta bu yin par shin tu gsal bas......（LRChen. pa. 414b6）

（54）che ba'i bdag nyid can de dag //
rnams la phyogs med rtsod pa med //
gang rnams la ni phyogs med pa //
de la gzhan phyogs ga la yod //（LRChen. pa. 407a5-6 ; YṢ. 50 , D. tsa. 22a6）

この『六十頌如理論』第50偈については、Seyfort Ruegg［2000］, p. 148, note 57 参照。

（55）gang gi tshe de ltar dngos po med pas bdag dang gzhan gyi phyogs mi srid pa de'i tshe de ltar mthong ba rnams kyi nyon mongs pa rnams nges par 'gag par 'gyur ro //（LRChen. pa.415a1-2 ; YṢv, D. ya. 27b7-28a1）

（56）......zhes phyogs med pa'i rgyu mtshan du dngos po med pa gsungs la de yang rang gi mtshan nyid dam / rang bzhin la dngos por bzhag pa yin te / don byed pa la byas na de med par mthong bas nyon mongs 'gag par gsungs pa dang 'gal bas so //（LRChen. pa. 415a2-3）

（57）des na rang bzhin gyi dngos po khas len pa'i phyogs med pa la phyogs med par gsungs pa yin te......（LRChen. pa. 415a3）

（58）dBu ma pa yin na ni rang gi rgyud kyi rjes su dpag pa bya ba rigs pa yang ma yin te phyogs gzhan khas blangs pa med pa'i phyir ro //（LRChen. pa. 407b1）

（59）des na lung de dag gis dBu ma pa la rang lugs med par ston pa ma yin pas / *rTsod zlog* dang *bZhi brgya pa* drangs nas phyogs gzhan khas blangs pa'i phyir ro / zhes *Tshig gsal* las gsungs pa'i don ni de ltar du shes par bya'o //（LRChen. pa. 415a5-6）

（60）......thal bar 'gyur ba bzlog pa'i don dang yang pha rol po nyid 'brel ba yin gyi kho bo cag ni ma yin te rang la dam bca' ba med pa'i phyir ro zhes......（LRChen. pa. 407b1-2）

（61）*Tshig gsal* las / rang la dam bca' ba med pa'i phyir ro zhes gsungs pa'ang rang lugs med pa'i khungs ma yin te de ni rang rgyud kyi dam bca' med pa'i don yin pa'i phyir ro //（LRChen. pa.415b6）

（62）sun 'byin pas sun dbyung bya ma phrad sun ni 'byin byed dam //
'on te phrad nas 'byin zhes smras zin nyas pa 'dir gang la //
nges par phyogs yod de la 'gyur gyi bdag la phyogs 'di ni //
yod pa min pas thal bar 'gyur ba 'di ni srid ma yin / [/] *

zhes rang la phyogs med pas skyon mi 'jug par gsungs pa'i phyir ro //（LRChen. pa. 407b2-3）

* MA. VI-173, p. 294.

（63）そうした理解が、以下の短い記述の中に示されていると考えられる。

des na rnam gzhag de dag thams cad ni dBu ma pas gzhan gyi ngor byas pa'i rnam gzhag tsam ste / ......（LRChen. pa. 407b3-4）

〔訳〕それ故に、それらの設定すべては中観論者が対論者の側においてなした設定にしかすぎないのである。

（64）ji ltar khyod kyis gzhan dbang dngos 'dod ltar //

kun rdzob kyang ni bdag gis khas ma blangs//
'bras phyir 'di dag med kyang yod do zhes//
'jig rten ngor byas bdag ni smra bar byed//* (LRChen. pa. 407b4-5 ; MA, VI-81 , p. 179)
* MA. VI-81, p. 179.

(65) de bzhin du khas blangs las grol du re nas rnam gzhag rnams gzhan ngo kho nar 'jog par smra ba'ang mi rigs te/gzugs la sogs pa yod pa gzhan ngo tsam du khas blang dgos so/zhes pa la yang gzugs sogs yod pa des khas mi len kyang gzhan ngor bzhag pa ni shin tu yang khas blang dgos pa'i phyir khas blangs las grol ba med do//de'i tshe gang gi ngor bzhag pa'i gzhan dang 'jog pa po rang la sogs pa rnams khas blang dgos pas gzhan ngo tsam du khas blangs so/zhes smras pas ni rang lugs med pa la mi phan par ma zad gnod pa yang yin no// (LRChen. pa. 411b5-412a1)

(66) gal te rang lugs med pa dang gzhan ngo tsam du khas blangs so zhes pa'ang kho bos de ltar ma smras kyi khyed cag gi ngo na snang ba yin no// (LRChen. pa. 412a1-2)

(67) ......zhes 'Jig rten rgyan phan pas kyang bsnyon par mi nus pa'i mngon sum la bsnyon na ni khyed rang gis gang smras mi tshor la kho bo cag gis thos pa la sogs pa khyed kyis rig pa de ni ngo mtshar ro// (LRChen. pa. 412a2-3)

(68) de ltar yin na khas len med pa sogs kyi tshig nges pa can ci zhig bya dgos te ji 'dra zhig smras kyang mthar de la bsnyon pas chog pas skyon dgal du med pa'i phyir ro// (LRChen. pa. 412a3)

(69) gal te thal 'gyur yang gzhan ngo tsam du 'jog tsam du 'jog gi rang gi lugs la mi 'dod do/zhes/zhes/smra na ni rang rgyud kyi lugs bkag nas thal 'gyur gyi gzhung 'dzugs pa'o Zla ba grags pa'i lugs la dad pas ci zhigs bya ste/rang rgyud rang lugs la mi rung ba bzhin du thal 'gyur yang mi rung la thal 'gyur gzhan ngor rung ba bzhin du rang rgyud kyang dgos pa'i dbang gis gzhan ngor byed pa 'ong ba'i phyir ro// (LRChen. pa. 412a3-6)

(70) gang zhig sems tsam gzhan ngor 'dod kyi rang lugs la mi 'dod pa de ni Sems tsam par bzhag tu mi rung bzhin du dbu ma'i don thal 'gyur gyis gtan la 'bebs pa'i thal 'gyur rang gi lugs la mi rung la gzhan ngo tsam du 'jog pa de yang Thal 'gyur bar mi rung zhing Rang rgyud pa'ang min pas kho bo cag ni dBu ma pa ma yin no zhes gsal bar bstan pa yin no// (LRChen. pa.412a5-b1)

(71) gal te khyod kyis de skad du kho bo cag la shin tu bltos pa med par smra na/da ni nged cag kyang khyod la bzod pa mi byed de/gal te bdag nyid gzhan gyi phyogs sun 'byin pa tsam la mkhas par mngon par byed cing 'thad pas mi rigs pa'i phyir gzhan gyi dbang gi ngo bo sel bar byed na/'o na da ni ji skad smras pa'i 'thad pa kho nas mi rigs pa'i phyir khyod la grags pa'i kun rdzob sel bar byed pa yin no zhe na/...... (MABh. pp. 178-179)

(72) ......ces pa'i don yang rnam gzhag thams cad gzhan ngor byed pa'i khungs su mi rung ste chos rnams la rang gi ngo bos grub pa'i rang bzhin med pa ni rang bzhin yod med tshul bzhin du dpyod pa'i rigs pa'i shes ngor 'jog gi tha snyad pa'i shes pa rang dga' ba'i ngor mi

'jog pa'i phyir te / des rang bzhin med pa 'grub na rigs shes don med du thal bar 'gyur ba'i phyir dang / ...... (LRChen. pa.412b1-3)

(73)　gzhung nyid las kyang / yod do zhes // 'jig rten ngor byas / zhes gsungs pas gzugs la sogs pa rnams yod par 'jog pa 'jig rten pa'i ngor 'jog par gsungs pa'i phyir ro // (LRChen. pa. 412b3-4)

(74)　kun rdzob khas ma blangs zhes gsungs pa ni sems tsam pas gzhan dbang khas blangs pa ltar ma blangs zhes pa'i don yin gyi kun rdzob de rang lugs la khas mi len zhes pa min te / ji ltar khyod kyis gzhan dbang dngos 'dod ltar / zhes gsungs pa'i phyir ro // (LRChen. pa. 412b4-5)

(75)　gzhung de'i mtshams sbyor du yang / khyod kyis 'thad pa'am rigs pas gzhan dbang sel na khyed rang gi rigs pa rnams kyis nges kyang khyed kyi kun rdzob sel lo zhes brtsad pa'i lan yin pas gzhan dbang rigs pas dpyad bzod kyi dngos por khyed 'dod pa ltar kun rdzob rnams de ltar nged mi 'dod pas rigs pas 'gog nus mi nus mi mtshungs so...... (LRChen. pa. 412b5-6)

(76)　'jig rten gyi ngor byas zhes pa ni rang lugs min pa'i gzhan ngo la zer ba ma yin gyi tha snyad pa'i shes pa gnod med rnams la byed pa yin te / kun rdzob pa'i don rnams yod par 'jog pa thams cad ni de'i ngor bzhag dgos pa'i phyir dang / dBu ma pa rang gi rgyud la yang tha snyad 'jog pa'i tshad ma de rnams yod pa'i phyir ro // (LRChen. pa. 413a1-2)

(77)　des na med kyang zhes pa ni rang gi mtshan nyid kyis med pa la bya'o // rang gi mtshan nyid kyis med kyang der yod do / zhes bya ba dang med kyang yod do zhes ni byar mi rung ste / 'di ni rang gi tha snyad pa'i don rnams kyi 'jog tshul yin la rang gi mtshan nyid kyis grub pa tha snyad du'ang med pa'i phyir dang / ...... (LRChen. pa. 413a2-3)

このツォンカパの理解にあるように、「無いけれども有る」という記述の中の「無いこと」の内容と「有ること」の内容が異なるものであることに関する批判が予想され、以下のように述べられている。

des na don dam du med kyang tha snyad du yod do / zhes / mang du 'byung ba ltar yin pas med kyang yod do zhes pa don tha snyad du song ba la skyon ci yang med do // (LRChen. pa. 413a4-5)

〔訳〕それ故に「勝義としては無いけれども、言説としては有るのである」と多く述べられているのであるから、「無いけれども有る」(med kyang yod do) ということは、〔「無い」と「有る」の両者の〕意味内容が異なることとなるものであることにおいて、いかなる過失も無いのである。(長尾[1954], p. 247 ; Wayman[1978], p. 298 ; Newland[2002], p. 240)

ここにおいては、そのような「無いこと」の内容と「有ること」の内容が異なるものであることは、まさに「勝義においては自相によって成立するものとしては無いけれども、言説においては仮設有として有る」という二諦説の理解に対応し、誤ったものではないとされているのである。

(78)　bcom ldan 'das kyis 'jig rten nga dang lhan cig rtsod kyi / nga ni 'jig rten dang mi rtsod de / gang 'jig rten na yod par 'dod pa de ni ngas kyang yod par bzhed do / / gang 'jig rten na med par 'dod pa de ni nga yang med par bzhed do zhes gsungs pa lta bu'o / / (MAbh. p. 179 / Saṃyutta-nikāya, iii)

(79) 'di'i 'grel par de'i shes byed du 'jig rten na yod pa dang med par 'dod pa ni nga yang de ltar 'dod ces drangs pas na med par mi rung ba'i phyir ro / / (LRChen. pa. 413a3–4)

(80) *'Jug pa* las phyogs med par gsungs pa ni rang lugs la sun dbyung bya dang 'byin byed gnyis ka rang bzhin gyis ma grub par 'dod pas khyed rgyu 'bras rang bzhin gyis grub par 'dod pa la phrad nas sam / ma phrad par rgyus 'bras bu bskyed ces rigs pa'i brtag pa byas nas / bkag pa'i sun 'byin kho bo cag la mi 'jug ste rigs pas brtag bzod du 'dod mi dgos pa'i phyir ro / zhes pa'i don yin gyi / rang lugs med pa ni gtan ma yin te / ...... (LRChen. pa. 415b6–416a2)

(81) ......lung de'i *'Grel pa* las kho bo cag gi phyogs la mtshungs par thal bar mi 'gyur te / gang gi phyir kho bo cag gi phyogs la ni sun 'byin pas sun dbyung bar bya ba phrad nas kyang sun 'byin par mi byed pa nyid la sun 'byin pas sun dbyung bar bya ba phrad nas kyang sun 'byin par mi byed pa nyid la sun 'byin pas sun dbyung bar bya ba ma phrad par yang sun 'byin par mi byed de / sun dbyung ba dang sun 'byin pa gnyis ka rang bzhin gyis ma grub pa'i phyir ro / / de'i phyir phrad pa dang ma phrad pa'i bsam pa mi byed do / *zhes / dngos smra bas bkod pa'i rigs pa'i brtag pa mi 'jug pa'i rgyu mtshan du rang bzhin gyis ma grub pa bkod kyi / khas len med pa ma bkod pa'i phyir dang / ...... (LRChen. pa. 416a2–5)

* MAbh. pp. 294–295.

(82) ......dang de'i shes byed du *Yum gyi mdo* drangs pa las / Shā ri'i bus rab 'byor la skyes pa dang ma skyes pa'i chos gang gis ma skyes pa'i chos thob pa 'thob ces dpyed nas dris pa na / de gnyis kas 'thob pa bkag pa na / Shā ri'i bus 'o na thob pa dang rtogs pa med dam zhes dris pa na / sngar drangs pa ltar de gnyis yod med kyi gnyis kyi tshul gyis ni min no / / de yang tha snyad du yin gyi don dam par med do / *zhes gsungs pa dper mdzas nas de ltar khas blang bar gsungs te / ...... (LRChen. pa, 416a5–b1)

* MAbh. p. 295.

(83) 'dis ji ltar gnyis su thal bar 'gyur ba'i phyir skyes pa'am ma skyes pa'i chos kyis thob pa 'thob par bkag cing / gnyis kyang dngos po med pa la mi rigs pa'i phyir ma brtags par 'jig rten gyi tha snyad du thob par khas blangs pa de bzhin du sun dbyung bar bya ba dang sun 'byin pa dag kyang phrad pa'am ma phrad par ma yin mod kyi / 'on kyang tha snyad du sun 'byin pas sun dbyung ba sun 'byin par byed do zhes shes par bya'o / *zhes / phrad ma phrad kyi rigs pa'i brtag pa byas na de gnyis gang la yang sun 'byin pa med kyang des sun 'byin pa yod pa mi khegs pas tha snyad du gzhan phyogs sun 'byin pa khas blang dgos par gsal bar gsung pa'i phyir ro / / (LRChen. pa. 415b1–4)

* MAbh. pp. 295–296.

(84) ツォンカパは、中観論者には、言説として非難することすなわち否定することが認められるばかりでなく、証明することも認められることを、次のように述べる。

der me zad gtan tshigs kyis bsgrub bya 'grub pa'ang bzhed pa yin te /.....（LRChen. pa.416b4）

〔訳〕そればかりではなく、論証因によって所証が成立することも〔チャンドラキィールティは〕お認めになられるのである。……（長尾［1954］，p. 255；Wayman［1978］，p. 304；Newland［2002］，p. 246）

（85）　dgag bya ci yang med pas na//
nga ni ci yang mi 'gog go//
de phyir 'gog par byed do zhes//
skur pa de ni khyod kyis btab//（LRChen. pa.407b5；VV. 63, D. tsa. 29a2-3）

（86）　......ces gzhan phyogs bkag pa yang med par gsungs pa'i phyir zhes smra bar byed do //（LRChen. pa. 407b5-6）

（87）　dgag bya ci yang med pas na//nga ni ci yang mi 'gog go/ *zhes gsungs pa ni dgag bya la gnyis las/rang bzhin yod par sgro 'dogs pa'i yul gyi dgag bya la byas na/de med pa rgyu mtshan du byas nas mi 'gog par gsungs pa mi rigs pas yul can gyi dgag bya sgro 'dogs la bya'o//（LRChen. pa. 415b1-2）

*註（85）参照。

（88）　de'i '*Grel par* 'gog byed kyang yod pa ma yin par① gsungs pas de gnyis med pa ni rang gi mtshan nyid kyis grub pa'i dgag bya dang 'gog byed med pa la de ltar yod par bzung nas 'dis 'di bkag go/zhes/khyod kyi skur pa btab bo zhes② gsungs pa yin gyi/de gnyis sgyu ma lta bu mi bzhed pa ma yin te/......（LRChen. pa. 415b1-3）

①② VVv. D. tsa. 135a5.

（89）　sprul pa yis ni sprul pa dang//
sgyu ma yi ni skye bu yi//
sgyu mas sgyu ma 'gog byed ltar//
'gog pa 'di yang de bzhin 'gyur/[/]（LRChen. pa. 415 b3-4；VV. 23, D. tsa. 27b5-6）

（90）　......dang/
gal te 'dzin de rang bzhin yod//
brten nas 'byung bar mi 'gyur ro//
'dzin pa gang zhig brten nas 'byung//
de nyid stong nyid ma yin nam//
gal te 'dzin pa rang bzhin yod//
'dzin pa de la su yis bzlog//
lhag ma rnams la'ang tshul de yin//
de phyir klan ka de med do/[/]*

zhes smig rgyu la chur 'dzin pa la rang bzhin yod na rang gi rgyu rkyen la brten nas 'byung ba mi rung ba dang/'dzin pa de sus kyang bzlog tu mi rung bar gsungs pa'i phyir ro//（LRChen. pa.415b3-6）

* VV. 66-67, D. tsa. 29a4-5

(91) dBu ma pa la tha snyad du'ang khas len med do / zhes smra ba ni sngar bshad pa ltar rigs pa'i dgag bya legs par ngos ma zin pas rang bzhin 'gog pa'i rigs pa rnams kyis phar la bkag pa na / tshur la bzlog pa'i tshe rang gi lugs la'ang ji lta ba bzhin mtshungs par 'jug par mthong ste / ...... (LRChen. pa. 410a2-3)

(92) ......rang gi lugs bzhag na skyon spong ye ma shes pas 'khor 'das kyi rten 'brel thams cad dbang phyug dang yod med 'dra bar song ba yin no // de'i phyir de ni dBu ma pa la skur pa 'debs zhing shin tu tha chad pa yin la de dgag pa'ang sngar mang du bshad zin to / / (LRChen. pa. 410a3-5)

(93) dBu ma pa la khas len yod med dpyod pas ni dbu ma zhes pa gang dang ldan na dBu ma par 'jog pa khas blang dgos pas don dam par rdul tsam yang ma grub pa dang / tha snyad du thams cad sgyu ma lta bu'i rten 'brel gyi don rtogs pa 'dod dgos pas khas blang bar bya ba yod la / de yang de gnyis kyi ldog phyogs don dam par yod pa dang tha snyad du med par 'dod pa'i smra ba ngan pa bkag nas bzhag dgos pas...... (LRChen. pa. 410a5-6)

(94) ......pas dgag sgrub kyi don rtogs pa'i tshad ma yod pa dang rang gis rtogs pa ltar gzhan la phyin ci ma log par ston pa'i dBu ma pa'i ngag dmigs pa'i phyir dang / de dag rnam par bzhag pa la rgol ba rnams kyis chos dang mthun pa'i klan ka cung zad kyang med pas lugs 'di ni ches yongs su dag pa yin no // (LRChen. pa. 410a6-b2)

上掲の記述に引き続いて、同様な内容の、以下のような記述が与えられている。

de ltar na mkhas pa dBu ma pa'i skyon dang bral ba'i lugs rang gis 'jog ma shes na'ang de med ces skur pa mi gdab par / rten cing 'brel bar 'byung ba'i rigs pa khas blangs pa nyid kyis lta ngan gyi dra ba mtha' dag gcod pa la khongs gzo ba'i blo gros can rnams kyis ni dBu ma pa'i lugs rnam par bzhag nas 'gal 'du thams cad dang bral bya yi bsnyon 'dings pa la re bar mi bya'o // *Tshig gsal* las kyang de ltar kho bo cag gi phyogs ches yongs su dag cing rnam par bzhag pa thams cad dang mi 'gal bar rnam par gnas pa yin pa rang gi phyogs rags pa shin tu nye ba skyon dang ldan pa de dag dang 'gal ba la shin tu blun pas skyon dang yon tan ji ltar gnas pa dag ma mthong ba / khyod ni rang gi skyon rnams ni / *zhes sogs...... (LRChen. pa. 410b2-5)

* PPMv. pp.501-502.

〔訳〕そのようであるならば、賢者は中観論者の過失と離れた立場（見解）を自ら設定することを知らない時も、それ（中観論者の過失と離れた立場）が無いと損減しないで、縁起という「正理」が認められることによって、あらゆる悪見の網を断じることを真に考え〔るべきである。そうした〕智慧を有する人々は、中観の立場を設定して、あらゆる矛盾と離れるべきであり、誤った考えを広げることを望むべきではない。『プラサンナパダー』においても、〔以下のように説かれている。〕

そのように我々の立場は非常に清浄であり、すべての設定と矛盾せずにあるものであり、〔汝〕自身の立場は、それらと矛盾し粗雑で問題が極めて多く、非常に愚かなものであるから、過失と徳をあるがままに見ないのである。汝は自らの諸々の過

失……（長尾［1954］, pp. 242-243；Wayman［1978］, p. 294；Newland［2002］, p. 237）

(95)　......zhes sogs sngar drangs pa ltar gsungs pa'i dBu ma pa'i lugs don dam pa gtan la 'bebs pa'i tshad ma dang tha snyad pa'i tshad ma'i lam nas 'ong pa'i rnam bzhag skyon gdags su med pas ches dag cing 'khor 'das kyi rnam gzhag thams cad bzhag pas chog pa la nges pa rnyed par bya'o//（LRChen. pa. 410b5-6）

(96)　de lta ma yin par dBu ma pa la rang gi lugs med do/zhes/smra ba la skyon gdags su med na tshig smras pa gang yin pa de thams cad ni brdzun gyi tshig yin no/zhes pa la yang sun cung zad kyang 'byin par mi nus par 'gyur te rgyu mtshan thams cad nas mtshungs pa'i phyir ro//（LRChen. pa. 410b6-411a1）

(97)　khas len med par smras pa la khas len yod pa'i dpyad pa byar med pas de'i phyir skyon dgal du med de ci yang khas ma blangs pa'i phyir ro/zhes kyang smra mi nus te/de lta na smra ba thams cad brdzun yin no/zhes smras pa la'ang tshig thams cad brdzun yin no/zhes/smras pas tshig de nyid bden tshig yin pa'i dpyad pa byar med pas rang tshig gi 'gal ba bstan par mi nus pa'i phyir dang/......（LRChen. pa. 411a2-3）

(98)　......dang/'*Jug pa* las/gal te bdag 'ga' dngos por 'grub 'gyur na//sems ltar grub dgos brjod du med mi 'gyur/*zhes gNas ma bu pas phung po dang gcig tha dad gang du'ang brjod du med pa'i bdag rdzas yod khas blangs pa la yang rdzas yod yin na phung po dang gcig tha dad gang rung du smra dgos kyi de dag tu brjod du med pa mi 'thad ces sun 'byin par mi nus te kho bo cag gis de nyid dang gzhan du brjod du med pa'i bdag rdzas su yod ces smras pa la de nyid dang gzhan gang rung du brjod du yod dgos so/zhes pa'i dpyad pa byar med pa'i phyir ro zhes lan btab pas chog pa'i phyir so//gang zag rdzas su yod ces smra na phung po dang/de nyid dang gzhan du med pa 'gal bas de dag tu brjod du med pa mi 'thad pas dpyad pa de 'jug go/zhes smra na ni/ci yang khas mi len na khas len med do zhes pa'ang zhe bas smra ba mi rung bar kun nas mtshungs so//（LRChen. pa. 411a3-b1）

* MAbh. VI-147cd, p.269.

(99)　kho bo la nor med do zhes smras pa na nor med pa'i bor de byin cig ces pa dang kho bo la khas len med do zhes smras pa na khas len med pa de nyid khas len no zhes smra ba gnyis kyang mtshungs so......（LRChen. pa. 411b1-2）

(100)　この喩例については、Tauscher［1995］, p. 160, note（1）ならびに p. 170, note（1）；Seyfort Ruegg［2000］, p. 134 参照。

(101)　......zer ba ni phyogs snga ma go bar smra ba yin te/'di ltar kho bo cag khas len med pa de nyid khas len no zhes mi smra'o/'o na ci zhig smras snyam na/khas len med zhes zhe bas smra ba des khas len med par khas blang dgos so/zhes/ston pa yin pas rang tshig gi bsal ba spong bar mi nus so//（LRChen. pa. 411b2-3）

(102)　khyod kyis smras pa de 'dra ba de dBu ma pa'i lugs min na ni 'phags pa yab sras la sogs pa'i lung drangs nas bsgrub pa 'gal zhing Zla grags kyi lugs su yang bzhag tu med la Sangs gryas pa gzhan gyi lugs su yang mi rung bas chos 'di las phyi rol tu 'gyur ro//

(LRChen. pa. 411b3-4)

(103) 第四説については、Seyfort Ruegg［2000］, pp. 187-194 参照。

(104) sngon gyi dBu ma pa slob dpon Zla ba'i rjes su 'brang ba'i Bod kyi mkhas pa kha cig ni de ltar dBu ma pa la rang lugs kyi phyogs dang de dag sgrub byed kyi tshad ma med par 'dod pa'i lugs rnams legs par sun phyung nas rang gi lugs ni / rigs pas rnam par dpyad pa'i rang gi mtshan nyid kyis gzhal bya dang tshad ma'i rnam gzhag khas len pa'i dngos po stobs zhugs kyi tshad ma mngon rjes gnyis ka bkag nas tha snyad du ma dpyad pa'i 'jig rten grags pa'i tshad ma dang gzhal bya khas blangs nas dBu ma pa rang gis phyir rgol la bsgrub pa'i ngag bkod pa'i sgo nas gtan tshigs yang dag gis bden par med pa'i don sgrub par byed do // de ltar yang Rang rgyud par mi 'gyur ba ni ma dpyad pa'i 'jig rten grags pa'i tshad ma'i sgo nas 'jog pa'i phyir ro zhes 'chad do //（LRChen. pa. 407b6-408a3）

(105) 'dis ni tha snyad du rang gi mtshan nyid yod kyang rang mtshan rigs pas dpyad bzod tha snyad du 'gog par snang ba mi logs (legs?) pa ni sngar bshad zin la / dBu ma pas phyir rgol dngos por smra ba la gzhan don rjes dpag gis bsgrub pa'i gnyis ka'i lugs la grub pa'i tshul gsum pa'i rtags slob dpon Zla ba grags pa'i lugs su 'dod pa ni rigs pa ma yin te de 'dra ba de la / *Tshig gsal* nas dmigs kyis phye ba'i dgag pa mdzad pa'i phyir dang de 'dra de 'dod na de la dngos po stobs zhugs kyi rtags kyi tha snyad mi sbyor du chug kyang rang rgyud kyi rtags yin pa bzlog tu med pa'i phyir ro //（LRChen. pa. 418 b4-419a1）

(106) 世間極成については、小林［1997］; Seyfort Ruegg［2000］, p. 58, note 124 参照。

(107) 三枝［1992］, p. 197.

(108) 平川［1981］, p. 201. こうした、平川博士の理解ならびに上述の三枝博士の中観帰謬派の思想の理解は、宮本正尊博士のそれについての理解の中にも明確に見出すことができる（宮本［1943］, pp. 291-363）。

(109) 'o na gang zag dang chos la rang bzhin rtags kyis bkag pa tsam yin gyi ma bsgrubs zhes smra ba ltar yin nam / 'on te rang bzhin med pa rtags kyis sgrub pa yin snyam na / ......（LNy. pha. 113b3-4）

(110) これら二種の否定は仏教以外のインド思想でも頻繁に議論される事柄であるが、ここにおいては詳しく言及はしない。それらに関しては、以下の研究を参照。Staal［1962］; 江島［1980a］pp. 116-119 ; 梶山［1966］ならびに［1973］; 丸井［1991］; 岩崎［2005］.

(111) ツォンカパの否定については、野村［2001］参照。

(112) *Tshig gsal* las dngos po bdag las skye ba med pa'i dam bca' med dgag tu * bshad pa ni / dam bca' gzhan gsum la yang 'dra bas / rang bzhin med par gtan la 'bebs pa'i skabs su bsgrub bya ni dgag bya bcad tsam gyi med par dgag pa yin te / ......（GR. ma. 92a1-2）

* PPMv, p. 13.

〔訳〕『プラサンナパダー』において「『存在が自らより生じることがない』という主張は絶対否定である」と説明されたことは、他の三つの主張（不他生、不共生、無因生）に関しても同じである。したがって、〔諸存在が〕無自性と決択される場合における所証は、否定対象が断じられた（否定された）のみの絶対否定なのである。なぜならば……

（113）　'di la thog mar dgag pa gnyis kyi mtshan nyid shes dgos pas de bshad par bya'o//de la dgag pa ni sgras brjod pa na tshig gis zin par dgag bya bcad pa'am de'i rnam pa blo la 'char ba na dgag bya bkag pa'i rnam pa can du dngos su shar nas rtogs par bya ba zhig ste /dang po ni bdag med lta bu'o//gnyis pa ni/chos nyid lta bu ste 'di la tshig gis zin par dgag bya bcad pa med kyang de'i don 'char ba na spros pa bcad pa'i rnam pa can du 'char ba yod do//（LNy. pha. 113b4–6）

（114）　ma yin dgag pa ni dngos po'i ngo bo nyid dgag pas de dang 'dra ba de las gzhan pa'i dngos po'i ngo bo nyid sgrub par byed pa ste/dper na 'di bram ze ma yin no zhes dgag pas bram ze 'dra ba de las gzhan pa bram ze ma yin pa dka' thub dang thos pa la sogs pas dman pa'i dmangs rigs yin par sgrub pa lta bu'o［//］（TJ. D.dza. 59b4–5）

（115）　ma yin dgag ni dgag bya dngos su bcad nas chos gzhan 'phen pa ste/......（LNy. pha. 113b6–114a1）

（116）　med par dgag pa ni dngos po'i ngo bo nyid tsam zhig 'gog par zad kyi de dang 'dra ba de ma yin pa gzhan gyi dngos po sgrub par mi byed pa ste dper na bram zes chang btung bar mi bya'o/zhes bya ba de tsam zhig 'gog par zad kyi de las gzhan pa'i btung ba btung ngo zhe'am mi btung ngo zhes mi brjod pa lta bu'o//（TJ. D.dza. 59b5–6）

（117）　med dgag ni dgag bya dngos su bcad nas chos gzhan mi 'phen pa ste/......（LNy. pha. 114a2–3）

（118）　de la sgrub mi sgrub ni 'phen mi 'phen dang don gcig la......（LNy. pha. 114a4）
〔訳〕そこにおいて「証明するか否か」は、「含意するか否か」と同義であり、……（Thurman［1984］, p. 377；片野［1998］, p. 229）

（119）　de las gzhan pa ni dgag bya bkag tsam min pa'o//（LNy. pha. 114a4–5）
〔訳〕それより他であることとは、「否定対象が否定されたもののみではない」〔ということである〕。（Thurman［1984］, p. 377；片野［1998］, p. 229）

（120）　同じような否定に関する記述は、『正理海』においても示されている（RGy. ba. 23b3–24b6）。

（121）　'di la sngon gyi kha cig dBu ma pa la rang bzhin 'gog pa'i rtags dang rjes dpag yod kyi rang bzhin med pa bsgrub pa'i de gnyis med ces smra ba......（LNy. pha. 115a2–3）

（122）　......ni mi 'thad de bsgrub bya med pa'i rtags yang dag dang gzhal bya med pa'i rjes dpag tshad ma mi srid pa'i phyir ro//（LNy. pha.115a3–4）

（123）　gzhan dag dBu ma rang rgyud pa la bdag med sgrub pa'i rtags dang rjes dpag yod kyi Thal 'gyur ba la med de/*Tshig gsal* las/kho bo cag ni 'di med par sgrub pa ma yin gyi［/］'o na ci zhe na/'di gzhan gyis yod pa nyid du yongs su brtags pa 'gog pa yin no//de bzhin du kho bo cag ni 'di yod pa nyid du sgrub pa ma yin te［/］'o na ci zhe na/'di gzhan gyis med pa nyid du brtags pa sel ba yin te mtha' gnyis bsal nas dbu ma'i lam sgrub par 'dod pa'i phyir ro//① zhes dang/thal 'gyur rnams ni gzhan gyi dam bca' ba 'gog pa tsam gyi dgos pa can du② bshad cing/.....（LNy. pha. 115a4–b1）

① PPMv. p. 393 .　② PPMv. p. 24 .

(124)　*Tshig gsal* las kyang / gzhan gyis yod par brtags pa 'gog gi med par mi sgrub par gsungs la / med pa nyid du brtags pa 'gog pa ni don dam pa'i skye med bden par bzung ba med do zhes 'gog pa lta bu'o / / yod pa nyid du mi sgrub pa ni don dam pa ni don dam pa'i skye ba yod par mi sgrub pa'o / /（LNy. pha. 117a1-2）

(125)　......*'Jug pa* las kyang / rtog rnams log par gyur pa gang yin te / / rnam par dpyod pa'i 'bras bur mkhas rnams gsungs / / * zhes bshad pa'i phyir ro / / des na gzhan lugs bkag pa tsam yin gyi rang bzhin med pa sgrub pa min no zhes zer ro / /（LNy. pha. 115a6-b1）

* MA. VI-117 cd, p. 230 .

(126)　dgag bya bcad tsam gyi dgos pa can du bshad pa ni Thal 'gyur ba'i khyad chos min te / *rTog ge 'bar* las kyang / sa la sogs pa don dam par na 'byung ba'i ngo bo nyid ma yin par dgag pa tsam zhig byed par zad kyi gzhan gyi ngo bo nyid yin pa dang dngos po med pa'i ngo bo nyid yin par mi sgrub pa yin no / * zhes bshad pa'i phyir ro / / (LNy. pha. 115 b1-2)

* TJ. D.dza.59a5 .

なお、『思択炎』の上記の箇所についてのツォンカパの理解は、以下のようである。

sa ni don dam par 'byung ba'i ngo bo nyid ma yin zhes pas don dam par 'byung ba'i ngo bo nyid yin pa bkag pa tsam zhig byed ces smra ba na med dgag de bsgrub byar byed ces pa'i don yin pas dngos po med pa'i ngo bo nyid yin par mi sgrub ces pas don dam par 'byung ba'i dngos por med pa mi sgrub ces pa min gyi bkag tsam las ma gtogs pa'i dngos med kyi ngo bo nyid de mi sgrub pa'i don no / /（LNy. pha. 116a4-5）

(127)　des na chos rnams rang gi mtshan nyid kyis grub pa 'gog pa na dgag bya bcad pa tsam dang gzhan gyi log rtog log tsam yin zhes pa'i tsam gyi sgras ni / rigs pa'i yul du dgag bya bkag tsam min pa'i chos gzhan 'phen pa gcod pas ma yin dgag yin nam snyam pa bkag nas med dgag tu ston pa yin te / de ni rang gi dgag bya bcad tsam yin gyi chos gzhan mi sgrub bo zhes sngar bshad pa'i phyir ro / /（LNy. pha. 115b3-4）

(128)　myu gu lta bu la don dam par rang bzhin med do zhes smras pa yang don dam par rang bzhin med pa bkag pa tsam sgrub pa yin gyi / de las gzhan pa'i bden pa med yod par sgrub pa min zhes pa'i don te / ......（LNy. pha. 116b2-3）

〔訳〕「芽の如きは勝義としては自性を有さない」と語ることも、「勝義として自性を有することが否定されることのみを証明するものではあるが、それ以外の〔芽の〕諦無が〔実体として〕有ることを証明するものではない」という意味であって、……（Thurman［1984］, p. 380；片野［1998］, p. 237）

もし、ツォンカパが「自性の否定」を非知覚と捉えていたならば、「煙」の否定は、「煙のない湖」の肯定によって証明されると考えられる。しかし、ここにおいて示されるように、ツォンカパはそのようには理解していない。したがって、ツォンカパ自身は「自性の否定」を「非知覚」と捉えていなかったとも考えられる。

(129)　dper na mtsho la du ba med ces pa ni mtsho la du ba rnam par bcad tsam yin gyi［/］de las gzhan pa'i chos ma 'phangs kyang tshig des mtsho du med ma bstan pa dang / de'i rjes su 'brang ba'i blos kyang mtsho du med ma nges pa min pa bzhin du myu gu la rang bzhin med ces bstan pa na'ang myu gu la rang bzhin rnam par bcad tsam yin kyang de'i sgra dang blos myu gu rang bzhin med pa brjod pa dang nges pa ci zhig 'gal / des na mtsho la du ba tshig gis rnam par bcad pa nyid du med brjod pa yin zhing blos kyang du ba bcad pa nyid du med nges pa yin te / dgag bya rnam par gcod pa dang bkag pa yongs su gcod pa gnyis gcig med na gcig shos med pa'i phyir ro // （LNy. pha. 115 b4–116a1）

（130）　註（32）を参照。

（131）　gzhan yang phung gsum sel ba'i dngos 'gal gcig ston rgyu med na ni yod med dam gcig dang du ma sogs gang 'dod ces mtha' gnyis su kha tshon bcad pa'i brtag pa byas nas 'gog sa med la yod na dngos 'gal gcig 'gog pa ni cig shos sgrub pa med na med pa yin te...... （RGy. ba. 25b3–4）

（132）　gang zhig yongs su gcod pa gang rnam par bcod pa med na med pa de gnyis ni phan tshun spangs te gnas pa'i mtshan nyid yin no //gang dag phan tshun spangs te gnas pa'i mtshan nyid yin pa de dag ni rnam pa thams cad la khyab par byed pa dag yin no //gang dag rnam pa thams cad la khyab par byed pa yin pa de dag ni phung po gzhan sel bar byed pa dag yin te / dper na lus can dang lus can ma yin pa la sogs pa'i bye brag lta bu'o // （MĀ. D. sa. 191b3–4）

なお、Śākya mchog ldan（1428–1507年）は、彼の『中観決択』*dBu ma rnam nge*（略号，BNg）において、このようなツォンカパの“rnam par bcad pa”と“yongs su gcod pa”に関する解釈を批判している（BNg. Kha. 60b3–65b6）。

第6章　プラサンガ論法

I

一般に中観自立派が自らの主張を有し、中観帰謬派が自らの主張を有さないという伝統の中において、ツォンカパは自らがそのような中観帰謬派の立場に立つことを標榜しながらも、自らの主張は有ると断固として語る第三の流れを形成したということを、前章において明らかにしたが、本章ではそのことを別の角度から眺めてみることにしたい。

ナーガールジュナの『根本中論』の第一章「縁に関する考察」(pratyaya-parīkṣā) の帰敬偈に続く第一偈では、「事物は実体的には生じない」ということが、自らより、他より、共（自と他の両者）より、そして無因という四つの選言肢のもとで検討されている(1)。これは、一般に「四不生」と称される議論であり、中観論者による縁起・無自性・空の解釈を理解する上で、非常に重要な意味を持つものである。それらの中でも、「事物が自らより生じないこと」に関するブッダパーリタの理解、それに対するバァーヴィヴェーカによる批判、そしてチャンドラキィールティによるブッダパーリタの弁護ならびにバァーヴィヴェーカへの批判というインドの『根本中論』の註釈家たちによる議論が、中観思想という大きな思潮の流れの中に中観自立派と中観帰謬派の形成を促したことについては、多言を要さないと思われる。

その「事物が実体的に生じる」ということを否定するこの「四不生」という設定について、コラムパ・ソナムセンゲ（Go ram pa bSod nams seng ge, 1429–1489 年、以下コラムパと呼称する）は、『中観概論』*rGyal ba thams cad kyi thugs kyi dgongs pa zab mo dbu ma'i de kho na nyid spyi'i ngag gis stong pa nges don rab gsal*（略号，BPy）で、次のように述べている。

〔1〕以下のように、生じること（skye ba）に原因（rgyu）と「観待すること」（ltos［pa］，依ること）と「観待しないこと」という二つの〔選言肢が有る。それらの〕中の後者は、「無因」（rgyu med）という主張となる。

前者についても、その原因が結果より「別異である」（tha dad［pa］）かあるいは「別異でない」かの二つ〔の選言肢〕が設定されて、そこにおいても他ならぬ「別異であるもの」より生じるならば、〔それは〕「他〔より〕生じる」（gzhan［las］skye）という主張となり、他ならぬ「別異でないもの」より生じるならば、〔その主張は〕「自〔より〕生じる〔こと〕」（bdag［las］skye）に含まれるのである。〔「別異であるもの」と「別異でないもの」の〕二つ共より生じるならば、〔その主張は〕「〔自と他の〕両者より生じること」（gnyis ka las skye ba）に含まれるのであり、それより他の選言肢（mtha'）はありえないのである。(2)

実体的に生じることに関するそれら四つの選言肢の中の「事物が実体的に自らより生じる」といういわゆる「自生説」には(3)、たとえばバァーヴィヴェーカによる『根本中論』の註釈である『般若灯論』*Prajñāpradīpa Mūlamadhyamaka-vṛtti*（略号，PMv）とチャンドラキィールティによる『根本中論』の註釈である『プラサンナパダー』で示されるように、「結果を自体とするものとしての自らより生じること」と「原因を自体とするものとしての自らより生じること」という二つの理解があるが、その二つは以下のように説明されるであろう。

(1) その中に結果それ自体がすでに顕現してしまっている原因より結果が生じる。

(2) その中に結果が潜在能力として、つまり結果それ自体があくまで未だ顕現していない形で存在する原因より結果が生じる。(4)

この二つの理解はいずれも中観論者によって否定されるものであるが、ここで自生説批判の対象となっているサーンキャ学派（Sāṃkhya）が主張するのは、(2) の理解と考えられる(5)。

サーンキャ学派によるそのような自生説は、ブッダパーリタの『根本中論』に対する註釈である『佛護註』*Buddhapālita-mūlamadhyamaka-vṛtti*（略号，BMv）で、以下のように批判されている。

〔2〕そこにおいて、ともかく諸々の事物が自分自身より生じることはない。なぜならば、それらが生じることは必ず無意義となるからであり、そし

て〔それらが〕生じることは無限となるからである。そのように、自分自身として存在する諸々の事物に関して「再び生じること」(yang skye) は不必要 (無意義) である。もし〔すでに〕存在していても〔諸々の事物が〕再び生じるならば、何時いかなる時も生じなくはないであろうから、それも認められないのである。それ故に、ともかく諸々の事物が自らより生じることはないのである。(6)

バァーヴィヴェーカは、後に引く『般若灯論』にあるように、ブッダパーリタによるこの記述を "glags yod pa'i tshig" すなわち "sāvakāśa-vākya" (〔非難の〕余地のある文章) と呼んでいるのであるが(7)、チャンドラキィールティはそれを "thal 'gyur ba'i tshig" すなわち "prasaṅga-vākya" (プラサンガの文章、以下本章では「プラサンガ」と言う) と読み替えているのである(8)。

議論を進める前に、本章で重要な役割を果たすプラサンガ (あるいはプラサンガ論法) についての基本的な理解をまず確認しておくことにしよう。

プラサンガは、ニヤーヤ学派 (Naiyāika) においては "タルカ" (tarka) と呼称されており、それはあくまで仮言的な論証であり、立論者自身の主張を証明する定言的論証に対する補助的なすなわち非自立的な論証法でしかない。ここではニヤーヤ学派によってタルカと言われるこの間接的論証法を、便宜上《通常のプラサンガ》と呼ぶことにする(9)。

では、よく用いられる「煙」と「火」を例として、その間接的な証明のプロセスを具体的に辿ってみることにしよう。まず、山に煙が立ち昇るのを見て、ある論者が「山に火が有る」と推論したとする。煙と火の間には、「煙が有るならば、必ず火が有る」あるいは「火が無いならば、けっして煙は無い」という遍充関係 (必然的な論理関係) が成立するわけであるが、その論者は「山に火が有る」ということを証明するために、自らの主張とは反対の「山に火は無い」ということを仮定し、その仮定より「山に煙は無いはずである」ということが演繹される。しかし、それは実際に経験している山に立ち昇る「煙」によって偽であることが判明する。そして、それによって仮言的に前提として認められた「山に火は無い」という主張も偽とされ、その反対の「山に火が有る」ということが間接的に証明されることになる。

これをプラサンガの形式で示すと、次のようになる。

《通常のプラサンガ》

〔主張：〕山に煙は無い。

〔理由（仮定）：〕なぜならば、火が無いから。

〔間接的に論証される主張：〕山に火が有る。

上記のプラサンガは次のような定言的論証に換言される。

《定言的論証》

〔主張：〕山に火が有る。

〔理由：〕なぜならば、煙が有るから。(10)

それでは、議論を本筋に戻すことにしよう。チャンドラキィールティが示しているように、ブッダパーリタの記述がプラサンガであると捉えられた場合、そこには長・短二つのプラサンガが述べられていると考えられ、ことばを補ってそれら二つのプラサンガを示すと、以下のようになる（なお、最初の短いプラサンガを《プラサンガ 1-a》と、次の長いプラサンガを《プラサンガ 1-b》と呼称する）。

《プラサンガ 1-a》

〔主張：〕諸々の事物は自らより生じない。

〔理由：〕なぜならば、それらが再び生じることは必ず無意義となるからであり、そしてそれらが再び生じることは無限となるからである。

《プラサンガ 1-b》

〔主張：諸々の事物は自らより生じない。〕

〔理由：〕なぜならば、自ら自身として存在する諸々の事物に関して再び生じることは不必要（無意義）であるからである。もし〔すでに〕存在しても生じるならば、何時いかなる時も生じないことはないからである。

以下においては、便宜上《プラサンガ 1-a》を主に取り上げて、議論を進めていくが、議論をできるだけわかりやすくするために、その原意を考慮しながら、より簡潔な形で書き換えたのが次のものである（これを《プラサンガ1》と呼称することにする)。

《プラサンガ1》

〔主張：〕諸々の事物は自らより生じない。

〔理由：〕なぜならば、それらが再び生じることは無意義となり、無限となるからである。

次に、ブッダパーリタに対するバァーヴィヴェーカの批判について見てみることにしよう。そこでは、次のような三つの批判点が挙げられている。

〔3〕それ(ブッダパーリタの言明)は正しくないのである。なぜならば、(i)論証因と喩例が語られておらず、(ii)対論者(サーンキャ学派)が指摘した〔自ら(ブッダパーリタ)における〕過失が回避されておらず、そして(iii)〔対論者が非難する〕余地のある文章(glags yod pa'i tshig)であるからである。すなわち、当該の意味(skabs kyi don)が反対にされることによって、所証(bsgrub par bya ba)とその法(de'i chos)が反対にされた意味が顕現することによって、「諸々の事物は他より生じることになる」、「生じることは必ず意義を有するものとなる〔から〕」、そして「生じることは〔必ず〕有限となるから」〔となる〕ことによって定説(grub pa'i don)と矛盾することになる。(梶山[1963], p. 50; Ames [1993], pp. 222-223)(11)

ここでは、この引用に示される三つの批判点のうちの(iii)「ブッダパーリタの記述が、サーンキャ学派が非難する余地のある文章である」を、以下の議論の出発点としたい(12)。

では、ブッダパーリタの記述がどのような意味でサーンキャ学派によって非難される余地がある文章なのであろうか。それは、ブッダパーリタの記述(《プラサンガ1》)が、下記のような定言的論証に還元されることによって(それを《還元後の定言的論証式》と呼ぶ)、「他より生じること」を定立することになり、中観論者における「四不生」という定説と矛盾することになり、そこにサーンキャ学派が非難を加える機会が生じることになるということである(13)。

《還元後の定言的論証式》

〔主張：〕諸々の事物は他より生じる。

〔理由：〕なぜならば、生じることは必ず有意義であるから、そして生じることは有限であるから。

バァーヴィヴェーカのブッダパーリタ批判には、チャンドラキィールティによって「自立論証批判」という新たな展開がもたらされ、さらにチベットの後期伝播時代においてそれが複雑な様相を呈し、中観思想の体系の中で非常に重要な位置を占める議論となっていった。そして、チベットにおいてそのように広汎な議論を展開していった人々の中でも、最も重要かつ独創的な思想家の一人がツォンカパなのである。

ツォンカパが属する中観帰謬派にとってプラサンガは、次章で扱う「対論者に極成する推論」(gzhan la grags pa'i rjes su dpag pa, paraprasiddhānumāna)と共に、対論者に空性や無自性などの理解を正しく生じさせるための有効な手段である。そして、その二つの手段は、対論者に空性などを理解させる手段として不適切なものとツォンカパが捉える「自立論証」(svatantra-anumāna) と対照的な関係にある。つまり、「プラサンガ論法」と「対論者に極成する推論」の妥当性の提示と「自立論証批判」の議論は表裏の関係にあり、それらを比較検討することは、ツォンカパの空性理解を体系的に把握するために不可欠な事柄と考えられる。「プラサンガ論法」という表題を冠する本章も、つまり、そのような枠組みの中の一つの試みである[14]。

II

バァーヴィヴェーカによって“sāvakāśa-vākya”と呼ばれたブッダパーリタの記述を、“prasaṅga-vākya”（プラサンガの文章）と読み替えているチャンドラキィールティから観れば[15]、前述のバァーヴィヴェーカによる批判点（iii）の趣旨は、「ブッダパーリタの自生説批判の記述はプラサンガであることから、それが定言的論証に還元され、それによって四不生という中観論者の定説と抵触することになる」ということなのであろう。

そこで問題となるのが、「事物は他より生じる」云々等々（《還元後の定言的論証式》参照）というように、定言的論証に還元される以前のプラサンガに関する理解である。つまり、ブッダパーリタの記述は《プラサンガ 1》であることを先に示したが、チベットの中観論者たちの理解は、必ずしもそれに同調するものではないのである。

当該の議論に関するチベットの中観論者たちの理解を見ていくと、プラサンガから定言的論証への還元方法については少なくとも二つの異なった方法が確認されている。

その一つは、還元される以前のプラサンガの主張そしてその理由が換質されるだけであって、それぞれが還元後の定言的論証においても、そのまま主張と理由を構成するというものである。この方法によって還元される自生説批判のプラサンガには、二つのものがある。一つは前述の《プラサンガ 1》であり、もう一つは、下のように、「無意義」などとなるのは「再び生じること」ではなくて、「生じること」というものである。それを《プラサンガ 2》と呼ぶことにする。

《プラサンガ 2》

〔主張：〕諸々の事物は自らより生じない。

〔理由：〕なぜならば、それらが生じることは無意義となり、無限となるからである。

後に述べるように、《プラサンガ 1》と《プラサンガ 2》の差異を示す「再び生じること」と「生じること」の間の「再び」の有無は、一見瑣細なことのようであるが、この自生説批判のプラサンガの理解に関しては重要な意味を持つものなのである。

そして、もう一つの還元方法は、還元される以前のプラサンガの主張が換質換位されて還元後の定言的論証の理由を、またプラサンガの理由が換質換位されて主張を構成するというものである[16]。ただし、この還元方法はバァーヴィヴェーカならびにチャンドラキールティによる当該の議論においては確認されるものではないことは留意しておく必要がある。また、この方法によって還元される自生説批判のプラサンガにも複数の理解がある。一つは、還元以前の理由が「自らより生じない」というものである。それを《プラサンガ3》と呼称することにする。

《プラサンガ3》

〔主張：〕諸々の事物が生じることは、無意義であり、〔無限となる。〕

〔理由：〕なぜならば、自らより生じないから（ただし、この《プラサンガ3》は、《還元後の定言的論証式》をプラサンガに換質換位した場合の一つの理解と考えられるが、その意味が不明確である）。

そしてもう一つは、換言以前の理由が同じく「自らより生じる」というものであるが、それにはさらに二つの異なったプラサンガがある。一つは、その理由によって証明される主張が「諸々の事物が生じることは、……」というものであり、もう一つは「諸々の事物が再び生じることは、……」というものである。それらを順に《プラサンガ4》と《プラサンガ5》と呼称することにする。

《プラサンガ4》

〔主張：〕諸々の事物が生じることは、無意義であり、無限となる。

〔理由：〕なぜならば、自らより生じるから。

《プラサンガ5》

〔主張：〕諸々の事物が再び生じることは、無意義であり、無限となる。

〔理由：〕なぜならば、自らより生じるから。

このような、インド・チベットの中観論者たちの理解による、ブッダパーリタの記述に関するこれら五つのプラサンガを基に考察を進めていくことにしよう。

それでは、最初に触れた《通常のプラサンガ》と自生説批判のプラサンガとを比較検討してみることにしよう。

まず、還元されたプラサンガ、すなわち《還元後の定言的論証式》をもう一度確認しておこう。

〔主張：〕諸々の事物は他より生じる。

〔理由：〕なぜならば、生じることは必ず有意義であるから、そして生じることは有限であるから。

これを、《通常のプラサンガ》における還元方法に倣って、意味をなす形でもとのプラサンガに還元すると、次のように《プラサンガ 4》と同じようなものになる。

〔主張：〕諸々の事物が生じることは無意義であり、無限である。

〔理由：〕なぜならば、自らより生じるから。

つまり、間接的に論証してしまうことになるとされる「他より生じること」から、逆に還元された内容がもとのプラサンガでは理由となるべきであり、そしてそれを前件として、それより演繹される後件の事柄がもとのプラサンガにおける主張となるのである。すなわち、前件である「自ら生じること」に基づいて、後件である「それが無意義であり、無限となること」が演繹されるはずなのである。

しかし、ここで注意しなければならないことは、《通常のプラサンガ》における還元方法に従って、「他より生じる……」から、逆に還元されたもとのプラサンガは、《プラサンガ 4》と一致するが、従来の諸研究のほとんどにおいては、ブッダパーリタが意図したプラサンガは《プラサンガ 1》であるという理解が示されているということである。これは、それらの研究においてチベット人によって著わされた文献すなわち蔵外文献が顧慮されてこなかったことに基づくものなのである(17)。

そこで、次節では、チベット仏教の中観論者たちによる上記の点についての理解に考察を加えてみることにしよう。

Ⅲ

バァーヴィヴェーカがブッダパーリタの記述を “sāvakāśa-vākya” と呼んだことはすでに述べたが、チベットの中観論者たちはチャンドラキィールティに倣って、ほとんど一様に “thal ’gyur ba’i tshig” すなわち “prasaṅga-vākya” と理解しているのである。しかし、前節で見たように、彼らによるもとのブッダパーリタのプラサンガに関する理解は、従来の諸研究のほとんどにおいて《プラサンガ 1》とされているのとは異なり、複雑な様相を呈している。

チベットの中観論者たちの理解には「ブッダパーリタの意図したプラサンガ」と「バァーヴィヴェーカがブッダパーリタのものと捉えたプラサンガ」が区別される場合とそうでない場合がある[18]。ここでは、まずそれらを区別しないサキャ派（Sa skya pa）に属する論者たちの理解を見てみることにしよう。

ここで触れるチベットの中観論者たちの中でも、インドの中観思想を比較的忠実に継承していると考えられるコラムパは、先にも触れた『中観概説』において、次のように述べている。

〔4〕第二〔の項目である「〔そのブッダパーリタの言明が〕反対にされた〔意味内容〕と結びつく主張を投じる「矛盾を語るプラサンガ」であると説明すること」〕は[19]、〔以下のようである。それが〕プラサンガ（thal 'gyur）であるならば、反対にされたもの（bzlog pa）と結びつくはずであるから、「諸々の事物は自らより生じることはない」と主張する語句（dam bca'i tshig）が反対にされることによって、「諸々の事物が他より生じること」になること、そして論証因（gtan tshigs）である「〔それらの〕生じることは無意義であり、無限となるから」という語句（ngag）が反対にされることによって、「有意義〔となるからであり〕、そして有限となるから」〔ということになる〕。……[20]

この記述から、コラムパの理解するところのブッダパーリタの意図したプラサンガは《プラサンガ2》であると考えられる。つまり、還元方法は換質だけであり、「諸々の事物が他より生じる」という主張は、「諸々の事物は自らより生じない」という主張が換質されたものなのである。ただし、コラムパ自身が《プラサンガ1》と《プラサンガ2》の微妙な差異を認識した上で、《プラサンガ2》のような記述をしたかどうかは明白ではない。

次に、シャーキャ・チョクデン（Śākya mchog ldan, 1428–1507年）は、『中観決択』の第二章 *Theg pa chen po dBu ma rnam par nges pa'i mdzod lung dang rigs pa'i rgya mtsho las dbu ma thal rang gi gyes 'tshams dang grub mtha'i gnas rnams gsal bar bstan pa'i le'u gnyis pa*（略号，BNg）で、『プラサンナパダー』

の当該箇所について丁寧な解説を加えている[21]。そこにおいて、彼はブッダパーリタのプラサンガに関して、次のように述べている。

〔5〕第一のようであるならば、〔すなわちブッダパーリタを後論者（対論者）と認めて、前論者であるサーンキャ学派に対して自らより生じることを否定するものとして投じられたブッダパーリタのそのプラサンガが、能証（証因）を投じるものなのであるならば、〕[22] 註釈の翻訳（'grel 'gyur ?）は、以下のように〔理解〕されるべきである。当該の意味（skabs kyi don）が反対にされることによって、〔その〕反対にされた意味（bzlog pa'i don）に関して、自立的に（rang rgyud kyis）所証とその法（証因）が顕現することを通して、以下のようになるのである。

〔主張：〕有法である諸々の事物〔において〕は、生じることは無意義であり、無限であることになる。

〔理由：〕なぜならば、自ら〔より〕生じるから。

〔以上の〕よう〔なプラサンガ〕が投じられるべきである。……[23]（強調点筆者）

このようにシャーキャ・チョクデンは、ブッダパーリタが意図したプラサンガを《プラサンガ 4》であると理解している。つまり、還元方法としては換質換位が用いられているのである。

また、ロントゥン（Rong ston shes bya kun rig, 1367–1449 年）も、『根本中論』に対する註釈である『真実光明』*dBu ma rtsa ba'i rnam bshad zab mo'i de kho na nyid snang ba*（略号，BN）において、簡単ではあるがこの問題に言及している。そこにおいては、還元方法についての明確な記述はないが、「諸々の事物は自らより生じない」が還元されて、「諸々の事物が他より生じる」という主張になることが示されているのである。

〔6〕これに関して、ある人は〔以下のように述べている。〕それがプラサンガであるならば、反対の自立〔論証〕が含意されると認めることによって過失が有るのであるが、「自らより生じることが無いこと」が反対にされるならば、「自らより生じること」になるのであって、どうして「他より生じること」になるのか。

〔答論者（ロントゥン）：そこには以下のことが〕意図されているのである。生じることが有意義であることが意図されているならば、生じることが有ると認めるべきであって、勝義を考察するこのコンテクストでは生じることが有意義であり、有限であると認めるならば、「他より生じること」以外にはありえないからである。[24]

ロントゥンは、生じることが有意義であり且つ有限なのであるから、何らかの形で生じることが積極的に認められるべきであるというのであり、そしてそれは勝義を考察する際に認められる「生じ方」なのであるから、それは「他より生じること」以外にありえないというのである。

これまで見てきたサキャ派に属する中観論者たちとは異なり、「ブッダパーリタの意図したプラサンガ」と「バァーヴィヴェーカがブッダパーリタのものと捉えているプラサンガ」を明確に区別するツォンカパの理解を、次に検討してみることにしよう。

ツォンカパの当該箇所に関する記述を見ていくと、次のような三つの課題に重点を置いて考察がなされている。

図表 I

【課題 1】ブッダパーリタの自生説批判の記述が換言されても、それが「四不生の否定は非定立的否定（prasajya-pratiṣdha）である」という定説と抵触しないことを示すこと。[25]
【課題 2】チャンドラキィールティの理解に沿って、バァーヴィヴェーカがブッダパーリタの記述をプラサンガであると理解し、批判していることを前提として、その批判を再構成すること。
【課題 3】チャンドラキィールティ以降の中観論者、特に中観自立派におけるプラサンガの理解を考慮に入れなければならなかったこと。より具体的には、ダルマキィールティを高く評価していたツォンカパは、同じくダルマキィールティの強い影響を受けた後期中観派、特に中観自立派において、プラサンガが換質換位されて定言的な論証式（自立論証）に還元されるという理解を自らの思想（中観帰謬派の思想）の中に齟齬なく、正確にはそれに修正を加えて自立論証ではないものとして取り込まなければならなかったこと。[26]

ツォンカパは、『根本中論』に対する自らの註釈である『正理海』において、これらの課題を取り上げている。そこにおいて彼は、先にも触れたように、サキャ派の中観論者たちとは異なり、ブッダパーリタの意図したプラサンガとバァーヴィヴェーカがブッダパーリタのものと理解したプラサンガを明確に区別しているのである。

まず、ブッダパーリタ自身の意図したプラサンガについては、次のように述べられている。

〔7〕　〔主張：〕芽などの諸々のものの再び生じることは、無意義となってしまうのである。

〔理由：〕なぜならば、〔それらの諸々のものが〕自分自身を〔すでに〕得てしまっているからである（自分自身より生じるから)。（これを［プラサンガ i］と呼称する）

「生じる」ということが「自分自身を得る」という意味である時、それ（自分自身）を得〔てしまっ〕た後に、再び生じる（再び自分自身を得る）ならば、〔そこにはいかなる〕必要性もないのである。

もし自分自身を得てしまっていても（すでに存在していても)、「〔再び〕生じるべきこと」が矛盾しないと云うならば、〔それが生じることは〕無限となってしまうということによって、〔自らより生じることが〕否定されることは、〔以下のように示される〕。

〔主張：〕そのようであるならば〔、つまり自分自身を得てしまっていても、還元すれば「〔すでに〕生じていても、再び生じるべきことが矛盾しない」というならば〕、その芽などの諸々のものが何時いかなる時も再び生じないこととはならないのである。

〔理由：〕なぜならば、〔その場合は芽などのものがすでに〕成立して（生じて）しまっていても、〔芽などが再び〕生じるはずであるからである。（これを［プラサンガ ii］と呼称する）[27]

（強調点筆者）

ブッダパーリタの自生説批判の記述において、短いプラサンガ（厳密には、《プラサンガ 1》）を取り上げたように、ここにおいても［プラサンガ i］を主に取り上げて議論を進めていくことにする。

この［プラサンガ i］と《還元後の定言的論証式》を比較すると、前者から後者への還元方法としては換質換位の方法が用いられている。また、「『生じる』ということが『自分自身を得る』という意味である」と述べられていることを考慮すれば、そのプラサンガの理由である「なぜならば、自分自身をすでに得てしまっているから」(rang gi bdag nyid thob zin pa'i phyir ro) が「自分自身より生じるから」と理解できるので、ここにおいて述べられているプラサンガは、先に示した《プラサンガ5》であると考えられる。そして、そのようにツォンカパがブッダパーリタによるプラサンガを《プラサンガ5》と理解することは、【課題1】の解明につながるのであるが、それについては次節において改めて論じることにする。

次に、ツォンカパが理解するところのバァーヴィヴェーカがブッダパーリタのものとしたプラサンガについては、次のように述べられている。

〔8〕第二〔の項目である「それ (rang gi lugs, ツォンカパ自身の立場) に対して対論者 (バァーヴィヴェーカ) が過失をどのように指摘したかを説明すること」〕は、〔以下のようである。〕これに関して、ブッダパーリタによっては、〔以下のように〕説かれている。

〔主張：〕諸々の事物は自分自身より生じることは無い。

〔理由：〕なぜならば、それらが生じることは無意義となるからであり、そして〔それらが〕生じることは無限となるからである。

……[28] (強調点筆者)

このように、ツォンカパが理解するバァーヴィヴェーカがブッダパーリタのものと捉えたプラサンガは、明らかに《プラサンガ2》に相応する。つまり、そのプラサンガの理由が、《プラサンガ1》のように「それらの再び生じること……」ではなく、「それらが生じること……」というのである。そして、「諸々の事物が他より生じる」という主張は、「諸々の事物は自らより生じない」ということが換質されたものにすぎないものであると考えられるのである。このことは、ツォンカパによる次の記述において説明されている。

〔9〕〔対論者：〕どのように〔非難の〕余地があることになるのか。

〔答論者：〕当該箇所の意味は、その推論式 (sbyor ba) より (→が) 反対にされることによって、〔非難の〕余地があることになるのである。

〔つまり、〕この当該箇所の意味が反対にされることによって、「〔非難の〕余地のある文章」となる様相は、〔以下のように〕云われるのである。「〔諸々の〕事物が自分自身より生じることはない」という所証が反対にされた意味が顕現する〔。それに〕よって、「〔諸々の事物が〕他より生じること」が〔顕現する〕。そして、能証の法すなわち証因が反対にされた意味が顕現する。〔それ〕によって、「生じることが有意義であり、有限となる」が顕現する〔。そして、それ〕によって自らの定説と矛盾することになるという過失があるのである。(29)

ところで、このコンテクストでツォンカパは、バァーヴィヴェーカが捉えているところのブッダパーリタのプラサンガに関する別の理解があることを暗に示しながら、その理解に批判を加えている。

〔10〕これ（他より生じること）は、プラサンガの法（thal chos）の証因が反対にされたものではないのである。なぜならば、「所証が反対にされることによって」と説明されているからであり、また「自ら〔より〕生じることがないこと」が〔換質換位される以前の〕証因と説かれていないからである。(30)(強調点筆者)

ここに紹介されている理解を有する対論者によれば、プラサンガにおける理由の「諸々の事物が自らより生じないこと」が換質換位されて「諸々の事物が他より生じること」になり、またプラサンガの法（thal, chos, プラサンガの述語部分の内容）が同じく換質換位されて定言的論証における理由（論証因、すなわち「生じることが有意義であり有限である」）を構成するというのである。したがって、ここで対論者が主張するバァーヴィヴェーカが捉えているところのブッダパーリタのプラサンガは、先に示した《プラサンガ3》であることがわかる。

ツォンカパの高弟の一人であるケードゥプ・ゲレクペーサン（mKhas grub dGe legs dpal bzang, 1385–1438年）は、通称『トントゥン・チェンモ』*sTong thun chen mo*（正式名は、*Zab mo stong pa nyid kyi de kho na nyid rab tu gsal bar byed pa'i bstan bcos skal bzang mig 'byed*）（略号，TTh）において上のツォンカパの記述を引用したのち、ブッダパーリタのプラサンガがこの《プ

ラサンガ3》であるという理解を次のように批判している。

〔11〕〔ケードゥプ：〕現在の非常に不思慮なある人物の分別（理解）においては、以下のような危惧がある。「『自ら〔より〕生じないこと』が反対にされることによって、『他より生じること』になる」というのが、バァーヴィヴェーカによって説かれたことであるこれに他ならない。〔したがって、以下のことがバァーヴィヴェーカによって〕説かれているのではないか。

ブッダパーリタによって、「自らより生じないこと」を証因として定立するプラサンガが投じられた〔その〕プラサンガの法の証因（→「自より生じないこと」）が反対にされたものが、所証の法にされるべきであるから、「他より生じること」が所証の法となる〔のである〕。

したがって、それ（上記の危惧）を断つために、「そのようでない」と〔以下のように〕説くのである。「自ら〔より〕生じることを否定することのみより反対にされたものであるこれ（他より生じること）は、ブッダパーリタによってサーンキャ学派に対して投じられたプラサンガの法の証因〔である『自らより生じないこと』〕が反対にされたものである」とバァーヴィヴェーカによって考えられたのではない。なぜならば、〔その理由は、以下の二つである。〕バァーヴィヴェーカ自身によって「所証が反対にされた意味が明らかになることによって、『諸々の事物が他より生じる』」と語られているのであって、「証因が反対にされることによって『他より生じること』となる」と語られていないからである。そして、ブッダパーリタによって「自ら〔より〕生じないこと」が、プラサンガの証因と語られてもおらず、設定されてもいないからである。〔以上のことが、この議論において〕意図されているのである。（Cabezón [1992], pp.295-296；ツルティム［2003］, pp. 149-150）(31)

ツォンカパにしてもケードゥプにしても、バァーヴィヴェーカが理解しているところのブッダパーリタのプラサンガを《プラサンガ3》でないとする第一の根拠は、もとのプラサンガから《還元後の定言的論証式》へと換質換位されることが、バァーヴィヴェーカ自身によって、すなわち『般若灯論』

において明言されていないということである。確かに、『般若灯論』においてはブッダパーリタの記述における所証とその法すなわち証因が還元されて、「諸々の事物が他より生じる」、「生じることが有意義である」そして、「生じることが有限である」となると述べられており（註11参照）、その副註においても、より明確に「諸々の事物が自らより生じないこと」が所証であり、「生じることが無意義であること」そして「生じることが無限である」ということが所証の法（証因）と理解されている[32]。

以上のように、還元方法に関するツォンカパの理解を、ケードゥプの理解と照らし合わせて検討してきたのであるが、次には「諸々の事物が他より生じる」という主張はいかなるものが還元された結果であると彼らが考えているかについてもう少し言及しておきたい。

彼らは以下に示すように、「諸々の事物が自らより生じない」ということが還元されて「諸々の事物が他より生じる」となったと理解しているのであるが、まずツォンカパはその点について次のように述べている。

〔12〕その時に、「生じることが有意義であり、〔生じることが〕有限であるから、諸々の事物が自らより生じることが否定されただけなのではない」ということであるから、「他より生じること」になるのである。[33]

ケードゥプはこのツォンカパの記述を視野に入れて[34]、上の引用の内容を非常にわかりやすく、次のように解説している。

〔13〕さらにまた、「諸々の事物が生じることは有意義であり、有限である」と直接に説かれていることによって、「諸々の事物は生じるのであり、自らより生じることは無い」ということによって「自らより生じること」が否定されるのである。つまり、「生じること」を基体として「自ら〔より〕生じること」と「他〔より〕生じること」の二つの選言肢しか認めないことから、〔先に〕「諸々の事物は生じる」のであり、「自らより生じない」と言われていることから、「他より生じる」と投じられる（含意される）のである。たとえば、〔それは〕「肥ったデーヴァダッタが日中に食事を取らない」と語られたことによって、〔間接的に〕「夜間に食事を取っている」〔ということが示される〕のと同様である。〔以上の〕

ように、バァーヴィヴェーカは考えている〔のである〕。そして、バァーヴィヴェーカ自身も「言説として『他〔より〕生じること』」を認めているから、それら二つの選言肢（「自ら〔より〕生じること」と「他〔より〕生じること」）を設定しているのである。[35]

ケードゥプの理解によれば、生じることが有意義であり且つ有限なのであるから、以前に言及したロントゥンにおけるのと同様に、何らかの形で生じることが認められるべきであるということなのであろう。そして、生じることに関しては、究極的に「自らより生じること」と「他より生じること」の二つの選言肢しかなく[36]、前者が否定されたことによって、後者の「他より生じること」が間接的に肯定され、バァーヴィヴェーカも言説（世俗）としてではあるが「他より生じること」を認めていることから、「自らより生じること」が否定されるならば、「他より生じること」が認められることになる。ここで留意されなければならないのは、このように理解されうるのは、ブッダパーリタのプラサンガがあくまで「諸々の事物が再び生じることが無意義であり、無限である」と捉えられた場合でなく、「諸々の事物が生じることが無意義であり、無限である」と捉えられた場合に限るということである[37]。以上が、このように、バァーヴィヴェーカが考えているということなのであろう。

そして、前述のように、ツォンカパがバァーヴィヴェーカが捉えるところのブッダパーリタによるプラサンガを《プラサンガ2》とし、それを上に述べたように解説することによって、【課題2】つまり「チャンドラキィールティに倣って、バァーヴィヴェーカがブッダパーリタの記述をプラサンガであると理解し、批判していることを前提として、その批判を再構成する」ということが考察されていると考えられるのである。

Ⅳ

前節に示した、ツォンカパが考察している三つの課題の中でとりわけ重要な意味をもつのが【課題3】である。以下には、ツォンカパがその課題をどのように扱っているかを見ていくことにしたい。

ツォンカパがブッダパーリタのものと理解する自生説批判のプラサンガは、すでに述べたように、《プラサンガ 5》であった。ところが、そのプラサンガが特殊なものであることが、次のように述べられている。

〔14〕「無自性論者が有自性論者にプラサンガを設定する時、プラサンガが反対にされることによって、〔無自性論者が反対の〕意味を有することがどうしてあろうか」と〔『プラサンナパダー』において〕言及されている〔プラサンガ〕も、また一般的なプラサンガではなく、「自ら〔より〕生じること」を否定する二つのプラサンガ（《プラサンガ 1–a》ならびに《プラサンガ 1–b》）〔という特殊なプラサンガ〕なのである。[38]

この記述は、プラサンガには反対の意味を定立するものとそうではないものがあることを前提としていると推測できるが[39]、ツォンカパによれば、無自性論者である中観論者が有自性論者であるサーンキャ学派に投じたとされるこの自生説批判のプラサンガ（《プラサンガ 5》）は後者であり、すなわち一般的なものではない特殊なプラサンガであるというのである。したがって、そうでない一般的なプラサンガとは、前者すなわち反対の意味を定立するプラサンガであると考えられる。以下においては、反対の意味を定立するプラサンガを《ツォンカパにとっての通常のプラサンガ》と、また《プラサンガ 5》におけるように反対の意味を定立しないプラサンガを《ツォンカパにとっての特殊なプラサンガ》と呼称し、検討を進めていくことにする。

《ツォンカパにとっての特殊なプラサンガ》は、次の記述において明らかなように、中観論者（すなわち中観帰謬派）のプラサンガが対論者の主張を否定するのみであること、すなわちそのプラサンガが反対の意味を証明・定立するものではないことと密接な関係があるのである。

〔15〕「それ故に、プラサンガを設定することは、対論者の主張を否定することのみに有効なのであるから、〔中観論者には〕プラサンガが反対にされた意味となることがあるのではない」と〔『プラサンナパダー』において〕説かれていることは、前述のそのプラサンガによって、プラサンガの法（thal chos）が反対にされた（換質換位された）意味である「再

び生じることが有意義であり、〔再び生じることが〕有限である」という証因によって、「自ら〔より〕生じることが無い」〔という所証法〕を証明するのではないが……[40]

つまり、《ツォンカパにとっての特殊なプラサンガ》の特徴の一つは、前節においてツォンカパとケードゥプによって批判された理解にも見られるように、プラサンガの法の換質換位された証因に基づいて、プラサンガの理由の換質換位された所証法すなわち「自らより生じないこと」が、自らの立場において証明・定立されるものではないということであると考えられる。具体的には、《プラサンガ 5》におけるように、プラサンガの法が換質換位された「〔再び生じることは〕有意義であり、有限である」という証因によって、プラサンガの理由の換質換位された所証法である「自らより生じないこと」を証明・定立するものではないということなのである。そして、このことは「自らより生じること」が否定されたものである「自らより生じないこと」すなわち「他より生じること」が、ブッダパーリタをはじめとする中観論者すなわち中観帰謬派には認められないことを示すものであるから[41]、「四不生の否定は非定立的否定である」という定説と抵触することもない。つまり、【課題 1】の「ブッダパーリタのプラサンガが還元されて、『四不生の否定は非定立的否定である』という定説と抵触しないことを示す」ということが、ここに明確に示されていると考えられるのである。

上の引用で、ツォンカパは「再び生じること」を問題にしているのであるが、それに続く記述においては、「生じること」を取り上げて、《ツォンカパにとっての通常のプラサンガ》に言及している。

〔16〕……けれども、〔まったく証明・定立する〕必要がないというのではないのである。なぜならば、サーンキャ学派が認めない「生じることが無意義であること」と「〔生じることが〕無限であること」が〔換質換位され、〕証明されることによって、他ならぬ〔対論者である〕サーンキャ学派が主張する「自らより生じること」が否定的に決定されたものが証明される必要性はあるからである。[42]（強調点筆者）

この「サーンキャ学派が主張する『自らより生じること』が否定的に決定

されたものが証明される必要性はあるから……」(Grangs can gyis dam bcas pa'i bdag las skye ba rnam par bcad pa tsam zhig sgrub pa'i dgos pa can yin pa'i phyir……) という記述に示されているように、「対論者の主張の否定されたもの、すなわち当該のプラサンガの証因が換質換位されたもののみは証明されるべきである」ということが、《ツォンカパにとっての通常のプラサンガ》の特徴の一つであると考えられるのであるが、上の引用文をより正確に理解するためには、その直後にある次の記述が参考となる。

〔17〕　〔主張：〕「芽において自体によって成立する自性が有ること」を認めるならば、〔芽が〕種子に依って生じることにはならないのである。

〔理由：〕なぜならば、自体によって有るからである。

以上のようなプラサンガを投じるような〔場合〕においては、縁起するから、芽には自体によって成立する自性は無い〔ことが証明される〕のである。〔このように、〕プラサンガの法が反対にされたものが〔証因として〕うちたてられて、プラサンガの証因が反対にされた（換質換位された）主張が証明されることが非常に多いのである。(43)

つまり、この引用で示されているプラサンガは、以下のように換質換位されて、その主張は証明されるべきであるということなのである。

〔主張：〕芽には、自体によって成立する自性は無いのである。

〔理由：〕なぜならば、縁起するからである。

では、ここに述べられていることを当該の自生説を批判するプラサンガに当てはめてみよう。まず、すでに指摘したように、ツォンカパがブッダパーリタのプラサンガとして理解したものは《プラサンガ5》であった。そして、先の引用〔16〕において、ツォンカパは「再び生じること」ではなく「生じること」を問題としていたのであるから、その「再び生じること」の部分を「生じること」にしたものが《ツォンカパにとっての通常のプラサンガ》であると考えられ、それは次のようなものになる。

〔主張：〕諸々の事物が生じることは無意義であり、無限である。

〔理由：〕なぜならば、自らより生じるから。

記述そのものから見れば、いわゆる《通常のプラサンガ》の還元方法に従って還元された《プラサンガ4》と相応するが、それが換質換位された定言的論証式が、次のようなものである。

〔主張：〕諸々の事物は自らより生じない。

〔理由：〕なぜならば、それらの生じることは有意義であり、有限であるから。

ここで重要なことは、上記の定言的論証式において換質換位された「自らより生じない」(「自らより生じること」が換質換位されたもの、すなわち「自らより生じることの否定」) ということは証明・定立されるとツォンカパは認めているということなのである。つまり、ツォンカパは、換質換位されたものが証明・定立されるということを認めても、その内容は「自らより生じることの否定」すなわち「自らより生じないこと」(不自生) が証明・定立されることを認めるのであるから、「四不生の否定は非定立的否定である」という定説と抵触することはないというのである。したがって、ここにおいても、ブッダパーリタのプラサンガが還元されて「四不生の否定は非定立的否定である」という定説と抵触しない様相、つまり【課題1】が説明されていると理解できるのである。

次に、上記の中観論者の定説と矛盾しないということ、すなわち「四不生の否定は非定立的否定 (prasajya-pratiṣdha) である」という定説と矛盾しないということについて、付言しておきたい。

一般に、中観論者、特に中観帰謬派は、プラサンガによって対論者の理解を否定するのみであるということから、そのプラサンガにおける否定は「非定立的否定」であると捉えられるのであるが、それは、「《ツォンカパにとっての通常のプラサンガ》においては『自らより生じること』が否定されて、『他より生じること』ではなく『自らより生じないこと』が証明・定立される」ということと矛盾しないのであろうか。最後に、この点に簡単に触れておくことにしよう。

《ツォンカパにとっての通常のプラサンガ》については、次のような記述がある。

〔18〕そこにおいても、対論者によって主張された「自体によって有ること」が否定されるのみ〔と理解〕するのであって、「他の法」(chos gzhan) を証明しないことはすべてにおいて同じである。それ(「自体によって有ること」の否定)〔によって〕は反対にされたものが投じられるのであるけれども、反対にされたものが自立〔論証の所証〕を投じるものではないのであり……

〈中　略〉

……それ故に「〔中観帰謬派は〕自らの主張(立場)を証明する、すなわち所証を証明すること」を認めるのではあるが、「自立の所証を証明すること」を認めるのではないのである。(44)

この記述の中に、《ツォンカパにとっての通常のプラサンガ》に関する少なくとも二つの特徴を見出すことができよう。それを次のようにまとめておく。

図表Ⅱ

(1) プラサンガが換質換位された時に、「他の法」を証明しない。
(2) プラサンガが換質換位された時に、「自立論証」を構成しない。

(2) は、【課題 3】と密接に関係するのであるが、それについては、第 8 章で言及することであり、また当該の問題とも直接関係しないので、ここでは簡単に言及するに留めておくことにする。そこで、ここでの考察の対象となる (1) についてであるが、それに関しては、前章の最後の部分で扱った議論とも重なるので、ここではそれを踏まえながら説明を加えていくことにする。

まず「非定立的否定」について、ツォンカパは、『善説心髄』において、バァーヴィヴェーカの『思択炎』との関連で言及していたのであった。つまり、彼によれば、非定立的否定とは「否定対象を直接排除して他の法 (chos gzhan) を含意しないもの」であった。そして、そこにおいて「含意する」('phen pa) とは「証明する」(sgrub pa) ということであり、「他の法」というのは「否定対象が否定されただけではないもの」と理解されるのであった。つまり、ツォンカパによれば、「非定立的否定」とは「否定対象が否定されたもの以外の他の意味内容を証明しないもの」、言い換えれば「否定対象が否定されたものを証明するもの」ということなのである。そして、そのような理解に基づけば、否定対象の「非定立的否定」とは、単なる否定対象の否定ではなく、「『否定対象の否定されたもの』の肯定（証明・定立）」を含意するのであり、そうでない「否定対象の否定されたもの」以外の他の意味内容を証明するのは、「定立的否定」と呼ばれるものなのである。たとえば、否定対象である「自性」の「非定立的否定」とは、その否定対象が否定されたものである「無自性」の肯定あるいは証明・定立を含意するのであるが、そこにおいて「無自性が実体的に成立すること」などの「自性」の否定以外の付加的な意味内容が証明・定立されるとするならば、それは「非定立的否定」ではなく、「定立的否定」と見なされるのである。

以上のことから、「非定立的否定」とは、否定対象をただ否定するのみではなく、否定対象が否定されたものを証明することであり、それは、《ツォンカパにとっての通常のプラサンガ》の特徴として挙げた「それらが換質換位された時に、『他の法』を証明しない」（図表Ⅱ参照）ということとけっして矛盾するものではないことが理解されるのである。つまり、《ツォンカパにとっての通常のプラサンガ》の理由である「自らより生じること」が換質換位された意味内容である「自らより生じないこと」以外の他の意味内容（他の法）、すなわち「他より生じること」は、証明・定立されるものではないが、その換質換位された意味内容である「自らより生じないこと」そのものは主張として証明・定立されるというのである。

そして、《ツォンカパの通常のプラサンガ》において換質換位された主張を証明・定立することは、その論証式の有法などが自らにおいて成立することより、そしてプラサンガが還元された定言的な論証式を「自立論証」であると捉える立場からすれば、確かに一見「自立論証」と捉えられても不思議ではないが、ツォンカパによれば、そうではなくて、次章で述べることになる「対論者に極成する推論」なのである。つまり、まさにこの議論において、【課題3】の「中観自立派において、プラサンガが換質換位されて定言的論証（自立論証）に還元されるという理解を自らの思想（中観帰謬派の思想）の中に齟齬なく、つまり自立論証としてではなく取り込まなければならない」

ということが周到に説明されていると考えられるのである。

また、上記のような「《ツォンカパにとっての通常のプラサンガ》は、その否定対象が否定されたものを証明・定立する」という理解は、前章で述べた「自らの主張は無いことを建前とする中観帰謬派の立場に立つことを標榜しながらも、自らの主張は有ると断固として語る」というツォンカパ独自の姿勢を裏付ける重要な要素と見なされるのである。

〈註記〉

（1） na svato nāpi parato na dvābhyāṃ nāpy ahetutaḥ/
utpannā jātu vidyante bhāvāḥ kva cana ke cana//MMk. I-1, p. 1)

（2） 'di ltar skye ba rgyu la ltos mi ltos gnyis las phyi ma rgyu med kyi phyogs su'dus/dang po la'ang rgyu de 'bras bu las tha dad mi dad gnyis su nges la/de la'ang tha dad pa kho na las skye na gzhan skye'i phyogs su 'dus/tha mi dad pa kho na las skye na bdag skye'i khongs su 'dus/gnyis ka las skye na gnyis ka las skye ba'i khongs su 'dus shing/de las gzhan pa'i mtha' mi srid pa'i phyir ro// (BPy. ca. 117b5-1118a1)

（3） ブッタパーリタ、バァーヴィヴェーカ、チャンドラキールティによる「四不生」の議論については、松本［1985］参照。ツォンカパの「不自生」については、小川［1971a］,［1971b］参照。

（4） PMv. D. tsha. 49a3-5 ; PPMv. pp. 17-18.

（5） ツォンカパは、サーンキャ学派の「自生説」について、以下のように述べている。
Grangs can gyis mig la sogs pa nang dang myu gu la sogs pa'i phyi'i dngos po rnams rgyu dus na med pa skye ba mi 'thad par mthong nas/mer mer bo dang sa bon la sogs pa'i rgyu'i bdag nyid du mngon par mi gsal ba'i tshul gyis yod pa rnams de dag las skye bar 'dod cing gsal zin nas ni skye bar mi 'dod do// (RGy. ba. 30b1-2)
〔訳〕サーンキャ学派は「〔それらの〕原因の時に存在しない眼などの内部〔の諸々の事物〕と、芽などの外部の諸々の事物が生じることは不適当である」と見なして、母胎（mer mer bo）や種子（sa bon）などの原因の自体として明確に顕現していない様相として有るそれらのものより、〔眼などの内部の諸々の事物と芽などの外部の諸々の事物は〕生じる〔のである〕」と認めているのである。しかし、〔サーンキャ学派は「それらの諸々の事物は、〕顕現し〔てしまっ〕た後に生じる〔のである〕」とは認めないのである。

また、サーンキャ学派の「自生説」(因中有果説）については、本多［1980］, pp.220-224 参照。

（6） de la re zhig dngos po rnams bdag gi bdag nyid las skye ba med de/de dag gi skye ba don med pa nyid du 'gyur ba'i phyir dang/skye ba thug pa med par 'gyur ba'i phyir ro//'di ltar dngos po bdag gi bdag nyid du yod pa rnams la yang skye ba dgos pa med do//gal te yod kyang yang skye na nam yang mi skye bar mi 'gyur bas de yang mi 'dod de/de'i phyir re zhig dngos po rnams bdag las skye ba med do//（BMv. D. tsa. 161b3-5）

上記の文は、『プラサンナパダー』において、以下のように引用されている。

na svato utpadyante bhāvāḥ/tadutpādavaiyarthāt/atiprasaṅgadoṣāc* ca/na hi svātmanā vidyamānānāṃ padārthānāṃ punar utpāde prayojanam asti/atha sann api jāyeta/na kadācin na jāyeta/（PPMv. p. 14）

*下線部 "atiprasaṅgadoṣāt"（thug pa med par 'gyur ba'i phyir）のテキストの問題については、MacDonald［2003］, pp. 191-192 参照。

（7） 註11における『プラサンナパダー』よりの引用文中の下線部参照。江島［1980a］, pp. 173-178

（8） PPMv. p. 15. ツォンカパは、『般若灯論』の註釈（『根本中論』の副註）を著わしたアヴァローキタヴラタが、prasaṅga-vākya と sāvakāśa-vākya が同義であると見なしていることを、以下のように述べている。

Tshig gsal las thal bar 'gyur ba'i tshig yin pa'i phyir shes bsgyur yang *She rab sgron ma* las glags yod pa' i tshig yin pa' i yang phyir te / zhes bsgyur ba ltar *'Grel bshad* kyis kyang bshad la ......（RGy. ba. 314-315）

〔訳〕『プラサンナパダー』において「プラサンガの文章」であるからと翻訳されているけれども、『般若灯論』では、「〔非難の〕余地のある文章でもあるから」云々と翻訳されているのと同様であるとその副註においても説明されているが、……

"prasaṅga-vākya" と "glags yod pa'i tshig"（savākāśa-vacana）については、MacDonald［2003］, pp. 191-192 参照。また、チャンドラキールティの "prasaṅga-āpādana" あるいは "prasaṅga-āpatti" については、奥住［1973a］,［1973b］,［1973c］,［1976］; 丹治［1987］, p.56 ; Seyfort Ruegg［2002］, pp. 40-41, note 38 参照。

（9） 梶山［1969］, pp. 172-174.

（10） 梶山［1969］, pp. 171-172.

（11） de ni rigs pa ma yin te/gtan tshigs dang dpe ma brjod pa'i phyir dang/gzhan gyis smras pa'i nyes pa ma bsal ba'i phyir dang/glags yod pa'i tshig yin pa'i phyir te/skabs kyi don las bzlogs pas bsgrub par bya ba dang/de'i chos bzlog pa'i don mngon pas dngos po rnams gzhan las skye bar 'gyur ba dang/skye ba 'bras bu dang bcas pa nyid du 'gyur ba dang/skye ba thug pa yod par 'gyur ba'i phyir mdzad pa'i mtha' dang 'gal bar 'gyur ro//（PMv. D. tsha. 49a6-b1 ; この箇所に関するアヴァローキタヴラタの註釈：PMvṭ. D. wa. 73a3-74b6）（下線筆者）

上記の文も、『プラサンナパダー』において、以下のように引用されている。

tad ayuktaṃ/hetudṛṣṭāntānabhidānāt/paroktadoṣāparihārāc ca/prasaṅgavākyatvāc ca prakṛtārthaviparyeṇa viparītārthasādhyataddharmavyaktau parasmād utpannā bhāvā/janmasāphalyāt/janmanirodhāc ca iti kṛtāntavirodhaḥ syāt/（PPMv. pp. 14-15）

この箇所のテキストについては、米澤［1999］, p. (2) 参照。また、三つの批判点の中の i ならびに ii のテキストについては、MacDonald［2003］, pp. 189-191 参照。

(12) セイフォート・ルエッグ博士は、（ⅰ）と（ⅱ）を一つにして批判点を二つに限定している（Seyfort Ruegg［2002］, p. 26）。

(13) ここにおいては、どのような定説と矛盾するかが問題となる。「他より生じることとなる」ということが定立されることとなり、また『根本中論』の当該の詩句が「四不生」を扱っていることを考えれば、「他より生じること」を含めて「四不生」が定説と考えられる。アヴァローキタヴラタの理解では、「他より生じることが認められないこと」のみでなく、「生じることが有意義であることが認められないこと」ならびに「生じることが有限であることが認められないこと」が定説であるとされている（PPMvṭ. wa. 74b5-7）。

ツォンカパの理解では、以下の引用から推測されるように、「四不生の否定が非定立的否定（prasajya-pratiṣdha）であること」が定説であるとされる。

de lta na bdag las min zhes pa'i don bdeg skye rnam par bcad tsam yin pa'i grub mtha' dang 'gal la//（RGy. ba. 31b4）

〔訳〕そのようであるならば、自らより〔生じ〕ないという意味は、自ら〔より〕生じることを否定的に決定するのみ、すなわち〔非定立的否定〕であるという定説と矛盾するからである。

(14) ツォンカパをはじめとするゲルク派における不自生のプラサンガの問題を扱う際には、いわゆるThal bzlog文献が有益な資料となるが、ここでは極めて限定された範囲で、当該の問題を扱うこととする。

(15) チャンドラキールティ自身、「ブッタパーリタが"savākāśa-vacana"を語るはずがない」(PPMv, p. 24）と語っているので、バァーヴィヴェーカが"savākāśa-vākya"と語ったことを認識して、それをあえて"prasaṅga-vākya"と語ったと考えられる。

(16) 二種類の還元方法については、Seyfort Ruegg［2002］, pp. 253-255, note 35参照。また、"savākāśa-vākya"については、江島［1980a］pp. 151-158参照。中期の中観論者におけるプラサンガが定言的な論証式に変革され、それが「自立論証」と考えられることについては、梶山［1961］, p. 8参照。また、後期の中観論者の間で用いられた「帰謬還元法」(prasaṅga-viparyaya）については、御牧［1984］, pp. 239-245（特に、当該の点に関しては、pp. 240-241）参照。

(17) チベットの文献資料を用いて、この問題に取り組んだ研究としては、Hopkins［1983］, pp. 429-538；Tillemans［1992］；Seyfort Ruegg［2000］；pp. 252-269がある。

(18) ツォンカパは、バァーヴィヴェーカがブッダパーリタのものと理解したプラサンガを構成する「主張」と「理由」（〔論〕証因）を、それぞれ「額面上の主張」(dngos zin kyi dam bca')、「額面上の証因」(dngos zin kyi rtags）と呼称している（RGy. ba. 31b2）。

(19) bzlog dang 'brel ba'i dam bca' 'phen pa 'gal bar brjod pa'i thal 'gyur du bshad pa（BPy. ca. 119a6）

(20) gnyis pa thal 'gyur yin na/bzlog pa dang 'brel dgos pas dngos po rnams bdag las skye ba med de zhes pa'i dam bca'i tshig bzlog pas dngos po rnams gzhan las skye bar 'gyur ba dang/gtan tshigs skye ba don med pa dang/thug med par 'gyur ba'i phyir ro//zhes pa'i ngag bzlog pas skye ba don dang bcas pa dang/thug pa dang bcas par 'gyur bas

na...... (BPy. ca. 120a5-6)

(21)　シャーキャ・チョクデンの『中観決択』における、不自性の議論については、四津谷［1986b］参照。

(22)　phyi rgol du khas blangs nas snga rgol Grangs can la bdag las skye ba 'gog byed du 'phangs pa'i thal 'gyur des sgrub byed 'phen...... (BNg. kha. 14b5-6)

(23)　dang po ltar na 'grel pa'i 'gyur 'di ltar bya ste / skabs kyi don las bzlog pas na bzlog pa'i don la rang rgyud kyis bsgrub par bya ba dang de'i chos mngon pas 'di ltar 'gyur te / dngos po rnams chos can / skye ba don med pa dang / thug pa med par 'thal / bdag las skye ba'i phyir zhes 'phen dgos la...... (BNg. kha. 15a1-2)

* bdag la を bdag las と読む。

(24)　'di la kha cig / 'dis thal 'gyur yin na / bzlog pa rang rgyud 'phen par 'dod pas / skyon yod cing / bdag las skye med las bzlog pa na bdag las skye ba nyid du 'gyur gyi / gzhan las skye ba nyid du ji ltar 'gyur zhe na / skye ba don yod par 'phangs pa na skye ba yod par khas len dgos la / don dam la dpyod pa'i skabs 'dir skye ba don yod dang / skye ba thug yod du khas len pa na gzhan las skye ba las ma 'das pa'i phyir ro snyam du dgongs so // (BN. p. 44)

(25)　註（13）参照。

(26)　ダルマキィールティならびに後期中観派、とりわけ中観自立派における「プラサンガ論証」あるいは「プラサンガ還元法」については、岩田［1993］；谷［1983］；森山［1998］参照。

(27)　myu gu la sogs pa rnams slar yang skye ba don med par 'gyur te rang gi bdag nyid thob zin pa'i phyir ro // skye ba ni rang gi bdag nyid thob pa'i don du yin na de thob zin nas slar yang skye na dgos pa med do // gal te rang gi bdag nyid thob zin kyang skye dgos pa mi 'gal lo zhe na thug med du thal bas 'gog pa ni / de lta na myu gu la sogs pa de nam yang slar mi skye bar mi 'gyur te / grub zin kyang yang skye dgos pa'i phyir ro // (RGy. ba. 30b2-4)

(28)　gnyis pa ni / 'dir Sangs rgyas bskyangs kyis dngos po rnams bdag gi bdag nyid las skye ba med de / de dag gi skye ba don med pa nyid du 'gyur ba'i phyir dang skye ba thug pa med par 'gyur ba'i phyir zhes gsungs la / ...... (RGy. ba. 31a1-2)

(29)　glags yod par ji ltar 'gyur na skabs kyi don sbyor ba de las bzlog pas 'gyur ro // <u>skabs kyi don las bzlog pas glags yod pa'i tshig tu 'gyur tshul ni</u> / dngos po bdag gi bdag nyid las skye ba med de zhes pa'i bsgrub par bya ba bzlog pa'i don mngon pas dngos po rnams gzhan las skye ba dang sgrub pa'i chos rtags bzlog pa'i don mngon pas skye ba don bcas dang thug bcas su 'gyur bas rang gi grub mtha' dang 'gal bar 'gyur ba'i skyon yod ces zer ro // (RGy. ba. 31a5-b1)（下線筆者）

(30)　'di thal chos kyi rtags bzlog pa min te bsgrub par bya ba bzlog pas zhes bshad pa'i phyir dang bdag skye med pa rtags su ma smras pa'i phyir ro // (RGy. ba. 31b3-4)

(31)　da lta'i zhib tu mi dpyod pa kha cig gi rtog pa la bdag skye med pa las bzlog pas gzhan las skye bar 'gyur zhes Legs ldan gyis brjod pa 'di nyid Sangs rgyas bskyangs kyis bdag las skye ba med pa rtags su bkod pa'i thal ba 'phangs pa'i thal chos kyi rtags bzlog pa bsgrub bya'i chos su byed dgos pas gzhan las skye ba bsgrub bya'i chos su 'gyur zhes brjod pa yin nam snyam du dogs pa yod pas de bcad pa'i phyir du de lta bu ma yin par ston pa ste / bdag skye rnam par bcad tsam las bzlog pa 'di Sangs rgyas bskyangs kyis Grangs can la 'phangs pa'i thal chos kyi rtags bzlog par Legs ldan 'byed kyis bsams pa ma yin te / Legs ldan rang nyid kyis bsgrub par bya ba bzlog pa'i don mngon pas dngos po rnams gzhan las skye bar 'gyur zhes smras kyi rtags bzlog pas gzhan las skye bar 'gyur zhes ma smras pa'i phyir dang / Sangs rgyas bskyangs kyis bdag skye med pa thal 'gyur gyi rtags su ma smras shing ma bkod pa'i phyir zhes bya bar dgongs so // （TTh. ka. 172a5-172b3）

(32)　アヴァローキタヴラタは、その点について以下のように述べている。

bsgrub par bya ba dngos po rnams bdag gi bdag nyid las skye ba med de zhes bya ba bzlog pa'i don mngon pas ni dngos po rnams gzhan las skye ba zhes bya ba'i glags yod par 'gyur ba dang / de'i chos de dag gi skye ba don med pa nyid du 'gyur ba'i phyir zhes bya ba bzlog pa'i don mngon pas ni skye ba 'bras bu dang bcas pa nyid ces bya ba'i glags yod par 'gyur ba dang / de'i chos skye ba thug pa med par 'gyur ba'i phyir ro zhes bya ba bzlog pa'i don mngon pas ni skye ba thug yod pa zhes bya ba'i glags yod par 'gyur ba'i phyir ro//...... （PMvṭ. D. wa. 74b4）

〔訳〕所証である「諸々の事物が自分自身より生じることは無い」ということの反対の意味が顕現することによって、「諸々の事物は他より生じる」という〔非難の〕余地が有ることとなる。それ（所証）の法である「それらの生が無意義となるから」ということが反対にされた意味が顕現することによっては「生じることが必ず結果を有する」（有意義である）という〔非難の〕余地があることとなり、またその法である「生じることが無限となることから」ということの反対にされた意味が顕現することによっては「生じることが有限となる」という〔非難の〕余地があることとなるからである。

(33)　de yi tshe skye ba don dang thug bcas yin pa'i phyir dngos po rnams bdag skye rnam par bcad pa tsam min no zhes pas gzhan las skye ba 'gyur ro // （RGy. ba. 31b3-4）

(34)　TTh. ka. 172a3-4 .

(35)　de yang dngos po rnams skye ba don bcas thug bcas su dngos su smras pas dngos po rnams skye bar smras shing / bdag las skye ba med de zhes pas bdag las skye ba bkag la / skye ba gzhir byas la bdag skye gzhan skye gnyis su kha tshon chod pas / dngos po rnams skye ba yin zhing bdag las mi skye zhes smras pa nyid kyis gzhan las skye bar 'phen pa'i phyir te / lhas byin tshon po nyin par mi za bar smras pa'i shugs kyis mtshan mo za bar 'phen pa bzhin no snyam du bsams pa ste / Legs ldan 'byed rang nyid kyang tha snyad du gzhan skye 'dod pas de gnyis su kha tshon chod par smra ba'o // （TTh. ka. 72a1-3）

(36)　バァーヴィヴェーカによるブッダパーリタ批判においては、彼は「自らより生じること」と「他より生じること」の二つの選言肢のみを認めていたとは考えられない。たとえば、以下に示すように、「他より生じること」が否定された場合、ブッダパーリタの記述が「非難の余地のある文章」であることより、「自らより生じること」、「自と他の両者より生じること」、「原因無くして生じること」という選言肢が認められることとなると述べている。
des na de la glags yod pa'i tshig yin pa'i phyir bsgrub par bya ba dang / sgrub pa bzlog pa byas na dngos po rnams bdag gam gnyis sam rgyu med pa las skye bar 'gyur ba dang / 'ga' zhig las 'ga' zhig skye bar 'gyur ba'i phyir phyogs snga ma dang 'gal bar 'gyur ro // （PMv. D. tsa. 50a6-7）
〔訳〕それ故に、「〔非難の〕余地の有る文章」であるから、所証と能証が反対にされて、諸々の事物が自ら〔より〕、あるいは〔自と他の〕両者より、あるいは〔その中に〕原因が無いものより生じることとなること、そしてあるものよりあるものが生じることとなるから、主張と矛盾することとなる。

(37)　この点については、Tillemans［1992］, p. 319 参照。

(38)　rang bzhin med par smra bas rang bzhin dang bcas par smra ba la thal bsgrub pa na thal ba las bzlog pas don can du thal bar ga la 'gyur te / zhes pa* yang thal ba spyi min gyi bdag skye 'gog pa'i thal ba gnyis so // （RGy. ba. 32b6-33a1）
　* PPMv, p. 24；
　niḥsvabhāvabhāvavādino sasvabhāvabhāvavādinaḥ prasaṅga āpadyamāne kutaḥ prasaṅgaviparītārthaprasaṅgitā/

(39)　......thal ba la yang bzlog pa 'phen pa dang mi 'phen pa gnyis yod do // （RGy. ba. 33b3）
〔訳〕……プラサンガにはまた、反対のことを投じるものと投じないものの二つが有る。
「反対の意味を投じるプラサンガ」などのチベットにおけるプラサンガについての理解に関しては、小野田［1986］,［1988］参照。

(40)　de'i phyir thal ba sgrub pa ni gzhan gyi dam bca' ba 'gog pa tsam gyi 'bras bu can yin pa'i phyir thal ba las bzlog pa'i don du 'gyur ba yod pa ma yin no *zhes gsungs pa ni sngar bshad pa'i thal ba des thal chos bzlog pa'i don slar yang skye ba don dang thug bcas kyi rtags kyis bdag skye med pa mi sgrub pa kyang...... （RGy. ba. 33a4-5）
　* PPMv. p. 24；
　tataś ca parapratijñāpratiṣedhamātraphalatvāt prasaṅgāpādanasya nāsti prasaṅgaviparītārthāpattiḥ

(41)　thal chos de bzlog pa'i don slar yang skye ba don dang thug bcas ni Grangs can kho na 'dod kyi rang la de'i khas len med pas...... （RGy. ba. 32b1-2）
〔訳〕そのプラサンガの法が反対にされた意味である「再び生じることが有意義〔となり〕、〔再び生じることが〕有限である」ということは、サーンキャ学派のみによって認められる〔べきなの〕のであり、我〔々中観帰謬派〕においては、それ（反対にされた意味）が認められることはないのである。したがって……

(42)　......kyang dgos pa med pa min te / Grangs can mi 'dod pa'i skye ba don dang thug med bsgrub pas Grangs can gyis dam bcas pa'i bdag las skye ba rnam par bcad pa tsam zhig sgrub pa'i dgos pa can yin pa'i phyir ro // （RGy. ba. 33a5-6）

(43)　myu gu la rang gi ngo bos grub pa'i rang bzhin yod pa khas len pa nas sa bon la brten nas 'byung bar mi 'gyur te / rang gi ngo bos yod pa'i phyir zhes pa'i thal ba 'phen pa lta bu la ni brten nas 'byung ba'i phyir myu gu la rang gi ngo bos grub pa'i rang bzhin med do zhes thal chos bzlog pa rtags su byas nas thal rtags bzlog pa'i dam bca' sgrub pa shin tu mang ngo // (RGy. ba. 33a6-b2)

(44) de la yang gzhan gyis dam bcas pa'i rang gi ngo bos yod pa rnam par bcad pa tsam zhig byed kyi chos gzhan mi sgrub pa ni thams cad la 'dra'o //de ni bzlog pa 'phangs pa yin kyang bzlog pa rang rgyud 'phangs pa min zhing.....

〈中　略〉

......des na rang lugs sgrub pa'i bsgrub bya sgrub byed khas len kyang rang rgyud kyi bsgrub bya sgrub byed khas len pa min no // (RGy. ba. 33b2-3)

第７章　対論者に極成する推論

Ⅰ

本章では、中観帰謬派が諸々の事物が無自性・空であることを対論者に理解させるために採用する、「プラサンガ論法」以外のもう一つの方法である「対論者に極成する推論」(paraprasiddhānumāna, gzhan la grags pa'i rjes su dpag pa) がどのようなものであるかについて、ツォンカパの理解を中心に、考察を加えてみることにしよう。

まず、当該の議論の脈絡において「対論者」(para, gzhan) とは、ツォンカパにとって真の中観論者とされる中観帰謬派の対論者である実体論者 (Bhāva-vādin) であり、特に当該のコンテクストでは、その中に中観自立派も含まれると考えられる。そして、「極成する」(prasiddha, grags pa) という語は聞き慣れない表現であるが、平たく言えば、「広く知れ渡っている」あるいは「普及している」という意味と理解してよいであろう。したがって、「対論者に極成する」というのは、その表現のみから説明すると、論証あるいは論証式の構成要素である有法 (dharmin, chos can) などが、論証式の立論者である中観帰謬派にではなく、対論者である実体論者に成立し、認められることを示すものである。しかし、ツォンカパが提示した議論を見ると、そこには複雑な背景が存在することが明らかになる（なお、「極成」という表現は人口に膾炙しているものではないが、以下においては、便宜上、あえて上の意味を示すものとして「極成」という表現を用いることにする)。

Ⅱ

『プラサンナパダー』において、「対論者に極成する推論」に関する議論の端緒となるのは、チャンドラキィールティに向けられた対論者からの次のような批判である。

〔1〕〔対論者：〕そうではあるが、たとえば対論者に属する推論に関して論難が語られたのと同様に、自らの論証に関しても、〔汝（チャンドラキィールティ）によって〕語られた論難が〔妥当と〕なってしまうことから、まさにその「依拠が不成立である」（āśrayāsiddha）という論証因などの過失が、〔汝に〕到達するのではないか。それ故に、両〔論〕者にとって〔妥当となる〕過失によって、一方〔の論者のみ〕が非難されるべきではない。したがって、〔汝によってなされた〕このすべての論難は正しくないのである。（Stcherbatsky［1927］, p. 123；山口［1947］, p. 50；Sprung［1979］, p. 41；本多［1988］, pp. 26–27；奥住［1988］, p. 81；丹治［1988］, p. 28；Seyfort Ruegg［2002］, p. 64）(1)

ここで示されている対論者に属する論証というのは、バァーヴィヴェーカのいわゆる「自立論証」のことである。そして、その論難とは、その自立論証（厳密には、自立論証式）の「基体（論証式の有法すなわち主語）の不成立」（asiddhādhāra）という「主張命題に関する過失」（pakṣa-doṣa）や、「〔論証因が属すべき〕依拠の不成立」（āśrayāsiddha）という「論証因に関する過失」（hetu-doṣa）である（第8章図表Ⅲ参照）。つまり、対論者によれば、これらの過失はチャンドラキィールティの論証にも当然付随するはずであるから、それらがどうしてバァーヴィヴェーカの論証式のみに適用されて、チャンドラキィールティ自身の論証式に関しては回避されることになるのかということなのである。

それに対するチャンドラキィールティの答えは、次のようなものである。

〔2〕〔答論者：〕この過失は、自立論証を語る者〔のみ〕に生じるのである。〔なぜならば、〕我々は自立論証に頼らないのであり、我々の諸々の論証は対論者の主張を否定することを引き起こすものであるからである。（Stcherbatsky［1927］, p. 123；山口［1947］, pp. 50–51；Sprung［1979］, p. 41；本多［1988］, p. 27；奥住［1988］, p. 81；丹治［1988］, pp. 28–29；Seyfort Ruegg［2002］, p. 64）(2)（強調点筆者）

つまり、先の過失が付随するのは、自立論証を採用するバァーヴィヴェーカのみに関してなのであって、そのような論証式を用いないチャンドラキィールティには、それらは生じないということなのである。

そこで当然、チャンドラキィールティが採用する論証式とは、どのようなものなのかが問題となるであろう。彼が採用する論証式は、上の引用文にあるように、自らの主張を積極的に証明することを目的とするものではなく、ただ対論者の主張を否定することを事とするものなのである。

図表Ｉ

チャンドラキィールティの論証式の目的：自らの主張を積極的に証明することを目的とするものではなく、ただ対論者の主張を否定することを事とする。

『プラサンナパダー』の当該箇所においては、先の引用文に続いて、チャンドラキィールティの論証式がどのようなものであるかが具体的に説明されており、そこで持ち出されるのが、次に示す『根本中論』第３章第２偈である。

〔3〕実に、その見るものは、彼の自分自身をけっして見ることはない。自分自身を見ないものが、どうして彼の諸々の他のものを見るであろう。(3)

これについてのチャンドラキィールティの解説は、次のようなものである。

〔4〕たとえば、〔それは、〕以下のようである。「眼は他のものを見る」と理解する人は、〔論証式の諸々の構成要素が〕まさに彼〔自身〕に極成している論証によって、〔「眼が他のものを見ること」が〕否定されるのである。汝は、眼において「自らを見ない」という性質を認めている。そして「他のものを見ない」という性質が、〔「自らを見ない」という性質〕なしにはありえないことが確定されている。それ故に、「自らを見ること」がないところには「他を見ること」もないのである。たとえば、瓶におけるように。そして、眼が自らを見ないことがある。したがって、それが他を見ることもけっしてないのである。それ故に、自らを見ることと矛盾する青などの他のものを見ることは、まさに〔その構成要素が〕自分〔自身〕に極成する論証によって矛盾するものとされるのである。これだけのことが、我々の推論（論証）によって示されたのである。したがって、〔両論者の論証式が〕同じ過失となるという仮定に基づいて、我々

の立場に〔も〕上述の過失がどうして生じるであろうか。(Stcherbatsky [1927], p. 124；山口［1947], pp. 51-52 ; Sprung [1979], p. 29；本多 [1988], p. 27； 奥 住 [1988], pp. 81-82； 丹 治 [1988], pp. 41-42; Seyfort Ruegg [2002], pp. 65-66)(4)

チャンドラキィールティがここで語っている論証式を形式を整えて示せば、次のようになる。

【主張命題】眼は青などの他のものを見ることはない。

【論証因】なぜならば、自分自身を見ないから。

【喩例】たとえば、瓶におけるように。

【適用命題】眼は自らを見ることはない。

【結論】したがって、眼は青などの他のものを見ることはない。(5)

この論証式の構成要素は、以下のように説明できるであろう。有法が「眼」であり、証明されるべき性質（所証法）は「青などの他のものを見ること」である。そして、論証因は「自分自身を見ないこと」であり、喩例が「瓶」である。また、論証因と所証法の間の遍充関係は「自らを見ないならば、けっして他のものを見ることはない」（換言すれば、他のものを見るならば、必ず自らを見る）ということである。

そこで問題となるのが、これらの論証式の構成要素がどのように認められるかである。つまり、それらは対論者である実体論者によってのみ認められるのか、あるいは立論者である中観論者によってのみ認められるのか、または両論者によって認められるのか、という三つの選言肢が想定されるが、最後の選言肢は次章以降で扱う問題であるから、ここでは最初の二つを検討の対象とする。

図表Ⅱ

議論の選言肢の内容： (1) 論証式の構成要素が対論者である実体論者によってのみ認められる。 (2) 論証式の構成要素が立論者である中観論者（チャンドラキールティ）によってのみ認められる。 (3) 論証式の構成要素が上記の両論者によって認められる。(⇒次章以降で扱う)

チャンドラキィールティによるその議論は、次に示される論証式による論争の勝敗の決定方法を巡ってさらに展開されるのである。

〔5〕〔対論者：〕しかしながら、〔論争に関与する二人の論者の〕一方において極成（成立）している論証によっても、推論による排斥（anumāna-bādhā）は〔可能である〕。

〔答論者：〕だが、それ（推論における排斥）は、少なくとも〔論駁される論者〕自身に極成している論証因によって〔可能なのであって、〕〔彼の〕相手の論者に極成している〔論証因〕によってではない。なぜならば、〔それは〕まさに世間において経験されることであるからである。たとえば、世間におけるある場合〔に〕は、質問者と答論者の両者によって権威者とされる審判のことばによって、〔論駁される論者自身が〕勝利し、あるいは〔彼の〕相手の論者が勝利することになる。〔また〕ある場合〔に〕は、自分自身のことば（認められているもの）によって、〔自らが〕勝利し、あるいは〔彼の〕相手の論者が勝利することになるが、対論者のことばによってではないのである。そして、世間において〔行われるように〕、正理（論理）〔の世界〕においても〔行われるべきである〕。なぜならば、世間の慣習こそが論理学の論書において主題とされているからである。（Stcherbatsky［1927］, p. 125；山口［1947］, p. 52；Sprung［1979］, p. 42；本多［1988］, pp. 27–29；奥住［1988］, p. 82；丹治［1988］, pp. 29–30；Seyfort Ruegg［2002］, pp. 66–67）(6)

まず、論争に関与する二人の論者のいずれか一方において極成している論証因などの構成要素からなる論証式で、その論駁は可能であるという反論が示される。ここにおいてとりわけ問題とされているのは、対論者が論証によって排斥される、つまり論駁されるならば、その際、論証因などの構成要素はどちらの側で認められているものであるかということである。

つまり、論理学が世間の慣習を模範とすべきことを前提として、世間では論争に関与している両論者が互いに認める審判者のことばか、あるいは論駁されるべき論者自身の認めていることに基づいて、勝敗が決定されるのであって、論駁する論者の認めていることによってではないとする。つまり、当該の実体論者と中観論者の間における議論においても、それが踏襲されるべきであるというのであるから、対論者である実体論者に極成している有法などの構成要素からなる論証式によって、その対論者の主張は論駁できるとするチャンドラキィールティの立場が正当化されることになるのである。

要するに、「対論者に極成する推論」とは、対論者の主張を否定することを主な目的とし、その構成要素である有法などが立論者にではなく対論者自身に成立しているものであると、チャンドラキィールティが捉えていたと考えられるのである。

Ⅲ

それでは、前節で示した「対論者に極成する推論」に関するチャンドラキィールティの理解を、ツォンカパがどのように解釈しているかを、次に見ていくことにしよう。

当該の議論の出発点は、自立論証の「基体の不成立」という「主張命題に関する過失」や、「依拠の不成立」という「論証因に関する過失」が、どうしてバァーヴィヴェーカの論証式にだけ適用されて、チャンドラキィールティのそれに関しては、適用されないのかという対論者からの反論であった。それに対して、チャンドラキィールティは、自らの論証式が自立論証ではないことを根拠とし、自らの論証式にはそのような過失が付随しないことを説明したわけであるが、その経緯についてのツォンカパの解説は非常に詳しいものである。

ツォンカパは、まず「自立論証」(rang rgyud kyi rjes〔su〕dpag〔pa〕)における「論証」を「論証式」のことであると規定した上で(7)、先の二つの過失が付随するか否かの根拠とされた、自立論証の「自立」という概念について、次のように説明している。

〔6〕「自立」(rang rgyud) を認めるならば、自相 (rang mtshan) に関して知識根拠となる〔その〕知識根拠が両論者にとって共通に (mthun snang du) 認められて、それ (自相に関する知識根拠) によって成立す

る〔論証因の〕三相（tshul gsum）が両〔論〕者に成立することを通して、所証が証明されるべきである。しかし、そのようであるならば、〔中観帰謬派においては〕その〔ような〕知識根拠が無いのであるから、有法などが〔両論者に共通に〕成立しないことになる。（長尾［1954］, p. 279 ; Wayman［1978］, p. 327 ; Newland［2002］, p. 267）(8)

次章において詳しく述べるが、自立論証式においては、対論者と立論者の間に、その構成要素である有法などは少なくともまず共通に成立しなければならない。さらに、そのような有法などが成立するためには、それらを設定する知識根拠（tshad ma, pramāṇa）が、両論者の間に共通に成立することが必要となる。そして、そのような共通な知識根拠が成立するためには、共通な存在論が成立することが前提となる。そして、当該の論争のように、対論者が実体論者であり、立論者がバァーヴィヴェーカに代表されるような中観自立派である場合は、そのような共通な知識根拠が成立するという要件を満たすためには、「自相によって成立するもの」（rang gyi mtshan nyid kyis grub pa, ここにおいては“rang mtshan”となっている）が、両論者に認められることが必要となるのである。このことから、自立論証とは「自相によって成立するもの」を前提とする論証であると、ツォンカパが捉えていることがわかるのである。

しかし、ツォンカパにとって真の中観論者である中観帰謬派が立論者の場合はどうであろうか。これまでしばしば述べてきたように、中観帰謬派においては、そのように自相によって成立するものを勝義としてばかりでなく言説としても認めないとされるのであるから、彼らの立場においては、自立論証が成立することはありえないのである。そこで、論証（あるいは推論）は採用するが、自立論証を採用しない中観帰謬派の立場は、次のように説明される。

〔7〕「自立」を認めないならば、敵者（対論者）である実体論者自身において、そのような〔自相に関して不迷乱な〕知識根拠によって〔有法などが〕成立することだけで十分であり、〔我々〕自ら（中観帰謬派）においては、その〔ような〕知識根拠によって成立する必要はないのである。（長尾

[1954], p. 279 ; Wayman [1978], p. 327 ; Newland [2002], p. 268)[(9)]

つまり、中観帰謬派が、自立論証ではない論証によって対論者である実体論者に空性を証明する、言い換えれば、その実体論を否定する場合には、その論証式の構成要素である有法などが中観帰謬派自身に成立していなくても、それらが対論者に成立しているだけで十分であるというのである。そして、中観帰謬派が採用するそのような論証は、自立論証ではなくて、対論者の主張を否定することのみを目的とする「対論者に極成する推論」であることが、次のように示されている。

〔8〕それ故に、典籍に述べられている諸々の論証も「対論者の主張」(gzhan gyi dam bca' ba)を否定することのみを目的とする「対論者に極成な推論」(gzhan la grags pa'i rjes dpag)であって、自立〔論証〕(rang rgyud [kyi rjes su dpag pa])ではないのである。(長尾[1954], p. 279 ; Wayman [1978], p. 327 ; Newland [2002], p. 268)[(10)]

このように、中観帰謬派が採用する「対論者に極成する推論」のあり方が幾分明らかになったと思われるが、ここで改めて取り上げておかなければならないことは、それが対論者の主張を否定することのみを目的とするということである。

前章でも見たように、ツォンカパは、プラサンガ論法には、通常の論証式に還元されるべきもの(《ツォンカパにとっての通常のプラサンガ》)と還元されるべきではないもの(《ツォンカパにとっての特殊なプラサンガ》)があると捉えていた。そして、それと似通った議論が、この対論者の主張を否定することを事とする「対論者に極成する推論」を巡っても展開されるのである。

チャンドラキィールティは、『根本中論』第3章第2偈を基に「対論者に極成する推論」について具体的な説明を与えていたが、ツォンカパもそれに倣ってその詩句を巡って議論を進めていくのである。彼は、その議論の最初の部分で、「対論者に極成する推論」について、以下のような意味深長な記述を与えている。

〔9〕……以上のように、「自らを見ないこと」(rang la mi blta ba)が証因と

されて、「眼が他を見ない」(mig gzhan la mi blta ba) と証明されているのと同様である。これは、証因を〔我々〕自ら（中観帰謬派）も認め、主張である「他を見ることが自体によって成立することが無い」(gzhan la blta ba rang gi ngo bos grub pa med pa) と〔いうこと〕も中観論者（中観帰謬派）によって認められているから、これらのような諸々の論証式を「対論者に極成する推論」(gzhan la grags pa'i rjes dpag) というのである。（長尾［1954］, pp. 279-280 ; Wayman［1978］, p. 327 ; Newland［2002］, p. 268）(11)（強調点筆者）

すでに見たように、チャンドラキィールティにおいては、対論者の主張を論証式によって論駁する場合、その構成要素である有法などは、自らに極成すなわち成立していなくとも、対論者に成立していることで十分であるとされ、有法などがそのように対論者に成立していることがまさに「対論者に極成する」ということの意味であった。しかし、上の引用にあるように、ツォンカパは明らかにそれとは異なった理解を示しているのである。つまり、ツォンカパによれば、論証式の構成要素が、立論者である中観論者（ここでは「中観帰謬派」のことである）自身によっても認められるというのである。別の言い方をすれば、論証式の構成要素が立論者自身に極成しているにもかかわらず、ツォンカパはそれを「対論者に極成する推論」と理解しているということである。この点をツォンカパはどのように捉えているのであろうか。

まずツォンカパは、以下に示すように、「対論者に極成する推論」の構成要素が成立する様相についてのある理解に言及し、それが誤ったものであることを指摘している。

〔10〕……そこにおいて「〔対論者に〕成立する」(grub pa) というのは、〔以下のような〕意味ではない。つまり、有法である「眼」(mig)、喩例である「瓶」(bum pa)、証因である「自らを見ないこと」(rang la mi blta ba)、所証の法である「青などを見ないこと」(sngon po la sogs pa la mi blta ba) を自ら（中観帰謬派）の体系 (lugs) において認めないで、〔それらが〕対論者（実体論者）によって認められることだけ〔で十分〕なのであるから、証因と遍充関係などが敵者（pha rol po, 対論者である

実体論者）にのみ成立する〔ということである〕。（長尾［1954］，p. 281；Wayman［1978］，p. 328；Newland［2002］，p. 269）(12)

ここで、誤っているとされる理解は、「対論者に極成する推論」における有法である「眼」、喩例である「瓶」、論証因である「自らを見ないこと」、所証法すなわち証明されるべきことである「青などの他のものを見ないこと」は、立論者である中観帰謬派において認められず、対論者である実体論者にのみ認められるというものである。そして、これはまさに前節で確認したチャンドラキィールティの理解と言ってよいものである。それに対して、ツォンカパ自身の理解が、どのようなものであるかが問題となる。それについては、次のように述べられている。

〔11〕〔対論者：〕それならば、〔その「対論者に成立する」とは〕どういう〔意味〕なのであるか。

〔答論者：〕それら（有法など）は、〔我々〕自身（中観帰謬派）の体系においても認められるのであるけれども、それら（有法など）を成立させるところの「自体によって成立する知識根拠の対象（gzhal bya, 所量）を量る知識根拠」は、〔我々〕自身（中観帰謬派）の体系においては言説としても（tha snyad du'ang）無いのである。しかし、有自性論者（実体論者）においてそれら（有法など）が成立することは、その〔自相に関する〕知識根拠に必ず依るのである。したがって、〔中観論者と実体論者の〕両〔論〕者において共通に成立する「自体によって成立するものを量る知識根拠」は無いのである。〔それ〕故に、両〔論〕者において成立するものではない〔論証と云われるのであり〕、そして〔それが〕「対論者に極成する〔論証〕」（gzhan la grags pa）すなわち「対論者に成立する〔論証〕」（gzhan la grub pa）と云われるのである。（長尾［1954］，p. 281；Wayman［1978］，pp. 328–329；Newland［2002］，p. 269）(13)（強調点筆者）

チャンドラキィールティにおいては、有法などの論証式の構成要素が対論者において極成しているか否かが「対論者に極成する推論」の成立に関して重要な意味を持っていたのであった。しかし、この引用からもわかるように、ツォンカパにおいては、それらが「自相によって成立するもの」(rang gi mtshan nyid kyis grub pa) であるか否かが問題となっているのである。

この点は非常に重要であるから、もう少し詳しく説明を加えておくことにしよう。「対論者に極成する推論」では、二種類の有法などの論証式の構成要素の存在が示唆されている。一つは立論者である中観帰謬派が認めるそれであり、もう一つは対論者である実体論者が認めるそれである。そこにおいて、有法などを設定するのは、知識根拠であるが、そうした知識根拠は、対論者である実体論者において、どのような条件のもとで成立するのであろうか。対論者である実体論者において「知識根拠」といった場合、それは「自相によって成立するもの」と言うような実体的な存在（ここにおいては、「自体によって成立するもの」となっている）に対して不迷乱であること (abrānti, ma 'khrul pa) を前提とする（なお、ツォンカパにおいては、前述のように、また第9章でも言及されるように、そのような存在は「自立論証」の成立する条件となるから、ここでは便宜的に「自立的」という表現を用いてそれらを呼称することにする)。しかし、そのような自立的な存在は、立論者である中観帰謬派によっては言説としても認められないから、両論者の間には自立的な有法などが共通に成立することはありえないのである。

だが、すでに述べたように、対論者の主張を論証式によって論駁することは、その構成要素である有法などが対論者においてのみ成立するものに基づいても可能である。つまり、対論者である実体論者の主張を否定する論証式の有法などは、自立的な存在に対して迷乱ではない知識根拠によって設定されたものであってよいということなのである。したがって、立論者である中観帰謬派ではなく、対論者である実体論者に成立する、そのような自立的な有法などによって構成される論証が「対論者に極成する推論」であると、ツォンカパは捉えていると理解できる。ところが、その一方で、そのような自立的ではないもう一種類の有法などは、立論者である中観帰謬派においても認められるというのであるから、ツォンカパにおいては、有法などが対論者のみにおいて極成（成立）していることは、厳密には「対論者に極成する推論」の要件とは見なされていないと言えるのである。

このようなツォンカパの理解に対しては、次のような反論が想定されている。

〔12〕〔対論者：〕それならば、そのような知識根拠（自体あるいは自相によって成立する対象を量る知識根拠）は言説としても無いのであるから、それによって〔有法などが〕成立すると認めることは、「自性を増益すること」〔が正理によって排撃されるのと〕同様に、正理によって排撃されるのである。したがって、それらの能証（正理によって排撃されるような能証）に依って、どうして「中観の〔正〕見」（dbu ma'i lta ba）が得られるのであろうか。〔なぜならば、〕知識根拠によって排撃される〔ような〕根拠（rgyu mtshan）に基づいて、誤りのない「〔正〕見」が得られるのであれば、すべての誤った学説によっても「〔正見〕が」得られることになるからである。……（長尾［1954］, p. 281 ; Wayman［1978］, p. 329 ; Newland［2002］, p. 269）(14)（強調点筆者）

立論者である中観帰謬派が、上述のような「対論者に極成する推論」を採用することは、すでに触れたように、対論者である実体論者の主張を否定することを目的とするものであるが、ここで注目すべきことは、その目的がここでは中観の正しい理解（dbu ma'i lta ba）を得ることとされ、より積極的なものとして設定されているということである。そして、そのような目的をもった「対論者に極成する推論」の有法などを設定する知識根拠は、当該の文脈では、実体論者にとっては、実体的なすなわち自立的な存在に対して不迷乱なものであるが、中観帰謬派にとっては、そのような知識根拠は、迷乱なものすなわち正理によって排撃される誤ったものであり、さらにはそれによって設定される有法や論証因などの論証式の構成要素も同様に誤ったものである。したがって、中観帰謬派は、そのような誤ったものによって構成される「対論者に極成する推論」によって、中観の正しい理解を生ぜしめることができると認めていることになる。だが、もしそのようなことが認められるならば、あらゆる誤った学説によって、中観の正しい理解が得られることになってしまうであろう。これが、上の引用文に示されている反論の内容である。

この反論に対して、ツォンカパは次のように答えている。

〔13〕〔答論者：〕この後論者（実体論者）が、有法である「眼」、証因である「自分自身を見ないこと」、喩例である「瓶」、〔能証の〕法である「青などを見ないこと」があると捉える諸々の対境は、〔我々〕自身（中観帰謬派）の体系によっても言説として有ると認められるのであるから、それらは正理によって排撃されるもの（否定されるもの）ではないのである。（長尾［1954］, p. 281 ; Wayman［1978］, p. 329 ; Newland［2002］, p. 269）(15)（強調点筆者）

ツォンカパによれば、先にも触れたように、「対論者に極成する推論」を構成する有法である「眼」などの構成要素は、対論者である実体論者によって認められる実体的なものである一方で、それらは立論者である中観帰謬派によっても認められるというのであった。ここにおいては、それらの構成要素が中観帰謬派によって認められるということが、言説として有るものとして認められるということであると明確に述べられているのである。このように、「対論者に極成する推論」には、対論者にのみ認められる自相によって成立する、すなわち自立的な有法などから構成される、という側面のほかに、中観帰謬派自身によって認められる言説として有る有法などから構成されるというもう一つの側面があることが、上の引用から明確に理解できるのである。

そして、そのような言説有である有法などによって構成される「対論者に極成する推論」の目的は、対論者の実体論的な学説を否定するだけでなく、彼らに中観の正しい見解を生ぜしめることなのであろう。つまり、対論者にのみ成立する自立的な有法などによって構成される「対論者に極成する推論」が目的とするのは、対論者である実体論者の主張を否定することであるのに対して、もう一方の言説有である有法などによって構成される「対論者に極成する推論」が目的とするのは、積極的に中観の正しい理解を確立することであると考えられるのである。

図表Ⅲ

ツォンカパの「対論者に極成する推論」における二種類の論証式の構成要素の性質と目的： (1) 対論者である実体論者によって認められる実体的なもの→対論者の実体論を否定する (2) 中観帰謬派の立場において認められる言説有として存在するもの→対論者に中観の正しい理解を確立する

また、第3章「正理のはたらき」でも示したように、言説として有るもの（言説有）に関しては、正理のはたらきが及ばないので、それが正理によって否定されることはありえないのである。したがって、立論者である中観帰謬派が言説有として認める有法などは正理によって排撃されないことになり、誤ったもの（「正理によって否定される」という意味で）によって中観の正しい理解が得られるという、上記の反論は回避されるのである。

さらに、この「対論者に極成する推論」の構成要素である有法などを立論者である中観帰謬派自身が認めるという側面については、複雑な背景がある。それについて、ツォンカパは、まず次のように述べている。

〔14〕しかしながら、その後論者（対論者である実体論者）はそれら（有法など）を「自体によって有るもの」と「有るもの」（yod pa）の二つに区別しないのであるから、それら「自体によって成立する知識根拠の対象（所量）を量る知識根拠によって成立する」と〔後論者が〕誇らしく主張する対境は、正理によって排撃されるのである。しかしながら、彼（後論者すなわち実体論者）の相続（心）の「障害の無い諸々の言説知によって成立するもの」（tha snyad pa'i shes pa gnod pa med pa）は、どうして正理によって否定されよう。（長尾［1954］, pp. 281-282 ; Wayman［1978］, p. 329 ; Newland［2002］, p. 269）(16)

ここで「有るもの」（yod pa）とされているのは、「障害の無い諸々の言説知によって成立するもの」すなわち「言説有」（tha snyad pa'i yod pa）と考えられる。そして、その「障害の無い」というのは、知が迷乱となる様々な外・内の原因が無いことを示すものであり(17)、さらに「障害の無い知」（gnod pa med pa）とは、それらの迷乱となる原因が無い「通常の言説知」（tha snyad pa'i shes pa rang dga' ba）と呼ばれるものである(18)。ツォンカパによれば、そのような知は、すべての人にあまねく存在するものなのである。したがって、中観帰謬派が認める言説有としての有法などが、対論者である実体論者によっても認められうるということを意味することとなる。言い換えれば、言説有としての有法などは、立論者である中観帰謬派のみにおいて成立するのではなく、対論者である実体論者との間で共通に成立しうるということなのである。そこにおいては、対論者に自らの主張を論証する論証式が成立するための「有法などが両論者に共通に成立していなければならない」という要件が満たされることになる。そして、そのような言説有は、上述のように、正理によって排除・否定されるものではないから、それに対して不迷乱な知識根拠が成立することになり、さらに有法などが成立することになる。

この限りにおいては、確かに中観帰謬派が、両論者に共通に成立する有法などによって構成される論証式に基づいて、積極的に中観の正しい理解を確立することは、妥当なことと見なされうるのである。ところが、実体論者は、言説有と実体有（ここにおいては「自体によって有るもの」とされている）を区別することなく、存在するものはすべて実体的に存在する（勝義として存在する）と混同して理解するので(19)、彼らには言説有そのものが成立しないのである。つまり、言説有に対して不迷乱な知識根拠が成立するということがありえないのである。したがって、中観帰謬派と実体論者の間では有法などが共通に成立しえないことになり、中観帰謬派が、言説として認められる有法などによって構成される論証式に基づいて、中観の正しい理解を積極的に対論者に証明することはできないことになるのである。

一方、中観帰謬派においては、実体論者の知識根拠が成立する前提となる実体有（すなわち自体あるいは自相などによって成立するもの）は言説としても認められないから、実体論者の知識根拠によって設定される有法なども両論者に共通に成立するものとはならないのである。したがって、中観帰謬派は、実体有である有法などによって構成される自立論証に基づいても（第9章図表XIII参照）、中観の正しい理解を積極的に対論者に証明することはできないことになるのである。

そこで中観帰謬派に残された方法は、中観の正しい理解を対論者に証明することではなく、対論者の主張を否定することとなるのである。それであれば、前節でも言及したように、有法などが対論者において成立していることだけで十分であるから、そこに対論者の主張を否定することを目的とする「対論者に極成する推論」の重要性が浮かび上がってくるのである。それについて、ツォンカパは次のように述べている。

〔15〕それ故に、彼（後論者）の体系（lugs）と〔我々〕自身（中観帰謬派）の体系（lugs）の二つにおいて、「自体によって成立する知識根拠の対象を量る共通に成立する知識根拠」（rang gi ngo bos grub pa'i gzhal bya 'jal ba'i tshad ma mthun snang du grub pa）を認めないことによって、「自立〔論証〕」によって証明されないで、「彼（後論者である実体論者）自身の認めるもの」に基づいて、〔対論者の主張における〕矛盾を指摘することのみを行うのである。（長尾［1954］, p. 282 ; Wayman［1978］, pp. 329-330 ; Newland［2002］, p. 269）(20)

その一方で、その構成要素である有法などを立論者である中観帰謬派自身が認める「対論者に極成する推論」については、次のように説明されている。

〔16〕……有法であるその「眼」における「自らを見ない」という証因は、言説として有るのであり、一方「自体によって成立する青などを見ること」〔すなわち「否定対象」〕は、それ（眼）に関しては言説としてさえも無いのである。したがって、その前者（言説として有る「自らを見ないこと」）は後者（言説として無い「自体によって成立する青などを見ること」）を否定するものとしてふさわしいのである。しかし、「眼」におけるその証因と〔その証因によって〕否定されるその法の二つが「有る時に有ること」が同じで、そして「無い時に無いこと」が同じとなるならば、その二つが排撃するもの（言説として有る「自らを見ないこと」）と排撃されるもの（言説として無い「自体によって成立する青などを見ること」）としてどうしてふさわしいであろうか。それ故に、「対論者に極成である推論（論証）式」（gzhan la grags kyi sbyor ba）の有法、法（所証の法：この場合は、否定対象が否定されたもの）、証因は、言説とし

て有るべきなのであり、彼（対論者）によって有ると認められるだけでは不十分なのである。（長尾［1954］, p. 282 ; Wayman［1978］, p. 330 ; Newland［2002］, p. 270）(21)（強調点筆者）

ここで述べられている「対論者に極成する推論（あるいは論証式）」は、すでに言及した五つの部分からなるチャンドラキィールティの「対論者に極成する推論」と同様に、『根本中論』第3章第2偈に関連するものであるが、それを形式を整えて示すと、次のような三つの部分からなる論証式になる。

〔主張命題：〕眼には、自体によって成立する青などの他のものを見ることはない。

〔論証因：〕なぜならば、自らを見ないから。

〔喩例：〕たとえば、瓶のように。

ここで、有法である「眼」、そして論証因である「自らを見ないこと」は、確かに言説としても中観帰謬派によって認められるものである。では、所証法（証明されるべき性質）である「自体によって成立する青などの他のものを見ることがないこと」に関してはどうであろうか。証因が所証法を証明するということは、証明されるべき性質の反対のもの、すなわち証因にとっての否定対象を否定することである。そして、論証因と所証は「論証因が有るならば、所証法が必ず有る」という関係にあり、一方、論証因とその否定対象は、「論証因が有るならば、否定対象はけっして無い」という関係にある。つまり、このような関係が成立することによって、論証因が「排撃するもの」として、否定対象が「排撃されるべきもの」として、はじめて機能するのである。それをもう少し具体的に言えば、論証因である「自らを見ないこと」が、所証法である「『自体によって成立する青などの他のものを見ること』がないこと」を証明するということは、否定対象である「『自体によって成立する青などの他のものを見ること』があること」を否定するということである。翻って言えば、論証因である「自らを見ないこと」が、否定対象である「『自体によって成立する青などの他のものを見ること』があるのではない」という所証法を証明するということであり、その所証法は中観帰謬派が言説としても認めるものなのである。

ともかく、中観帰謬派が言説有として認める有法などは、前述のように、実際には実体論者にも言説有として存在しているにもかかわらず、彼らはそれを実体有と誤って混同するのである。したがって、中観帰謬派は、それらを実体論者との間で共有することはできないのであるけれども、理論上は言説有である有法などによって構成される論証式に基づいて、中観帰謬派は対論者である実体論者に、諸々の事物の無自性・空であることを、積極的に証明できるはずなのである。そして、これこそが、先に言及した言説有である有法などによって構成され、積極的に「中観の正見」を確立することを目的とする、ツォンカパが言うところの「対論者に極成する推論」の一つの重要な側面なのである。

Ⅳ

次章の「自立論証批判」において言及するように、チャンドラキィールティが提示している自立論証が成立する要件は、「論証式の構成要素である有法などが、勝義的な存在としてすなわち実体的な存在として両論者によって共有されること」なのであるが、その「自立」(svatantra, rang rgyud) という表現には、有法などが立論者である中観論者自身において成立することが含意されているとも考えられる（第9章註(13)参照)。そうであるとすれば、「対論者に極成する推論」に関してツォンカパが、その有法などが立論者である中観帰謬派自身に成立していなければならないと主張することは、それらが認められるのはたとえ言説としてではあっても、ある意味で彼が、チャンドラキィールティが批判する「自立論証」の「自立」ということを認めていることにもなり、換言すれば、チャンドラキールティを批判していることにもなるのである。

以上のように、もともとはチャンドラキィールティが「対論者の主張を否定すること」のみを目的として用いた「対論者に極成する推論」に、自らの主張（たとえば、諸々の事物が無自性・空であることなど）を積極的に証明することを読み込んだツォンカパの態度は、第4章と第5章で述べた「中観論者には主張は有る」ということを裏付けるものであり、また、前章で言及した《ツォンカパにとっての通常のプラサンガ》と共に、彼独自の中観思想を形成する重要な要素であると言ってよいであろう。

そこで、次章以降では、そのようなツォンカパ独自の中観思想を理解する上でもう一つの重要なテーマである「自立論証批判」について、検討することにしよう。

〈註記〉

（1） nanu ca yathā parakīyeṣv anumāneṣu dūṣaṇam uktaṃ / evaṃ svānumāneṣv api yathoktadūṣaṇaprasaṅge sati sa evāsiddhādhārāsiddhahetvādidoṣaḥ prāpnoti / tataś ca ya ubhayor doṣo na tenaikaścodyo bhavatīti sarvam etad dūṣaṇam ayuktaṃ jāyata iti / (PPMv. p. 34)

（2） ucyate / svatantram anumānaṃ bruvatām ayaṃ doṣo jāyate / na vayaṃ svatantram anumānaṃ prayuñjmahe / parapratijñāniṣedhaphalatvād asmadanumānānām / (PPMv. p. 34)

（3） svam ātmānaṃ darśanaṃ hi tattam eva na paśyati/
na paśyati yad ātmānaṃ kathaṃ drakṣyati tat parān // （MMk. Ⅲ-2 , p. 25）

（4） tathā hi paraṃ cakṣuḥ paśyatīti pratipannaḥ sa tatprasiddhenaivānumānena nirākriyate / cakṣuṣaḥ svātmādarśanadharmam icchasi / paradarśanadharmāvinābhāvitaṃ cāṅgīkṛtaṃ tasmād yatra yatra svātmādarśanaṃ tatra tatra paradarśanam api nāsti tadyathā ghaṭe / asti ca cakṣuṣaḥ svātmādarśanaṃ tasmāt paradarśanam apy asya naivāsti / tataś ca svātmādarśanaviruddhaṃ nīlādiparadarśanaṃ svaprasiddhenaivānumānena virudhyata iti / etāvanmātram asmadanumānair udbhāvyata iti kuto 'smatpakṣe yathoktadoṣāvatāro yataḥ samānadoṣatā syāt / (PPMv. p. 34)

（5） この論証式は、実際には以下のように示される。
paraṃ cakṣuḥ paśyatīti pratipannaḥ sa tatprasiddhenaiva anumānena nirākriyate / cakṣuṣaḥ svātmādarśanadharmam icchasi / paradarśanadharmavinābhāvitvam cāṅgīkṛtaṃ / tasmād yatra yatra svātmadarśanaṃ tatra tatra paradarśanam api nāsti / tadyathā ghaṭe / asti ca cakṣuṣaḥ svātmadarśanaṃ / tasmāt paradarśanam apy asya naivāsti / (PPMv. p. 34)

（6） kiṃ punar anyataraprasiddhenāpy anumānenāsty anumānabādhā / asti sā ca svaprasiddhenaiva hetunā na paraprasiddhena / lolata eva dṛṣṭatvāt / kadā cid dhi loke 'rthipratyarthibhyāṃ pramāṇīkṛtasya sākṣino vacanena jayo bhavati parājayo vā kadā cit svavacanena paravacanena tu na jayo nāpi parājayaḥ / yathā ca loke tathā nyāye 'pi laukikasyaiva vyavahārasya nyāyaśāstre prastutatvāt / (PPMv. pp. 34-35)

（7） ......'dir rjes dpag rnams ni sbyor ba la bya'o // （LRChen. pa. 429a2）

〔訳〕……ここにおいて、諸々の推論（論証）というのは、論証式のことである。（長尾［1954］，p. 279；Wayman［1978］，p. 327；Newland［2002］，p. 267）

（8） rang rgyud khas len na rang mtshan la tshad mar gyur pa'i tshad ma rgol ba gnyis ka'i mthun snang du khas blangs nas des grub pa'i tshul gsum gnyis ka la grub pas bsgrub bya bsgrub dgos la/de ltar na tshad ma de med pas chos can la sogs pa rnams ma grub par 'gyur ro//（LRChen. pa. 429a2-3）

（9） rang rgyud khas mi len na pha rol dNgos por smra ba rang la tshad ma de 'dra bas grub pas chog gi rang la tshad ma des grub mi dgos so//（LRChen. pa. 429a3-4）

（10） des na gzhung nas 'byung ba'i rjes dpag rnams kyang gzhan gyi dam bca' ba 'gog pa tsam gyi dgos pa can gzhan la grags pa'i rjes dpag yin gyi rang rgyud min no//（LRChen. pa. 429a4）

（11） ......zhes rang la mi blta ba rtags su byas nas mig gzhan la mi blta bar bsgrub pa lta bu'o// 'di ni rtags rang gis kyang 'dod la dam bca' gzhan la blta ba rang gi ngo bos grub med pa'ang dBu ma pas 'dod pas sbyor ba 'di 'dra rnams la gzhan la grags pa'i rjes dpag ces zer ba yin no//（LRChen. pa. 429a5-6）

（12） ......de la grub pa zhes pa ni chos can mig dang dpe bum pa dang rtags rang la mi blta ba dang bgrub bya'i chos sngon po la sogs pa la mi blta ba rnams rang lugs la khas mi len cing gzhan gyis khas len pa tsam yin pas rtags dang khyab pa la sogs pha rol po la grub pa zhes bya ba ni don min no//（LRChen. pa. 429b6-430a1）

（13） 'o na ji ltar yin snyam na de dag rang lugs la'ang khas len mod kyang de dag bsgrub pa'i tshad ma rang gi ngo bos grub pa'i gzhal bya 'jal ba ni rang lugs la tha snyad du'ang med la/rang bzhin yod par smra ba la de dag 'grub pa ni tshad ma de grub pa la nges par bltos pas gnyis ka la mthun snang du grub pa'i rang gi ngo bos grub pa 'jal ba'i tshad ma med pas gnyis ka la grub pa ma yin pa dang gzhan la grags pa'am gzhan la grub pa zhes zer ba yin no//（LRChen. pa. 430a1-3）

（14） 'o na de 'dra ba'i tshad ma tha snyad du'ang med pas des grub par 'dod pa ni rang bzhin sgro 'dogs pa ltar rigs pas gnod pas na sgrub byed de dag la brten nas dbu ma'i lta ba ji ltar rnyed/tshad mas gnod pa'i rgyu mtshan la brten nas lta ba ma nor ba rnyed na ni grub mtha' phyin ci log thams cad kyis kyang rnyed par 'gyur ba'i phyir ro zhe na/......（LRChen. pa. 430a3-5）

（15） phyir rgol 'dis chos can mig dang rtags rang la mi blta ba dang dpe bum pa dang chos sngon po sogs la mi blta ba yod par 'dzin pa'i yul rnams ni rang gi lugs kyis kyang tha snyad du yod par 'dod pas de dag la rigs pas gnod pa ma yin no//（LRChen. pa. 430a5-6）

（16） 'on kyang phyir rgol des de dag rang gi ngo bos yod pa dang yod pa gnyis so sor mi phyed pas de rnams rang gi ngo bos grub pa'i gzhal bya 'jal ba'i tshad mas grub par rlom pa'i yul la rigs pas gnod kyang/kho'i rgyud kyi tha snyad pa'i shes pa gnod pa med pa rnams kyis grub pa rigs pas ga la 'gog/（LRChen. pa. 430a6-b1）

（17） MA. Ⅵ-25（MAbh. pp. 104-105）

(18)　LRChen. pa. 424b2-3.

(19)　......mod kyang de dag rang gi ngo bos yod pa 'jal ba'i tshad ma gnyis phyir rgol gyi ngor 'dres nas lta ba ma skyes bar du mi phyed pas sngar rgol gyis phyed kyang de'i ring la stong mi nus so//（LNy. pha. 94b1-2）
〔訳〕……けれども、それ（言説の倶生の知識根拠）と自体によって有るものを図る知識根拠の二つは、後論者（実体論者）の側では、〔それら二つを〕混同して、〔彼らに正〕見が生じない間は、区別されることはないから、前論者（中観帰謬派）が〔それら二つの知識根拠を〕区別していても、〔後論者がそれらを混同している〕その間は、〔共通な有法などを〕説くことはできないのである。（Thurman［1984］, p. 342；片野［1998］, p. 169）

(20)　des na kho'i lugs dang rang gi lugs gnyis la rang gi ngo bos grub pa'i gzhal bya 'jal ba'i tshad ma mthun snang du grub pa khas blangs ma byung bas rang rgyud kyis mi bsgrub par/kho rang gi khas blangs la 'gal ba ston pa tsam byed pa yin no//（LRChen. pa. 430b1-2）

(21)　......chos can mig de la rang la mi blta ba'i rtags ni tha snyad du yod la/sngo[n] sogs la blta ba rang gi ngo bos grub pa ni de la tha snyad du'ang med pas snga ma de phyi ma 'gog byed du rung gi mig la rtags de dang dgag pa'i chos de gnyis yod na yod mnyam dang med na med mnyam du song na de gnyis gnod bye dang gnod byar ga la rung/des na gzhan grags kyi sbyor ba'i chos can dang chos dang rtags rnams tha snyad du yod pa zhig dgos kyi khos yod par khas blangs pa tsam gyis mi chog go//（LRChen. pa. 430b3-5）

第8章　自立論証批判（1）[1]

I

第5章で明らかにした「中観帰謬派でありながらも、自らの主張は有る」というツォンカパの思想的特徴を、先の二章では彼の「プラサンガ論法」と「対論者に極成する推論」という側面の検討を通して明らかにすることに努めた。以下の三章では、「自立論証批判」という問題を通して、間接的、直接的に、その思想的特徴に再度光を当ててみることにしよう。

自立論証批判は、チャンドラキィールティがバァーヴィヴェーカの採用した論証方法あるいは論証式を、それぞれ「自立論証」（svatantrānumāna, PPMV. p. 18 , p. 34 / svatantram anumānam, PPMv. p. 16）あるいは「自立論証式」（svatantraprayoga, PPMv. p. 16）と呼称し、それを批判したことに端を発するものである。したがって、ツォンカパによる自立論証批判を理解するには、もともとの議論がどのようなものであったかを把握する必要があると思われるので、本章においては、まずチャンドラキィールティによる自立論証批判について検討してみることにする[2]。

チャンドラキィールティによって著わされた『プラサンナパダー』は、（断片的に残存しているものは別として）サンスクリット語原典としては唯一まとまった形で現存する『根本中論』に対する註釈であるという点で、貴重な資料である。しかし、それのみならず、同書が『根本中論』の第一章「縁に関する考察」（pratyaya-parīkṣā）の註釈においてバァーヴィヴェーカの自立論証に対する批判を述べていることの意義は特筆されなければならない。なぜなら、このチャンドラキィールティの自立論証批判は、インド仏教思想史において中観思想自体が最も勇躍していた時代を象徴する重要なテーマの一つであったと考えられるからである。つまり、すでに述べたように、チャンドラキィールティに先行する時代の『根本中論』の註釈家たちによって展開された議論の中に潜在的に存在していた、中観自立派的な傾向と中観帰謬派的なそれとが、そこにおいて顕在化し、中観思想の中に中観自立派（Svātantrika-Madyamaka）と中観帰謬派（Prāsaṅgika-Madhyamaka）と呼ばれる二つの大きな流れが形成されることになる直接の契機となったのである。

Ⅱ

チャンドラキィールティによる自立論証批判には、議論の設定に関して複雑な部分が少なからずあるので、理解の便宜を図るために、ここでは予めその議論を整理しながら概観しておくことにしよう。

その議論全体の構成を大摑みに捉えれば、次のように示すことができる。

図表Ⅰ
《チャンドラキールティの自立論証批判全体の構成》

(1) バァーヴィヴェーカによるブッダパーリタ批判
(2) チャンドラキィールティによるブッダパーリタのための弁明
(3) チャンドラキィールティによるバァーヴィヴェーカ批判
(4) チャンドラキィールティに対する反論の回避

このうち、(3)の議論（図表Ⅰ下線部）こそが「チャンドラキィールティの自立論証批判」の主要部分をなすものであることは言うまでもないが、批判の意図は、まさにその主要部分の冒頭に、次のように明確に表わされている。

〔1〕さらにまた、この論理家（バァーヴィヴェーカ）が、自らが論理に関する論書に非常に精通していることのみを示そうとして、中観の見解を認めているにもかかわらず、自立論証式（svatantraprayoga-vākya）*を語ることこれは、非常に多くの重大な誤謬の根拠と理解されるのである。（Stcherbatsky［1927］, p. 110；山口［1947］, p. 34 ; Sprung［1979］, p. 39；本多［1988］, p. 19；奥住［1988］, pp. 71–72；丹治［1988］, p. 20 ; Seyfort Ruegg［2002］, p. 43）(3)

*Stcherbatsky：“independent syllogistic arguments”；山口：「依自意起的な論証式」; Sprung：“syllogistic argments which aim to be conclusive”；

本多：「独自の論証式」；奥住：「独立した論式の文章」；丹治：「自立的論証式」；Seyfort Ruegg："an autonomous formal probative argument"

ここに示されているように、チャンドラキィールティにとっては、中観論者であることと自立論証を採用することは矛盾するものなのである。そこで、それらの二つの事柄がどのように矛盾するかについて、少し説明を加えておこう。

そもそも、「自立論証」という名称を最初に用いたのは、現在のところ、チャンドラキィールティと考えられているわけであるが、その「自立論証」とはどのようなものなのであろうか。後の展開については、以下において徐々に明らかにしていくが、チャンドラキィールティの議論そのものに関して言えば、それは、ディグナーガ（Dignāga, 480–540年頃）によって確立された仏教論理学の方法論、とりわけ「対論者に示すための推論」（parārthānumāna）に、空性を論証する上でいくつかの修正を加えたバァーヴィヴェーカの論証方法（あるいは論証式）を指している。

次に、中観論者（Mādhyamika）であるということは、具体的にはどのようなことを意味しているのであろうか。

すでに述べたように、「中観」の「中」とは「非有・非無」すなわち「有」でもなく「無」でもないということを示し、それには少なくとも二つの理解があると考えられる。一つは、「非有・非無」ということをことば通りに捉え観想し、思惟のあらゆる対象を超えて得られる無分別な知の状態のことである（勝義的離辺中道解釈）。もう一つは、先にも言及したように、「非有・非無」ということを「諸々の事物は、勝義においては無であり（→非有）、世俗としては有である（→非無）」と理解し、「中」ということが明確に概念的な内容を伴ったものとして捉えられた分別知の状態のことである（二諦説的離辺中道解釈）[(4)]。

そして、「中観論者」とは、究極的には、上の二つの「中」の理解のうち、前者に至るために後者の「中」を明らかにすることに努める人々、厳密に言えば、世俗においては有るとされるものを依拠としながら、それが勝義においては無であることを示すことによって、概念的思考を超えることに腐心する人々のことである、と考えられる。したがって、このような形で「ことばによってことばを超えること」、つまり「ことばによってことばを否定すること」に努める人々が、中観論者と考えられるのである。

そこで、チャンドラキィールティの自立論証批判の意図を詳しく分析すれば、バァーヴィヴェーカの採用する自立論証によっては、とりわけ中観論者の理解の骨子であるところの、事物が勝義においては無であることを正しく証明できない、言い換えれば論理学的な整合性をもって証明できない、ということを指摘することであったと考えられる。そして、チャンドラキィールティの自立論証批判の中核をなす論点は、バァーヴィヴェーカによって提示された自立論証式が、論証式として成立するための次の二つの要件を満たさないことを指摘することなのである。

図表Ⅱ
《自立論証式が、論証式として成立するための要件》

(1) 論証式の構成要素である有法（dharmin, chos can）などが、立論者と対論者の間において共通なものとして成立していなければならない。
(2) より限定した形では、有法などが少なくとも立論者自身において成立していなければならない。

なお、上の(2)は、(1)に含意されるものであるが、後に明らかになるように、『プラサンナパダー』においては、(2)が独立した議論として扱われているので、ここでも便宜上、別々に表示することにした。

さらに、それによって指摘される具体的な問題点は、次の二点である。

図表Ⅲ
《自立論証において問題として指摘される事項》

①基体不成立：論証式の主張命題の基体である有法が立論者と対論者の間において共通に成立しない。
②依拠不成立：論証式の論証因の依拠が立論者と対論者の間において共通に成立しない。

中でも、①の主張命題の基体すなわち有法が両論者の間に共通に成立しないことの指摘が、議論の大半を占めるのである。

また、チャンドラキィールティによる自立論証批判は、対論の形式をとって、その議論が進められていく。そこでの立論者と対論者とは、次の通りである。

図表Ⅳ
《『プラサンナパダー』において
批判される自立論証の枠組み》

立論者	バァーヴィヴェーカ
対論者	サーンキャ学派

なお、以下においては、この議論の枠組みを［Framework 1］と呼称する。

これまで述べてきたことを総合すると、チャンドラキィールティによる自立論証批判の主な内容は、以下のように理解されよう（なお、図表Ⅱに基づけば、次の図表の論点Ⅰと論点Ⅱの内容が逆にされなければならないが、議論の構成上、下記のように改める）。

図表Ⅴ
《自立論証批判の論点》

論点Ⅰ：論証式の主張命題の基体である有法などが、少なくとも立論者であるバァーヴィヴェーカ自身において成立しない。
論点Ⅱ：論証式の主張命題の基体である有法などが、バァーヴィヴェーカとサーンキャ学派の間において共通なものとして成立しない。

最後に、ここでの論点Ⅰと論点Ⅱの背後にある議論について簡単な説明を加えておくことにしよう。

あらゆる事物が無自性・空すなわち非実体的なものであることを強く主張する中観論者が、そのことを対論者に論証式を用いて証明しようとする場合に、次のような問題が彼らに付随することになる。つまり、中観論者があらゆる事物が無自性・空で非実体的であることを証明するというのであるから、対論者は明らかに事物を何らかの形で実体的に認める実体論者であることが予想される。しかしその一方で、論証式においては、それを提示する立論者とその対論者の間で、有法などの論証式の構成要素が共通なものとして認められていなければならないという原則がある(5)。したがって、相反する存在論を有する二人の論者、つまり非実体論者すなわち空論者である中観論者と実体論者すなわち不空論者（当該の議論では、サーンキャ学派である）の間に共通なものが、いかにして成立しうるかが問われなければならない。たとえば、もし中観論者がサーンキャ学派に歩み寄って、なんらかの共通なものを設定したとすれば、それは中観論者が空論者であることを自ら放棄することになる。なぜならば、そこにおいては、中観論者がたとえわずかであっても実体的な要素を含む存在を譲歩して認めたと理解されるからである。つまり、そのような中観論者は、一方では論証式を成立させるために、あるものを実体的な存在と認めておきながら、他方ではそれが非実体なものであると主張していることになってしまうのである。別な言い方をすれば、中観論者ができるだけ忠実に空論者としての立場を守ろうとした場合に、対論者との間に共通な有法などが成立することを一つの条件とする自立論証を採用することは、明らかに自己矛盾を含むことになるのである。

Ⅲ

それでは、チャンドラキィールティの設定した議論を、具体的に検証していくことにしよう。

まず、チャンドラキィールティの自立論証批判において、実際に批判の対象とされるのは、バァーヴィヴェーカが提示した次のような論証式である。

〔2〕〔主張命題：〕勝義において*、諸々の内処は自らより生じない。

〔理由命題：〕なぜならば、現に存在するから。

〔喩例（実例）：〕たとえば、精神（caitanya）のように。

（Stcherbatsky［1927］, p. 111；山口［1947］, p. 35；Sprung［1979］, p. 39；本多［1988］, p. 19；奥住［1988］, p. 72；丹治［1988］, p. 20；Seyfort Ruegg［2002］, p. 44）(6)

* Stcherbatsky："if considered from the transcendental standpoint of the Monist"；山口：「勝義に於て」；Sprung："in higher truth"；本多：「厳密な意味では」；奥住：「勝義よりしては」；丹治：「勝義として」；Seyfort Ruegg："in ultimate reality" / 江島、岸根：「勝義において」（江島［1980a］, p. 185；岸根［2001］, p. 191）

そして、チャンドラキィールティによる自立論証批判は、上の論証式の主張命題（pratijñā）における「勝義において」（paramārtataḥ）という限定句が何を限定するかについて以下のように問いを設定することを起点として展開していくのである。

〔3〕〔チャンドラキールティ：〕それならば、この〔論証式〕における「勝義において」という限定句は、何のために用いられているのか(7)。
(Stcherbatsky［1927］, p. 111；山口［1947］, p. 35；Sprung［1979］, p. 39；本多［1988］, p. 19；奥住［1988］, p. 72；丹治［1988］, p. 20；Seyfort Ruegg［2002］, p. 44)

それについては、次のような二つの選言肢が設定される。一つはその限定句が主張命題全体を限定するということ、もう一つはその一部である所証法（sādhya-dharma）である「生じない」を限定するということである。

さらに、その限定句が主張命題全体を限定すると理解した場合にも、その内容に関しては、さらに二つの選言肢が設定される。一つは、「内処は自らより生じない」という内容であり、もう一つはただ「内処は生じない」というものである。

図表Ⅵ

(1)「勝義において」が、主張命題を限定する：
主張命題の内容 1)：「内処は自らより生じない」
主張命題の内容 2)：「内処は生じない」
(2)「勝義において」が、所証法である「生じない」を限定する

チャンドラキィールティは、上記の三つの理解がバァーヴィヴェーカの論証式における「勝義において」という限定句が有効となる可能性のすべてと考えていたのであろう。そこで彼は、まさにそれら三つのいずれの場合においてもその限定句が有効なものではないことを指摘していくのである。

それでは、その限定句が主張命題である「内処は自らより生じない」ということを限定するものであることについての議論から、順を追って検討していくことにしよう。

バァーヴィヴェーカの論証式の主張命題における否定は、「定立的否定」（paryudāsa）ではなく「非定立的否定」（prasajya-pratiṣedha）である。しかし、チャンドラキィールティは、それをあえて「定立的否定」と捉えた上で、「勝義において」という限定句が「諸々の内処は自らより生じない」という主張命題全体を限定するものであるならば、「世俗における諸々の内処は自らより生じること」が認められることになると指摘するのである。チャンドラキィールティは、そのように「世俗における事物が自らより生じること」が認められるとするならば、誰によってそれが認められるのかという観点から、まず二つの選言肢を設定する。第一は、哲学的な考察の素養のある人によって認められるという想定であり、第二は、そのような素養のない単なる世間一般の人々によって認められるというものである。そして、その第一の選言肢に関しては、さらに仏教徒であり、より厳密にはナーガールジュナの思想の継承者としてのバァーヴィヴェーカ自身である場合と、バァーヴィヴェーカの対論者であるサーンキャ学派である場合という選言肢が設定される。

図表Ⅶ

「世俗における事物が自らより生じること」を誰が認めるか：
①哲学的な考察の素養のある人：
(a) バァーヴィヴェーカ自身
(b) サーンキャ学派
②哲学的な考察の素養のない単なる世間一般の人々

まず、世俗において諸々の内処が自らより生じることが認められることになるということに対しては、バァーヴィヴェーカによる次のような反論が想定されている。

〔4〕〔バァーヴィヴェーカ：「勝義において」という限定句が付されるのは、〕世間世俗として認められている生じることは否定されないからであり、またもしその生じることが否定されたならば、〔中観論者によって〕一般的に認められていることが否定されることになるからである(abhyupetabādhāprasaṅgāt)*。(Stcherbatsky [1927], p. 111；山口[1947], pp. 35-36；Sprung [1979], p. 39；本多 [1988], pp. 19-20；奥住 [1988], p. 72；丹治 [1988], p. 20；Seyfort Ruegg [2002], p. 44)(8)（強調点筆者）

*Stcherbatsky は、脚註3において以下のような逐語訳を提示している。

"And if denied the admitted repudiation（bādha ママ）of the phenomenal by the absolute would not be entailed"；山口：「〔勝義に於いて内の諸処は自らより生じたるにあらずと〕立言した処を侵害するという過失に堕するから……」；Sprung："......because, if it is, then its transcendence will not be required, ..."；本多：「……（自己の）承認したことを論破するという過が附随するから……」；奥住：「……対論者により〕すでに承認されている侵害が〔われわれの〕遮遣において過失として附随して生じるがゆえに……」；丹治：「〔世俗としての生起という〕認められているものを否定する論証〔という誤謬〕になるからである。」；Seyfort Ruegg："......, there would occur the invalidation of what［the Māhyamika］has accepted."

この記述は、バァーヴィヴェーカ自身が、世間世俗において単に生じること一般が認められていること、そして中観論者によって生じることが認められていることを理由に、「勝義において」という限定句が有効となることを示すものである。ここでは「自らより生じること」と限定されずに、ただ「生じること」が問題とされているが、チャンドラキィールティは、前者を念頭においていることが、次の記述から推察できる。

〔5〕〔チャンドラキィールティ：〕これは正しくない。なぜならば、自ら生じることは、〔勝義においてばかりでなく〕世俗においても、〔バァーヴィヴェーカ自身によっては〕認められないからである*。（Stcherbatsky［1927］, p. 111；山口［1947］, p. 36；Sprung［1979］, p.39；本多［1988］, p. 20；奥住［1988］, p. 72；丹治［1988］, pp. 20–21；Seyfort Ruegg［2002］, p. 44）(9)（強調点筆者）

*誰が認めないかについては以下のように理解されている。Scherbatsky："we"（すなわち「チャンドラキールティを含む中観論者」）；奥住：「われわれ」（すなわち「チャンドラキールティを含む中観論者」）；丹治：「中観派」；Seyfort Ruegg："the Mādhyamika"

このように、チャンドラキィールティは、世俗において事物が自らより生じることがバァーヴィヴェーカ自身によっても認められないことから、その限定句が有効でないことを明解に述べているのである。

次に、チャンドラキィールティは、事物が自らより生じないことの教証として、経典とナーガールジュナの『根本中論』からの引用を提示する。

〔6〕経典には、以下のように説かれている。

種子を原因とする芽が生じる時は、それ（芽）は自らより成立したのでもなければ、他より成立したのでもなく、〔自と他の〕両者より成立したのでもなく、原因なくして生じたのでもなく、自在天、時間、原子、プラクリティ、あるいは自性より成立したのでもない。

同じように、〔以下のことが説かれているのである。〕

たとえば、種子が有る時に、芽が生じるのである。
しかし、この芽は種子ではない。〔つまり、〕それ（芽）は、
それ（種子）と別異でもなければ、同一でもない。
それと同様に、法性は断滅でもなければ、不滅でもない。

また、ここ（『根本中論』）において〔も〕、〔ナーガールジュナは〕以下のように語ることになるのである。

あるものがその他のものに依存して存在している時は、
それ（前者）はそれ（後者）と同一でもなければ、
別異なのでもない。〔そのように、それ（後者）は、〕
断滅したのでもなければ、不滅なのでもない。

(Stcherbatsky [1927], pp. 111-112；山口 [1947], p. 36；Sprung [1979], p. 39；本多 [1988], p. 20；奥住 [1988], pp. 72-73；丹治 [1988], p. 21；Seyfort Ruegg [2002], pp. 45-46)(10)

このようにブッダの著作とされる経典とナーガールジュナの主著において説かれている「不自生説」に言及することによって、仏教徒であり、そしてナーガールジュナの中観思想の継承者の一人としての、バァーヴィヴェーカが、「自らより生じること」（厳密に言えば、ここにおいては世俗としてという限定は明示されていない）を認めることは許されないことが示されているのである。したがって、バァーヴィヴェーカ自身が世俗として自らより生じることを認めることができないならば、内処などの事物が自らより生じることを

否定する際に「勝義において」という限定句を付すことは当然無意義となる。

そこで、次に検討される選言肢は、この論証式が指し向けられたところのサーンキャ学派の場合である。いわゆる「因中有果論」(satkārya-vāda) という存在論を有するサーンキャ学派にとっては、確かに事物が自らより生じることは認められるはずである。では、その点をチャンドラキィールティはどのように捉えているであろうか。それが示されるのが、次の記述である。

〔7〕〔バァーヴィヴェーカ：〕その〔「勝義において」という〕限定句は、対論者（サーンキャ学派）の理解に関するものである。

〔チャンドラキィールティ：〕それは正しくない。なぜならば、中観論者によっては、彼ら（サーンキャ学派）が〔自らより〕生じることを設定する〔方法〕は、世俗としても認められないからである。というのは、外教徒〔に〕は二諦の理解がまったく欠けているので、〔二諦の〕いずれにおいても否定される限りにおいて、その〔否定が〕有効である〔と考えられるからである〕。そのように、たとえ対論者の理解（サーンキャ学派の自生説）に関する〔として〕も、その限定句を述べることは正しくないのである。(Stcherbatsky [1927], p. 112；山口［1947], pp. 36–37；Sprung [1979], pp. 39–40；本多［1988], p. 20；奥住［1988], p. 73；丹治［1988], p. 21 ; Seyfort Ruegg [2002], p. 46)(11)

このように、バァーヴィヴェーカがその限定句を用いてサーンキャ学派が認める事物が自らより生じることを勝義においてのみ否定する、ということが排除されるのは、彼らの事物が自らより生じるという学説は中観論者によって世俗としても認められないからである。というのは、彼らには勝義諦と世俗諦によって構成される二諦説そのものについての正しい理解が欠けているからであるとされているが、そのように語るチャンドラキィールティの意図は、以下のように理解できよう。つまり、もし「勝義において」という限定句を用いて、勝義における諸々の事物が自らより生じることが否定されたならば、中観論者が説く二諦説に関する正しい理解を有さないサーンキャ学派は、バァーヴィヴェーカがその自生説を世俗として認めていると誤解することになってしまうであろう。したがって、諸々の事物が自らより生じることは勝義においてだけでなく世俗においても否定されることが望ましいのである。したがって、そこにおいても「勝義において」という限定句は意味のないものとなるのである。

では、次に「世俗における事物が自らより生じることを誰が認めるか」に関して最後に残された選言肢である「単なる世間の人々」すなわち「通常の世間の人々」についての議論を見てみることにしよう。チャンドラキィールティは、この場合の「勝義において」という限定句が無意義なことを、次のように説明している。

〔8〕〔チャンドラキィールティ：〕少なくともその〔「勝義において」という〕限定句が有効となるであろうはずの世間の人々も、〔内処などの諸々の事物が〕自らより生じるとは考えないのである。なぜならば、世間の人々は〔事物が〕自らより〔生じるか、あるいは〕他より〔生じるか〕というような考察に関わることはなく、ただ原因より結果が生じるとだけ理解している〔からである〕。(Stcherbatsky [1927], p. 112；山口 [1947], p. 37 ; Sprung [1979], p. 40；本多 [1988], pp. 20–21；奥住 [1988], p. 73；丹治 [1988], p. 22 ; Seyfort Ruegg [2002], p. 47) (12)

チャンドラキィールティによれば、通常の世間の人々が事物が生じることに関して抱いている理解というのは、「自らより」あるいは「他より」などと限定されたものではなく、ただ単に「結果が原因より生じる」というようなものにすぎないということなのである。したがって、バァーヴィヴェーカが「勝義において」という限定句を用いて否定することの前提となる、「世俗における事物が自らより生じること」を通常の世間の人々が認めているということそのものが成立しないのである。

チャンドラキィールティはこれまでの議論を、暫定的にではあるが、ナーガールジュナの権威を用いて、次のようにまとめている (13)。

〔9〕〔チャンドラキィールティ：〕同じように、アーチャーリヤ（ナーガールジュナ）*も設定しているのである。したがって、いかなる場合においても限定句の無意義であることは、必ず〔そのように〕決定されるのである。(Stcherbatsky [1927], p. 112；山口[1947], p. 37 ; Sprung [1979],

p. 40；本多［1988], p. 21；奥住［1988], pp. 73-74；丹治［1988], p. 22；Seyfort Ruegg [2002], p. 47)[14]

* Stcherbatsky，山口，Sprung，本多，奥住，Seyfort Ruegg：「ナーガールジュナ」；丹治，LVPT，p. 27, note (2)：「バーヴィヴェーカ」

では、次に「勝義において」という限定句が限定する主張命題の内容が「内処は自らより生じない」ではなく、「内処は生じない」ということの場合（図表VI参照）の議論を見てみることにしよう。

ここでは、世俗としては「自らより生じること」を認めることはできなくとも、「生じること」ならば認めることができるので、「勝義において」という限定句を用いて、その「生じること」（これは「縁起生」のことであろう）を否定することは問題がない、とバァーヴィヴェーカが考えるであろうという想定のもと、議論が設定されているのであるが、チャンドラキィールティが指摘する問題点は、以下のようなものである。

バァーヴィヴェーカが「勝義において」という限定句を付して「生じること」を否定するならば、それは事物が生じないことを勝義において論証することを意味し、言い換えれば、その論証の場が勝義であることを意味することになる。だが、中観論者はいかなるものに関しても勝義において成立することを認めないのであり、中観論者であるバァーヴィヴェーカも当然それから逸脱することはないはずである。したがって、バァーヴィヴェーカ自身には、論証式の主語すなわち有法（dharmin）となる基体の不成立（asiddhādhāra）という「主張命題に関する過失」（pakṣa-doṣa）や、論証因が属すべき依拠の不成立（āśrayāsiddha）という「論証因に関する過失」（hetu-doṣa）が付随することになるというのである（図表III参照）[15]。この経緯を、チャンドラキィールティは次のように述べている。

〔10〕〔チャンドラキィールティ：〕その上さらに、もし世俗において生じることが否定されることを排除するために（saṃvṛtyotpattipratiṣedha-nirācikīrṣunā）①、その限定句が付されたとするならば、その場合は基体不成立という主張命題に関する過失、あるいは依拠不成立という論証因に関する過失が〔バァーヴィヴェーカ〕自身にあることになる。なぜな

らば、勝義として眼などの諸々の内処は〔中観論者であるバァーヴィヴェーカ〕自身において（svatas）②認められないからである。(Stcherbatsky［1927], p. 113；山口［1947], p. 38 ; Sprung［1979], p. 40；本多［1988], p. 21；奥住［1988], p. 74；丹治［1988], p. 22 ; Seyfort Ruegg［2002], pp. 48-50）(16)

① Stcherbatsky："......, in order to intimate that phenomenal causality is not denied"；山口：「世俗として生を遮遣せんとするの意図によって」；Sprung："......so that he would not repudiate origination in the everyday sense, ..."；本多：「習慣上の立場からの発生の否定を除こうとして、……」；奥住：「〈《生じること》を世俗をもって遮遣すること〉を論斥しようと欲するゆえに、……」; Seyfort Ruegg："...... in a desire to reject the negation of origination on the surface-level......"　② Stcherbatsky：「チャンドラキールティを含む中観論者」；山口，Sprung，本多：「バーヴィヴェーカ」; Seyfort Ruegg："the Mādhyamika inclusive of Bhavya"

この指摘に対しては、バァーヴィヴェーカからの反論が、次のように想定されている。

〔11〕〔バァーヴィヴェーカ：たとえば〕眼などの諸々の内処は、世俗として存在するから、〔そのような〕過失はない。(Stcherbatsky［1927], p. 113；山口［1947], p. 38 ; Sprung［1979], p. 40；本多［1988], p. 21；奥住［1988], p. 74；丹治［1988], p. 22 ; Seyfort Ruegg［2002], p. 50）(17)

ここでは、その限定句が付されることによって論証の場が勝義であることになる一方で、その論証式の構成要素である有法などが世俗のものであるという矛盾した主張をするバァーヴィヴェーカの姿勢が、チャンドラキィールティによって巧妙に描き出されているのである。ともかく、もしバァーヴィヴェーカがそのように世俗として成立する有法などを採用するというのならば、論証の場が世俗であることになり、「勝義において」という限定句が意味をなさなくなってしまうであろう。チャンドラキィールティが批判するのは、まさにその点なのである。

〔12〕〔チャンドラキィールティ：〕それでは、「勝義において」というそれは、

何の限定句なのであるか。(Stcherbatsky［1927］, p. 113；山口［1947］, p. 38 ; Sprung［1979］, p. 40；本多［1988］, p. 21；奥住［1988］, p. 74；丹治［1988］, p. 22 ; Seyfort Ruegg［2002］, p. 50)[18]

そして、議論は徐々に自立論証批判の核心部分に近づいていくのである。つまり、「勝義において」という限定句が主張命題ではなく、その主張命題の所証法にのみ関わるという選言肢（図表Ⅵ参照）が考察されることになるのである。

まず、バァーヴィヴェーカは、ここで指摘された基体不成立という主張命題に関する過失、あるいは依拠不成立という論証因に関する過失を回避するために、次のように語ったとされる。

〔13〕〔バァーヴィヴェーカ：〕世俗の眼などの生じることが勝義において否定されるのであるから、〔ここで〕採用された「勝義において」〔という限定句〕は、「生じること」の否定を限定するものである。(Stcherbatsky［1927］, p. 113；山口［1947］, pp. 38–39 ; Sprung［1979］, p. 40；本多［1988］, p. 21；奥住［1988］, p. 74；丹治［1988］, p. 22 ; Seyfort Ruegg［2002］, p. 50)[19]

このように、「勝義において」という限定句が所証法のみに関わるというこの理解は、バァーヴィヴェーカ自身によって認められる有法などが世俗のものであることを許すものであり、確かにそれによって上の二つの過失が回避されるかに思われる。そこで、チャンドラキィールティは自立論証が抱える最も重大な問題点に言及することになるのである。

〔14〕〔チャンドラキィールティ：〕もしそのようであるならば、まさに以下のように「世俗の眼などは、勝義において生じることはないのである」と述べられるべきであったであろう。しかし、〔バァーヴィヴェーカによっては、〕そのように述べられてはいないのである。

〔しかし、〕たとえそのように述べられていたとしても、基体が対論者（サーンキャ学派）にとって不成立であるという主張命題の過失がやはり有ることになる。なぜならば、対論者は眼などを実体有（dravya-sat）としてのみ理解しており、〔バァーヴィヴェーカのように、〕施設有

（prajñapti-sat）〔である眼などを〕認めていないからである。したがって、その〔説明〕は正しくないのである。（Stcherbatsky［1927］, pp. 113–114；山口［1947］, p. 39；Sprung［1979］, p. 40；本多［1988］, p. 21；奥住［1988］, p. 74；丹治［1988］, p. 22；Seyfort Ruegg［2002］, pp. 50–51）(20)

この記述の前半部において、チャンドラキィールティは、バァーヴィヴェーカが論証式に託した意図を一応容認した上で、それが正確に表現されていないことを指摘するものの、その内容に関する直接的な批判を語ってはいない。そのようにしてチャンドラキィールティは、まずバァーヴィヴェーカの論証式の意味を最終的に確認し、これ以降に展開される自立論証批判の本論とも言える議論の基点を設定しようとしたと考えられる。そして、この引用の後半部においてはそれを受けた形で、自立論証の問題点の核心部分が明らかにされているのである。

その核心部分についての議論に入る前に、バァーヴィヴェーカの論証式の意味を確認しておけば（ただし、この議論は論証式全体に関するものであるが、今は便宜上、主張命題に焦点を絞って説明することにする）、チャンドラキィールティによって確認されたバァーヴィヴェーカの自立論証式の主張命題の意味は、次のようなものである。

図表Ⅷ

バァーヴィヴェーカの自立論証式の主張命題の意味：バァーヴィヴェーカ自身が世俗として認める施設有である眼などは、勝義において生じることはない。

先に図表Ⅳで示したように、当該の論証式は対論者であるサーンキャ学派に対して提示されたものであった。したがって、立論者であるバァーヴィヴェーカと対論者であるサーンキャ学派との間には、論証式の構成要素、たとえば主張命題に関して言えば、特に有法である眼などが共通に成立していなければならない。しかし、バァーヴィヴェーカとサーンキャ学派は有法に関して、次に示すように、相反するまったく異なった理解を有している。

図表Ⅸ
《当該の自立論証における有法の性質》

	性　質	認められる領域
バァーヴィヴェーカ	施設有（prajñapti-sat）	世　俗
サーンキャ学派	実体有（dravya-sat）	勝　義

このように、バァーヴィヴェーカが認める眼などの有法は、対論者であるサーンキャ学派によっては認められるものではない。したがって、両論者は有法などを共有しないので、論証式が有効となる前提条件が成立しないことになるのである。つまり、ここでは図表Ⅴで示した、チャンドラキィールティの自立論証批判の第二の論点である「論証式の主張命題の基体である有法などが、バァーヴィヴェーカとサーンキャ学派との間において共通なものとして成立しない」ということが議論されていると理解できるのである。

次にチャンドラキィールティは、指摘された過失を回避しようとするバァーヴィヴェーカからの次のような反論があることを想定している。

〔15〕〔バァーヴィヴェーカ：〕たとえば「声は無常である」と〔主張する時、〕有法そして〔所証〕法の一般的なもののみが理解されているのであって、〔それらは〕特殊な〔もの〕ではない。なぜならば、〔そこにおいて〕特殊な〔もの〕が理解されたならば、推論と推論の対象という言説的な行為が存在しないことになるからである。(Stcherbatsky［1927］, p. 114；山口［1947］, p. 40 ; Sprung［1979］, p. 40；本多［1988］, pp. 21–22；奥住［1988］, p. 74；丹治［1988］, pp. 22–23 ; Seyfort Ruegg［2002］, p. 51)(21)

たとえば、前述の基体不成立という過失が生じることは、有法に関して、立論者であるバァーヴィヴェーカと対論者であるサーンキャ学派がそれぞれ異なった理解を有することに起因するのであった。逆に言えば、両論者が有法を共有しうるならば、その問題は解決されることになる。そこで、相反する存在論を有しながらも両論者が有法を共有しうることの実例として持ち出されるのが、一般的に知られている「声は無常である」云々という論証なのである。そして、そこにおいて採用されている有法は、立論者と対論者の各々が捉える特殊なものではなく、特殊性を捨象した単に存在するものとしての有法一般であると考えられる(22)。

この「声は無常である」云々という論証に関しては、具体的に二組の立論者と対論者が提示され、そのいずれの場合も有法である声が特殊なものでないことが、次のように示されている。

〔16〕たとえば、もし〔仏教徒によって〕四大元素によって構成されている声が〔有法として〕採用されたならば、それは他の人々（ミーマーンサー学派）①にとって成立しないであろう。一方、もし虚空の性質〔としての声〕が〔有法として〕採用されたならば、それは仏教徒自身において成立しないであろう。

また同様に、もしヴァイシェーシカ学派が声の無常であることを主張するならば、すなわち所作なるもの〔としての〕声が〔有法として〕採用されたならば(23)、それは他の人々（ミーマーンサー学派）にとって成立しないであろう(24)。一方、もし顕現したもの〔としての声〕②が〔有法として〕採用されたならば(25)、それはヴァイシェーシカ学派自身にとって成立しないであろう。(Stcherbatsky［1927］, pp. 114–115；山口［1947］, p. 40 ; Sprung［1979］, 該当箇所なし；本多［1988］, p. 22；奥住［1988］, pp. 74–75；丹治［1988］, p. 23 ; Seyfort Ruegg［2002］, pp. 51–52）(26)

①この「他の人々」(para) は、以下ように理解されている。Scherbatsky, 山口, 本多, 奥住：「ヴァイシェーシカ学派」; Seyfort Ruegg："the Naiyāika and Vaiśeṣika"　②丹治：顕現したものとして声を認めるのは、ミーマーンサー学派とサーンキャ学派。

続いて、同様なことが所証法である「無常であること」に関しても述べられる。

〔17〕同様に、状況に応じて、〔所証法である〕滅（無常性）に関しても〔言えるのである。たとえば、〕もし原因を有するもの〔としての滅〕が〔所証法として〕採用されるならば、それは仏教徒自身にとって成立しないであろう。一方、原因を有さないもの〔としての滅〕が〔所証法として〕採用されるならば、それは他の人々（ヴァイシェーシカ学派）にとって

成立しないであろう。(Stcherbatsky [1927], p. 115；山口［1947], pp. 40-41 ; Sprung [1979], p. 40；本多［1988], 該当箇所なし；奥住［1988], p. 75；丹治［1988], p. 23 ; Seyfort Ruegg [2002], p. 52)(27)

ここで挙げられた例を整理してみると、次のようになる。

図表X
《バァーヴィヴェーカによって提示された例のまとめ》

［有法である「声」に関する例 (1)］
　仏教徒：四大元素によって構成されたもの
　ミーマーンサー学派：虚空の性質
［有法である「声」に関する例 (2)］
　ヴァイシェーシカ学派：所作なるもの
　ミーマーンサー学派：顕現したもの
［所証法である「滅」（無常）に関する例］
　仏教徒：原因を有するもの
　ヴァイシェーシカ学派：原因を有さないもの

そして、最終的にバァーヴィヴェーカの立場は、次のように要約される。

〔18〕〔バァーヴィヴェーカ：〕したがって、ここ（atra, 上記の例）において採用されているのが、有法と〔所証〕法の一般的〔なもの〕のみであるように、この〔「不自生」を証明する文脈〕において（iha）も、特殊な性質を欠いた有法〔や所証法〕が採用されているのである。(Stcherbatsky [1927], p. 115；　山　口 [1947], p. 41 ; Sprung [1979], p. 40；本多［1988], p. 22；奥住［1988], p. 75；丹治［1988], p. 23 ; Seyfort Ruegg [2002], p. 52)(28)

立論者が対論者に対して論証式を提示し論争をする場合、その両者は存在論を異にすることが普通であると考えられる。そこでは、上のように、それに関与する両論者それぞれが捉えるところの特殊なものではない、一般的な有法などが設定されうるならば、確かに論証式が成立するための主要な条件は満たされることになる。そのことを当該の脈絡の中で説明すれば、バァーヴィヴェーカの論証式の有法は、次のように示される。

図表 XI

バァーヴィヴェーカの論証式の有法：バァーヴィヴェーカの論証式の有法は、世俗としてのみあるいは勝義としてのみと限定されないものである。 （以下、これを［Crucial Point］と呼ぶこととする）

ここに示される有法こそが、チャンドラキィールティによって提示されたと考えられる自立論証批判の二つの論点（図表V参照）における有法のあり方なのである。したがって、そのうちの論点Iの内容は、次のように示されることになる。

図表 XII
《論点Iに関する議論の内容》

論点I：論証式の主張命題の基体である世俗としてのみあるいは勝義としてのみと限定されない有法が、立論者であるバァーヴィヴェーカ自身において成立しないことを指摘すること（以下、これを［Crucial Point 1］と呼ぶことにする）。(29)

また、チャンドラキィールティによって提示された自立論証批判の論点IIは、これまでの議論の中ですでに見てきたが、それは以下においては、次のような形で議論されることになる。

図表 XIII
《論点IIに関する議論の内容》

論点II：論証式の主張命題の基体である世俗としてのみあるいは勝義としてのみと限定されない有法は、バァーヴィヴェーカとサーンキャ学派との間において、世俗においても勝義においても成立しない（以下、これを［Crucial Point 2］と呼ぶことにする）。

チャンドラキィールティは、以下の議論において、この二つの論点を詳細に論じていくのであるが、『プラサンナパダー』において［Crucial Point 1］と［Crucial Point 2］が扱われている箇所を、ここではそれぞれ［Passage A］と［Passage B］とし、特に前者に関してはその箇所を、さらに［Passage A I］から［Passage A VI］に分けて考察していくことにする。

では早速、チャンドラキィールティが［Crucial Point 1］をどのように扱っているかを見ていくことにしよう。

まず、従前の議論との関連は、次のように示すことができるであろう。たとえ「勝義において」という限定句が所証法である「生じることがないこと」を限定するのであって、自らの論証式の有法は世俗として成立するから問題はないとバァーヴィヴェーカが主張しても、バァーヴィヴェーカが認めるそのような有法が世俗としてのみあるいは勝義としてのみと限定されないものとして成立することはありえないのである。そして、チャンドラキィールティによれば、そのことをバァーヴィヴェーカ自身が認めているというのであるが、それはどのように認められているのであろうか。それについて述べているのが、次の記述である。

〔19〕[Passage A Ⅰ]

〔チャンドラキィールティ：〕しかし、それはそのようではない。なぜならば、この関連において、すなわち生じることの否定が所証法として理解されているまさにその時、有法すなわち顛倒した〔知〕のみによって得られた基体（有法）が否定されることを、彼（バァーヴィヴェーカ）自身が認めているからである。(Stcherbatsky［1927］, p. 115；山口［1947］, p. 44 ; Sprung［1979］, pp. 40-41；本多［1988］, p. 22；奥住［1988］, p. 75；丹治［1988］, p. 23 ; Seyfort Ruegg［2002］, p. 53)(30)

ここでのチャンドラキィールティの意図は、以下に説明するようなバァーヴィヴェーカの自己矛盾を指摘することにあると考えられる。つまり、バァーヴィヴェーカの論証式の主張命題の意味は、「世俗において認められる有法は勝義においてはまったく生じることがない」ということであった（図表Ⅷ参照）。しかし、その一方でバァーヴィヴェーカは、世俗として認められる有法すなわち顛倒した知によってのみ得られた有法が、それの「生じること」が否定される勝義においては成立しないことを認めているのである。要するに、バァーヴィヴェーカは自ら議論の場を勝義と設定しておきながら、その勝義においては、自らの論証式の有法すなわち世俗において認められる有法が成立しないことを自ら認めているということなのである(31)。

そして、顛倒した知のみによって得られた有法がどうして勝義において成立しないかを、チャンドラキィールティは、次のように極めて簡潔に述べている。

〔20〕[Passage A Ⅱ]

なぜならば、顛倒な〔知〕と不顛倒な〔知〕とはまったく異なるからである。(Stcherbatsky [1927], p. 115；山口[1947], p. 41；Sprung [1979], p. 41；本多 [1988], p. 22；奥住 [1988], p. 75；丹治 [1988], p. 23；Seyfort Ruegg [2002], pp. 53-54)(32)

このように、世俗すなわち顛倒なものと勝義すなわち顛倒ではないものは隔絶しており、前者が後者の領域にまったく踏み込めず、後者が前者の領域に姿を表わさないということが、バァーヴィヴェーカ自身において有法が成立しないことの主な理由と考えられるが、それは以下のように理解すべきものと考えられる。上の引用文にもあるように、世俗と勝義が截然と区別されるものであるということは、世俗のみあるいは勝義のみと限定されない領域、すなわち両者が重なり合う折衷的な領域はありえないということを意味するのである。そのようなチャンドラキィールティの理解は、バァーヴィヴェーカをはじめとする中観自立派と呼ばれる人々が、有法などが成立するような、世俗と勝義の折衷的な領域を認めていたことを示すものと考えられる。また、上の短い一節は、チャンドラキィールティの中観思想、というよりチャンドラキィールティを代表者とする、同じく後世において中観帰謬派と呼ばれる人々（ただし、後述するように、少なくともツォンカパは除く）の思想の特徴を端的に示す重要なものとも言えよう。

次に、チャンドラキィールティは眼病者が誤って知覚する網状の毛髪などの例を用いて、[Crucial Point 1] を説明している。

〔21〕[Passage A Ⅲ]

そのように、眼病者が〔実在しない〕網状の毛髪など〔を見る〕場合のように、顛倒な知によって〔実〕在しないものが〔実〕在すると捉えられる時、〔その眼病者によって実〕在するものがわずかでさえもどうして知覚されうるであろうか。一方、眼病でない人が網状の毛髪などを〔まったく知覚しない〕ように、顛倒している知がまったく無いことによって、いかなる〔実〕在しないものも〔実〕在すると捉えられない時、それによって世俗〔のもの〕が存在することになる〔ような〕、〔実〕在しないものがわずかでさえも、どうして知覚され得るであろうか。
(Stcherbatsky [1927], pp. 115–116；山口［1947], p. 41 ; Sprung [1979], p. 41；本多［1988], p. 22；奥住［1988], pp. 75–76；丹治［1988], pp. 23–24 ; Seyfort Ruegg [2002], p. 54)(33)

勝義すなわち不顚倒な知の領域と世俗すなわち顚倒な知の領域はまったく別なものであり、勝義と世俗が重なり合う領域などが成立しえないことが、ここにおいては顚倒な知を有する人を意味する眼病者とそうでない者との対比を通して示されている。ここで、眼病者が見る網状の毛髪などは、世俗の顚倒知によって誤って捉えられた実体的な存在であり、その網状の毛髪が非眼病者によってはまったく見られないように、その実体的な存在も勝義の不顚倒知によっては、いっさい見られることはないのである。

そして、その議論を聖教によってさらに正当化するために、ナーガールジュナの『廻諍論』から、第30偈が引用される。

〔22〕[Passage A Ⅳ]

このことより、アーチャーリヤ（ナーガールジュナ）によって、以下のように語られている。

もし私が直接知覚やその他のもの（知識根拠）によって
何かを知覚したとするならば、私は〔それによって、
その何かを〕証明したりあるいは否定したりすることができるであろう。
〔しかし、〕そのようなもの（tat）①（直接知覚などの知識根拠）〔、すなわち直接知覚などの知識根拠〕は
無いのであるから、私は非難されないのである②。

(Stcherbatsky [1927], p. 117；山口［1947], pp. 40–41 ; Sprung [1979], p. 41；本多［1988], pp. 22–23；奥住［1988], p. 24；丹治［1988], p.24 ; Seyfort Ruegg [2002], pp. 55–56)(34)

① Scherbatsky : “these separate things”（すなわち「知覚されるもの」と理解できる）；本多 :「(それら）の事物」（すなわち「感官知等によって知覚される諸対象」と理解できる）；Seyfort Ruegg : “<u>their</u> absence”

（すなわち“direct perception and the other things［that are valid menas of knowledge］”）　②奥住：この『廻諍論』の第30偈に加えて第29偈も訳出されている。

さらに、チャンドラキィールティは、［Crucial Point 1］の要点を次のように示している。

〔23〕［Passage A Ⅴ］

そして、以上のように、顛倒な〔知〕と不顛倒な〔知〕とはまったく異なるのであるから、それ故に賢者の不顛倒な状態には、顛倒なるものが存在することはないのである。したがって、〔世俗としてのみあるいは勝義としてのみと限定されない〕有法となりうる世俗の眼などが、〔バァーヴィヴェーカにとって〕いかにして存在することになろう。(Stcherbatsky［1927］, p. 117；山口［1947］, p. 40 ; Sprung［1979］, p. 41；本多［1988］, p. 23；奥住［1988］, p. 76；丹治［1988］, p. 24 ; Seyfort Ruegg［2002］, p. 56）(35)

その上で、これまでの［Crucial Point 1］を巡る議論は、次のように締め括られる。

〔24〕［Passage A Ⅵ］

……以上のように、「基体不成立」という主張命題に関する過失も「依拠不成立」という論証因に関する過失も回避されないのである。したがって、これ（ayam, バァーヴィヴェーカの反論）*は、〔我々よりの批判を〕免れるものではないのである。(Stcherbatsky［1927］, p. 117；山口［1947］, p. 40 ; Sprung［1979］, p. 41；本多［1988］, p. 23；奥住［1988］, p. 76；丹治［1988］, p. 24 ; Seyfort Ruegg［2002］, p. 56）(36)

* Stcherbatsky：“he”（すなわち「バーヴィヴェーカ」）；山口：「バーヴィヴェーカ」；本多：「この（反論）は、……」；丹治：「これ〔の世俗として眼等は存在するから誤謬はないという解答〕は、……」

では、次に［Crucial Point 2］に関する議論に目を向けてみることにしよう。そこでまず、［Crucial Point 2］が論じられている箇所すなわち［Passage B］を、まず概説しておくことにする。

［Passage B］の真意は、チャンドラキィールティの批判に対して、相反する存在論を有する二人の論者の間でも、共通な有法が設定されうることを示すために、バァーヴィヴェーカが持ち出してきた喩例と彼の自立論証が相応しない異なった状況にあることを示すことにあると考えられる。その具体的な内容は、以下のようなものである。つまり、「声は無常である」云々という論証においてなされたいくつかの設定のいずれにおいても（図表X参照）、立論者と対論者との間では、有法は共通に成立するのであるが、当該の自立論証式の有法に関しては、そうではないのである。自立論証式において、立論者は中観論者すなわち空論者であるバァーヴィヴェーカであり、対論者は実体論者すなわち非空論者であるサーンキャ学派である。ちなみに、空論者とは、実体的なものを勝義においても世俗においても認めることはない論者のことである。これら両論者において有法が共通に成立するとするならば、それは勝義においてかあるいは世俗においてかのいずれかである。世俗において、立論者として事物が空であることを主張するバァーヴィヴェーカは、対論者であるサーンキャ学派が勝義としてすなわち実体的なものとして認める有法をまったく認めることはできないのである。一方、サーンキャ学派が認めるような勝義において存在する有法を、バァーヴィヴェーカが認めないことは、すでに見た通りである。したがって、空論者であるバァーヴィヴェーカと不空論者であるサーンキャ学派の間では、世俗と勝義のいずれにおいても、世俗としてのみともあるいは勝義としてのみとも限定されない一般的な有法が成立することはないのである。

では、その内容を、［Passage B］において確認してみよう。

〔25〕［Passage B］

〔チャンドラキィールティ：バァーヴィヴェーカが言及した〕喩例は、また〔当該の議論と〕対応しないのである。その理由は、以下のようである。〔その〕喩例においては、〔確かに〕両論者にとって〔認められる〕、特殊なものとして限定されない声や無常であることに関する一般的な〔性質〕がある。しかしながら、それと同様には、空論者と不空論者にとって、一般的な眼などが世俗としても勝義においても認められないのである*。したがって、喩例が〔当該の議論（本題）と〕対応することはないのである。(Stcherbatsky［1927］, p. 117；山口［1947］, p. 40；Sprung［1979］, p. 41；本多［1988］, p. 23；奥住［1988］, pp. 76–77；丹治［1988］, p. 24；Seyfort Ruegg［2002］, p. 56)(37)

* 山口："paramārthataḥ" の訳、欠；丹治："saṃvṛtyā aṅgīkṛtaṃ nāpi paramārthata"「世俗としては認められないし、勝義としては存在さえしないのである」

以上が、チャンドラキィールティの自立論証批判の主要な部分である。

チャンドラキィールティによるこの批判は、後代のチベット仏教（とりわけ後期伝播時代のチベット）においては、様々な要素が混入し、複雑な様相を呈して、発展していくのである。そして、チャンドラキィールティの自立論証批判に関して、チベット人の中で最も独創的と思われる解釈を提示したのがツォンカパである。

次章においては、そのツォンカパによって展開された自立論証批判を見ていくことにしよう。

〈註記〉

（1）これ以降の三章は、英文で著わした四津谷［1999］の「自立論証批判」に関する三つの章を邦訳し、それに加筆したものである。

（2）チャンドラキールティによる自立論証批判に関する研究は枚挙に暇がないが、筆者が参考としたものを一部以下に挙げておく。奥住［1968］；藤井［1972］；伊藤［1973］；江島［1980a］, pp.171–200；丹治［1979］；Iida［1980］, pp.271–298；松本［1985］；Santina［1986］；Rizzi［1988］；中井［1978］；岸根［2001］, pp.129–212.

（3）api cātmanas tarkaśāstrātikauśalamātram ācikhyāsor* aṅgīkṛtamadhyamakadarśanasyāpi yat svatantraprayogavākyābhidhānaṃ tad atitarām anekadoṣasamudāyāspadam asya tārkikasyopalakṣyate / (PPMv. p. 25)

* LVPT：āvi[ścikīrṣayā]；de Jong / 丹治：ācikhyāsor（de Jong［1978］, p. 30；丹治［1988］, p. 150, 註記 198）

（4）第4章の二つの中道解釈（第Ⅱ節 p. 103 以下）参照。

（5）有法などの論証式の構成要素が、両論者に成立すること（ubhayaprasiddha）については、山崎［1960］；Seyfort Ruegg［2000］, p.245, note 20, p. 251；吉水［2002］, p.280, note 24 参照。

（6） na paramārthata ādhyātmikāny āyatanāni svata utpannāni/
vidyamānatvāt/
caitanyavad/（PPMv. p. 25；PMv. D. tsha. 49a2-3）

（7） チャンドラキールティは、バァーヴィヴェーカの論証式のこの「勝義においては」という限定句の有効性を否定しているのであるが、江島恵教博士によればチャンドラキールティ自身が用いる“vicāryamāne”が、ある意味でバァーヴィヴェーカの限定句と同じ役割を果たしていることを指摘している（江島［1980b］）。“vicāra”については、加藤［1989］，［1990］；Seyfort Ruegg［2000］，p. 310；那須［2002a］，［2002b］参照。また、ツォンカパは『菩提道次第論・広本』において、中観論者によっては、そうした限定句の使用が認められていると述べている（LRChen. pa. 400a6-404a5）。

（8） lokasaṃvṛtyābhyupagatasyotpādasyāpratiṣidhyamānatvāt① / pratiṣedhe cābhyupetabādhāprasaṅgād② iti cet/（PPMv. p. 26）

① de Jong：lokasaṃvṛtyābhyapetasyotpāpratiṣidhyamānatvāt（de Jong［1978］, p. 31）

② Stcherbatsky：prasaṅgāt（Stcherbatsky［1927］, p. 106 , note 2）

（9） naitad yuktaṃ saṃvṛtyāpi svata utpattyanabhyupagamāt/（PPMv. p. 26）

（10） yathoktaṃ sūtre/

sa cāyaṃ bījahetuko 'ṅkura utpadyamāno na svayaṃkṛto na parakṛto nobhayakṛto nāpy① ahetusamutpanno neśvarakālāṇuprakṛtisvabhāvasaṃbhūta［/］[1] iti/tathā/

bījasya sato yathāṅkuro
na ca② yo bīju sa caiva③ aṅkuro/
na ca④ anyu tato na caiva⑤ tad
evam anuccheda aśāṣvata dharmatā//[2]

iti/ihāpi vakṣyati/

pratītya yad yad bhavati
na hi tāvat tad eva tat⑥/
na cānyad⑦ api tat tasmān/
nocchinnaṃ nāpi⑧ śāśvatam//[3]

iti//（PPMv. p. 26）

［1］*Śālistambhasūtra*, p. 75 .　［2］*Lalitavistra*, Lefmann［1902-1908］, p. 176 .

［3］MMk. XVIII-10 , p. 25.

①チベット訳：‘-api’欠。　②チベット訳：‘ca’欠。　③チベット訳：‘ca-’欠。

④チベット訳：‘ca’欠。　⑤チベット訳：‘-eva’欠。　⑥チベット訳：‘tat’欠。

⑦チベット訳：‘ca-’欠。　⑧チベット訳：‘-api’欠。

（11） paramatāpekṣam viśeṣaṇam iti cet / tad ayuktaṃ / saṃvṛtyāpi tadīyavyavasthānabhyupagamāt/satyadvayāviparītadarśanaparibhraṣṭā eva hi tīrthikā yāvad ubhayathāpi niṣidhyante tāvad guṇa eva saṃbhāvyata iti/evaṃ paramatāpekṣam api viśeṣaṇābhidhānaṃ na yujyate/（PPMv. p. 26）

（12） na cāpi lokaḥ① svata utpattiṃ pratipanno yatas tadapekṣayāpi viśeṣaṇasāphalyaṃ syāt

/loko hi svataḥ parata ity evamādikaṃ vicāram② anavatārya kāraṇāt kāryam utpadyata ity etāvanmātraṃ pratipannaḥ/（PPMv. p. 27）

①チベット訳：D：'jig rten las；P：'jig rten pas　②チベット訳：rnam par spyod pa.

（13）チャンドラキールティは、この点に関して『入中論』において以下のように述べている。

de nyid kyi phyir slob dpon kyis khyad par du ma mdzad par/bdag las ma yin zhes spyir skye ba bkag pa yin no//gang zhig dngos po rnams ni don dam par bdag las skye ba ma yin te/yod pa'i phyir sems pa can bzhin no//zhes khyad par du byed pa de'i don dam par zhes bya ba'i khyad par don med do zhes bya bar bsam par bya'o//（MAbh. p. 86）

〔訳〕まさにそれ故に、アーチャーリヤ（ナーガールジュナ）は、限定することなく、「〔諸々の事物は〕自らより生じることはない」というように一般的に生じることを否定したのである。「諸々の事物は勝義においては自らより生じることはない。なぜならば、すでに存在するから。たとえば、精神のように」というように、〔論証式を〕限定して〔否定して〕いるその人によっては、「勝義において」という限定句は無意味であると理解されるべきである。

上記の引用文を根拠として、筆者はアーチャーリヤをナーガールジュナとし、限定することなく、自生などの四不生すなわち実体的な事物が生じることを否定することを設定したと理解した。Stcherbatsky，山口益博士は、アーチャーリヤをナーガールジュナとしながらも、彼によって設定された内容を、世間の人々が考察することなく、単に原因から結果が生じると理解しているということであると理解している（Stcherbatsky［1927］, p. 107；山口［1947］, p. 37）。丹治昭義博士は、このアーチャーリヤをバァーヴィヴェーカとし、『般若灯論』の無因生を否定する議論において「この世間において存在しているものは原因から生ずると一般的に認められている（prasiddha）」ということを典拠に、彼によって設定された内容を、諸々の事物が原因より生じることであると理解している（丹治［1988］，pp. 152-153，註記 217）。ちなみに、La Vallée Poussin は、このアーチャーリヤをバァーヴィヴェーカとしているが、彼が設定した内容については言及していない（La Vallée Poussin［1970a］，p. 27，note 2）。

（14）evam ācāryo 'pi vyavasthāpayāmāsa iti sarvathā viśeṣaṇavaiphalyam* eva niścīyate//（PPMv. p. 27）

*チベット訳：khyad par don med pa.

（15）勝義（無自性）をめぐる議論において、論証式の依拠となるものが成立しないことについては、小林［1987］参照。

（16）api ca yadi saṃvṛtyotpattipratiṣedhanirācikīrṣunā① viśeṣaṇam etad upādīyate/tadā svato 'siddhādhāraḥ pakṣadoṣa② āśrayāsisddho③ vā hetudoṣaḥ syāt/paramārthataḥ svataś cakṣurādhyāyatanānām anabhyupagamāt//（PPMv. p. 27）

①チベット訳：'-pratiṣedha-' 欠；丹治：nirā√kṛ（sel ba）を欠くとする（丹治［1988］，p. 153，註記 218）。　② LVPT：'siddhādhāre pakṣadoṣa　③ LVPT：āśrayāsiddhau.

（17）saṃvṛtyā cakṣurādisadbhāvād* adoṣa iti cet/（PPMv. p. 27）

*丹治：cakṣurādisaṃbhāvād（丹治［1988］, p.153, 註記 223）

(18) paramārthata ity etat tarhi kasya viśeṣaṇaṃ//（PPMv. p. 27）

(19) saṃvṛtānāṃ cakṣurādīnāṃ paramārthata utpattipratiṣedhād utpattipratiṣedhaviśeṣaṇaṃ* paramārthagrahaṇam iti cet/（PPMv. p. 27）

*LVPT：utpattipratiṣedhaviśeṣane.

(20) evaṃ tarhy evam eva vaktavyaṃ syāt/sāṃvṛtānāṃ cakṣurādīnāṃ paramārthato nāsty utpattir iti/na caivam ucyate/ucyamāne 'pi parair dravyasatām* eva cakṣurāīnām abhyupagamāt prajñaptisatām anabhyupagamāt parato 'siddhādhāraḥ pakṣadoṣaḥ syād iti na yuktam etat//（PPMv. p. 27）

*LVPT：vastusatām；de Jong, 丹治；dravyasatām（de Jong［1978］, p. 31；丹治［1988］, p. 153, 註記 225）

(21) yathānityaḥ śabda iti dharmadharminoḥ sāmānyam* eva gṛhyate na viśeṣaḥ/viśeṣagrahaṇe hi saty anumānānumeyavyavahārābhāvaḥ syāt/（PPMv. p. 28）

*LVPT：dharmadharmisamanyam；de Jong：dharmadharminoḥ sāmāniyam（de Jong［1978］, p. 31）

(22) バァーヴィヴェーカ自身、自らの論証式の主語（有法）や論証因を、特異性を欠いた一般的なものと述べている（有法については、D. tsha. 180b2-5；論証因については D. tsha. 50a1）。この点については、江島［1980a］, pp. 188-189 参照。

(23) ヴァイシェーシカ学派が声を作られたものと捉えることに関しては、Frauwallner［1956］, vol. 2, p. 160, p. 237 参照。

(24) 確かに、ヴァイシェーシカ学派においては、声は虚空の属性とされている。多分、そのために、後に示すように、ツォンカパは仏教徒の対論者をヴァイシェーシカ学派と理解したのであろう。しかし、ヴァイシェーシカ学派においても、声は無常と捉えられるから、仏教徒が彼らに声の無常性を改めて証明する必要はあるであろうか。したがって、ここにおける仏教徒の対論者は、同じく声を虚空の属性と捉えるミーマーンサー学派であると考えられる。ヴァイシェーシカ学派が声を虚空の属性と捉えることに関しては、Frauwallner［1956］, vol. 2, pp. 32-33, p. 58, p. 168, p. 237、そしてミーマーンサー学派が声を虚空の属性と捉えることに関しては、Frauwallner［1956］, vol. 2, p. 33, p. 59 を参照。

(25) ミーマーンサー学派が声を顕現するものと捉えることに関しては、Frauwallner［1956］, vol. 2, p. 33, p. 59 参照。

(26) tathā hi/yadi cāturmahābautikaḥ śabdo gṛhyate sa parasyāsiddhaḥ/athākāśaguṇo gṛhyate sa bauddhasya svato 'siddhaḥ/tathā vaiśeṣikasyāpi* śabdānityatāṃ pratijānānasya yadi kāryaḥ śabdo gṛhyate sa parato 'siddhaḥ/atha vyaṅgyaḥ sa svato 'siddhaḥ/（PPMv. p. 29）

*LVPT：'-api' 欠；チベット訳：yang.

(27) evaṃ yathāsaṃbhavaṃ vināśo 'pi yadi sahetukaḥ sa bauddhasya svato 'siddhaḥ/atha nirhetukaḥ sa parasyāsiddha① iti②//（PPMv. p. 29）

① LVPT：parato 'siddha.　②チベット訳：'iti' 欠。

(28)　tasmād yathātra dharmadharmisāmānyamātram eva gṛhyate / evam ihāpi dharmimātram utsṛṣṭaviśeṣaṇaṃ grahīṣyata iti cet / (PPMv. p. 29)

* LVPT：dharmadharmisāmānyamātram e [va gṛhyate / e] vam ihāpi；de Jong：dharmadharmisāmāniyamātram / evam ihāpi（de Jong [1978], p. 31）

(29)　周知のように、バァーヴィヴェーカは、『思択炎』において、「勝義」(paramārtha, don dam pa）という複合語を、karmadhāraya, tatpuruṣa、そして bahuvrīhi の三つの解釈方法を通して説明し（TJ. D. dza. 60a7-b3)、これら三つの勝義の中の最後の「勝義に相応する（順じる）もの」という意味の「勝義」は、分別やことばの世界における、ある意味で方便としての真実であり、これこそが当該のコンテクストで議論されている「勝義において」という限定句の「勝義」であると考えられる（野沢［1954］, pp. 13-14；江島［1980a］, p. 95)。また、バァーヴィヴェーカは、同書において、分別やことばを超えた出世間的な勝義とそれらを伴う世間的な二種類の勝義（厳密には、勝義の知）を設定し、この二つの勝義の中の第二のものが、主張命題の限定句の「勝義」であると示している（TJ. D. dza. 60a4-5)。つまり、そうした勝義に順じる知（勝義的且つ世俗的な知、換言すれば、勝義としてのみあるいは世俗としての限定されないような知）によって、勝義としてのみあるいは世俗としてのみ限定されない有法が得られるとバァーヴィヴェーカは理解していたとも考えられる（野沢［1954］, p. 15；江島［1980a］, pp. 98-99)。「勝義」に関する同様な記述は、『般若灯論』にもある。『思択炎』と『般若灯論』における「勝義において」という語句についての解釈の相違については、池田［2001a］, ［2001b］参照。

バァーヴィヴェーカによってそのように捉えられた有法を否定するチャンドラキールティは、上記のような勝義の理解を示さないのであるが、ツォンカパは、たとえば『菩提道次第論・広本』で先に触れた『思択炎』を肯定的に引用している（LRChen. pa. 402b2-403a2)。

(30)　na caitad evaṃ / yasmād yadaivotpādapratiṣedho 'tra sādhyadharmo 'bhipretaḥ / tadaiva* dharmiṇas tadādhārasya viparyāsamātrāsāditātmabhāvasya pracyutiḥ svayam evānena aṅgīkṛtā / (PPMv. p. 29)

* D：de'i tshe de kho nar；P：de'i tshe de kho nar（この読み方を廻る議論については、第 9 章註（15）ならびに第 10 章註（10）参照）

(31)　バァーヴィヴェーカが、具体的にどこでそのように認めているかは確認できないが、ホプキンスは、それに関してジャムヤンシェーパの以下のような記述に言及している（Hopkins［1989］, p. 24)。

'o na rten chos can ma grub pa'am nyes pa blo 'khrul pas ma rnyed pa kho na la sbyar na dgos sam zhe na / de mi dgos par thal / rten chos can phyin ci log gis rnyed pa rnams de kho na nyid du nyams pa ste ma grub ces bshad chog pa'i phyir / der thal / <u>Legs ldan gyi dBu ma snying pos mnyam bzhag med kyi ngo na 'khrul pa thams cad bzlog par bshad pas</u> de la sbyar nas kyang bshad chog pa'i phyir / ......（BTh. ta. 226b1-3）

(32) bhinnau hi viparyāsāviparyāsau / (PPMv. p. 30)

(33) tad yadā viparyāsenāsat sattvena gṛhyate taimirikeṇeva kśādi / tadā kutaḥ sadbhūtapadārthaleśasyāpy upalabdhih / yadā cāviparyāsād abhūtaṃ nādhyāropitaṃ vitaimirikeṇeva keśādi / tadā kuto 'sadbhūtapadārthaleśasyāpy upalabdhir yena tadānīṃ saṃvṛtiḥ syāt / (PPMv. p. 30)

(34) ata evoktam ācāryapādaih

yadi kiṃcid upalabhyeyaṃ pravartayeyaṃ nirvartayeyaṃ vā/

pratyakṣādibhir arthaiḥ tadabhāvān me 'nupālambhaḥ // (PPMv. p. 30) (第 4 章参照)

(35) yataś caivam bhinnau viparyāsāviparyāsau / ato viduṣām① aviparyāsāvasthāyāṃ② viparītasyāsaṃbhavāt kutaḥ sāṃvṛtaṃ cakṣur yasya dharmitvaṃ syāt / (PPMv. p. 30)

①チベット訳：'vidūṣām' 欠。 ② LVPT：aviparītāsāvasthāyāṃ.

(36) ......iti na vyāvartate 'siddhādhāraḥ① pakṣadoṣa② āśrayāsiddho vā hetudoṣaḥ / ity aparihāra evāyaṃ / (PPMv. p. 30)

① LVPT：'siddhādhāre. ② LVPT：pakṣadoṣaḥ.

(37) nidarśanasyāpi nāsti sāmyaṃ / tatra hi śabdasāmānyam anityatvasāmānyaṃ* cāvivakṣitaviśeṣaṃ dvayor api saṃvidyate / na tv evaṃ cakṣuḥsāmānyaṃ śūnyatāśūnyatāvādibhyāṃ saṃvṛtyā aṅgīkṛtaṃ nāpi paramārthataḥ / iti nāsti nidarśanasya sāmyaṃ / (PPMv. p. 30)

* LVPT：anitya [tā] sāmānyaṃ.

第9章　自立論証批判 (2)

I

ツォンカパは、前章で確認したチャンドラキィールティの自立論証批判を下敷きにして、二種類の自立論証批判を展開させている。その一つは『菩提道次第論・広本』におけるものであり、もう一つは『善説心髄』におけるものである。本章では、前者において彼が提示した自立論証批判を順を追って検証していくことにしたい（後者については、次章で考察する)。

自立論証批判において表わされる、中観帰謬派としてのツォンカパの思想は、これまで見てきたことからもわかるように、通常の中観帰謬派のそれとは著しく異なっているだけでなく、中観帰謬派の開祖と考えられるチャンドラキィールティの思想とも多分に趣を異にするものである。ある意味では、ツォンカパがチャンドラキィールティのことばの中に強引な形で、自らの思想を読み込んだとも見なすことができ、また別の意味では、ツォンカパ自身の特徴的な思想が歴然として存在し、そこにたまたまそれを許容しうる（あるいは、どのようにもとれる曖昧な）チャンドラキィールティのことばを見出したとも解釈できるのである。ツォンカパの自立論証批判が、チャンドラキィールティのそれと著しく異なる点としては、まず次の二点が挙げられる。

図表 I

ツォンカパの自立論証批判の特徴： (1) チャンドラキィールティの自立論証批判においては見出すことができない「自相によって成立するもの」(rang [gi] mtshan nyid kyis grub pa, svalakṣaṇasiddha) という概念が重要な意味を担うものとして導入されている。 (2) チャンドラキィールティの自立論証批判の段階では、明確になっていなかった「中観自立派」と「中観帰謬派」という概念が議論の枠組みとして採用されている。

なお、チャンドラキィールティとツォンカパの思想の間には、他にも多くの相違点があるが、それらの中のいくつかに関しては、以下の議論を通して

明らかにしていくことにする。また、上に掲げた相違点のうち(1)の「自相によって成立するもの」という概念については、すでに優れた研究があるので、それに譲ることとし、ここで詳細に説明することを差し控える。ただし、それに関する様々な特徴の中で、自立論証批判という脈絡において重要と思われる次の二点については、具体的に検討を進めていくに先立って、改めて提示しておくことにしたい。

図表Ⅱ

ツォンカパから見た自立論証批判の問題点：
(1) ツォンカパによれば、「自相によって成立するもの」は中観自立派にとっては勝義有（諦有、すなわち実体的存在）ではなく言説有と見なされるものではあるが、中観帰謬派にとっては勝義有以外の何ものでもない。
(2) ツォンカパによれば、中観帰謬派は「自相によって成立するもの」は直接知覚に顕現するが、それは実際には言説としても存在しない。

Ⅱ

それでは、まず『菩提道次第論・広本』においてツォンカパが展開した自立論証批判を見ていくことにしよう。

『菩提道次第論・広本』におけるツォンカパの自立論証批判は、『プラサンナパダー』の記述で言えば、前章で用いた区分の［Passage AⅠ］から［Passage AⅣ］と、［Passage AⅤ］から［Passage AⅥ］そして［Passage B］とに、それぞれ対応して二つの議論が設定され、後者の議論に対してさらに短い議論が一つ付されている。ここでは、『プラサンナパダー』における［Passage AⅠ］から［Passage AⅣ］の内容を扱う議論を［Discussion A］と呼び、［Passage AⅤ］から［Passage AⅥ］そして［Passage B］の内容を扱う議論を［Discussion B］と呼び、さらに、その［Discussion B］に付加されている議論を、［Additional Discussion］と呼ぶことにする。

図表Ⅲ

『菩提道次第論・広本』における自立論証批判の構成：
Discussion A：(Passage AⅠ～Passage AⅣ)
Discussion B：(Passage AⅤ～Passage AⅥ / Passage B)＋Additional Discussion

前章で『プラサンナパダー』における自立論証批判の議論を考察した場合と同様に、ここでも最初に上の三つの議論の枠組みと主な論点などを、予めまとめて示しておくことにする。

図表Ⅳ

Discussion A ［議論の枠組み］ 立論者―バァーヴィヴェーカ：自らの論証式の主語（有法）をただ顛倒した知によってのみ得られたものと捉え、中観自立派として世俗において自相によって成立するものを認める。 対論者―サーンキャ学派：諸々の事物が自らより生じることを認める。 （以下においては、この議論の枠組みを［Framework 2］と呼称する） ［主な論点］ 自立論証式の有法は、世俗のみとしてもあるいは勝義のみとしても限定されないものであるとされているが、諸々の事物が自らより生じないことが論証される場合に（すなわち勝義において）、そのような有法は成立しない。[1]
Discussion B ［議論の枠組み］ 立論者―中観帰謬派：勝義としてばかりでなく言説（世俗）としても自相によって成立するものを認めない。 対論者―実体論者：世俗として自相によって成立するものを認める（ここには、中観自立派も含まれている）。 （以下においては、この議論の枠組みを［Framework 3］と呼称する） ［主な論点］ 論証式の有法は、立論者である中観帰謬派と対論者である中観自立派を含む実体論者の間には共通に成立しない。
Additional Discussion ［議論の枠組み］ 立論者―中観自立派：ここにおいては、自相によって成立するものを認めるバァーヴィヴェーカが主に意図されている。 対論者―中観自立派をも含めた実体論者：厳密には、中観自立派のみが含意されていると考えられる。 （以下においては、この議論の枠組みを［Framework 4］と呼称する） ［主な論点］ 自立論証式における有法は、中観自立派同士の間においてさえも共通に成立しない。

［Discussion A］は明らかに『プラサンナパダー』の議論と対応するものであるが、一方［Discussion B］はツォンカパが置かれた思想史的な状況から生まれたものと捉えることができ、厳密には『プラサンナパダー』には見出せない議論である。ここで、大変興味深いことには、『菩提道次第論・広本』

においてツォンカパがまず最初に提示しているのは、[Discussion A] ではなくて、[Discussion B] なのである。彼があえて [Discussion B] を最初に扱ったのは、それを [Discussion A] よりも重要視していたからであると考えられる。それは、ツォンカパが自立論証批判に託した意図が、中観帰謬派の思想が中観自立派のそれよりも優れていることを示すことにあったからで、その意図は [Discussion A] では十分に表現することができないものであったからであると推察できるのである。

つまり、ツォンカパの意図は以下のように捉えることができると思われる。チャンドラキィールティによるもともとの自立論証批判には、前章で示したように、「少なくとも無自性論者である中観論者（バーヴィヴェーカ）自身において有法が成立しない」（論点Ⅰ）という議論と、「無自性論者である中観論者（バーヴィヴェーカ）と実体論者（サーンキャ学派）との間には共通な有法が成立しない」（論点Ⅱ）という二つの議論があったわけであるが（第8章図表Ⅴ参照）、[Discussion B] は、議論の内容としては後者を継承するものであり、その議論における立論者（すなわち無自性論者である中観論者）としては、言説においてさえも自相によって成立するものを認めないとされる中観帰謬派のみが配置され、言説において自相によって成立するものを認めるとされる中観自立派は、他の実体論者と共に対論者の立場に置かれている。このように、同じ中観論者でありながらも、中観帰謬派のみが無自性論者として扱われている点において、その中観自立派に対する優越性が示され、中観帰謬派こそが真の中観論者であることが顕示されていると考えられるのである。以上が、『菩提道次第論・広本』における自立論証批判の主な内容である。

Ⅲ

では、『菩提道次第論・広本』における自立論証批判に関する議論を具体的に辿っていくことにしよう。

同書におけるそれについての議論には、自立論証批判の本論と、その同じ批判がツォンカパ自身の立場すなわち中観帰謬派の立場には適用されないことを述べる部分とによって構成されているが、ここでは便宜上、前者のみを扱うことにする。そして、その自立論証批判の本論は、「基体である有法が成立しないという主張命題の過失の指摘」という部分と、「その過失によって理由も成立しないことの指摘」という部分とに分かれており、前者は、さらに、バァーヴィヴェーカをはじめとする中観自立派の主張することを説明する部分と、それに対する批判の部分とによって構成されている。

図表Ⅴ

『菩提道次第論・広本』の自立論証批判の議論全体の構成：
1. 自立論証批判の主要な議論（rang rgyud sun dbyung ba dngos）
  1-1. 基体である有法が成立しないという主張命題の過失の指摘（gzhi chos can ma grub pa'i phyogs kyi skyon bstan pa）
    1-1-1. バァーヴィヴェーカをはじめとする中観自立派の主張することの説明（'dod pa brjod pa）
    1-1-2. それに対する批判（de dgag pa）
  1-2. その過失によって理由も成立しないことの指摘（skyon des gtan tshigs kyang ma grub par bstan pa）
2. その同じ批判が自分（ツォンカパ）自身すなわち中観帰謬派には適用されない様相（de rang la mi mtshungs pa'i tshul）

この議論の検討に入る前に、『プラサンナパダー』の議論を少しだけ振り返っておくことにしよう。そこでは、バァーヴィヴェーカの論証式の有法について、以下のような二つの過失が付随することが指摘された（第８章図表Ⅲ参照）。

（1）基体不成立：論証式の主張命題の基体である有法が立論者と対論者の間において共通に成立しない。

（2）依拠不成立：論証式の論証因の依拠が立論者と対論者の間において共通に成立しない。

そして、それに引き続いて、バァーヴィヴェーカは世俗のみとしてもあるいは勝義のみとしても限定されない性質の有法を持ち出してきて、上記の過失を回避しようとする過程が示されるのであった。ツォンカパは、バァーヴィヴェーカが提示したその過程を、次のように解釈している。

〔1〕この〔引用文の〕意味は、〔以下のようである。〕仏教徒がヴァイシェー

シカ学派に「声は無常である」と主張する時に、もし四大元素によって構成されている声が論証式の有法として採用されたならば、それはヴァイシェーシカ学派にとって成立しないであろう。一方、もし虚空の属性である声が有法として採用されたならば、〔それは仏教徒〕自身にとって成立しないであろう。同様に、ヴァイシェーシカ学派が今度は顕現論者（ミーマーンサー学派）に対して「声は無常である」と主張する時、もし作られたものである声が有法として採用されたならば、〔それは〕顕現論者にとっては成立しないであろう。一方、もし以前から存在し条件によってただ顕現しただけの声が有法として採用されたならば、〔それはヴァイシェーシカ学派〕自身に成立しないであろう。それ故に、各学派が〔独自に〕認めるもの、すなわち共通に〔捉えられ〕ないものを有法として採用することは適当ではないのである。なぜならば、有法はある特殊な性質が両論者によって考察される基体であるから、〔それは〕両論者にとって共通に成立するものでなければならないからである。

有法が〔両論者に〕共通に成立するものでなければならないのと同様に、〔「声は無常である」云々という論証式の〕所証の法、つまり特殊なものとして〔限定〕されない一般的な無常性が両〔論者〕によって成立されるべきである。

そしてさらに、喩例として設定されるものに関しても、〔その論証の喩例である瓶は〕所証が成立する以前に共通に成立していなければならないのである。（長尾［1954］, p. 262；Wayman［1978］, pp. 310–311；Newland［2002］, pp. 252–253）(2)

通常の論証式においては、主張命題の主語である有法やその述語である所証法や喩例に関して、立論者と対論者のそれぞれの特殊な理解によって限定されないものが採用されるべきことを示すこの記述は、『プラサンナパダー』において述べられたことを、ツォンカパが幾分詳しく説明したものである。以下では、有法に関する問題を中心に、それをもう少し丁寧に見ていくことにしよう。そこにおいて、議論の基となっている論証式は、次のようなものである。

〔主張命題：〕声は無常である。

〔理由：〕所作性の故に。

〔喩例：〕たとえば、瓶のように。

この論証式においては、「声」が主張命題の有法であり、「無常であること」（無常性）が証明されるべき性質（所証法）であり、そして「所作性」が声の無常であることの理由（論証因）である。立論者は、この論証式によって「声は無常である」という自らの説を対論者に立証しようとするのであるが、この論証式が成立するためには、まず立論者と対論者の間に声、無常、所作性に関する共通な理解が必要とされるのである。そして、その声が所作であること、すなわち作られたものであることによって、無常であることが証明されるためには、喩例である瓶において、「所作であるものは必ず無常である」という論理的随伴関係と「常住であれば必ず所作ではない」という論理的離反関係が成立することが、両論者の間に共通に了解されていることが前提となるのである。

仏教徒がヴァイシェーシカ学派に提示したものとされる、この論証式における有法である「声」について、それを具体的に説明してみよう。たとえば、仏教徒はそれを地・水・火・風の四大元素によって構成されている、いわゆる「四大所造」と捉えており、ヴァイシェーシカ学派はそれを「虚空の属性」と捉えている。つまり、そのような状況においては、有法である声に関する共通な理解が成立しないのである。したがって、仏教徒がヴァイシェーシカ学派に対して、この論証式を提示する時、有法である声は、両論者が共有できる性質のものとして、四大所造でもなく虚空の属性でもないものでなければならない。このことが、上に示した引用文が主に意図するところなのである。

そして、そこで問題となるのは、当該のバァーヴィヴェーカによる自立論証式においても、同じように立論者（中観論者）は主張命題の主語（有法）を世俗として認め、対論者（サーンキャ学派）はそれを勝義として認めるけれども、そのいずれでもない共通なものとして有法が成立するか否かということなのである。

ツォンカパは、そのような経緯を踏まえた上で、次のように述べている。

〔2〕その例と同様に、中観論者が眼などの内処と色などの外処が自らより生じないと他部（外教徒）に対して証明し、また〔それらが〕他より生じないと自部（仏教徒）の実体論者（dNgos por smra ba）に対して証明する時に、諦（勝義、実体）なる眼などというものが有法として採用されたならば、〔そのような有法は、中観論者〕自身に成立しないのである。一方、虚偽なる眼などというものが有法として採用されたならば、対論者に成立しないのである。したがって、そのような特殊性が捨象されて、単なる眼そして〔単なる〕色一般が有法として採用されるのである。なぜならば、〔そのような有法は〕中観論者と実体論者の両者が「自らより生じること」が有るか否かなどの特異な法（所証法）を考察する基体であることにより、両者共に共通に成立すべきであるからである。このように、〔バァーヴィヴェーカによって〕考えられたのである。（長尾［1954］, pp. 262–263；Wayman［1978］, p. 311；Newland［2002］, p. 253）[3]

それでは、ツォンカパが設定した［Discussion B］における自立論証批判を見ていくことにしよう。

『プラサンナパダー』の自立論証批判には論点Ⅰと論点Ⅱという二つの論点があり（第8章図表Ⅴ参照）、それらはより厳密な形では、それぞれ［Crucial Point 1］ならびに［Crucial Point 2］として理解されることを以前に明示した（第8章図表Ⅻ・ⅩⅢ参照）が、［Discussion B］とは、立論者が中観帰謬派、対論者が中観自立派をも含む実体論者という枠組み（［Framework 3］）の中で、［Crucial Point 2］を論じるものである。その中で最も枢要な部分は、立論者と対論者の間には、共通な有法はけっして成立しないということである。翻って言えば、自立論証式とは、少なくとも有法などの論証式の構成要素が両論者の間に共通に成立することを前提とするものと考えられる。

図表Ⅵ

自立論証とは（1）： その構成要素である有法などが、両論者の間に共通に成立することを前提とする。

したがって、ツォンカパの自立論証批判とは、有法などの論証式の構成要

素が両論者の間に共通に成立するプロセスを分析することに基づいて、それらが成立する前提条件を明示し、その前提条件が満たされないことを指摘するものであると、まず言えるであろう。

そこで、両論者の間に有法などが共通に成立するための前提条件を、ツォンカパは次のように提示している。

〔3〕また、共通に成立するというものとは、ある知識根拠によって対論者に成立するそれ（知識根拠）と同様な知識根拠によって立論者においても成立するものである。（長尾［1954], p. 263；Wayman [1978], p. 311；松本［1999], p. 252；Newland [2002], p. 253）(4)

要するに、有法などの論証式の構成要素が両論者の間に共通に成立するためには、それらを確保する知識根拠が両論者の間に共通に成立していなければならないというのである。

ここで「両論者」というのは、「立論者」(snga [r] rgolt,「前論者」ともいう）と「対論者」(phyi [r] rgol,「後論者」ともいう）のことであるが、議論を進めるに先立ち、それらについて少しだけ触れておきたい。多くの場合、インドの哲学書いわゆる論書は、対論形式で著わされているので、関与する立論者と対論者の役割などの特徴を正確に理解することなしには、複雑な議論を忠実に辿っていくことは難しい。それは、チベット仏教の論書についても当てはまる。とりわけ、この自立論証批判に関しては、論証式が直接に問題とされるだけに、論争の規則や両論者の役割などを理解することは、なおさら重要な事項となってくるのである。ところがツォンカパは、『菩提道次第論・広本』の当該箇所などで、そのような立論者や対論者の論争における役割については、特に改めて述べてはいない。したがって、一般的な理解に従っているものと推察できる。ちなみに、ここでツォンカパとほぼ同時代人であり、同じくチャンドラキィールティによる自立論証批判の議論を論争形式で再構成している、サキャ派のシャーキャ・チョクデン Śākya mchog ldan の理解を参照してみることにしよう。

〔4〕〔ある者は自らを〕立論者と認め、それから自らの主張を提示する。彼の対論者がその〔主張〕に対する理由を尋ねた場合には、〔立論者は〕

自立的な理由と喩例を設定し、論証因と喩例と主張の過失を排除するのである。そうでなければ、その立論者は敗北したと認められるのである。〔また、ある者は自らを〕対論者であると認め、立論者の疑似な主張、疑似な能証に関する批判を提示する。この〔ように〕批判する時に、直接的に所証を設定しない点では同じであっても、二つの場合〔が考えられる。〕というのは、〔それは〕以下のように区別されるからである。一つは、否定対象（対論者の見解）を否定する〔理由の〕三相を提示する〔場合〕と、もう一つは、そうでない〔場合〕である。もし〔対論者が〕これらの二つの方法のいずれによっても立論者を批判しなかったり、あるいは他の者（立論者）の立場に対していかなる議論も設定しなかったならば、〔その対論者は〕敗北したと判断されることになるであろう。要するに、ある者を立論者にする〔ことにおいて〕枢要なことは、自らの主張を証明することであり、一方ある者を対論者にする〔ことにおいて〕枢要なことは、他者の主張を批判することであると説明されるのである。(5)

この記述に基づけば、立論者と対論者の役割は、次のように理解することができるであろう。

図表Ⅶ

前論者・後論者の役割：
立論者（snga [r] rgol，前論者）の役割：
(1) 自立的な主張命題、理由、喩例を提示する。
(2) それらの主張命題、理由、喩例に関して指摘された過失を排除する。
対論者（phyi [r] rgol，後論者）の役割：
立論者によって提示された誤った主張命題ならびに理由に非難を加える。(6)

それでは、バァーヴィヴェーカによって主張された「自立論証式の有法は、特殊性が捨象されたものである」ということに対して、ツォンカがどのように批判を加えているかを見ていくことにしよう。そこには、次のような二つの議論が設定されている。

図表Ⅷ

ツォンカパが理解するバァーヴィヴェーカ批判の内容： (1)〔バァーヴィヴェーカが主張している〕意味が不適切であること（don mi 'thad pa） (2)〔バァーヴィヴェーカが主張していることが、それを正当化するために、〕持ち出された実例と一致しないこと（dpe bkod pa dang mi 'dra ba）

前節の末尾でも述べたように、ツォンカパは、彼の自立論証批判の真意が現われていると思われる［Discussion B］を、［Discussion A］に先立って展開しているのであるが、その冒頭において、これ以降の議論の基となる、次のような自立論証式を提示している。

〔5〕〔主張命題：勝義において、〕色処は自らより生じない。

〔理由：すでに〕存在しているから。

〔喩例：〕たとえば、眼前に明らかに〔存在する〕瓶のように。

（長尾［1954］, p. 264；Wayman［1978］, p. 312；Chu［1997］, p. 165；松本［1999］, p. 257；Newland［2002］, p. 254）(7)

まず注意すべきことは、論証式の有法が、『プラサンナパダー』では感官が至ることがない内処とされていたのに対して、ここでは感官に隠されていない外処である「色」すなわち「可見なもの」とされていることである。

では、ツォンカパは、なぜ主語を推論の対象である内処から直接知覚の対象である外処に変更したのであろうか。それは多分、松本史朗博士が指摘されているように、この議論において、前述の両論者の間に共通な論証式の有法が成立しないことの理由を、最も根本的な知識根拠である直接知覚（pratyakṣa, mngon sum）が両者の間に共通に成立しないことに求めたからであると考えられる(8)。

それでは、ツォンカパがこの自立論証式に基づいて展開させた議論を検証していくことにしよう。彼は、その議論の枠組みについて、次のように述べている。

〔6〕この〔議論〕において、対論者との間で共通に成立する有法が成立しないことの〔その〕成立しない様相を指摘する〔場合〕のその対論者は、『プラサンナパダー』のこの〔当該の〕脈絡においては、「〔諸々の事物が〕自らより生じないこと」を否定する〔者〕にとっての対論者（bdag skye 'gog pa'i)〔、すなわちサーンキャ学派〕である。しかし、一般的には勝義として諸々の事物に自性が有ると論じる実体論者と言説においてそれらが自相によって成立する自性を有ると認める〔中観〕自立派の両者である。（長尾［1954］, pp. 264-265；Wayman［1978］, pp. 312-313；Chu［1997］, p. 163；松本［1999］, p. 258；Newland［2002］, pp. 254-255；吉水［2002］, p. 261）[9]

ここでは、最初に「有法が立論者と対論者の間で共通に成立しない」という論点が明示されている。この論点は、確かに『プラサンナパダー』においても扱われていた。すなわち［Passage B］で扱われている［Crucial Point 2］がそれであるが、ツォンカパは、その議論の枠組みとして、立論者に中観帰謬派を、対論者に中観自立派をも含む実体論者を配置するのである。それは、中観自立派をあえて対論者に配置し、しかも実体論者と同等に扱うことによって、自らが信奉する中観帰謬派と、中観自立派とを、截然と区別するだけでなく、前者の後者に対する優越性を示し、中観帰謬派こそが中観論者の名に値することを顕示しようとしたものと考えられる。つまり、中観帰謬派こそが真の空論者（中観論者）であり、中観自立派はそうではないということを示すことが、『菩提道次第論・広本』における自立論証批判に託したツォンカパの真の意図と考えられるのである。

そして、そのことを顕示するために導入されたのが、ツォンカパの中観思想を理解する上で極めて重要な役割を果たす「自相によって成立するもの」（rang［gi］mtshan nyid kyis grub pa）（上の引用においては、「自相によって成立する自性」（rang［gi］mtshan nyid kyis grub pa'i rang bzhin）となっている）という概念なのである。そこで、ツォンカパは自立論証式の有法に焦点を絞り、それが設定される過程を明らかにしていくのである。まず第一に、どのような知識根拠によってそれが設定されるかが、次のように述べられる。

〔7〕〔論証式の〕有法として設定される色処が成立する様相は、〔以下のようである。〕それ（色処）は、知識根拠すなわちそれを捉える眼識の直接知覚によって成立すべきである。そして、それはまた不迷乱なものとし

て彼ら（中観自立派をも含む実体論者）によって成立していないならば、対象が成立する直接知覚として不適当であるから、〔その眼識の直接知覚は〕不迷乱でなければならない。（長尾［1954］, p. 265；Wayman［1978］, p. 313；Chu［1997］, p. 164；松本［1999］, p. 259；Newland［2002］, p. 255；吉水［2002］, p. 265）(10)

仏教論理学においては、直接知覚と推論の二つを知識根拠として認めるが、先に触れたように、前者がより本質的なものと見なされる。おそらくそれに基づいてツォンカパは、例示された自立論証式の有法である色処が眼識の直接知覚によって成立すべきであると見なしたのであろう。そして、その直接知覚が正しい知識根拠であるためには、通常それが自らの対象に対して「不迷乱であること」が要求されるので、ツォンカパも、有法である色処が成立するためにはその眼識が不迷乱でなければならないと考えたのである。

そこで、ツォンカパは、対論者である中観自立派をも含む実体論者において直接知覚が不迷乱である様相について、次のように説明する。

〔8〕彼ら（中観自立派をも含む実体論者）の体系では、無分別〔な直接知覚〕が不迷乱なものとして成立することは、〔その知が〕不迷乱となるその基体（sa, つまり「自相によって成立するもの」）が〔無分別な知（直接知覚）に〕顕現し、顕現する通りに存在することを必ず前提とするのである。（長尾［1954］, p. 265；Wayman［1978］, p. 313；Chu［1997］, p. 164；Newland［2002］, p. 255；吉水［2002］, pp. 265–266）(11)

一般に、知識根拠としての直接知覚は無分別であり、その対象に対して不迷乱であるものとされるが、ここでは後者だけが問題とされている。つまり、そのように無分別な知がその対象に対して不迷乱であることは、その対象がその無分別な知に顕現し、その対象がその知に顕現する通りに存在することを条件とするというのである。ここで想起しなければならないことは、ツォンカパによれば、中観自立派は言説において自相（すなわち「自相によって成立するもの」）を認めており、中観自立派以外の実体論者は勝義として自相を認めているということである。すなわち、両論者が何らかの形で自相を認めているということである。したがって、無分別である知がそのような中観自立派をも含む実体論者の体系において不迷乱であるためには、以下の二つの条件が満たされなければならないことになる。

図表IX

実体論者における知識根拠が不迷乱である条件：
(1) 自相によって成立する対象がその無分別な知に顕現する。
(2) その対象がその知に顕現する通りに、すなわち自相によって成立するものとして存在する。

そして、対論者の側に、そのような条件を充足する知識根拠（この場合は「直接知覚」）が成立したとしても、さらにそれと同様な知識根拠が立論者である中観帰謬派に成立するかどうかが問題となるのである。というのは、以前に言及したように、有法などの論証式の構成要素が両論者の間に共通に成立するためには、それらを確保する知識根拠が両論者の間に共通に成立していなければならないというのが、自立論証が成立する前提条件であるからである。

ツォンカパは、それに関して、次のように述べている。

〔9〕そのようであるならば、対論者（中観自立派をも含む実体論者）において〔論証式の〕有法が成立するそのような知識根拠は、立論者（中観帰謬派）にとって〔知識根拠としては〕不適切なのである。なぜならば、いかなる法に関しても、〔立論者（中観帰謬派）においては、〕自相によって成立するという性質のものは言説としてさえも存在しないので、それ（共通な有法）を成立させる知識根拠が存在しないからである。このアーチャーリヤ（チャンドラキィールティ）は、このような意図をもって、自立〔論証〕を否定しているのである。（長尾［1954］, pp. 265–266；Wayman［1978］, p. 313；Chu［1997］, pp. 164–165；松本［1999］, pp. 259–260；Newland［2002］, p. 255；吉水［2002］, p. 266）(12)（強調点筆者）

ツォンカパによれば、対論者である中観自立派は自相によって成立するものを言説として認めるのであるから、言説において自相によって成立するものがたとえば眼識に顕現し、そして顕現した通りに、つまり自相によって成立するものとして存在することに基づいて、また中観自立派以外の実体論者はそれを勝義として認めるから、勝義において同じようなプロセスに基づいて、それぞれに、その眼識が有法を確保する知識根拠として成立することになる。ところが、勝義としてばかりでなく言説としてさえも自相によって成立するものを認めない中観帰謬派には、勝義においても言説においても自相によって成立するものが存在しないのであるから、それが眼識に正しく顕現することはなく、当然それが眼識に顕現した通りに存在することもありえないのである。したがって、対論者において知識根拠であるものは、立論者である中観帰謬派においては知識根拠ではないことになる。つまり、立論者である中観帰謬派は、対論者である中観自立派をも含めた実体論者に対して自立論証を用いることはできないことになるのである。これが、ツォンカパが提示している［Discussion B］の内容であるが、その経緯を整理して示しば、次のようにまとめることができる。

図表X

［Discussion B］の内容：

(1) 対論者である中観自立派をも含めた実体論者と立論者である中観帰謬派は、共通な存在論の体系を有さない。つまり、対論者である中観自立派は自相によって成立するものを言説として認め、同じく対論者である中観自立派以外の実体論者はそれを勝義として認めるが、中観帰謬派は勝義においても言説においても自相によって成立するものを認めない。

↓

(2) 対論者である中観自立派をも含めた実体論者において有法などを確保する知識根拠の不迷乱性は自相によって成立するものに対して設定されるものであるが、そのような不迷乱性は、勝義においても言説においても自相によって成立するものを認めない立論者である中観帰謬派においては成立しない。

↓

(3) 対論者である中観自立派をも含めた実体論者と立論者である中観帰謬派の間においては、自立論証式を構成する有法などを確保する共通な知識根拠が成立しない。

↓

(4) 対論者である中観自立派をも含めた実体論者と立論者である中観帰謬派の間においては、自立論証式を構成する有法などが共通に成立することはない。

↓

(5) 立論者である中観帰謬派が、対論者である中観自立派を含めた実体論者に対して自立論証を採用することはできない。

このように［Discussion B］の内容を概観すると、その根本においては「自相によって成立するもの」を認めないことが重要な意味を持つことが理解される。そして、前述のように、この［Discussion B］こそがツォンカパの自立論証批判の真意を伝えているものとするならば、その「自相によって成立するもの」を認めないということは、彼の自立論証批判において究極的な意味を持つと言えるであろう。さらに翻って言えば、ツォンカパによって「自立論証」とは、自相によって成立する有法などの論証式の構成要素を前提とするもの、つまり「自相によって成立するもの」を認めることを前提とするものと言うことができよう。

図表XI

自立論証とは（2）： その構成要素である有法などが自相によって成立することを前提とする。

この自立論証式が成立する前提を、先に示したもう一つの前提（図表VI参照）と関連づけて理解すると、以下のようになる。

図表XII

自立論証とは： 自相によって成立する有法などの構成要素が両論者において共通に認められることを前提とする。(13)

先の引用末尾の強調点を付した箇所から明らかなように、ツォンカパは、このような内容の［Discussion B］（後に述べるように、ここには、［Passage B］ばかりでなく［Passage A V］と［Passage A VI］を基にした議論も含まれる）こそが、チャンドラキィールティの自立論証批判の真意を示すものと見なしている。彼が［Passage A I］から［Passage A IV］に相応する［Discussion A］をその後に置いた理由もそこにあったと考えられる。つまり、［Discussion B］をより本質的な議論と見なした彼は、『プラサンナパダー』の議論の順序に従うことなく、あえて［Discussion B］を［Discussion A］に先行させたということなのである。ともかく、この議論の背景にあるツォンカパの意図は、以下のような三点にまとめることができると考えられるのである。

図表XIII

[Discussion B] におけるツォンカパの意図：
(1) 中観帰謬派を立論者の立場に、そして中観自立派を実体論者の一部として対論者の立場に配置することによって、自らが属する中観帰謬派と対論者の一部である中観自立派を截然と区別しようとした。より絞り込んで言えば、言説として自相によって成立するものを認める中観自立派を対論者の立場に置き、言説としてさえも自相によって成立するものを認めない中観帰謬派を立論者の立場に置くことによって、後者こそが真の中観論者であることを示し、その優越性を示そうとした。
(2) 中観帰謬派を立論者の立場に置いて、実体論者に対して自立論証を用いることはできないということを示すことによって、真の中観論者であれば自立論証を用いることはできないということを示そうとした。

次にツォンカパは、『プラサンナパダー』の［Passage A I］から［Passage A IV］の記述に基づきながら、［Discussion A］を組み立てていくのであるが、まず［Passage A I］に対するツォンカパの説明から見ていくことにしよう。

〔10〕「……時」（gang gi tshe）という〔所〕から「認めている」（khas blangs pa nyid do）という〔所まで〕の意味は、所証法の依拠、すなわち有法である眼あるいは色などが真実としては（de kho nar）否定されている、つまり不成立であるということをこのバァーヴィヴェーカ自身が認めているということである。（長尾［1954], p. 266；Wayman［1978], p. 314；Chu［1997], p. 168；Newland［2002], p. 255；吉水［2002], p. 263）(14)

つまり、バァーヴィヴェーカは自らの論証式（すなわち「自立論証式」）の「勝義においては自らより生じることはない」という所証法の依拠となる、たとえば眼や色などの有法が成立しないこと、つまり真実（勝義）としては、それらの有法が成立しないことを自ら認めているというのである。これは、『プラサンナパダー』では、有法が勝義としては成立しないことの根拠が、顚倒知と不顚倒知の隔絶性に求められたのであったが、『菩提道次第論・広本』でツォンカパは、その点を詳細に説明していくのである。彼は、バァーヴィヴェーカが有法をどのように認めていたかを、『プラサンナパダー』の記述を指示しながら、次のように述べている。

〔11〕〔質問者：ここにおける〕有法は、どのようなものであるか。

〔答論者：その有法は、〕無明によって汚された顚倒〔知〕によってのみ自らの存在が得られたものである（phyin ci log tsam gyis bdag gi dngos po rnyed pa ste)。すなわち、それは〔たとえば〕眼などの言説知によってのみ成立したものである。〔バァーヴィヴェーカ自身が、その有法が成立しないと〕認めた様相は、〔次のようである。そうした有法が〕勝義において生じることのその否定（すなわち勝義において生じることがないことが)、所証法として、〔たとえば眼や色などの〕それらの有法に拠るその時に（de'i tshe)、すなわち（ste）それ故に（de'i phyir)〔成立しないのである。〕なぜならば、〔眼などの有法が〕真実として成立しないならば、それに拠ることは矛盾するからである。(長尾［1954], p. 266；Wayman［1978], p. 314；Chu［1997], p. 169；Newland［2002], pp. 255-256；吉水［2002], p. 261)(15)

実体的な存在を認め、それらが何らかの形で生じること、言い換えれば、勝義として事物が生じることを主張する実体論者に対して、バァーヴィヴェーカが「勝義としては、眼や色などの諸々の事物が生じることがない」云々という自立論証式を示す場合、そこでの所証法は、「勝義において生じることがないこと」である。そして、これはバァーヴィヴェーカが勝義において生じることを否定することを意味する。そのような論証式が成立するには、彼が生じることの主語（有法）を勝義として認めることを前提としなければならないにもかかわらず、彼自身は、自らの論証式の有法が無明によって汚された、すなわち顛倒した言説知（世俗知）によってのみ得られるものであって、勝義としては成立しない、つまり不顛倒な知によって得られるものではないと認めているというのである。

ツォンカパは、バァーヴィヴェーカがそれによって自らの論証式の有法が成立するとする顛倒知と、それによってその有法が成立すべき不顛倒知の隔絶性を、次のように説明している。

〔12〕〔質問者：〕たとえ、〔バァーヴィヴェーカが〕そのように認めたとして、それによってどのようになるというのか。

〔答論者（ツォンカパ)：〕真実として成立するのでなく、まさに真実なものでもないそれら色などは、不迷乱な知によって得られたものとしては不適当であるから、虚偽な〔対境〕を捉える有境すなわち言説知によって得られたものである。したがって、それら（言説知）も無明によって汚された迷乱知なのである。（長尾［1954］, p. 266；Wayman［1978］, p. 314；Newland［2002］, p. 256；吉水［2002］, p. 263）(16)

ここで重要なことは、チャンドラキィールティが顚倒知と不顚倒知との対立に拠って論じたことを、ツォンカパは迷乱知と不迷乱知との関係として説明していることである。つまり、迷乱あるいは不迷乱という概念は、知の対象（対境）と知（有境）の対応関係で論じられるものであり、より認識論的な概念であることから、ツォンカパがチャンドラキィールティの意図をより認識論的な視点から精緻に解説しようとしたと見ることができよう。

そこで、比較のために『プラサンナパダー』の当該の脈絡で示されたチャンドラキィールティの意図を、もう一度簡単に振り返っておくことにしよう。バァーヴィヴェーカが、サーンキャ学派に対して「勝義においては、諸々の事物が自らより生じることはない」と自立論証式によって立証する場合、言い換えれば、「勝義において自らより生じることはないこと」が所証法である場合、その所証法の依拠である有法すなわち諸々の事物は、勝義において成立していなければならないが、彼自身がその有法を認めているのは、あくまで世俗においてでしかないのであった。その問題を回避するために、バァーヴィヴェーカがその有法に関して、世俗のみとしてもあるいは勝義のみとしても限定されない一般的なものとして成立すると主張するが、そのようなことはありえないことをチャンドラキィールティは指摘したのであった。そして、その根拠を、チャンドラキィールティは、［Passage A II］にあるように、世俗と勝義が隔絶されたものであること、つまりそれら二つの領域それぞれに属する顚倒知と不顚倒知の隔絶性に求めたのであった。

ツォンカパは、上述のように、その顚倒知と不顚倒知の関係を迷乱知と不迷乱知の関係に移し替えて理解しているわけであるが、その線に沿って［Passage A II］を、次のように説明している。

〔13〕それ故に、不迷乱知によって得られたものは、迷乱知に顕現することはなく、一方迷乱知に顕現するものは不迷乱知によって得られることはない。なぜならば、それら両者、顚倒すなわち迷乱知と不顚倒すなわち不

迷乱知は、それぞれの対境を相互に排除することによって、〔まったく〕別異な形でその対境に対して関わるからである。(長尾［1954］, pp. 266-267；Wayman［1978］, p. 314；Newland［2002］, p. 256；吉水［2002］, pp. 263-264)(17)

このように、迷乱知と不迷乱知の別異性が、不迷乱知から迷乱知に対して、また迷乱知から不迷乱知に対して、両方向に示され、その根拠がそれぞれの対境が相互に排除する形で別異である点にある、と明瞭に述べているのである。

次にツォンカパは、言説として自相を認める中観自立派としてのバァーヴィヴェーカを登場させ、それら二つの知の別異性（厳密には、隔絶性）を基に、彼が言説（世俗）として認める有法（正確には、世俗のみとしてもあるいは勝義のみとしても限定されないものとして、言説において認める有法）が勝義としては成立しないことを指摘し、それを［Passage AⅢ］に示された眼前に現われる網状の毛髪の喩例を通して説明していくのである。つまり、ツォンカパは、バァーヴィヴェーカがそれによって自らの論証式の有法を得るところの知識根拠は迷乱なものであり、そのような迷乱知によって得られたものは勝義において成立しない、言い換えれば、不迷乱知によっては成立しないというのである。それをその喩例に対応させて説明すれば、次のようになる。つまり、迷乱知によって得られるものに対応するのは、眼病者が見る眼前に垂れ下がる網状の毛髪であり、その迷乱知によって得られるものが不迷乱知にとって存在しないことが、眼病を患っていない人がそのような網状の毛髪を見ないことに対応するというのである。

そして、その議論において重要な点は、バァーヴィヴェーカが属する中観自立派は言説において自相によって成立するものを認め、中観帰謬派は言説としてもそのような存在は認めない、とツォンカパが捉えていることなのである。彼は、まず［Passage AⅢ］の前半部分、つまり迷乱知（顛倒知）の側からのアプローチを分析していくのである。彼は、次のように、顛倒知とは具体的には無明によって汚された言説の眼識などの知であるという。

〔14〕そこにおいて、「顛倒〔知〕」とは、無明によって汚された言説の眼識な

どのことである。（長尾［1954］, p. 267；Wayman［1978］, pp. 314–315；Chu［1997］, p. 170；松本［1999］, pp. 267–268；Newland［2002］, p. 256）(18)

それに続いて、「自相によって成立するもの」という概念が導入され、知とその対象の関係に基づく認識論的な観点から、顚倒した無分別な言説（世俗）の感官知にその対象がどのように顕現するかが示され、有法を設定するその知がどのように迷乱なものであるかが明らかにされる。

〔15〕「〔それら（顚倒知）〕によって〔実〕在しないものが〔実〕在すると捉えられる」（de dag gis yod pa ma yin pa yod pa nyid du 'dzin pa）というのは、〔次のような意味である。〕色や声などに自体によって成立する自相が無いにもかかわらず、感官知によって〔それらが自相によって〕存在すると捉えられるのである。そして、無分別知によって捉えられるものは、ただ〔その知に〕顕現するものであることを意味するはずであるから、色などは自相〔を有するもの〕として〔顚倒した無分別な感官知に〕顕現するのである。

「……時、〔実〕在するものがわずかでさえもどうして知覚されうるであろうか」（de'i tshe ni yod par gyur pa'i don cha tsam yang dmigs par ga la 'gyur）というのは、〔次のような意味である。〕そのように自相が存在しないにもかかわらず、〔色や声などが自相によって成立するものとして〕顕現するのであるから、自相によって存在する微細なものさえも、どうしてそれら〔迷乱な〕知によって〔妥当なものとして〕成立するであろうか。（長尾［1954］, p. 267；Wayman［1978］, p. 315；松本［1999］, p. 268；Newland［2002］, p. 256）(19)（下線筆者）

この議論で極めて微妙な点は、ここで展開されていると考えられる［Discussion A］におけるバァーヴィヴェーカの性格をどのように理解するかということである。言説として自相によって成立するものを認めるバァーヴィヴェーカの中観自立派としての立場では、少なくとも言説においては自相が顕現する感官知はけっして迷乱知とされることはない。しかし、言説としてもそのような存在を認めない中観帰謬派においては、そのように自相が顕現する感官知は明らかに迷乱知である。そして、ここでの論点は、迷乱知によって得られた有法が不迷乱知によっては成立しないということであるから（図表Ⅳ参照）、この議論そのものは中観帰謬派の観点から示されていることになる。しかし一方で、ツォンカパは、中観自立派であるバァーヴィヴェーカから自らが強調する「言説として自相によって成立するものを確かめる」という中観自立派的な性格を拭い去ることもできなかったとも考えられる。したがって、それら二つの要因に基づいて、「言説として自相を認める中観自立派であるバァーヴィヴェーカが、もし真の中観論者すなわち中観帰謬派であるならば、自立論証式を用いることはできないはずである」という幾分複雑な議論が形成されたと考えられるのである。

そして、次の記述にあるように、この議論の内容が網状の毛髪の喩例によって示されているものと、ツォンカパは理解しているのであろう。

〔16〕自相によって成立するものが無いにもかかわらず、〔自相によって成立するものとして〕顕現する喩例は、「網状の毛髪など〔を見る場合〕のように」（skra shad la sogs pa ltar）と〔説かれているところのもの〕なのである。（長尾［1954］, p. 267；Wayman［1978］, p. 315；松本［1999］, p. 268；Newland［2002］, p. 256）[20]

つまり、中観自立派においては、言説としては自相によって成立するものが存在し、それが感官知に顕現すると理解されているが、実際にはそのようなものは言説においてさえ存在しないものである。そのようなものは、まさに眼病を患っている者には顕現するが、実際には存在しない網状の毛髪と同様なものであるということなのである。そして、ツォンカパは［Passage AⅢ］の前半部分を次のように結んでいる。

〔17〕これら〔の記述〕を通しては、「色や声などが顕現する感官知は迷乱であるから、それら〔の感官知〕は自相〔によって成立する〕対象を設定するものとしてはふさわしくない」と説かれているのである。（長尾［1954］, p. 267；Wayman［1978］, p. 315；松本［1999］, p. 268；Newland［2002］, p. 256）[21]

次にツォンカパは、［Passage AⅢ］の後半部分、つまり不迷乱知（不顛倒知）の側からのアプローチについて論じていくのであるが、そこで述べられている要点は、不迷乱知（すなわち不顛倒知）においては迷乱知によって得られた色や声などの存在が確認されないということなのである。最初に彼は、その点について、短く次のように説明している。

〔18〕不迷乱知が、いかなる色や声なども捉えないことを説くのが、「眼病でない人が……時、」（gangi gi tshe rab rib can ma yin pas）云々等々である。（長尾［1954］, p. 267；Wayman［1978］, p. 315；松本［1999］, p. 268；Newland［2002］, p. 256）(22)

そのように迷乱知によって得られた色や声などの存在が確認されないことが、以下で具体的に述べられていくのであるが、まずここで説かれている不顛倒なるものが「不迷乱知」であり、それがどのようなものであるかについて、次のように示されている。

〔19〕そこにおいて、不顛倒〔知と〕は、不迷乱知のことである。それは、真実を現証なさる人に〔のみ〕あるのであって、他の人にあるのではない。（長尾［1954］, p. 267；Wayman［1978］, p. 315；松本［1999］, p. 268；Newland［2002］, pp. 256–257）(23)

そして次に、そのように真実を現証する人にだけあるとされる不迷乱知は、色や声などをけっして実体化するものでないことが述べられる。

〔20〕「それ（不迷乱知）は真実でないものをも増益しない」（des yang dag pa ma yin pa sgro mi 'dogs pa）というのは、〔その不迷乱知が〕真実なる対象として不適応である色や声などを増益しない、すなわち〔実体的に〕有ると捉えない〔という〕ことである。（長尾［1954］, p. 267；Wayman［1978］, p. 315；松本［1999］, p. 268；Newland［2002］, p. 257）(24)

ツォンカパは、次に示すように、それが眼病を患っていない人の眼識が網状の毛髪を知覚しないという喩例によって、示されているというのである。

〔21〕〔それは、〕たとえば眼病のない眼識は垂れ下がって顕現する網状の毛髪を知覚しないのと同様である。（長尾［1954］, p. 267；Wayman［1978］, p. 315；松本［1999］, p. 268；Newland［2002］, p. 257）(25)

つまり、眼病を患っていない人の眼識が、眼病を患っている人のそれに顕現する網状の毛髪を知覚しないのと同様に、迷乱な言説知に顕現する自相によって成立するものが不迷乱な無分別知によって有ると捉えられることはないというのである。ツォンカパは、さらに次のように説明する。

〔22〕「世俗となるもの」（kun rdzob tu 'gyur ba）というのは、色や声などの虚偽なものである。「存在しないもの」（yod pa ma yin pa）というのは、自相によって成立しないもののことである。〔それは、〕次のような意味である。つまり、そのようなもの（自相によって成立する色や声など）は、真実を対境として有するその不迷乱な知によっては、まったく成立しないのである。なぜならば、それら（自相によって成立する色や声など）は、それ（真実を対境として有するその不迷乱な知）を通して〔真実を現証する人が〕御覧になることはないからである。（長尾［1954］, pp. 267–268；Wayman［1978］, p. 315；松本［1999］, pp. 268–269；Newland［2002］, p. 257）(26)

そこでツォンカパは、チャンドラキィールティが［Passage A Ⅳ］において引用した『廻諍論』の詩句（第30偈）が、この「自相によって成立するもの」が不迷乱知にとってけっして存在しえないことを示すものであると捉え、次のように述べるのである。

〔23〕それらの意味内容に対するアーチャーリヤ・ナーガールジュナの根本的な論書の典拠〔として〕持ち出されたのは、「もし」云々等々である。そして、この〔引用〕によって「直接知覚などの四つの知識根拠によっては、自相によって成立するいかなる対象も成立しない」と説かれたことを、〔チャンドラキィールティは〕ここにおいて〔自らの見解の〕根拠となさったのである。（長尾［1954］, p. 268；Wayman［1978］, p. 316；松本［1999］, p. 269；Newland［2002］, p. 257）(27)

以上のように、勝義において諸々の事物が生じることを否定する場合、言説において自相によって成立するものを認めるバァーヴィヴェーカの自立論証式の有法が、彼自身の側で成立しないこと（すなわち［Discussion A］の内容）が、『プラサンナパダー』の［Passage A Ⅰ］から［Passage A Ⅳ］を下敷きにしながら、ツォンカパによって論じられたのであった。

ところが、この後に奇妙な変化がツォンカパの議論に現われることになる。

チャンドラキィールティは、前章で見たように、［Discussion A］の基となる論点である［Crucial Point 1］を［Passage A I］から［Passage A Ⅵ］において論じ、［Passage A V］ではその議論の要点を示し、［Passage A Ⅵ］においてそれまでの議論をまとめているのであった。しかし、ツォンカパは、彼の自立論証批判の真意を示していると考えられる［Discussion B］を、あたかもそれに相応するチャンドラキィールティの記述をようやく見出したかのように、唐突に［Passage A V］と［Passage A Ⅵ］に基づいて展開させているのである。ツォンカパは、［Passage A V］を、次のように解釈している。

〔24〕「そのように、……の時に」（gang gi phyir de ltar）云々等々というのは、前述のことを要約したものである。そして、「有法となりうる世俗の眼などが、どこに存在することになろう」（gang zhig chos can nyid du 'gyur ba'i mig kun rdzob pa lta ga la yod）というのは、世俗の眼などの有法が〔勝義としてバァーヴィヴェーカにとって〕存在しないと説くものではなく、前述のように、〔それは〕「〔立論者である中観帰謬派にとっては、〕自相によって成立する〔色〕、すなわち不迷乱な直接知覚によって色が有法として言説においても成立しない」という意味なのである。（長尾［1954］, p. 268；Wayman［1978］, p. 316；松本［1999］, p. 269；Newland［2002］, p. 257）(28)

この記述の冒頭で、当該の部分すなわち［Passage A V］が「前述のことを要約したものである」云々と述べられていることからすれば、この箇所は［Passage A I］から［Passage A Ⅵ］に連なるもの、つまり［Crucial Point 1］を基とする［Discussion A］であると捉えるべきであろう。しかし、上記のように、それが［Discussion B］に関するものと判断されるのは、当該の箇所について「世俗の眼などの有法が存在しないと説くものではなく……」と理解されるべきではないとツォンカパによって述べられていることに基づくのである。その「世俗の眼などの有法が存在しない」という意味は、訳文の中でも補ったように、世俗の眼などの有法が、勝義としては立論者であるバァーヴィヴェーカにとって成立しないということであり、それは［Crucial

Point 1］を示すものである。ツォンカパによれば、そのように理解すべきではないというのであるから、当該の議論は［Crucial Point 1］を基とする［Discussion A］であると理解すべきではないということになる。

では、それをどのように捉えればよいのであろうか。それに対しては、次のように答えることができよう。つまり、対論者である中観自立派は言説として、そして中観自立派以外の実体論者は勝義として自相によって成立するものを認めるのであるから、彼らにとって有法（自相によって成立する色などの有法）が得られる知は、いずれにしても自相によって成立するものに対して不迷乱な知である。しかし、そのような不迷乱知は、勝義としてはもちろんのこと、言説としても自相によって成立するものを認めない立論者である中観帰謬派においては成立しないのである。それは、この引用の末尾にもあるように、中観帰謬派には自相によって成立する色が有法として成立しないということなのである。それを認識論的に言えば、厳密には自相によって成立するものに対して不迷乱である直接知覚によってそれが成立しないということなのである。したがって、ここで展開されている議論は、対論者である中観自立派をも含む実体論者と立論者である中観帰謬派の間には共通な知識根拠が成立しないから、共通な有法が成立しないということ、つまり［Discussion B］が扱われていると捉えることができるのである。そして、［Passage A Ⅵ］に関するツォンカパの理解においては、［Discussion B］が、先の［Passage A Ⅴ］についての記述の中では幾分曖昧に示されていたのに比べて、より明確な形で表わされているのである[(29)]。

では、その記述を見てみることにしよう。

〔25〕「それ故に」（de'i phyir）云々等々の意味は、〔次のようなものである。〕

自体によって成立する自性は無いと唱える人（無自性論者）と実体論者の両者の間で色処〔など〕が有法として設定される時、不迷乱な直接知覚は共通に成立しないのである。〔それ〕故に、両者の体系の間には共通に成立する有法を成立させる知識根拠は存在しない。したがって、〔立論者（無自性論者すなわち中観帰謬派）には、〕自立論証によって対論者（実体論者）に対して、過失のない所証である主張が設定されることはないのである。〔これが､その箇所の〕意味なのである。（長尾［1954］, p. 268；Wayman［1978］, p. 316；Newland［2002］, p. 257）(30)

『プラサンナパダー』の記述に対する自らの解釈が、それとの対応関係において不自然なものであることを、ツォンカパほどの論者が認識していなかったとは到底考えられない。にもかかわらず、議論の構成が不自然になることもあえて顧みず、このように議論を設定した点に、自らが自立論証批判の根本であると考えた［Discussion B］を､少しでも多く『プラサンナパダー』の記述の中に読み込みたいというツォンカパの思い入れを見て取ることができると考えられるのである。

ともかく、そのように立論者が言説としても自相によって成立するものを認めない一方で、対論者が言説あるいは勝義のいずれかにおいてそれを認めるという場合は、確かに両者の間には共通な有法などが存在することはないのである。しかし、その立論者が言説として自相によって成立するものを認めたならば、どのようになるであろう。そのような観点から示されているのが、次の記述である。

〔26〕〔対論者：〕言説としても自体によって成立する自性が無い立場では、そのようであるけれども、我々は言説においてはそのように認めないから、自立〔論証〕の有法などは存在する。したがって、〔基体不成立などの〕過失を有さない主張が有るのである。（長尾［1954］, p. 268；Wayman［1978］, p. 316；松本［1999］, pp. 265–266；Newland［2002］, p. 257）(31)

この議論は、以前に『菩提道次第論・広本』の自立論証批判の構成を概説した際に、［Additional Discussion］と呼称したものであり（図表Ⅳ参照)、言説としても自相を認める立論者と対論者によって構成されているもの（→［Framework 4］）である。そしてその論点は、中観自立派である両論者の間で、言説として自相によって成立するもの（引用文では､「言説として自体によって成立する自性を認める」となっている）を認めることによって、有法などが共通に成立することになるから、共通な基体が成立しないという主張命題の過失が回避されるということである。しかし、そこで疑問に思われるのは、中観自立派同士において、一体何が論じられるのであろうかということである。非実体論者（無自性論者あるいは空論者）が、実体論者に対して、彼らが主張する実体論的な主張を否定し、事物の非実体性あるいは空性を証明する際に採用されたものが、自立論証式であった。したがって、自立論証が成立するためには、相互に矛盾する二つの前提条件が存在すると考えられる。一つは、立論者と対論者の間には非実体論と実体論という学説的な立場の相違がなければならないということである。もう一つは、両者の間には、共通に認められる議論の依拠を得るための共通な存在論の体系がなければならないということである。自立論証が内包する究極的な問題は、まさにこの点にあると考えられるのである。

そこで、ツォンカパはそのような問題点の詳しい指摘に議論を発展させていくのかというと、残念ながらそうではない。彼は、次に示す記述のように、「自相によって成立するものは、言説としても認められない」ということをただ繰り返すことによって、そのような存在を認める立論者の立場そのものが成立しえないと述べているだけなのである。したがって、そこには何ら新たな議論の展開を見出すことはできないのである。

〔27〕〔ツォンカパ：〕そのような自性（自相）が言説として〔も〕存在することが適切ではないことは、〔私は〕以前にも〔詳〕説したし、ここ（自立論証批判の議論）でさらに説明しているのであるから、〔対論者による〕その答えは正しくないのである。（長尾［1954］, p. 268；Wayman［1978］, p. 316；Newland［2002］, p. 257）(32)

以上のとおり、この［Additional Discussion］の主眼は、自立論証の構造的な問題点を指摘するというより、自立論証を用いる中観自立派が拠って立つところの存在論を否定することにあると言えるであろう。

それでは、最後に残された『プラサンナパダー』の［Passage B］についてのツォンカパの解釈に眼を向けてみることにしよう。チャンドラキィールティが［Passage B］において扱っている自立論証批判の内容は、「論証式の主張命題の基体である有法は、バァーヴィヴェーカとサーンキャ学派の間において共通に成立しない」ということであり、それは以前に［Crucial Point 2］として示したものである。つまり、世俗のみとしてもあるいは勝義のみとしても限定されない有法が成立することを例示するために、バァーヴィヴェーカが持ち出してきた声の無常性を巡る論証式においては、その有法は論争に関与している両論者の特異な理解が反映されることなく、彼らに共通な有法が成立するのであった。一方、自立論証を通して証明される四不生説に立つ空論者である中観論者と非空論者である実体論者の間の議論においては、それら両論者の間に共通な有法が成立することはない。したがって、バァーヴィヴェーカが持ち出してきた実例と、それによって例示されている内容（すなわち自立論証による議論）は一致しないというのが、チャンドラキィールティによって提示された議論なのであった。

ところが、非常に興味深いことに、上述のような『プラサンナパダー』でチャンドラキィールティによって提示されたはずの理解を、ツォンカパは、［Passage B］の正しい解釈ではないとするのである。彼は［Passage B］全体を引用した後で、そのことについて次のように述べている。

〔28〕この〔箇所［Passage B］の〕意味は、〔以下のようなこと〕を説くものではない。

四大元素によって構成されたもの（四大所造）でもなく虚空の属性でもない、あるいは作られたものでもなく〔すでに以前から〕存在しており〔新たに〕諸々の条件によって顕現したものでもない〔単なる一般的な〕声が存在したり、また原因に依るのでもなくあるいは〔原因に〕依らないのでもない〔単なる一般的な〕無常性は存在するが、〔たとえば「不自生」等を自立論証によって証明する場合には、〕諦（勝義）なるものでもなく虚偽なるものでもない眼などは存在しないのである。

その理由は〔次のようなものである。つまり、〕それ（単なる一般的な声や無常性）は両論者が認めていないからであり、またそのように〔声や無常性が両論者に成立しない〕ならば、実例（dpe）と本題（don）のその二つが同じではないと誰も証明できないからである。（長尾［1954］, p. 269；Wayman［1978］, p. 317；Newland［2002］, p. 258）(33)

ここで問題とされているのは、たとえば声に関して言えば、仏教徒が認めるような四大元素によって構成されたものでもなく、ヴァイシェーシカ学派が認めるような虚空の属性でもない単なる一般的な声というものが果たして存在するかどうかということなのである。ツォンカパによれば、そのような声は、ある意味で想像上の産物でしかなく、具体的な内容を持たないものである(34)。端的に言えば、そのようなものは存在しないのであり、両論者の間に成立していないというのであろう。したがって、もしバァーヴィヴェーカが持ち出してきた実例の有法がそのようなものであれば、中観論者とサーンキャ学派の間に有法が成立しないということと同じ状況となり、「実例と本題の内容が一致しない」ということが成立しないことになる。翻って言えば、ツォンカパは、たとえば仏教徒とヴァイシェーシカ学派の間には、四大元素によって構成されたものでもなく、虚空の属性でもない単なる一般的な声ではない、両論者が共有する何かより具体的な内容を有する声が存在すると理解しているということなのである。このようなツォンカパの理解には、彼が『プラサンナパダー』の記述の背後にあるチャンドラキィールティの真意を見出そうとしているというより、自らの独自な理解をなんとか『プラサンナパダー』の記述の中に読み込もうとしている姿勢が見て取れるのである。誤解を恐れずに言えば、ツォンカパのそのような態度は、たとえ非意図的なものであっても、明瞭なチャンドラキィールティ批判とも受け取ることができるのである。

では、ツォンカパが実例に関して言うところの、両論者が共有する、より具体的なものとは、どのようなものなのであろうか。それを、[Passage B]に関するツォンカパの解釈（すなわち[Discussion B]）の中に見出すことができるかどうか探ってみることにしよう。

〔29〕この〔箇所［Passage B］の〕意味は、〔次のようなもの〕である。「四大元素によって構成された声」というような、あるいは「虚空の属性」というような、いずれの特殊性によっても限定されないで声は存在するという決定が、それら両論者（仏教徒とヴァイシェーシカ学派）の体系においてなされることがある。しかし、自性空論者と自性不空論者の二つの体系においては、不迷乱知によって成立したものでもなく迷乱知に

よって成立したものでもない〔共通な〕知識根拠によって成立した眼あるいは色一般〔のようなもの〕は存在しないのである。つまり、迷乱知によって成立したものは、対論者において成立しないのであり、一方不迷乱知によって得られたものは、立論者の知識根拠によって成立しないのである。したがって、〔本題が〕実例と一致することはないのである。（長尾［1954］, p. 269；Wayman［1978］, p. 317；Newland［2002］, p. 258）(35)（強調点筆者）

実例に関しては後に述べることにして、ここではまずその実例によって示されている本題の内容から見ていくことにしよう。この本題に関するツォンカパの理解における立論者と対論者は、それぞれ空論者であり不空論者であるとされている。そして、そこで問題とされている論点は、「両論者の間には共通な有法が成立しない」ということである。これによって、ここに展開されている議論が、ツォンカパがより重要であると考えた［Discussion B］であることが容易に推測できよう。そうであれば、立論者である空論者とは中観帰謬派のことであり、対論者である不空論者とは中観自立派をも含めた実体論者となる。そして、自相によって成立するものを認める対論者において有法が得られる知識根拠は自相に対して不迷乱な知であるが、自相によって成立するものを認めない立論者にはそのような知識根拠の不迷乱性は成立しないと理解されるのである。つまり、両論者の間には共通な知識根拠が成立しないのであり、それは共通な有法が得られないことを示すものである。これが、この本題に関する議論のあらましと考えられる。

では、先に保留した実例に関する問題について検討することにしよう。チャンドラキィールティによる［Passage B］の重要な点は、次のようなことであった。たとえば仏教徒とヴァイシェーシカ学派の間のような、立論者と対論者の間の議論においては、どれほど具体的であるかは別として、存在一般として共通する有法などは成立するが、空論者と不空論者という両論者の間の勝義を巡る議論（すなわち「自立論証」）においては、共通する有法が成立することはけっしてないということであった。つまり、前者の議論と後者のそれ、すなわち実例と本題の間には相似性はないということであった。ところが、ツォンカパは、両論者の間に共通に成立するのは、前述のように、ただ存在一般のようなものではなく、より具体的な内容を有するものであると捉えていたと考えられた。つまり、そこで問題とされるのは、両論者の間に共通に成立するより具体的な内容を有するものとは、どのようなものであるかということである。そこで推測できるのは、ツォンカパは、本題の議論を空論者と不空論者との間の議論であると、そして実例の議論を不空論者同士の議論であると、理解していたのではないかということである。その推測の根拠は、ツォンカパが、この［Discussion B］において中観自立派を実体論者の中に位置付けていることからもわかるように、中観帰謬派以外の仏教徒ならびに非仏教徒の諸学派を一括して実体論者であると見なしているということなのである。したがって、本題の議論においては、何らかの実体的な存在が中観帰謬派以外のすべての論者によって共有されうるから、彼らの間ではそれに対する不迷乱知である共通な知識根拠、さらにはそれによって得られる有法などが成立するということなのである。では、そのような実体的なものとは、具体的には何かと言えば、それはまさにツォンカパが極めて頻繁に用いるところの「自相によって成立するもの」であると考えられる(36)。

そこで、仏教徒とヴァイシェーシカ学派の間での議論における有法である声のあり方をまとめて図示すると、次のようになる。

図表XIV
《有法である声に関する仏教徒とヴァイシェーシカ学派の理解》

	Level 1	Level 2
仏教徒	四大元素によって構成されたもの	自相によって成立するもの
ヴァイシェーシカ学派	虚空の属性	自相によって成立するもの

つまり、仏教徒とヴァイシェーシカ学派は、Level 1においては声を有法として共有することはできないが、Level 2においては「自相によって成立するもの」としての声を有法として共有することができるということなのである。そして、ツォンカパによれば、これによって実例と本題が一致しないことが成立することになるのである。

以上が、『プラサンナパダー』の［Passage A］ならびに［Passage B］を下敷きにして、ツォンカパが『菩提道次第論・広本』で展開させた自立論証批判の主な議論についての検討である。

次章では、ツォンカパが『善説心髄』において提示したもう一つの自立論証批判を眺めてみることにしよう。

〈註記〉

（1）　このように、［Discussion A］（つまり、『プラサンナパダー』の記述に直接的に沿った議論）において、バァーヴィヴェーカを立論者として、彼が自らの論証式の有法が勝義において成立しないことに基づいて、彼が自立論証を用いることができないということをツォンカパが述べているという筆者の理解（四津谷［1999］, p. 112）に対して、吉水千鶴子博士から上記のような理解は「バァーヴィヴェーカにとっては、言説（世俗）として有法が成立するから、彼は言説として自立論証を用いることができる」とツォンカパが捉えていたことになるのではないかという指摘がなされた（吉水［2002］, p. 264）。確かに、筆者の記述からそのように理解されうることは認めるが、筆者はツォンカパがそのような理解を示しているとはけっして述べていないことをまず確認しておきたい。同博士は、この指摘を端緒にして、ツォンカパは、『菩提道次第論・広本』で示した自立論証批判において、バァーヴィヴェーカが自立論証を用いることをけっして否定しておらず、ただ中観帰謬派が自立論証を用いることができないことを示しただけであるという理解を上記論文で提示されている。同博士によっては、『プラサンナパダー』の記述［C］（第8章における引用〔19〕,〔20〕）に対するツォンカパの解釈［D］（本章における引用〔10〕,〔11〕,〔12〕,〔13〕）とツォンカパ自身の見解を提示している記述［F］（本章における引用〔7〕,〔8〕,〔9〕）が比較検討されているのであるが、その主張内容は、筆者が理解するところでは、次のようなものである。『プラサンナパダー』の記述［C］に対するツォンカパの解釈［D］においては、バァーヴィヴェーカの有法が勝義において成立しないことによって自立論証を用いることができない、すなわち有法が勝義において不成立であることが述べられているが、そのことは彼が立論者として、対論者に対してつまり実体論者である中観自立派に対して自立論証を用いることをけっして妨げるものではない。なぜならば、両者の間において有法が成立しうることをけっして妨げるものではないからである。というのは、［D］において示されている「有法が勝義において不成立であること」の論拠となる「顛倒」と「不顛倒」の別異性は、［F］に示されている「迷乱」と「不迷乱」の別異性に置き換えることができる。そして、そこに含意されていることは、中観自立派の言説有としての有法を設定する知識根拠は、自相に対して不迷乱なものであり、一方中観帰謬派の言説有としての有法を設定する知識根拠は、反対に自相に対して迷乱なものであるということである。したがって、それらの別異性は、中観帰謬派と実体論者である中観自立派との間には共通な有法を設定する知識根拠が成立しえないことを示すものである。しかし、そのことは、バァーヴィヴェーカが立論者として自立論証を上記の対論者に対して用いることを妨げるものではない。なぜならば、両者は言説において自相を認めるので、そこに共通な有法を設定する知識根拠が成立しうるからである。そして、『菩提道次第論・広本』においては、一貫して中観帰謬派が立論者の立場に、中観自立派をはじめとする実体論者が対論者の立場に置かれており、そこで議論されているのは、あくまで中観帰謬派が上記の対論者に対して自立論証を用いることはできないということである。

まず、筆者は、本書でも示したように、同博士が用いられた記述［D］と［F］は異なった内容の議論に属するものと理解している。つまり、前者は［Discussion A］に、後者は［Discussion B］に属するものである。したがって、同博士がそれを同じ文脈として理解されることとは異なった立場を取るものである。また、同博士が記述［D］と「F」が同じ文脈であると理解されるならば、例えば本章の引用〔19〕をどのように捉えられるかが問題となるのではないだろうか。というのは、同博士が『菩提道次第論・広本』の当該の議論に説かれている「不迷乱」が、一貫して中観自立派の自相に対して不迷乱な知あるいは知識根拠のことであるというならば、引用〔19〕では「不顛倒とは不迷乱のことであり、それは真実を現証なさる人に〔のみ〕あるのであって……」と示されており、これを中観自立派の自相に対する不迷乱な知として理解できるであろうか。

さらに、同博士は、ツォンカパはバァーヴィヴェーカが中観自立派として自立論証を用いることをけっして否定してはいないと述べておられるが、確かにツォンカパは、バァーヴィヴェーカが中観自立派として、たとえば同じ中観自立派に対して自立論証を用いることができると設定していることは、この『菩提道次第論・広本』において（また『善説心髄』において）認められるが、後述するように（引用〔26〕, 〔27〕参照)、自立論証を認めることにおいて最も重要な「中観自立派が自相を認めること」そのものを否定していることも付言しておきたい。

（2） 'di'i don ni Sangs rgyas pas Bye brag pa la sgra mi rtag ces dam 'cha' ba na 'byung 'gyur gyi sgra zhes chos can du bzung na Bye brag pa la mi 'grub la nam mkha'i yon tan gyi sgra zhes chos can du byas na rang la mi 'grub bo//de bzhin du Bye brag pas kyang gSal byed pa la sgra mi rtag par dam 'cha' ba na byas pa'i sgra zhes chos can du bzung na gSal byed pa la mi 'grub la sngar yod rkyen gyis gsal bar byed pa'i sgra zhes chos can du bzung na rang la mi 'grub bo//des na so so'i 'dod pa thun mong min pa chos can du bzung du mi rung ste/chos can ni rgol ba gnyis kas khyad par gyi chos dpyod pa'i gzhi yin pas gnyis ka'i mthun snang du grub pa zhig dgos pa'i phyir ro//ji ltar chos can mthun snang du grub pa dgos pa de bzhin du chos mi rtag pa'ang khyad par du ma byas pa'i spyi tsam zhig gnyis kas grub dgos te de yang dper gang bkod pa la mthun snang du grub pa zhig bsgrub bya grub pa'i sngon du dgos pa yin no// (LRChen. pa. 419b2-6)

（3） dpe de bzhin du dBu ma pas mig la sogs pa nang gi skye mched dam gzugs la sogs pa phyi'i skye mched rnams bdag las skye ba med par gzhan sde la bsgrub pa dang gzhan las skye ba med par rang sde dNgos por smra ba la bsgrub pa na bden pa'i mig la sogs pa zhes chos can du bzung na rang la mi 'grub la/brdzun pa'i mig la sogs pa zhes chos can du bzung na pha rol po la mi 'grub pas khyad par de 'dra ba dor te mig dang gzugs tsam zhig chos can du 'jog ste dBu ma pa dang dNgos por smra ba gnyis kyis bdag las skye ba yod med la sogs pa'i khyad par gyi chos dpyod pa'i gzhi yin pas gnyis ka'i mthun snang du grub dgos pa'i phyir ro snyam du bsams pa'o//（LRChen. pa. 419b6-420a3）

（４） mthun snang du grub pa'i don yang phyir rgol la tshad ma ji 'dra ba zhig gis grub pa'i tshad ma de 'dra ba zhig gis snga[r] rgol la'ang grub pa'o//（LRChen. pa. 420a3-4）

（５） snga[r] rgol du khas blangs nas dam bca' 'jog/phyi[r] rgol bas de'i sgrub byed dris na/rang rgyud kyi gtan tshigs dang dpe 'god/rtags dpe dang phyogs kyi nyes pa rnams sel bar byed/de ltar mi byed na snga[r] rgol tshar bcad kyi gnas su 'jog/phyi[r] rgol du khas blangs nas rgol ba'i dam bca' dang sgrub byed ltar snang la sun 'byin 'phen/sun 'byin la'ang dngos su bsgrub bya mi sgrub par mtshungs kyang/dgag bya 'god pa'i tshul gsum 'phen mi 'phen gyi dbye bas gnyis su yod/de dag gang rung gi sgo nas sun mi 'byin pa'am/phyogs phyi ma la ［mi］ sgrub byed 'god par byed na tshar bcad kyi gnas su 'jog/mdor na rang phyogs sgrub snga[r] rgol du 'jog byed kyi gtso bo dang/gzhan phyogs 'gog pa phyi[r] rgol du 'jog byed kyi gtso bor bshad pa yin no//（BNg. kha. 32a4-7）

（６） チベット仏教における論争の手続などに関する問題については、小野田［1979］,［1988］；Jackson［1987］；小野田［1992］；Perdue［1992］参照。

（７） gzugs kyi skye mched ni bdag las skye ba med de ［/］
yod pa'i phyir ［/］
mdun na gsal ba'i bum pa bzhin no//（LRChen. pa. 420b4）

（８） 松本［1999］, pp. 182-184.

（９） 'dir phyir rgol gang dang mthun snang du grub pa'i chos can mi 'grub pa'i mi 'grub lugs ston pa'i phyir rgol de ni *Tshig gsal* las gsungs pa'i skabs 'dir ni bdag skye 'gog pa'i phyi[r] rgol yin mod kyang spyir ni dngos po rnams la don dam par rang bzhin yod par 'dod pa'i dNgos por smra ba dang tha snyad du de dag la rang gi mtshan nyid kyis grub pa'i rang bzhin yod par 'dod pa'i Rang rgyud pa gnyis ka yin no//（LRChen. pa. 420b5-421a1）

（10） gzugs kyi skye mched chos can du bzhag pa de 'grub lugs ni de 'dzin pa'i mig gi shes pa'i mngon sum tshad mas 'grub dgos la/de yang ma 'khrul bar de dag gis ma grub na don bsgrub pa'i mngon sum du mi rung bas ma 'khrul ba dgos so//（LRChen. pa. 421a2-3）

（11） rtog med ma 'khrul bar 'grub pa ni de dag gi lugs la gang la ma 'khrul bar song sa de'i rang gi mtshan nyid kyis grub pa de snang zhing snang ba ltar yod pa la nges par bltos so//（LRChen. pa. 421a3-4）

（12） de ltar na phyi[r] rgol la tshad ma ji 'dra ba zhig gis chos can grub pa'i tshad ma de ni snga[r] rgol la mi rungs ste chos gang la'ang rang gi mtshan nyid kyis grub pa'i ngo bo tha snyad du'ang med pas de sgrub byed kyi tshad ma med pa'i phyir ro snyam du slob dpon 'dis dgongs nas rang rgyud 'gog pa yin no//（LRChen. pa. 421a4-5）

(13) 「自立」(svatantra, rang rgyud) ということについては、すでに述べたことがあるが、当該のコンテクストにおける「自立」(svatantra, rang rgyud) ということについて、改めて述べておくことにしよう。この“svatantra”という表現を前面に出してバァーヴィヴェーカの論証式を形容したのは、チャンドラキールティであって、バァーヴィヴェーカ自身ではない。バァーヴィヴェーカは、確かに“svatantra”という表現を用いて自らの推論(論証)あるいはナーガールジュナのそれを形容してはいるが、それはあくまで「対論者の学説を非難すること」の対になるものとして、自らの立場に立って論証(推論)するもの(rang dbang du rjes su dpag pa)であり、自らの推論に対する固有の呼称として用いたものではないと考えられる。その点において、対論者の学説を非難することを事とする中観帰謬派の態度と対をなす態度を示す表現と考えられる。

チャンドラキールティによるバァーヴィヴェーカの自立論証批判の議論の中心は、真実(勝義)をめぐる議論において中観論者が実体論者との間で有法などの論証式の構成要素を共有できるという点にあると考えられる。したがって、チャンドラキールティにおける“svatantra”(この場合の訳語は“rang rgyud”である)は、有法などが両論者に成立することの中の特に「有法などが立論者(中観論者)に成立していること」を意味するものと考えられる。そして、そのことを明確に反映したものが、『プラサンナパダー』の[Crucial Point 1]の議論である。

ツォンカパは、第6章においても触れたように、プラサンガが換質換位され、還元されたものとしての「自立論証」、あるいは第5章のジャヤーナンダのプラサンガ理解から推測されるように、有法や遍充関係が知識根拠によって成立することを前提とする「自立論証」、また同章で取り上げられているク・ドデワルの理解の中(引用〔8〕ならびに〔9〕)に見られた、勝義を考察する場合に単に対論者の主張を否定するだけではなく自らの主張(所証)を証明するものとしての「自立論証」、そして主張の有無に関する誤った理解の第三説において散見できるように、勝義あるいは言説いずれにおいてであろうとも主張が有ることを前提とする「自立論証」などのさまざまな理解があることに言及している。

そうした理解に対して、ツォンカパ自身における「自立論証」とは、ここにも示され、第5章の主張の有無に関する誤った理解の第四説において、あるいは第7章(引用〔6〕ならびに〔7〕)でも示されているように、あくまで自相によって成立するものが両論者において共通に認められることを前提とするものである。

ここで付言しておきたいのは、ツォンカパはそのように自立論証を批判してはいるが、中観帰謬派には自らの主張が有るとし、またプラサンガは単に対論者の学説を否定するだけではなく、対論者の学説(否定対象)の否定は積極的に論証されるべきであるとする態度(第5章第Ⅶ節参照)に、中観自立派的な要素を見出すことができるということである(「自立」ということについては、江島[1980a], pp. 190-192;Thurman[1984], pp. 321-322;松本[1985]〔附論1〕pp.(118)-(121);松本[1999], pp. 265-267;四津谷[1999], pp. 47-72;吉水[2002], pp. 270-273;米澤[2004], pp. 59-60参照)。

(14) gang gi tshe zhes pa nas khas blangs pa nyid do / zhes pa'i don ni bsgrub bya'i chos

kyi rten chos can mig gam gzugs la sogs pa ni de kho nar nyams par gyur pa ste ma grub par Legs ldan 'byed 'dis rang nyid kyis khas blangs pa yin no//（LRChen. pa. 421b1-2）

ツォンカパは『プラサンナパダー』の当該箇所（第8章［Passage A I］参照）において、“de'i tshe de kho nar”（tadaiva）となっている所を、同書のチベット訳“de'i tshe de kho nar”（D.'a.9b3）（tadā tattvataḥ）に従って理解しているが（LRChen. pa.420a5）、そうした読みは上記の下線部にも反映されている。このツォンカパの読みは、『プラサンナパダー』の当該箇所を解説する［Discussion A］の内容、すなわち「顛倒知によって得られた論証式の有法が、勝義（真実）においては成立しないとバァーヴィヴェーカ自ら認めている」ということからはけっして逸脱しておらず、ある意味では当該箇所におけるチャンドラキールティの意図をより明確に示すものとなっていると言えよう。このことは、ツォンカパが主にチベット語で翻訳されたテキストに依拠し、サンスクリット語で示されたテキストについてあまり顧慮しなかったことを示すものであるかもしれない。

なお、上述の問題については、次章で再度言及する。

（15）　chos can ji 'dra ba snyam na ma rig pas bslad pa'i phyin ci log tsam gyis bdag gi dngos po rnyed pa ste/mig gi shes pa la sogs pa'i tha snyad pa'i shes pa tsam gyis grub pa'i don do//khas blangs lugs ni don dam par skye ba bkag pa de chos can de dag la bsgrub bya'i chos su brten pa de'i tshe ste/de'i phyir te de kho nar grub na de brten pa 'gal ba'i phyir ro//（LRChen. pa. 421b2-3）

（16）　'o na de ltar khas len mod des cir 'gyur snyam na/de kho nar ma grub cing de kho na nyid kyi don yang ma yin pa'i gzugs la sogs pa de dag ni ma 'khrul pa'i shes pas rnyed pa'i don du mi rung bas yul can brdzun pa 'dzin pa'i tha snyad pa'i shes pas rnyed pa yin pas de dag kyang ma rig pas bslad pa'i 'khrul pa yin no//（LRChen. pa. 421b3-5）

（17）　des na ma 'khrul bas rnyed pa'i don 'khrul shes la mi snang la/'khrul shes la snang ba'i don ma 'khrul ba'i shes pas rnyed pa ma yin te phyin ci log 'khrul shes dang phyin ci ma log pa ma 'khrul ba'i shes pa gnyis rang rang gi yul phan tshun spangs pa'i sgo nas yul la 'jug pa'i tha dad pa yin pa'i phyir ro//（LRChen. pa. 421b5-6）

（18）　de la phyin ci log ces pa ni mig la sogs pa'i shes pa tha snyad pa ma rig pas bshad pa rnams so//（LRChen. pa. 422a1）

（19）　de dag gis yod pa ma yin pa yod pa nyid du 'dzin pa zhes pa ni/gzugs sgra sogs la rang gi ngo bo nyid kyis grub pa'i mtshan nyid med bzhin du dbang po'i shes pas yod par bzung ba ste/rtog med kyi shes pas bzung ba ni snang ba tsam la bya dgos pas rang gi mtshan nyid du gzugs sogs snang ba'o//de'i tshe ni yod par gyur pa'i don cha tsam yang dmigs par ga la 'gyur/zhes pa ni de ltar rang mtshan med bzhin du snang ba'i phyir na shes pa de dag gis rang gi mtshan nyid kyis yod pa'i don phra mo yang 'grub par ga la 'gyur zhes pa'i don no//（LRChen. pa. 422a1-4）

（20）　rang gi mtshan nyid kyis grub pa'i don med bzhin du snang ba'i dpe ni/skra shad la sogs pa ltar zhes pa'o//（LRChen. pa. 422a4）

(21) de dag gis ni gzugs sgra sogs snang ba'i dbang shes rnams 'khrul pa yin pas don rang gi mtshan nyid sgrub byed du mi rung bar gsungs so// (LRChen. pa. 422a4-5)

(22) ma 'khrul ba'i shes pas ni gzugs sgra sogs 'ga' yang mi 'dzin to/zhes/ston pa ni gang gi tshe rab rib can ma yin pas zhes sogs so// (LRChen. pa. 422a5-6)

(23) de la phyin ci ma log pa ni ma 'khrul pa'i shes pa'o// (LRChen. pa. 422a6)

(24) des yang dag ma yin pa sgro mi 'dogs pa ni de kho na nyid kyi don du mi rung ba'i gzugs sgra sogs sgro mi 'dogs pa ste/yod par mi 'dzin pa'o//de ni de kho na nyid mngon sum du mdzad pa la yod kyi gzhan la med do // (LRChen. pa. 422a6-b1)

(25) dper na/rab rib dang bral ba'i mig shes kyis skra shad 'dzag pa'i snang ba ma dmigs pa ltar ro// (LRChen. pa. 422b1)

(26) kun rdzob tu 'gyur ba ni gzugs sgra sogs brdzun pa'i don no//yod pa ma yin pa ni rang gi mtshan nyid kyis ma grub pa'o//de 'dra ba de ma 'khrul ba'i shes pa de kho na nyid kyi yul can des cha tsam yang mi 'grub ste/de dag des ma gzigs pa'i phyir ro zhes pa'i don no// (LRChen. pa. 422b1-2)

(27) don de dag la mngon po Klu sgrub kyi gzhung gi shes byed dkod pa ni/gal te zhes sogs te/'dis mngon sum la sogs pa'i tshad ma bzhis rang gi mtshan nyid kyis grub pa'i don 'ga' yang ma grub par gsungs pa 'dir khungs su mdzad pa yin no// (LRChen. pa. 422b2-3)

(28) gang gi phyir de ltar zhes sogs ni sngar bshad pa'i don sdud pa yin la/gang zhig chos can nyid du 'gyur ba'i mig kun rdzob pa lta ga la yod ces pa ni/kun rdzob pa'i mig la sogs pa'i chos can med par ston pa min gyi sngar bshad pa ltar rang gi mtshan nyid kyis grub pa'am mngon sum ma 'khrul bas grub pa'i gzugs chos can du tha snyad du'ang ma grub ces pa'i don no// (LRChen. pa. 422b3-5)

(29) 松本史朗博士によれば、ツォンカパは「帰謬派の量による中観自立派の言説有の不成立」と「勝義知（不迷乱知・実義現証知）による、帰謬派の言説有の勝義における不成立」という二つの「不成立」を論じており、『プラサンナパダー』の当該箇所のツォンカパの解説部分、特に本章における引用〔14〕,〔15〕,〔16〕,〔17〕（同博士の区分では④に関するツォンカパの解釈）においては第一の不成立、引用〔18〕,〔19〕,〔20〕,〔21〕,〔22〕（同博士の区分では⑤に関するツォンカパの解釈）においては第二の不成立、引用〔23〕（同博士の区分では⑥に関するツォンカパの解釈）では第一の不成立、そして〔24〕（同博士の区分では⑦に関するツォンカパの解釈）においては再度第二の不成立が述べられているとされる（松本［1999］, pp. 262-270)。筆者は、〔10〕～〔23〕（同博士の区分では②～⑥に関するツォンカパの解釈）において「不迷乱なる知」あるいは「不顚倒なる知」と理解されるものは、たとえば〔19〕に示されている「不迷乱知」（すなわち「真実を現証する知」）であると捉えるのであって、中観自立派の自相に対する知識根拠とは捉えない。したがって、〔14〕～〔23〕は、一貫して中観帰謬派の言説有としての有法が勝義においては成立しない、すなわち松本博士のいう第一の不成立を論じていると理解する。

（30）　de'i phyir / zhes sogs kyi don ni Rang gi ngo bos grub pa'i rang bzhin med par smra ba dang dngos por smra ba gnyis la gzugs kyi skye mched chos can du bzhag pa'i tshe ma 'khrul ba'i mngon sum mthun snang du ma grub pas gnyis ka'i lugs la mthun snang du grub pa'i chos can sgrub byed kyi tshad ma med pas rang rgyud rtags kyis phyir rgol la bsgrub par bya ba'i phyogs skyon med bzhag tu med ces pa'i don no //（LRChen. pa. 422b5-423a1）

（31）　gal te tha snyad du yang rang gi ngo bos grub pa'i rang bzhin med pa'i phyogs la de ltar yin med kyang / kho bo cag ni tha snyad du de ltar mi 'dod pas rang rgyud kyi chos can la sogs pa yod pa'i phyir phyogs skyon med yod do snyam na /......（LRChen. pa. 423a1-2）

（32）　tha snyad du de 'dra ba'i rang bzhin yod pa mi 'thad pa ni sngar yang bshad cing da dung yang 'chad pas lan de ni rigs pa ma yin no //（LRChen. pa. 423a2）

（33）　'di'i don ni 'byung gyur dang nam mkha'i yon tan gnyis dang byas pa dang sngar yod rkyen gyis gsal bar byed pa gnyis gang yang min pa'i sgra dang rgyu la bltos mi bltos gang yang min pa'i mi rtag pa spyi tsam pa zhig yod la / bden brdzun gang yang min pa'i mig la sogs pa med ces ston pa min te / de ni rgol ba de dag gis mi 'dod pa'i phyir dang de lta na dpe don de gnyis mi mtshungs par sus kyang bsgrub par mi nus pa'i phyir ro //（LRChen. pa. 423a4-6）

（34）　江島恵教博士は、こうした各学派による特殊性を排除した有法のあり方が、具体性をもたず架空のものになってしまう危惧があることを指摘されている（江島［1980a］, p.189）。

（35）　......'byung gyur gyi sgra zhes pa'am nam mkha'i yon tan gyi sgra zhes pa'i khyad par gang rung gis khyad par du ma byas par sgra yod par nges pa ni rgol ba gnyis po de dag gi lugs la byar yod la / rang bzhin gyis stong par smra ba dang rang bzhin gyis mi stong par smra ba gnyis kyi lugs la ma 'khrul ba'i shes pas grub pa'ang ma yin / 'khrul pa'i shes pas grub pa'ang ma yin pa'i tshad mas grub pa'i mig gam gzugs kyi spyi med cing / 'khrul pa'i shes pas grub pa ni phyir rgol la ma grub la ma 'khrul ba'i shes pas rnyed pa ni snga[r] rgol gyi tshad mas mi 'grub pas dpe dang 'dra ba yod pa ma yin no zhes pa'i don no //（LRChen. pa. 423a6-b3）

（36）　このような理解は、ツォンカパの直弟子であるケードゥップの［Passage B］の解釈の中に明確に見て取ることができるのである（TTh. ka. 164a1-4）。

第10章　自立論証批判（3）

I

前章で、『菩提道次第論・広本』におけるツォンカパの自立論証批判を眺めたが、本章では、彼が『善説心髄』において提示したもう一つの自立論証批判を検討してみることにしよう。

前章で考察したように、『菩提道次第論・広本』におけるツォンカパの自立論証批判の意図は、中観自立派と自らが信奉する中観帰謬派とを截然と区別すること、より厳密に言えば、中観帰謬派が中観自立派より無自性論者として優れている点を明確に示すことによって、中観帰謬派こそが真の中観論者であることを顕示しようとするものであった。そして、本章で取り上げる『善説心髄』では、その意図がより鮮明に打ち出されていると言えるのである。というのも、『菩提道次第論・広本』での自立論証批判についての主要な議論は［Discussion B］として示したものであったが、その議論の要点が「真の中観論者である中観帰謬派が自立論証を採用することは正しくない」というに留まっていたのに対して、『善説心髄』における自立論証批判の要点は「中観論者であるにもかかわらず、あたかも実体論者と同じような立場を取る中観自立派が自立論証を採用することは正しくない」というように、こちらでは、より直接的な中観自立派批判が展開されていると考えられるからである。

では、以下に、『善説心髄』における自立論証批判について検討していくことにしよう。

II

まず最初に、『善説心髄』におけるツォンカパの自立論証批判が展開される基となる自立論証式を示しておこう。

〔1〕〔主張命題：〕「勝義においては諸々の内処は自らより生じることはない」

と決定される。

〔理由：〕なぜならば、〔それらはすでに〕存在しているから。

〔喩例：〕たとえば、精神のように。

(Thurman［1984］, p. 333 ; 片野［1998］, p. 153)(1)

この論証式の内容は、『菩提道次第論・広本』において自立論証の具体例として用いられたものとは異なるが、『プラサンナパダー』において用いられたものとはほとんど同じものである。しかも、『プラサンナパダー』において、[Crucial Point] が論じられるに先立って、提示されたバァーヴィヴェーカの自立論証式の意図を確定するために設定された議論は、『菩提道次第論・広本』においては取り扱われていなかったが、『善説心髄』では扱われているのである。これは、『菩提道次第論・広本』の議論を補完しようとした意図の現われとも捉えることができ、あるいは、この『善説心髄』の議論こそが『プラサンナパダー』の記述のより忠実な理解であることを示そうという意図の反映とも考えられる。

そこで、まず『プラサンナパダー』において、バァーヴィヴェーカの自立論証式の意図を確定させるために設定されたその議論について、ツォンカパがどのように理解しているかを見ておくことにしよう。『プラサンナパダー』の当該の議論において取り上げられた問題は、バァーヴィヴェーカの自立論証式の特徴の一つである「勝義において」(paramārthataḥ) という限定句の役割であったが、ツォンカパは、「自らより生じない」ということを証明されるべき法（所証法）とする、すなわち主張命題全体をその限定句が限定するという選言肢を設定している。つまり、「諸々の内処などの事物が自らより生じる」ということを、「勝義として」という限定句を用いて否定するということは、それは、世俗としてそれらが自らより生じることを、何らかの形で認めていることを含意するもの、と捉えられるのである（ただし、第8章でも示したように、この場合の否定はバァーヴィヴェーカが意図するところの「非定立的否定」ではなく「定立的否定」であることが前提とされている)。その結果、ツォンカパが、チャンドラキィールティに従って（第8章図表Ⅶ参照）設定した選言肢は次のようなものである。

図表 I

1. バァーヴィヴェーカは、哲学的な考察の素養のある者によって認められるような「諸々の内処などが自らより生じる」ということを世俗において認めることはできない。 1. 1. バァーヴィヴェーカ自身が、仏教徒として（厳密には、ナーガールジュナの追随者として）「諸々の内処などが自らより生じる」ということを世俗において認めることはできない。 1. 2. バァーヴィヴェーカは、対論者であるサーンキャ学派が主張するような「諸々の内処などが自らより生じる」ということを世俗において認めることはできない。 2. バァーヴィヴェーカは、哲学的な考察の素養のない一般的な人々によって主張される「諸々の内処などが自らより生じる」ということを世俗において認めることはできない。

まず、上の選言肢 1. 1 に関して、ツォンカパは次のように述べている。

〔2〕もし「勝義として」という限定句が主張命題に付されるものであるならば、自ら〔の立場〕に鑑みて〔その限定句を〕付する必要はないのである。なぜならば、〔バァーヴィヴェーカ〕自身が世俗においてさえも〔諸々の内処などが〕自らより生じると認めないからである。そして、……(Thurman [1984], p. 333 ; 片野 [1998], pp. 153–155) (2)

次の選言肢 1. 2 についての彼の説明は、次の通りである。

〔3〕もし「勝義として」という限定句が対論者（サーンキャ学派）〔の立場〕に鑑みて〔その限定句を付するもの〕であるならば、〔それに対しては次のように答えられる。〕二諦〔すなわち、勝義と世俗についての理解を〕欠いている外教徒は、二諦〔のいずれ〕からも排除されることが正しいから、〔「勝義として」という〕限定句が付されることが否定されたならば、〔それは〕好ましいのである。(Thurman [1984], p. 333 ; 片野 [1998], p. 155) (3)

そして、第三の選言肢 2、すなわちバァーヴィヴェーカが世俗として認めることが予想される諸々の内処などの事物が自らより生じることは、哲学的な考察の素養のない一般的な人々によるものであるということを、ツォンカパは次のように否定している。

〔4〕世間〔の人々〕の世俗において自ら〔より〕生じると主張していることを否定するのは正しくないから、それ（世間の人々の世俗）を鑑みて〔「勝義として」という〕限定句が付されることは正しくないのである。なぜ

ならば、世間の人々は原因から結果が生じることだけ（tsam zhig）を主張するのみであって、「自ら〔より生じる〕」そして「他より生じる」というように考察しないからである。(Thurman［1984］, p. 333 ; 片野［1998］, p. 155）[(4)]

次に、ツォンカパは、その限定句が先に掲げたバァーヴィヴェーカの自立論証式の主語すなわち有法に付されたものであるという理解を、以下のように検証している。

〔5〕さらにまた、敵者（サーンキャ学派）が勝義として認める〔内処の一つである〕眼などが生じることを言説としてさえも否定することを意図して、〔「勝義として」という限定句が付されたの〕であると言うならば、その場合は有法〔すなわち基体〕が成立しないという主張命題〔の過失〕あるいは〔依拠が成立しないという〕証因の過失になってしまう。なぜならば、眼などは〔汝（バァーヴィヴェーカ）〕自身によって勝義として認められないからである。(Thurman［1984］, p. 333 ; 片野［1998］, pp. 155）[(5)]

有法がバァーヴィヴェーカ自身において成立しないという過失が指摘されたことに対して、『プラサンナパダー』においては、バァーヴィヴェーカによる言説（世俗）において有法を認めるから問題はないという反論と、それに対して加えられたチャンドラキィールティの批判が示されていたが、それについて、ツォンカパは次のように解釈している。

〔6〕〔バァーヴィヴェーカ：〕そのような過失は〔私には〕ない。なぜならば、〔私には〕勝義の眼などは成立しないけれども、世俗の眼などは存在するからである。

〔チャンドラキィールティ：〕そのような場合は、〔「勝義として」というのは、〕何に関する限定句なのであるか。……（Thurman［1984］, p. 333 ; 片野［1998］, p. 155）[(6)]

そして、ツォンカパは、その限定句が付される対象が所証法であるという選言肢を再び設定するのであるが、先の場合は、その内容が「自らより生じること」であったのに対して、ここでは「生じること」とされている。

〔7〕〔バァーヴィヴェーカ：〕世俗の眼などが勝義として生じることを否定するから、生じることを否定する〔ための〕限定句である。

〔チャンドラキィールティ：〕これは正しくない。なぜならば、〔まず汝（バァーヴィヴェーカ）自身が〕そのように述べていないからであり、そしてたとえ〔汝がそのように〕述べていたとしても、有法が〔汝の〕対論者（サーンキャ学派）に成立しないという過失となるからである。(Thurman [1984], pp. 333-334 ; 片野［1998], p. 155)(7)（強調点筆者）

ツォンカパによっては特に言及されてはいないが、ここに掲げた記述に対応する『プラサンナパダー』の当該箇所では、続いて次のような内容の指摘がなされていた。つまり、自立論証式において、バァーヴィヴェーカが世俗で認めるような施設有（prajñapti-sat）であるものを有法として認めたとすれば、そのような有法はサーンキャ学派には成立しない、一方、サーンキャ学派が勝義として認めるような実体有（dravya-sat）であるものを有法として認めたとすれば、そのような有法は今度はバァーヴィヴェーカに成立しないことになるというのであった。そこで、そのような問題を回避するために、バァーヴィヴェーカは自らの論証式の有法が世俗のみとしても勝義のみとしても限定されないものであることを、「声は無常である」云々という論証式を実例として持ち出して主張するのであったが、そのバァーヴィヴェーカの試みについては、ツォンカパは次のように要約して言及している。

〔8〕また、もし仏教徒がヴァイシェーシカ学派に対して「声は無常である」と証明するならば、一般〔的な声を有法として〕採用して、特殊〔な声を有法として〕採用しないのである。なぜならば、〔特殊な声を有法として〕採用したならば、〔「声は無常である」という〕所証を証明することがないことになるからである。なぜならば、以下のように、四大所造（'byung gyur）の声を有法として採用するならば、ヴァイシェーシカ学派において〔その四大所造の声は〕不成立であり、虚空の属性（nam mkha'i yon tan）である声を〔有法として〕採用するならば、仏教徒において〔その虚空の属性である声は〕不成立であるからである。それ故に、特殊性を排除した単なる声一般（spyi sgra tsam zhig）を有法とし

て採用する〔のである。それと〕同様に、勝義と世俗という特殊性を排除して、単なる眼など（mig sogs tsam zhig）を有法として採用するのであるから、「有法が成立しない」という過失はないのである。……（Thurman［1984］, p. 334；片野［1998］, p. 155）(8)

この記述にも見られるように、バァーヴィヴェーカの自立論証式における主張命題の意味は、「勝義としては、世俗のみとしても勝義のみとしても限定されない形で言説（世俗）として認められる眼などは自らより生じない」というように示すことができる。

これまでの議論は、第8章でも見たように、自立論証批判の中核をなす議論の布石の部分であると考えられるが、次節以降で中核の議論そのものを辿っていくことにしよう。

Ⅲ

『善説心髄』における、自立論証批判の中核をなす議論を具体的に検証していく前に、『プラサンナパダー』や『菩提道次第論・広本』の場合と同様に、その議論の構成を予め示しておくことにすると、『善説心髄』の場合も、大きく分けて二つの議論が設定されている。

自立論証批判の最も肝要な点は「有法などの論証式の構成要素が両論者に共通に成立しない」というものであったことは、第8章でも示した通りである。それを［Crucial Point］と呼ぶことにしたのであったが、『善説心髄』の二つの議論のうち、最初のものは、その［Crucial Point］の一側面である［Crucial Point 1］を扱った［Discussion A］に基づくものである。そして、そこには大きな修正が加えられている。それを、以下においては、［Discussion C］と呼称することにする。さらに、もう一つの議論は、［Crucial Point 2］を扱った［Discussion B］とほとんど同じものであり、それを［Discussion D］と呼称することにする。

それでは、［Discussion C］ならびに［Discussion D］の構成を概観してみることにしよう。

図表Ⅱ

Discussion C ［議論の枠組み］：ツォンカパは［Framework 2］に大幅に修正を加えた以下のような枠組の中で議論を設定している。 （なお、この議論の枠組みを［Framework 5］と呼称する）。 立論者—バァーヴィヴェーカ：自らの論証式の主語（有法）をただ顚倒した知によってのみ得られたものではないもの、すなわち不顚倒な知（不迷乱な知）によって得られたものと捉え、中観自立派として世俗において自相によって成立するものを認める。 対論者—サーンキャ学派：諸々の事物が自らより生じることを認める。 ［主な論点］：ツォンカパは、上記の枠組みの中で、［Crucial Point 1］を論じている。論証式の有法は、世俗のみとしてもあるいは勝義のみとしても限定されないものであるとされているが、諸々の事物が自らより生じないことが論証される場合に（すなわち勝義において）、そのような有法は成立しない。 ［扱っている『プラサンナパダー』の箇所］：［Passage A Ⅰ］と［Passage A Ⅱ］

ツォンカパは、上の論点を、以下のような二つの観点から論じている（なお、それらをそれぞれ［Argument 1］［Argument 2］と呼称する）。

図表Ⅲ

Argument 1 中観自立派であるバァーヴィヴェーカは、自相に関して不迷乱な知（知識根拠）によって成立する有法を認めるけれども、真の中観論者であるならば、バァーヴィヴェーカはそのような有法を認めることはできないはずである。なぜならば、ツォンカパによれば、自相に関して不迷乱な知によって成立する有法は勝義として存在するものであるからである。
Argument 2：これは、以下のような二つの議論から構成されている。 (1) バァーヴィヴェーカは、不顚倒な知によって有法が得られると認めている。しかし、それが有法が自相に関して不迷乱な知によって得られることを意味するものであるならば、そのような有法は、ツォンカパによれば、迷乱な知の対象以外の何ものでもないから、それはバァーヴィヴェーカが「有法は不顚倒な知（不迷乱な知）によって得られる」と認めていることと矛盾することになる。 (2) バァーヴィヴェーカは、不顚倒な知によって有法が得られると認めている。しかし、それが有法の迷乱な知によって得られること（この場合は、自相に関して迷乱というのではなくて、一般的な意味でただ迷乱であることを示す）を意味するものである。そして、そのような知によって得られた有法は、不顚倒な知（不迷乱な知）によって得られることはありえないから、それはバァーヴィヴェーカが「有法は不顚倒な知（不迷乱な知）によって得られる」と認めていることと矛盾することになる。

［Discussion D］については、厳密に言えば、三つの議論が設定されている（それぞれの議論を、［Discussion D Ⅰ］［Discussion D Ⅱ］［Discussion D Ⅲ］と呼称する）。

図表Ⅳ

Discussion DⅠ ［議論の枠組み］：ツォンカパは［Framework 3］を用いて議論を構築している。 立論者―中観帰謬派：勝義としてばかりでなく言説（世俗）としても自相によって成立するものを認めない。 対論者―実体論者：自相によって成立するものを認める（ここには、中観自立派も含まれている）。 ［主な論点］：ツォンカパは、上記の枠組みの中で、［Crucial Point 2］を論じている。論証式の主張命題の基体である有法は、中観帰謬派と中観自立派をも含む実体論者の間においては共通に成立することはない。 ［対応する『プラサンナパダー』の箇所］：［Passage B］
Discussion DⅡ （この議論は、内容的には［Additional Discussion］とほとんど同じものである） ［議論の枠組み］：ツォンカパは［Framework 4］の中の立論者である中観自立派の立場をより鮮明に特徴づけている（これを、一応［Framework 4′］と呼称する）。 立論者―中観自立派（たとえば、バァーヴィヴェーカ）：勝義有（don dam par yod pa）あるいは真実有（bden par yod pa）を認めないけれども、自体（自相）は認める。 対論者―実体論者（中観自立派を含まない）：自体ばかりでなく勝義有あるいは真実有を認める。 ［主な論点］：ツォンカパは、上記の枠組みの中で、［Crucial Point 2］を論じている。論証式の有法は、たとえばバァーヴィヴェーカのような中観自立派と中観自立派以外の実体論者との間では、共通に成立することはない。 ［対応する『プラサンナパダー』の箇所］：［Passage B］
Discussion DⅢ ［議論の枠組み］： 立論者―中観帰謬派：自相によって成立するものを勝義としてばかりでなく言説（世俗）としても認めない。 対論者―中観自立派を含まない実体論者：自相によって成立するものを認める。 （これを、［Framework 6］と呼称する） ［主な論点］：ツォンカパは、上記の枠組みの中で、［Crucial Point 2］を論じている。論証式の有法は、中観帰謬派と中観自立派を含まない実体論者の間では、共通に成立することはない。 ［対応する『プラサンナパダー』の箇所］：［Passage B］

Ⅳ

本節では、前節で概観した『善説心髄』における自立論証批判の中核部分の議論を、具体的な記述を通して見ていくことにしよう。

まず、ツォンカパは［Discussion C］において、［Framework 2］に修正を加えて、立論者をバァーヴィヴェーカとし、対論者をサーンキャ学派とする［Framework 5］を設定した上で、『プラサンナパダー』の［Passage A I］と［Passage A II］についての解釈を、次のように示している。

〔9〕それ（バァーヴィヴェーカの弁明）〔へ〕の答えとして、〔以下のような正理が〕語られていることを通して、〔バァーヴィヴェーカの弁明が〕否定されるのである。つまり、眼などの有法のその自体（rang gi ngo bo）は、顛倒〔な知〕によってのみ得られるのではない」(mig la sogs kyi chos can gyi rang gi ngo bo de phyin ci log tsam gyis rnyed pa ma yin pa）とバァーヴィヴェーカ自身が認めているのである。しかし、「顛倒と不顛倒は別異（tha dad pa）であり、すなわち直接的に矛盾するもの（dngos 'gal）である」などの正理が説かれて、〔バァーヴィヴェーカの弁明が〕否定されているのである。(Thurman［1984］, p. 334 ; 片野［1998］, p. 157）(9)（強調点筆者）

ここで論じられている重要な点は、以下の二つの点である。

(1) 立論者であるバァーヴィヴェーカ自身は、有法が顛倒な知すなわち迷乱な知によってのみ得られたのではなく、そうではない不顛倒な知（不迷乱な知）によって得られたものであることを認めている。

(2) 顛倒な知（迷乱な知）と不顛倒な知（不迷乱な知）は、まったく別異であり、厳密には直接的に矛盾するものである(10)。

この二つの点を内容としてツォンカパが提示する、それぞれの論拠が［Argument 1］と［Argument 2］であり、それによってバァーヴィヴェーカ自身にとって論証式の有法が成立しないこと（［Crucial Point 1］）が証明されているのである。ツォンカパは、それらを具体的に提示していく前に、まず概略的な説明を与えている。

〔10〕それら〔二つの議論（［Argument 1］と［Argument 2］）〕の意味は、〔以下のようなものである。〕「眼などが自らより生じない」と証明する〔場合〕の有法として、〔勝義と世俗という〕二諦の特殊性を排除した一般的な眼などが設定されることは適当ではないのである。その理由〔として〕は、〔次のような二つの論拠がある。［Argument 1］：〕その有法を量る知識根拠は、眼などの自性に関して不迷乱な知（rang bzhin la ma 'khrul ba'i shes pa）である〔からである。[Argument 2]：そして、バァーヴィヴェーカにおけるその〕不顛倒な知（shes pa phyin ci ma log）とは、自性に対して不迷乱な状態（gnas skabs）〔にある。〕そして、それ（不顛倒な知）によって得られた対境（不顛倒な所知）には、顛倒なる所知（shes bya phyin ci log）である自相（rang mtshan）として無いにもかかわらずそれ（自相）として顕現する「虚偽の顕現」（rdzun snang）がないからである。（Thurman［1984], p. 334 ; Chu［1997], pp. 167-168 ; 片野［1998], p. 157 ; 吉水［2002], p. 268）(11)

このうち［Argument 1］の説明については、次のように理解できるであろう。バァーヴィヴェーカは、不顛倒な知すなわち不迷乱な知によって自らの論証式の有法が得られると認めている。そのような知によって得られるということは、言説（世俗）において自相を認める中観自立派であるバァーヴィヴェーカの立場においては、その有法が自相に関して不迷乱な知（知識根拠）によって得られることを意味することになる。しかし、ツォンカパによれば、そのような自相に関して不迷乱な知識根拠によって得られたもの、すなわち自相によって成立する存在は勝義的な存在と見なされるから、もしバァーヴィヴェーカが真の中観論者であるならば、彼がそのような勝義として存在するものを有法として認めることはできないはずであるということになる。

次に、［Argument 2］については、次のように説明されていると考えられる。ここでは、バァーヴィヴェーカが不顛倒な知すなわち不迷乱な知によって自らの論証式の有法が得られると認めているという［Argument 1］において示されたことが前提とされている。中観自立派であるバァーヴィヴェーカにとっては、そのような知によって得られるということは、自相に関して不迷乱な知によって得られること、すなわち自相によって成立するものであることを意味する。しかし、中観帰謬派としてのツォンカパの立場からすれば、そのような存在は実際には無いにもかかわらず自相によって成立するものとして有るかのように知に虚偽に顕現しているものと捉えられる。したがって、そのような存在である有法は、迷乱（顛倒）な知によって得られたもの考えられる。つまり、この点において、ツォンカパはそのような存在である自らの論証式の有法が不顛倒（不迷乱）な知によって得られるとするバァーヴィヴェーカを非難するのである。

それでは、［**Argument 1**］に関するツォンカパの具体的な記述を見てみることにしよう。

〔11〕その第一の証因（論拠、［**Argument 1**］）が〔バァーヴィヴェーカによって〕認められる様相は、〔次のようである。〕「有るものであるならば、すべて自体によって有る」と認める〔論者の〕立場においては、「自相が顕現する〔か否か〕」という観点から〔知が〕迷乱となるならば、「それ（そのような迷乱な知）によって自らの知識根拠の対象を得る」と設定することはできないのである。したがって、分別と無分別のいずれの知識根拠であっても、〔知が〕知識根拠となる〔場合の〕基体（対境）である顕現対境（snang yul）と把握対境（zhen yul）である自相に関して不迷乱である必要がどうしてあろうか。その場合は、言説として名称として施設されたもののみでない対象である自らの真実（gnas tshul）の〔自体（［rang gi］ngo bo）〕、あるいは自性（rang bzhin）に関して知識根拠となるべきであって、〔そのことをバァーヴィヴェーカ〕自らが認めていることなのでもある。（Thurman［1984］, pp. 334-335；片野［1998］, p. 157）(12)

この立論者は、議論の流れからして、中観自立派としてのバァーヴィヴェーカと考えられ、そのことはさらに「存在するものは必ず自体（自性あるいは自相）によって存在するものである」とする存在論を有する論者として設定されていることからも明らかである。そのように捉える論者にとって有法を設定する知識根拠とは、分別知であれば把握対境としての自相などに関して不迷乱であるべきであり、無分別知であれば顕現対境に関して不迷乱であるべきである、と考えられる。そして、立論者であるバァーヴィヴェーカがそのことを自ら認めているというのである。

ここでは、ツォンカパは、それ以上のことを記していないが、彼の意図するところは、そのような知識根拠によって得られた存在（正確には、自相に関して不迷乱な知によって得られた存在、すなわち自相によって成立する存在）は勝義として存在するものとしか捉えられないことを示すことにあると考えられる。したがって、真の中観論者であれば、バァーヴィヴェーカは自らの論証式の有法としてそのような存在を採用することはできないはずであるという結論に至ることになると考えられる。

それに引き続いて、［**Argument 2**］に関する議論が示されているのであるが、先に示したように、そこには二つの選言肢が設定されている。

最初の選言肢に関する議論は、次のようなものである。

〔12〕そのような〔不迷乱な〕知識根拠によって得られた対象〔が、有法である〕ならば、〔それは、その有法が〕「顛倒な所知」であることと矛盾するのである。したがって、第二の証因（論拠、［**Argument 2**］）が成立するのである。(Thurman [1984], p. 335 ; 片野［1998], p. 157)(13)（強調点筆者）

もし有法がそのように自相に関して不迷乱な知（知識根拠）によって得られたものであるならば、そのような存在は、言説（世俗）においても自相を認めないツォンカパによれば、迷乱な知（顛倒な知）によって得られたものに他ならないのである。つまり、そのような知によって得られた有法は、不顛倒な知によって得られることはありえないから、それはバァーヴィヴェーカが「有法は不顛倒な知によって得られる」と認めていることと矛盾することになる、というのである。

その次に示されている記述は、上記のような過失を回避するために、バァーヴィヴェーカが「迷乱な知によって有法が得られる」と主張することを想定したものであるが、この議論はあくまで付随的なものと見なすことができる。

〔13〕それと同様に、「迷乱な知によって得られた対象」であったとしても(yang)、〔それが〕「不顛倒な所知」であること〔と〕は矛盾するのである。(Thurman [1984], p. 335 ; 片野［1998], p. 157)(14)

そして、ツォンカパはこれまでの一連の議論を、以下のように締め括る。

〔14〕それ故に、〔中観自立派であるバァーヴィヴェーカは、〕「有法が成立しない」という過失を回避することはできないのである。(Thurman [1984], p. 335 ; 片野［1998], p. 157)(15)

では、次に［Discussion D］についての検討に移ることにしよう。それは、先に述べたように、『プラサンナパダー』の［Passage B］、つまり内容としては［Crucial Point 2］の「両論者において世俗としても勝義としても共通な有法が成立しない」という論点を扱っているものである。ここでの検討の前提ともなるので、『プラサンナパダー』と『菩提道次第論・広本』の対応箇所の議論を簡単に振り返っておくことにしよう。

『プラサンナパダー』の［Passage B］で、チャンドラキィールティは、バァーヴィヴェーカが実例を示した、「声は無常である」云々という論証式においては、両論者にとって特殊性が捨象された有法が共通に成立することを認める一方で、本題である自立論証式における両論者、すなわち空論者と不空論者の間では有法が共通に成立することはないとし、その実例が本題に相応しないことを指摘していた。それに対して、ツォンカパは、『菩提道次第論・広本』において、実例の場合に共有されると捉えられた、特殊性が捨象されたものである有法とは、単なる想像の産物のような具体性を欠くものではなく、より具体的な「自相によって成立するもの」というものであると解釈していたと考えられる。一方、本題の議論における、立論者である中観帰謬派と、対論者である中観自立派をも含む実体論者との間では、有法が共有されることはないと理解していた。なぜならば、両論者が有法を共有することは、共有されることになる有法を設定する知識根拠を両論者が共有することを前提とし、それはさらに彼らが共通な存在論を有することを前提とするものであるからである。つまり、自相によって成立するものに関して不迷乱な知が、対論者である中観自立派をも含む実体論者においては、有法を設定する知識根拠となるが、立論者である中観帰謬派においては知がそのような存在に関して不迷乱となることはありえないのである。なぜならば、中観帰謬派は自相によって成立するものを、勝義ばかりでなく、言説（世俗）としても認めないからである。つまり、そのような存在論的な見解の相違は、立論者である中観帰謬派が、対論者である中観自立派をも含む実体論者との間で、共通な有法を設定するものである知識根拠を共有することを妨げるのである。ツォンカパは、このようにして実例が本題に相応しないことを、より認識論的な観点から解釈したのであった。

『菩提道次第論・広本』において提示されたこのツォンカパの理解は、次に示す、それと対応する『善説心髄』の議論（[Discussion D Ⅰ]）においても、ほぼ忠実に継承されていると考えられる。

〔15〕それら〔の論拠すなわち［Argument 1］と［Argument 2]〕によっては本題（don）が否定されたのであって、今度は〔バァーヴィヴェーカによって提示された〕実例（dpe）が否定されるべきである。つまり、仏教徒がヴァイシェーシカ学派に対して「声は無常である」と証明する時に、両者の体系（lugs）によって四大所造と虚空の属性は有法を量る知識根拠によって不成立であるけれども、知識根拠となる基体（sa）である「『声一般というもの』（sgra tsam zhig）という対象は、これ〔これ〕である」と説くことはある。しかし、「眼などが自らより生じない」と証明する自性に関して空を説く人〔々〕と自性に関して不空を説く人〔々〕の間においては、両〔論〕者において「自体によって有るもの」と「自体によって不成立なもの」の二つのいずれをも〔有法として〕量らないけれども、「有法の性質（ngo bo）は、これこれのように量る」と相互に説くことはできないのである。したがって、〔本題と実例は〕相応しないのである。（Thurman［1984], p. 339；片野［1998], pp. 163–165）(16)

そして、次の［Discussion D Ⅱ］は、先に述べたように、『菩提道次第論・広本』で提示された［Additional Discussion］とほとんど同様なものである。つまり、立論者としてはバァーヴィヴェーカのような中観自立派が、対論者としては実体論者が配置される枠組み（[Framework 4′]）の中で論じられているのである。それは次のように述べられている。

〔16〕ここにおいて、バァーヴィヴェーカなどの〔中観〕自立派の人々は、〔以下のように〕証明することはできないのである。

そのような特殊性を排除した一般的なもの（spyi）を、〔両論者が〕相互に説くことはないけれども、勝義として（don dam par）そして諦として（bden par）有るか否かによって限定されない一般的なものが有法として捉えられることはあるのである。

なぜならば、〔ある対象が〕自体によって有るならば（rang gi ngo bos yod na)、〔それは〕諦として有る対象であるからである。(Thurman［1984], p. 339 ; 片野［1998], p.165)(17)

ここでは、まず立論者がバァーヴィヴェーカをはじめとする中観自立派であることは明白である。対論者の位置には誰が配置されているのであろうか。中観自立派との間で、有法のあり方に関して勝義として有るか、すなわち諦として有るかが問題となるのは、彼ら以外の勝義的な存在を認める者（この脈絡から言えば、自体（自相）を言説あるいは世俗としてではなく勝義としても認める実体論者）であると考えられる。そして、言説（世俗）として認められる自相によって成立するもののような勝義的存在と世俗的存在の折衷的な性質のものが有法として採用されるならば、それが勝義として有るか否か、あるいは諦として有るか否かのような、有法を巡る議論はある意味で回避されることになる。そうであれば、確かに中観自立派は彼ら以外の実体論者に対して論証式（すなわち、自立論証）を用いることが可能となると考えられる。

一方、それに対するツォンカパの態度は、以前に『菩提道次第論・広本』の自立論証批判において示したものと同じである。つまり、バァーヴィヴェーカのような中観自立派は、真の中観論者であるならば、自性（自相）によって成立するような存在を容認することはできないはずであるとするのである。なぜならば、そのような存在は、中観帰謬派としてのツォンカパの立場から見れば、勝義的な存在でしかないからである。したがって、「諸々の事物が自らより生じないこと」を立証する場合において、中観自立派と彼ら以外の実体論者との間に共通な有法は成立しえないことになるのである。そして、それは、さらに実例が本題に相応しないことにつながっていくのである。つまり、実例においては両論者に共通な有法を設定する知識根拠は認められるが、本題である「勝義として諸々の事物が自らより生じること」を否定する場合にそのように認められないことは、次のように説明されている。

〔17〕それ故に、否定対象（dgag bya）の程度に関して不共である（mi mthun pa)〔という〕枢要な点を通して、そのように述べられたのである。し

たがって、「声は無常である」と証明することにおいても、その二つの体系（二人の論者の体系）によって二つの特殊性を通して限定されるものは〔有法として〕成立しないのであっても、「『声』という証明する基体は有る」と説くのである。しかし、その二つ〔の体系、すなわち無自性論者と有自性論者の体系〕によっては、声を量る知識根拠が「これこれのような声という対象に対して知識根拠となる」と語られるような知識根拠はないのである。（Thurman［1984］, p. 339；片野［1998］, p. 165）(18)

ツォンカパは、［Discussion D Ⅲ］においては、自相によって成立するものを勝義としてばかりではなく言説（世俗）としても認めない中観帰謬派を立論者とし、そして自相によって成立するものを認める実体論者（中観自立派を含まない）を対論者とするという枠組み（［**Framework 6**］）を用いて、これまでの論点を、さらに別な観点から次のように論じている。

〔18〕その〔議論〕は、前論者が「自体によって有るものを認める〔人々〕」（実体論者としての中観自立派）に関するものであるが、〔中観〕帰謬派が前論者とされても、その後論者〔である実体論者〕に対して自体によって有るもの〔としてか〕あるいは無いもの〔として〕かのいずれによっても限定されないで有法を量る知識根拠によって〔、その有法が〕成立する様相が説かれることはないのである。（Thurman［1984］, p. 339；片野［1998］, pp. 165–167）(19)

つまり、この議論においては、正確に言えば、いかなる実体有をも認めない中観帰謬派と、事物が勝義として存在すること、換言すれば実体有を認める実体論者（中観自立派を除く）との両論者の間では、「共有される有法となるようなものが設定されえない」ということは、先の議論と比較してより明白に理解できる。というのは、そこには共通な有法を設定する知識根拠が成立することの前提となる共通な存在論が成立しえないという設定が、より明確に示されているからである。

以上が、ツォンカパによって『善説心髄』において示されたもう一つの自立論証批判の内容である。

〈註記〉

（1） don dam par nang gi skye mched rnams bdag las skye ba med par
nges te/
yod pa'i phyir［/］
shes pa yod pa nyid bzhin no［//］（LNy. pha. 89b3）

（2） don dam pa zhes pa de dam bca'i khyad par du sbyor na rang gis ni bdag skye kun rdzob tu yang khas blangs pa med pas rang la ltos nas sbyar mi dgos la/......（LNy. pha. 89b3–4）

（3） gzhan la ltos te yin na bden gnyis las nyams pa'i mu stegs ni bden pa gnyis ka'i sgo nas 'gog par rigs pas khyad par ma sbyar bar bkag na legs so//（LNy. pha. 89b4–5）

（4） 'jig rten gyi tha snyad du bdag skye 'dod pa dgag mi rigs pas de la ltos nas khyad par sbyor ba yang mi rigs te/'jig rten pas ni rgyu las 'bras bu 'byung ba tsam zhig 'dod kyi bdag dang gzhan gang las skye zhes mi dpyod pa'i phyir ro//（LNy. pha. 89b5–6）

（5） gzhan yang pha rol pos don dam par 'dod pa'i mig sogs la kun rdzob tu yang skye ba dgag 'dod nas yin na ni de'i tshe gzhi chos can ma grub pa'i phyogs sam* rtags kyi skyon du 'gyur te/rang gis don dam par mig sogs khas ma blangs pa'i phyir ro//（LNy. pha. 89b6–90a1）

*“ma”を“sam”と読む。

（6） gal te don dam pa'i mig sogs ma grub kyang kun rdzob pa'i mig sogs yod pas skyon de med do zhe na/'o na don dam pa zhes pa de gang gi khyad par yin/......（LNy. pha. 90a1–2）

（7） mig sogs kun rdzob pa rnams don dam par skye ba 'gog pas skye ba 'gog pa'i khyad par ro zhe na/mi rigs te de skad du ma smras pa'i phyir dang/smras na'ang gzhan la chos can ma grub pa'i nyes par 'gyur ba'i phyir ro ......（LNy. pha. 90a2–3）

（8） ci ste Sang rgyas pas Bye brag pa la sgra mi rtag par sgrub pa na spyi 'dzin gyi khyad par mi 'dzin te 'dzin na bsgrub bya sgrub byed med par 'gyur ro// 'di ltar 'byung gyur gyi sgra chos can du 'dzin na Bye brag pa la ma grub la nam mkha'i yon tan yi sgra 'dzin na Sangs rgyas pa la ma grub pa'i phyir ro//de'i phyir khyad par dor ba'i spyi sgra tsam zhig chos can du 'dzin pa bzhin du don dam pa dang kun rdzob pa'i khyad par dor nas mig sogs tsam zhig chos can du 'dzin pas chos can ma grub pa'i skyon med......（LNy. pha. 90a3–6）

（9） de'i lan du mig sogs kyi chos can gyi rang gi ngo bo de phyin ci log tsam gyis rnyed pa min par Legs ldan rang nyid kyis khas blangs la/phyin ci log ma log tha dad pa ste dngos 'gal yin pa la sogs pa'i rigs pa bstan nas bkag go//（LNy. pha. 90a6–b1）

（10） ここで問題となるのが、ツォンカパが『菩提道次第論・広本』で示した“de'i tshe de kho nar”（tadā tattvataḥ）が、この文脈では反映されていないということである。ここにおけるバァーヴィヴェーカは、自らの論証式の有法を顛倒知のみによって得られたものではない、すなわち自相に対して不迷乱（不顛倒）な知によってその有法が得られると認める者として表わされている。この理解は、『プラサンナパダー』の理解を踏襲した『菩提道次第論・広本』の理解とまさに反対なものである。

こうした状況の中で、ホプキンス博士ならびに吉水千鶴子博士は、先の『菩提道次第論・広本』の読みを誤読（misreading）と判断され、またツォンカパはそれを『善説心髄』において修正したと理解されている（Hopkins［1989］, pp. 23-24；吉水［2002］, p. 267）。確かに、『プラサンナパダー』の当該箇所の「バァーヴィヴェーカ自身が有法を真実（勝義）において否定されると認めている」という解釈と、この『善説心髄』の解釈が異なることを、以下に示すように、ツォンカパ自身認めている。

rten chos can de kho nar grub pa nyams par khas blangs pa'i steng nas kyang gzhan du bshad pa dang bshad tshul 'di gnyis mi mthun kyang rang rgyud 'gog pa'i grub mtha'mi mthun pa min no//（LNy. pha. 92b3-4）

〔訳〕依拠である有法が真実においては否定されると認めたという観点からも他のところ（『菩提道次第論・広本』）で説明したことと、〔『善説心髄』における〕この説明の仕方は、一致しないけれども、〔両者における〕自立を否定するという学説は異なるものではないのである。（Thurman［1984］, pp. 338-339；片野［1998］, p. 163）

著作の先後関係から言えば『善説心髄』は『菩提道次第論・広本』より後のものであることより、確かにツォンカパが前者において後者における解釈を修正したと見ることはできる。そして、『善説心髄』で示された理解の方がツォンカパの真意が反映されたものであることの根拠として、『正理海』における以下のような記述が、ホプキンス博士によって指摘されている。

'di dag shin tu rtogs dka' bar mthong nas *Legs bshad snying po* la sogs par rgyas bshad zin pa las shes par bya bo//（RGy. ba. 34a2-3）

〔訳〕〔自立論に関する〕これらのことは難解であると見て、〔それらは〕『善説心髄』などで説明したことに基づいて理解すべきである。（強調点筆者）

ティレマンス博士が指摘しているように（Tillemans［1988］, pp. 7-8）、この記述が必ずしもツォンカパが『善説心髄』で示された理解の方を選んだということの根拠とはなりえないであろう。というのは、ここでは、『善説心髄』のみが限定されているわけではなく、「など」（la sogs pa）という語が付されているからである。もしツォンカパが『善説心髄』で自らが示した理解を正しいものと理解するならば、同書のみが言及されるべきである。では、なぜ「『善説心髄』など……」と表現されたかといえば、その理由は、先述のように、先後関係からいえば『善説心髄』が『正理海』に近いからであるとも考えられる。

また、『菩提道次第論・広本』において重要なのは、第9章でも述べたように、［Discussion B］であり、修正されたか否かを考察するものとしては、当該箇所が属する［Discussion A］ではないはずである。そうしたことより、ツォンカパは『善説心髄』の理解と『菩提道次第論・広本』のそれを並列的に扱っていたという可能性もけっして否定できないものと考えられる。ともかく、この問題については直弟子の理解を含めて、後代のゲルク派の学僧たちの理解との比較検討が必要と思われる。

(11) de dag gi don ni mig sogs bdag las mi skye bar sgrub pa'i chos can du bden gnyis kyi khyad par dor ba'i mig sogs tsam gzhag tu mi rung ste/chos can de 'jal ba'i tshad ma ni mig sogs kyi rang bzhin la ma 'khrul ba'i shes pa yin la shes pa phyin ci ma log pa rang bzhin la ma 'khrul ba'i gnas skabs te/des rnyed pa'i yul na shes bya phyin ci log rang mtshan gyis med bzhin du der snang ba'i rdzun snang med pa'i phyir ro// (LNy. pha. 90b1-3)

(12) rtags snga ma de khas blangs pa'i tshul ni/yod pa gang yin rang gi ngo bos yod par 'dod pa'i lugs la rang mtshun snang ba la ltos te 'khrul bar song na des rang gi gzhal bya rnyed par 'jog mi nus pas/rtog pa dang rtog med kyi tshad ma gang yin kyang tshad mar song sa snang yul dang zhen yul rang mtshan la ma 'khrul ba cig dgos so//de'i tshe tha snyad du ming du btags pa tsam min pa'i don rang gi gnas tshul gyi ngo bo'am rang bzhin cig la tshad mar 'gro dgos shing rang gis khas len pa yang yin no// (LNy. pha. 90b3-5)

(13) de 'dra ba'i tshad mas rnyed pa'i don yin na shes bya phyin ci log yin par 'gal bas rtags phyi ma 'grub bo// (LNy. pha. 90b5-6)

(14) de bzhin du shes pa 'khrul pas rnyed pa'i don yin na yang shes bya phyin ci ma log pa yin pa 'gal lo// (LNy. pha. 90b6)

(15) de'i phyir chos can ma grub pa'i skyon spong mi nus so// (LNy. pha. 90b6)

(16) de dag gis don bkag nas da ni dpe dgag par bya ste/Sangs rgyas pas Bye brag pa la sgra mi rtag par sgrub pa na gnyis ka'i lugs kyis 'byung gyur dang nam mkha'i yon tan chos can 'jal ba'i tshad mas ma grub kyang/gang la tshad mar song sa'i sgra tsam zhig gi don 'di'o zhes ston rgyu yod la/mig sogs bdag las mi skye bar sgrub pa'i rang bzhin gyis stong par smra ba dang rang bzhin gyis mi stong par smra ba la ni gnyis ka la yang rang gi ngo bos yod pa dang rang gi ngo bos ma grub pa gnyis gang yang mi 'jal kyang chos can gyi ngo bo 'di 'dra zhig gzhal lo zhes phan tshun ston par mi nus pas mi 'dra'o// (LNy. pha. 92b4-93a1)

(17) 'di la Legs ldan la sogs pa Rang rgyud pa rnams kyis de 'dra'i khyad par dor ba'i spyi phan tshun du ston rgyu med kyang don dam par dang bden par yod med kyis khyad par du ma byas pa'i spyi chos can du gzung rgyu yod ces sgrub mi nus te/rang gi ngo bos yod na bden par yod pa'i don yin pa'i phyir ro// (LNy. pha. 93a1-3)

(18) des na dgag bya'i tshad la mi mthun pa'i gnad kyis de ltar byung ba yin pas sgra mi rtag par sgrub pa la yang de gnyis kyi lugs kyis khyad par gnyis kyis khyad par du byas pa ma grub kyang sgra sgrub sa yod ces ston pa yin gyi de gnyis kyis sgra 'jal ba'i tshad ma sgra'i don 'di 'dra ba zhig la tshad mar song zhes smras pa ltar gyi tshad ma mi med do// (LNy. pha. 93a3-4)

(19) de ni sngar rgol rang gi ngo bos yod pa khas len pa'i dbang du byas la/Thal 'gyur bas sngar rgol byas kyang phyi[r] rgol de la rang gi ngo bos yod med gang gis kyang khyad par du ma byas par chos can 'jal ba'i tshad mas grub tshul bstan rgyu med do// (LNy. pha. 93a4-5)

結びにかえて

ツォンカパの中観思想に関する論考を終えるにあたって、そこにおいてモチーフとして用いた「ことばによることばの否定」という観点から、もう一度全体を振り返っておきたい。

中観論者には、他の人々に対して、彼らが抱く実体的な見解を否定することを通して事物の真実の姿を明示することが求められる。しかし、そのためには、彼らが自らの内にある実体的な執着をまず払拭し、究極的には自らも含めてすべての事物が無自性・空であることを理解し、自ら無自性・空になりきっていくことが必要とされる。そうした究極的な境地は、「戯論寂滅」あるいは「言語道断」などと形容されるように、分別あるいはことばが滅している世界である。ツォンカパ自身も最終的にはそうした境地への到達を企図するのであるが、彼の中観思想（厳密には中観帰謬派の思想）の基底にあるのは、「中観論者には自らの主張が有る」という分別あるいはことばを重視する姿勢である。つまり、ツォンカパが捉えている真実への道程とは、分別なりことばなりをただ単純に滅じていくのではなく、積極的にことばを重ねていくことによって、言い換えれば「自らを含めた世界についての正しい理解によって、誤った理解を正していく」という営みを不断に繰り返していくことを通して、究極的にことばを超えていくということなのである。それが、『廻諍論』の中に見出され、本書の主なモチーフとなっている「ことばによることばの否定」ということの意味なのである。換言すれば、それは、中観論者が自らの無自性・空なることばによって、事物に措定された実体性が誤ったものであること、すなわちそれが無自性・空であることを明らかにしていくことなのである。つまり、すべての事物が無自性・空であることを主張することばは、それ自体が無自性・空であり、そうした主張は勝義においては有るものではないが、言説（世俗）においては否定されることなく有るのであり、有るべきものなのである。

そして、そうした理解は、ツォンカパの二諦説に見られる二重構造にも明確に反映されているのである。彼は、任意なものを取り上げて、「それは勝義においては無であるが、言説（世俗）においては有である」と主張することばの世界の二諦説を言説諦として、ことばが滅した勝義・真実（諦）の世界へ至ることができるというのである。

そのことばの世界における二諦説すなわち「勝義においては無であるが、言説（世俗）においては有である」という営みにおいては、いかなるものが勝義において否定されるべきであり、いかなるものが言説（世俗）として否定されてはならないかが正確に理解されていなければならない。つまり、否定対象が正しく把握されていなければならないということなのであり、それは否定対象を否定する正理のはたらき（厳密には、中観論者の正理のはたらき）についての正しい理解を前提とするものなのである。

また、中観論者は無自性・空なることばによって、事物に誤って措定された実体性の本当の姿、すなわちそれが無自性・空であることを積極的に主張すべきであるとツォンカパが捉えていることは、別の側面においても重要な意味を持つものなのである。彼が属する中観帰謬派による思想の特徴の一つは、一般に自らはいかなる主張も有することなく、ただ対論者すなわち実体論者の学説を構成する諸々の事項を仮に認めた上で、その学説の矛盾点を指摘し批判することに終始するというものである。その際に採用される手段は、プラサンガ論法と対論者に極成する推論である。しかし、ツォンカパは、それらの方法を否定するためだけのものとは捉えてはおらず、それらによって事物の無自性・空であることが証明されるという独自の見解を提示する。

さらに、それと対をなすツォンカパの自立論証批判においても、彼の積極的な姿勢を確認することができる。チャンドラキールティの自立論証批判における「自立」とは、中観論者が実体論者と論争をする際に、対論者との間に共通な論証の構成要素が成立することの中の、とりわけ自らの側（立場）においてそれらが成立することを意味するものである。一方、ツォンカパの自立論証批判においては、論証の構成要素が自相によって成立する、すなわち実体的に存在することが「自立」ということの意味なのである。そして、その議論の要点は、次のように理解できる。つまり、ツォンカパによれば、中観自立派は、中観論者として、無自性・空なことばによってすべての事物の無自性・空であることを明らかにしなければならないにもかかわらず、彼らは実体的な構成要素（自相によって成立する有法など）からなる論証式、すなわち実体的なことばによってそれらが無自性・空であることを明らかにしようとしているというのである。

このように、そうしたツォンカパの理解の背後には、中観論者は無自性・空なことばによってすべての事物の無自性・空であることを明らかにし、正確には証明していかなければならないという彼の堅固な意志を見て取ることができるのである。つまり、この自立論証批判においても、やはり『廻諍論』の中に見出された「ことばによることばの否定」というモチーフが、重要な役割を果たしていると言えるのである。

使用した主なテキスト

BA: *Bodhi [sattva] caryāvatāra*, La Vallée Poussin [1902–1912], D. No. 3871.

BTh: *dBu ma la 'jug pa'i mtha' dpyod lung rigs gter madzad zab don kun gsal skal bzang 'jug ngogs. The Collected Works of 'Jam dbyangs bzhad pa'i rdo rje*, vol. 9.

BMv: *Buddhapālita-mūlamadhyamaka-vṛtti*. Walleser [1970].

BN: *dBu ma rtsa ba'i rnam bshad zab mo'i de kho na nyid snang ba*. Saskya Students' Union.

BNg: *Theg pa chen po dbu ma rnam par nges pa'i mdzad lung dang rigs pa'i rgya mtsho las dbu ma thal rang gi gyes 'thams dang grub mtha'i gnas rnams gsal bar bstan pa'i le'u gnyis pa (dBu ma rnam nge). The Collected Works of gSer mdog Paṇ chen śākya mchog ldan*, vol. 14.

BPy: *rGyal ba thams cad kyi thugs kyi dgongs pa zab mo dbu ma'i de kho na nyid spyi'i ngag gis ston pa nges don rab gsal (dBu ma'i spyi don)*. Bibliotheca Tibetica I-12.

CŚ: *Catuḥśataka*. D. No. 5246.

CŚṭ: *Bodhisattva-yogācāra-catuḥśataka-ṭīkā*. D. No. 3865.

GR: *bsTan bcos chen po dbu ma la 'jug pa'i rnam bshad dgongs pa rab gsal. The Collected Works of rJe Tsoṅ-kha-pa blo-bzaṅ-grags-pa*, vol. 24.

LNy: *Drang ba dang nges pa'i don rnam par phye ba'i bstan bcos legs bshad snying po. The Collected Works of rJe Tsoṅ-kha-pa blo-bzaṅ-grags-pa*. vol. 24.

LRChen: *Byang chub lam rim chen mo. The Collected Works of rJe Tsoṅ-kha-pa blo-bzaṅ-grags-pa*, vol. 20.

MA: *Madhyamaka-avatāra*. La Vallée Poussin [1970b].

MAbh: *Madhyamaka-avatāra-bhāṣya*. La Vallée Poussin [1970b].

MAṭ: *Madhyamaka-avatāra-ṭīkā*. D. No. 3870.

MĀ: *Madhyamaka-āloka*. D. No. 3887.

MHk: *Madhyamaka-hṛdaya-kārikā*. D. No. 3856.

MMk: *Mūlamadhyamaka-kārikā*. de Jong [1977].

PMv: *Prajñāpradīpa-mūlamadhyamaka-vṛtti*. Walleser [1974].

PMvṭ: *Prajñāpradīpa-mūlamadhyamaka-vṛtti-ṭīkā*. D. No. 3859.

PPMv: *Prasannapadā-mūlamadhymakaka-vṛtti*. La Vallée Poussin [1970a].

RGy: *dBu ma rtsa ba'i tshig le'ur byas pa shes rab ces bya ba'i rnam bshad rigs pa'i rgya mtsho. The Collected Works of rJe Tsoṅ-kha-pa blo-bzaṅ-grags-pa*, vol. 23.

TJ: *Madhyamaka-hṛdaya-kārikā-tarkajvālā*. D. No. 3856.

TTh: *Zab mo stong pa nyid kyi de kho na nyid rab tu gsal bar byed pa'i bstan bcos (sTong thun chen mo). The Collected Works of the Lord mKhas grub dGe legs dpal bzang po*. Lha sa ed.

VV: *Vigrahavyāvartanī*. Johnston / Kunst [1978].

VVv: *Vigrahavyāvartanī-vṛtti*. Johnston / Kunst [1978], D. 3832.

YṢ: *Yukitiṣaṣtikā*, D. No. 3825.

YṢv: *Yukitiṣaṣtikā-vṛtti*. D. No. 3825.

文 献 表

Ames, William.

1993 : "Bhāvaviveka's Prajñāpradīpa — A Translation of Chapter One: Examination of Causal Conditions (pratyaya)," JIP, vol. 21, no. 3, pp. 209-259.

Bhattacharya, Kamaleswar / E. H. Johnston / Arnold Kunst.

1978 : *The Dialectical Method of Nāgārjuna (Vigrahavyāvartanī): Translated from the Original Sanskrit with Introduction and Notes*, (Reprint), Motilal Banarsidass.

Bhattacarya, Vidhusekhara.

1931 : *The Catuḥśataka of Aryadeva: Sanskrit and Tibetan Text with Copious Extracts from the Commentary of Candrakīrti*, Viśva-bharati Book-shop.

Cabezón, José Ignacio.

1988 : "The Prāsaṅgika's View on Logic: Tibetan dGe lugs pa Exegesis on the Question of Svatantra," JIP, vol. 16, no. 3, pp. 217-224.

1992 : *A Dose of Emptiness: An Annotated Translation of the Stong thun chen mo of mKhas grub dge legs dpal bzang*, Suny Series in Buddhist Studies, State University of New York Press.

1997 : "Rong sTong Shākya rgyal mtshan on Mādhyamika Thesislessness," *Proceedings of the 7th Seminar of the International Association for Tibetan Studies*, (ed. By Helmut Krasser, Michael Torsten Much, Ernst Steinkellner, Helmut Tauscher), Verlag der Österreichischen Akademie der Wissenschaften, vol. I, pp. 97-105.

Chu, Junjie.

1997 : "The Ontological Problem in Tsoṅkha pa's Prāsaṅga Theory: The Establishment or Unestablishment of the Subject (dharmin) of an Argument," *Proceedings of the 7th Seminar of the International Association for Tibetan Studies*, (ed. By Helmut Krasser, Michael Torsten Much, Ernst Steinkellner, Helmut Tauscher), Verlag der Österreichischen Akademie der Wissenschaften, vol. I, pp. 157-177.

Dargyay, Lobsang.

1987 : "Tsong-kha-pa's Understanding of Prāsaṅgika Thought," JIABS, vol. 10, no. 1, pp. 55-65.

Das, Narendra Kumar.

1993 : "Rtog-ge'i tho ba'i tshig le'u byas pa," TiJ, vol. 18, no. 2, pp. 23-47.

Ehrhard, Franz-Karl.

1988 : "Observations on Prāsaṅgika-Madhyamaka in the rNiṅ-ma-pa-school," Studia Tibetica, Quellen and Studien zur tibetischen Lexikographie, Band II, *Proceedings of the 4th Seminar of the International Association for Tibetan Studies,* (ed. by Helga Uebach and Jampa L. Panlung).

江島　恵教

1980a:『中観思想の展開— Bhāvaviveka 研究—』，春秋社

1980b:「中観派における対論の意義—特にチャンドラキールティの場合—」，『佛教思想史 3〈仏教内部における対論〉』，pp. 147-178，平楽寺書店

福田　洋一

2000 :「自相と rang gi mtshan nyid」，『江島恵教博士追悼記念論文集　空と実在』（春秋社）所収，pp. 173-189.

2002 :「ツォンカパが文殊の啓示から得た中観の理解について」，『印仏研』第 50 巻第 2 号，pp. 203-209.

2006 :「rang gi mtshan nyid kyis grub pa 再考」，『印仏研』第 54 巻第 2 号，pp. 1-8.

Frauwallner, Erich.

1956 : *Geschichte der indischen Philosophie,* (2 vols), Otto Müller Verlag.

藤井　文章

1972 :「『中論月称釈』に於ける清弁批判について—不自生論下の論議決択—」，『仏教学研究会年報』第 6 号，pp. 134-143.

Hahn, Michael.

1982 : *Nāgārjuna's Ratnāvalī, vol. 1. The Basic Tetxs (Sanskrit, Tibetan, Chinese), Indica et Tibetica: Monographien zu den Sprachen und Literaturen des indo-tibetischen Kulturraumes, Bd. 1,* Indica et Tibetica Verlag.

平川　彰

1980 :『大乗起信論』，佛典講座 22，大蔵出版

1981 :『インド仏教史』，下巻，春秋社

Hopkins, Jeffrey.
1983 : *Meditation on Emptiness*, Wisdom Publications.
1989 : "A Tibetan Delineation of Different Views of Emptiness in the Indian Middle Way School — Dzon-Ka ba's Two Interpretation of the Locus Classicus in Candrakīti's Clear Words Showing Bhāvaviveka's Assertion of Commonly Appearing Subjects and Inherent Existence," TiJ, vol. 14, no. 1, pp. 10–43.

本多　恵
1980 :『サーンキヤ研究　上』，春秋社
1988 :『チャンドラキィールティ　中論註和訳』，国書刊行会

池田　道浩
2001a:「*Tarkajvālā* の二諦説に関する疑問（1）」，『曹研紀要』第 31 号，pp.（1）-（10）.
2001b:「*Tarkajvālā* の二諦説に関する疑問（2）」，『駒澤短期大学佛教論集』第 7 号，pp.（67）-（76）.

Iida, Shotaro.
1980 : *Reason and Emptiness: A Study of Logic and Mysticism*, Hokuseido Press.

伊藤　浄厳
1973 :「空の論理的証明に関する月称の清弁批判」，『印仏研』第 21 巻第 2 号，pp. 355–361.

岩崎　良行
2005 :「『マハーバーシャ』における prasaṅga —古代インド思想における〈ことばの永遠性〉の理解に向けて」，『札幌大谷短期大学紀要』第 36 号，pp. 1–73.

岩田　孝
1993 : *Prasaṅga und Prasaṅgaviparyaya bei Dharmakīrti und seinen Kommentatoren*, WSTB, 31.

Jackson, David, P.
1987 : *The Entrance Gate for the Wise* (*Section III*) — *Sa-skya Paṇḍita on Indian and Tibetan Traditions of Pramāṇa and Philosophical Debates*, (2 vols), WSTB, 17.

de Jong, Jan W.
1977 : *Mūlamadhyamakakārikā*, Adyar Library Series, 109, Adyar Library and Research Centre, Madras.
1978 : "Text-critical Notes on the Prasannapadā," IIJ, 20, Nos. 1/2, pp. 25–59, Nos. 3/4,

pp. 217-252.

梶山　雄一
1961 :「中観哲学と帰謬論証―清弁の論理再考―」,『日仏研』第 26 号, pp. 1-16.
1963 : "Bhāvaviveka's Prajñāpradīpa (1 Kapitel)," WZKSO, 7, pp. 36-62.
1966 :「仏教における命題解釈 eva の文意制限機能」,『金倉博士古稀記念印度学論集』(平楽寺書店)所収, pp. 423-438.
1969 :『仏教思想 3　空の論理〈中観〉』, 角川書店
1973 : "Three Kinds of Affirmation and Two Kinds of Negation in Buddhist Philosophy," WZKSO, 18, pp. 161-175.
1974 :『廻諍論』,『大乗仏典 14　龍樹論集』(中央公論社)所収, pp. 133-184.
1983 :『空の思想　仏教における言葉と沈黙』, 人文書院

Kaschewsky, Rudolf.
1971 : *Das Leben des lamistischen heiligen Tsong kha pa Blo-bzang-grags pa* (1357-1419), *dargestellt und erläutert anhand seiner Vita 》Quellenort allen Glückes《,* (2 vols), Asiatische Forschungen, 32, Otto Harrassowitz.

片野　道雄
1998 :『ツォンカパ 中観哲学の研究Ⅱ 『レクシェーニンポ』―中観章―和訳』(ツルティム・ケサンとの共訳), 文栄堂

加藤　均
1989 :「vicāra と saṃvṛtimātra の関連性について」,『大谷大学大学院研究紀要』第 6 号, pp. 1-15.
1990 :「中観派に於ける vicāra の実践的意味―チャンドラキィールティの場合―」,『印仏研』第 38 巻第 2 号, pp. 299-301.

岸根　敏幸
2001 :『チャンドラキィールティの中観思想』, 大東出版社

小林　守
1987 :「無自性論証と所依不成 (āśrayāsiddha) の問題」,『文化』50, 3/4, pp. 41-59.
1990 :『梵語仏典の研究Ⅲ, 論書篇, 第 2 章　中観論書』, 平楽寺書店
1994 :「自性成立と自相成立」,『印仏研』第 43 巻第 1 号, pp. 187-190.
1997 :「世間極成派について」,『印仏研』第 45 巻第 2 号, pp. 188-193.

Lang, Karen.
1986 : *Āryadeva's Catuḥśataka — on the Bodhisattva's Cultivation of Merit and Knowledge*, Indiske Studier, 7, Akademisk Forlag.
1990 : "sPa-tshab Nyi-ma-grags and the Introduction of Prāsaṅgika Madhyamaka into Tibet," *Essays in Memory of Turrell V. Wylie*, ed. L. Epstein & R. F. Sherburne, Lewiston / Queenston / Lamperter, pp. 127–141.

La Vallée Poussin, Louis de.
1902–1912 : *Prajñākaramati's Commentary to the Bodhicaryāvatāra of Śāntideva*, Baptist Mission.
1910 : "Madhyamakāvatāra — Introduction au Traite du milieu de l'Acārya Candrakīrti avec le commentaire de l'auteur, traduit d'apres la version tibetaine," Le Museon, n. s. XI, pp. 272–358.
1911 : "Madhyamakāvatāra — Introduction au Traite du milieu de l'Acārya Candrakīrti avec le commentaire de l'auteur, traduit d'apres la version tibetaine," Le Museon, n. s. XII, pp. 235–328.
1913 : *Theorie des Douze Causes*, Librairie Scientifique E. Van Gorthem.
1970a: *Madhyamakāvatāra par Candrakīrti.* (*Bibliotheca Bhuddhica*, 9), Biblio Verlag (Reprint).
1970b: *Mūlamadhyamakakārikās de Nāgārjuna avec la Prasannapadā Commentaire de Candrakīrti* (*Bibliotheca Buddhica*, 4), Biblio Verlag (Reprint).

Lefmann, S.
1902–1908 : *Lalita vistara*, (2 vols), Verlag der Buchhandlung des Waisenhauses.

Lopez Jr., Donald S.
1987 : *A Study of Svātantrika*, Snow Lion Publications.

MacDonald, Anne.
2003 : "Interpreting Prasannapadā 19.3–7 in Context, A Response to Claus Oetke," WZKSO, 47, pp. 143–195.

丸井　浩
1991 :「禁止命令の意味と二種の否定—聖典命令の権威正統化をめざすインド土着の論理—」, 『南アジア研究』第 3 号, pp. 82–108.

松本　史朗
1985 :「チャンドラキィールティの論理学 『明句論』第一章諸法不自生論の和訳と研究

(1)」，『駒大紀要』第 43 号，pp. 214–169.
1990 :「ツォンカパとゲールク派」，『講座東洋思想　第 11 巻，チベット仏教』（岩波書店）所収，pp. 223–262.
1999 :『チベット仏教哲学』，大蔵出版

御牧　克己
1984 :「刹那滅論証」，『講座・大乗仏教 9：認識論と論理学』（春秋社）所収，pp. 218–254.

宮本　正尊
1943 :『仏教学の根本問題　第一　根本中と空』，第一書房

森山　清徹
1993 :「ツォンカパの無我，無明論　―スヴァータントリカおよび喩伽行中観派批判」，『佛教論叢』，第 38 号，pp.(21)-(29).
1998 :「無自性論証における遍充関係と二諦説―帰謬還元法と反所証拒斥検証―」，『南都仏教』，第 74 号，pp.(1)-(29).

長尾　雅人
1954 :『西蔵仏教研究』，岩波書店
1978 :『中観と唯識』，岩波書店

長島　潤道
2004 : "The Distinction between Svātantrika and Prāsaṅgika in late Madhyamika : Atiśa and Bhavya as Prāsaṅgikas," *Nagoya Studies in Indian Culture and Buddhism: Saṃbhāṣā*, 24, pp. 65–98.

那須　真祐美
2002a:「中観派における真理（satya）と考察（vicāra）」，『印仏研』第 50 巻第 2 号，pp.（159）-（162）.
2002b:「中観派の二諦説における「考察」（vicāra）」，『日西会報』第 48 号，pp. 33–41.

Napper, Elizabeth.
1989 : *Dependent-Arising and Emptiness: A Tibetan Buddhist Interpretation of Mādhyamika Philosophy Emphasizing the Compatibility of Emptiness and Conventional Phenomena*, Wisdom Publication.

中井　本秀
1978 :「中観派における論証方法―その形成と深化―」，『東北大学印度学論集』第 5 号，

pp. 73-78.

Newland, Guy.
2002 : *The Great Treatise on the Stages of the Path to Enlightenment: Lam Rim Chen Mo, Tsong-kha-pa*, Volume Three, Snow Lion Publications.（この書は、The Lamrim Chenmo Translation Committee によって訳出されたものであるが、編者による序論に、ニューランド氏が中心的な役割をはたしたとの記述があるので、同氏を訳者の代表として挙げたのである。なお、共訳者は、以下のとおりである。José Ignacio Cabezón, Daniel Cozort, Joshua W. C. Cutler, Natalie Hauptman, Roger R. Jackson, Karen Lang, Donald S. Lopez, Jr., John Makransky, Elizabeth S. Napper, John Newman, Gareth Sparham, B. Alan Wallace, Joe B. Wilson）

野村　正次郎
2001 :「ツォンカパの否定の定義とその思想的展開」，『論叢アジアの文化と思想』，pp. 1-15.
2004 :「ツォンカパの空思想における否定対象とその分岐点」，『印仏研』第 52 巻第 2 号，pp.（181）-（184）.

野沢　静証
1954 :「清弁造『中観心髄の疏・思択炎』「真実智を求むる」章第三（Ⅱ）」，『密教文化』第 28 号第 3 冊，pp. 9-21.

Obermiller, Eugene.
1934-1935 : "Tsong kha pa le paṇḍit," MCB, 3, pp. 319-338.

小川　一乗
1971a:「『自生』の否定（上）—ツォンカパ造入中論釈の研究—」，『印仏研』第 19 巻第 2 号，pp. 104-108.
1971b:「『自生』の否定（下）—ツォンカパ造入中論釈の研究—」，『印仏研』第 20 巻第 1 号，pp. 307-312.
1976a:『空性思想の研究—入中論の研究』，文栄堂
1976b:「中観説における「所知障」管見—ツォンカパの入中論釈を中心に」，『奥田慈応先生喜寿記念：仏教思想論集』（平楽寺書店）所収，pp. 949-958.
1985 :「否定されるべき対象の確認」，『中村瑞隆博士古稀記念論集　仏教学論集』（春秋社）所収，pp. 451-470.
1988 :「『所知障』に関するノート（一），（二）」，国訳一切経印度撰述部月報，『三蔵集』4，pp. 143-158，大東出版社

奥住　毅

1968:「『浄明句』第1章における清弁・月称の論争」,『印仏研』第17巻第1号, pp. 136-137.

1973a:『空性思想の研究―入中論の研究』, 文栄堂
「空性の論証―チャンドラキィールティのプラサンガ・アーパッティ」,『二松学舎大学論集』第47号, pp. 163-185.

1973b:「「プラサンガ・ヴァーキヤ」の論証性―チャンドラキィールティのプラサンガ弁証法―」,『鈴木学術年報』第9号, pp. 52-68.

1973c:「『中論』の論述形態としてのプラサンガ・アーパッティ(1)」,『中村元博士還暦記念論文集　印度思想と仏教』(春秋社)所収, pp. 365-378.

1976:「『中論』の論述形態としてのプラサンガ・アーパッティ(2)」,『鈴木学術年報』第12/13号, pp. 60-76.

1988:『中論註釈書の研究(チャンドラキィールティ『プラサンナパダー』和訳)』, 大蔵出版

小野田　俊蔵

1979:「チベットの僧院における問答の類型」,『仏教史学研究』, No. 22-1, pp. (1)-(15).

1986:「チャパ=チューキセンゲによるプラサンガの分類」,『チベットの宗教と社会』(春秋社)所収, pp. 341-364.

1988: "On the Tibetan Controversy Concerning the Various Ways of Relying to Prāsaṅgikas," TiJ, vol. 13, no. 2, pp. 36-41.

1992: *Monastic Debate in Tibet: A Study on the History and Structures of bsdus grwa logic*, WSTB, 24.

Perdue, Daniel E.

1992: *Debate in Tibetan Buddhism* (*Textual Studies and Translations in Indo-Tibetan Buddhism Series*), Snow Lion Publications.

Rizzi, Cesare.

1988: *Candrakīrti*, Motilal Banarsidass.

三枝　充悳

1992:『仏教入門』, 岩波新書103, 岩波書店

佐藤　道郎

1976:「Prāsaṅgikaの軌跡」,『日西会報』第22号, pp. 1-3.

Santina, Peter della.

1986 : *Madhyamaka Schools in India — A Study of Madhyamaka Philosophy and of the Division of the System into the Prāsaṅgika and Svātantrika Schools*, Motilal Banarsidass.

Scherrer-Schaub, Cristina Anna.

1991 : *Yuktiṣaṣṭikāvṛtti, Commentaire à la soixantaine sur le raisonnement ou Du vrai enseignement de la causalité par le Maître indien Candrakīrti, Melanges Chinois et Bouddhiques*, vol. XXV, Institut Belge des Hautes Études Chinoises.

Seyfort Ruegg, David.

1981 : *The Literature of the Madhyamaka School of Philosophy in India.* (*A History of Indian Literature, 7*), Harrassowitz.

2000 : *Three Studies in the history of Indian and Tibetan Madhyamaka Philosophy — Studies in Indian and Tibetan Madhyamaka Thought Part 1 —*. WSTB, 50.

2002 : *Two Problegomena to Madhyamaka Philosophy — Candrakīrti's Prasannapadā Madhyamaka-vṛttiḥ on Madhyamakakārikā I. 1 and Tsoṅ kha pa Blo bzaṅ grags pa/ rGyal tshab Dar ma Rin chen's dKa' gnad/gnas brgyad kyi zin bris, Annotated Translations, Studies in Indian and Tibetan Madhyamaka Thought Part 2 —*. WSTB, 54.

Sprung, Mervyn.

1979 : *Lucid Exposition of Middle Way — The Essential Chapter from the Prasannapadau of Candrakīrti* (*translated from the Sanskrit*), Prajñā-press Great Eastern Book.

Staal, J. Fritz.

1962 : "Negation and the Law of Contradiction in Indian Thought: A Cpmparative Study," BSOAS, 25, 1, pp. 52-81.

Stcherbatsky, Theodore.

1927 : *The Conception of Buddhist Nirvāṇa*, Publication Office of the Academy of Sciences of the USSR.

立川　武蔵

1973 :「チベット資料に見られる中観プラサーンギカ派の系譜」,『アジア文化』第10巻第1号, pp. 63-74.

谷　貞志

1983 :「プラサンガ・サーダナ(帰謬論証)導入による論理系構造変換」,『仏教学』第15号,

pp. (1)-(27).

丹治 昭義
1979:「チャンドラキィールティの論理観の一考察」,『関大東西学研紀要』第12号, pp. 55-74.
1987:「チャンドラキィールティの自立論証批判」,『南都仏教』第57号, pp. 51-81.
1988:『中論釈 明らかなことばⅠ』, 関西大学東西学術研究所訳註シリーズ4, 関西大学出版部

Tauscher, Helmut.
1988 : paramārtha as an Object of Cognition-paryāya-and aparyāyaparamartha in Svātantrika-Madhyamaka, Studia Tibetica, Quellen and Studien zur tibetischen Lexikographie, Band II, *Proceeding of the 4th Seminar of the International Association for Tibetan Studies*, (ed. by Helga Uebach and Jampa L. Panlung), pp. 483-490 .
1995 : *Die Lehre von den Zwei Wirklichkeiten in Tsong kha pas Madhyamaka-werken*, Wiener Studien Tibetologie und Buddhismuskunde, WSTB, 36.

Thurman, Robert A. F.
1982 : *Life and Teachings of Tsong kha pa*, Library of Tibetan Works & Archives.
1984 : *Tsong kha pa's Speech of Gold in the Essence of True Eloquence : Reason and Enlightenment in the Central Philosophy of Tibet*, Princeton University Press.

Tillemans, Tom.
1988 : "Appendix: Supplementary Notes on Tsong kha pa's Position on Opponent-acknowledged Reason (gzhan la grags kyi gtan tshigs) and Similarly Appearing Topics (chos can mthun snang ba)." (private circulation).
1990 : Materials For the Study of Āryadeya, Dharmapāla and Candrakīrti: The Catuḥśataka of Āryadeya, chapter XII and XIII, with the commentaries of Dharmapāla and Candrakīrti: Introduction, Translation, Sanskrit, Tibetan and Chinese Texts, Notes. (2 Vols), WSTB, 24 .
1992 : "Tsong kha pa *et al.* On the Bhāvaviveka-Candrakīrti Debate," Proceedings of the 5th Seminar of the International Association for Tibetan Studies. (Monograph Series of Naritasan Institute for Buddhist Studies: Occasional Papers, 2), ed. By Shoren Ihara and Zuihou Yamaguchi, pp. 315-326, Narita-san Shinshou-ji.

ツルティム・ケサン/白館 戒雲
1986:「チベットに於けるナーガールジュナの六つの「理論の集まり」について」,『印仏研』

第35巻第1号，pp. 176-178.
1991：「ゲルク派小史」，『講座　仏教の受容と変容　チベット・ネパール編』（春秋社）所収，pp. 71-106.
2003：『ツォンカパ　中観哲学研究Ⅳ―深遠な空性の真実を明らかにする論書・幸いなる者の開眼（千薬大論）：和訳と研究/ケードゥプ・ゲルク・ペルサンポ著』（下）（藤仲孝司との共訳），文栄堂

瓜生津　隆真
1974a:『空七十論』，『大乗仏典14　龍樹論集』（中央公論社）所収，pp. 89-132.
1974b:『六十頌如理論』，『大乗仏典14　龍樹論集』（中央公論社）所収，pp. 5-88.
1974c:『宝行王正論』，『大乗仏典14　龍樹論集』（中央公論社）所収，pp. 231-316.

Wang, Françoise.
2002 : *Dje Tsongkhapa*, Détchene Eusel Ling Publication.

Wayman, Alex.
1978 : ***Calming the Mind and Discerning the Real: Buddhist Meditation and the Middle View: From the Lam rim chen mo of Tsong kha pa***, Columbia University Press.

山口　益
1929 : "Traité de Nāgārjuna," Pour écarter les vaines discussions (*Vigrahavyāvartanī*), JA, t. CCXV, pp. 1-86.（『山口益文学文集』上，春秋社，に再録）
1947：『『浄明句』と名ずくる月称造　中論釈Ⅰ』，弘文堂
1975：『中観仏教論攷』，山喜房佛書林

山崎　次彦
1960：「「立敵共許」とその限界」，『印仏研』第8巻第2号，pp. 185-189.

安井　広済
1970：『中観思想の研究』，法蔵館

米澤　嘉康
1999 : "Lakṣaṇaṭīkā,"『印仏研』，第47巻第2号.
2004：「Prasannapadā 19.3-7の解釈について」，『仏教学』第46号，p.(55)-(75).

吉水　千鶴子
1992：「rang gi mtshan nyid kyis grub paについて（Ⅰ）」，『成田山紀要』第15号，仏教文化史論集（Ⅱ），pp. 609-656.

1993a:「rang gi mtshan nyid kyis grub pa について（Ⅱ）」,『インド学密教学研究　宮坂宥勝博士古稀記念論文集』（下巻）（法蔵館）所収，pp. 971–990.

1993b: "On rang gi mtshan nyid kyis grub pa, Introduction and Section I",『成田山紀要』第16号，pp. 91–147.

1994 : "On rang gi mtshan nyid kyis grub pa, section II and III",『成田山紀要』第17号，pp. 295–354.

2002 : "Tsong kha pa's Reevaluation of Candrakīrti's Criticism of Autonomous Inference," in the *Svātantrika-Prāsaṅgika Distinction: What Difference Does a Difference Make?*, pp. 257–350, Wisdom Publication.

四津谷　孝道.

1986a:「"Paramārthataḥ" を巡る議論について」,『曹研紀要』第17号，pp. (19)–(38).

1986b:「『中観決択』に説かれる自立派と帰謬派への分岐」,『チベットの仏教と社会』（春秋社）所収，pp. 509–546.

1987 :「ツォンカパの "無自性" 理解—正理〔知〕による "無自性" 理解の諸相—」,『駒大院年報』第20号，pp. (27)–(44).

1998 :「ツォンカパにおける無自性論証と正理」,『国際仏大院紀要』第1号，pp. (95)–(116).

1999 : *The Critique of Svatantra Reasoning by Candrakīrti and Tsong-kha-pa — a study of philosophical proof according to two Prāsaṅgika Madhyamaka Traditions of India and Tibet.* Tibetan and Indo-Tibetan Studies 8, Franz Steiner Verlag.

索　　引

A. 人名・学派名など　B. 言及した著作・章名など
C. 註記で言及した研究書・研究論文　D. その他

A. 人名・学派名など（初出箇所）

アーリヤデーヴァ 7
アヴァローキタヴラタ 253
ヴァイバーシカ（毘婆沙師） 40
ヴァイシェーシカ学派 297
カマラシーラ 7
学説論者 40
経量部 42
ク・ドデワル（ク翻訳官） 132
ケードゥプ・ゲレクペーサン 242
ゲルク派（ガンデン派） 33
コラムパ・ソナムセンゲ 228
後期伝播時代 33
サーンキャ学派 112
サキャ派 237
サムイェの宗論 7
シャーキャ・チョクデン 227
ジャムヤン・シェーパ 194
ジャヤーナンダ 123
正理聚 101
聖父子 194
前期伝播時代 33
ダルマキィールティ 143
チャンドラキィールティ 9
中観帰謬派 2
中観自立派 2
中観自立派を含む実体論者 313
中観自立派以外の実体論者 323
中国和尚・摩訶衍 7
ツォンカパ 1
ディグナーガ 282
犢子部 191
ナーガールジュナ 4
ニヤーヤ学派 181
バァーヴィヴェーカ 9
パツァップ・ニマタク 33
ブッダパーリタ 9
仏教論理学派 131
マチャ・チャンチュプ・ツォンドゥ 194
ミーマーンサー学派 297
瑜伽行派 53
唯心派 166
唯心論者 170
ラマ・ウマパ 123
ローカーヤタ（順世外道） 169
ロントゥン 238

B. 言及した著作・章名など（初出箇所）

廻諍論 4
カーティヤーヤナ教誡経 102
空七十論 120
根本中論 14
言説成就 120
思択炎 200
四百論 107
四百論の註釈 51
十地経 90
真実光明 238
善説心髄 10
正理海 68
大乗起信論 12
中観概論 228
中観決択 227
中観光明論 209
トントゥン・チェンモ 242
入中論 26
入中論の註釈 51
入中論の副註 123
入菩提行論 36
プラサンナパダー 9

般若灯論 229
佛護註 229
仏母経（般若経） 179
菩提道次第論・広本 7
密意解説 53
ラトナーヴァリー 109
六十頌如理論 109

C. 註記で言及した研究書・研究論文（アルファベット順）

K.Bhattacharya [1978] 29, 30
V.Bhattacharya [1931] 121
Cabezón [1988] 211
Cabezón [1997] 211
Dargay [1987] 211
Das [1993] 211
江島 [1980a] 97, 224, 253, 254, 305, 308, 309, 346, 349
江島 [1980b] 306
福田 [2000] 54
福田 [2002] 211
福田 [2006] 54
Franz-Karl [1988] 211
Frauwallner [1956] 308
藤井 [1972] 305
平川 [1980] 29
平川 [1981] 224
Hopkins [1983] 254
Hopkins [1989] 309, 367
本多 [1980] 252
池田 [2001a] 309
池田 [2001b] 309
Iida [1980] 305
伊藤 [1973] 305
岩崎 [2005] 224
岩田 [1993] 255
Jackson [1987] 345
de Jong [1978] 305, 306, 308, 309
梶山 [1961] 254
梶山 [1966] 224
梶山 [1969] 253
梶山 [1973] 214, 224
梶山 [1974] 29, 30
梶山 [1983] 29
Kaschewsky [1971] 11
片野 [1998] 54, 56, 90, 95, 225, 226, 279, 367
加藤 [1989] 306
加藤 [1990] 306
岸根 [2001] 305
小林 [1987] 307
小林 [1990] 120
小林 [1994] 54
小林 [1997] 224
Lang [1990] 50
LVP [1910] 51, 90
LVP [1970a] 307
Lefmann [1902-1908] 306
Lopez [1987] 89
MacDonald [2003] 253
丸井 [1991] 224
松本 [1985] 252, 305, 346
松本 [1990] 211
松本 [1999] 92, 211, 345, 346, 348
宮本 [1943] 224
御牧 [1984] 254
森山 [1993] 51
森山 [1998] 255
長尾 [1954] 11, 50～52, 89～92, 94～96, 216, 219, 221, 223, 278
長尾 [1978] 89
長島 [2004] 50
那須 [2002a] 306
那須 [2002b] 306
Nappers [1989] 89
中井 [1978] 305
Newland [2002] 50～52, 89～92, 94～96, 216, 219, 221, 223, 278
野村 [2001] 224
野村 [2004] 52
野沢 [1954] 309
Obermiller [1934-1935] 11
小川 [1971a] 252
小川 [1971b] 252
小川 [1976a] 51, 53, 90
小川 [1976b] 51
小川 [1985] 52
小川 [1988] 51
奥住 [1968] 305

奥住［1973a］ 253
奥住［1973b］ 253
奥住［1973c］ 253
奥住［1976］ 253
小野田［1979］ 345
小野田［1986］ 213, 257
小野田［1988］ 213, 257
小野田［1992］ 345
Perdue［1992］ 345
Rizzi［1988］ 305
三枝［1992］ 224
佐藤［1976］ 211
Santina［1986］ 305
Scherrer-Schaub［1991］ 121
Seyfort Ruegg［1981］ 120
Seyfort Ruegg［2000］ 50, 98, 119, 211, 212, 214, 217, 223, 224, 254, 305, 306
Seyfort Ruegg［2002］ 211, 253, 254
Staal［1962］ 224
Stcherbatsky［1927］ 306, 307
立川［1973］ 211
谷［1983］ 255
丹治［1979］ 305
丹治［1987］ 253
丹治［1988］ 305, 307, 308
Tauscher［1988］ 98
Tauscher［1995］ 11, 223
Thurman［1982］ 11
Thurman［1984］ 54, 56, 90, 95, 225, 226, 279, 346, 367
Tillemans［1988］ 367
Tillemans［1990］ 91
Tillemans［1992］ 254, 257
ツルティム［1986］ 11, 120
ツルティム［1991］ 11
Wang［2002］ 11
Wayman［1978］ 50～52, 89～92, 94～96, 216, 219, 221, 223, 278
山口［1929］ 29, 30
山口［1947］ 307
山崎［1960］ 305
安井［1970］ 97
米澤［1999］ 253
米澤［2004］ 346
吉水［1992］ 54
吉水［1993a］ 54
吉水［1993b］ 54
吉水［1994］ 54
吉水［2002］ 54, 305, 343, 346, 367
四津谷［1986b］ 255
四津谷［1987］ 89
四津谷［1998］ 89
四津谷［1999］ 305, 343, 346

D. その他（アルファベット順）

Argument 1 356, 358～360, 363
Argument 2 356, 358, 359, 361, 363
Additional Discussion 312, 313, 337, 338, 357, 363
Crucial Point 299, 351, 355
Crucial Point 1 299, 301, 303, 318, 335, 336, 346, 355, 356, 358
Crucial Point 2 299, 303, 318, 322, 338, 355, 357, 362
Discussion A 312～314, 321, 326, 327, 331, 334～336, 343, 344, 347, 355, 367
Discussion B 312～314, 318, 321, 325～327, 335～337, 340～342, 344, 350, 355, 367
Discussion C 355～357
Discussion D 355, 356, 362
Discussion D I 356, 357, 363
Discussion D II 357, 363
Discussion D III 357, 365
Framework 1 284
Framework 2 313, 356, 357
Framework 3 313, 318, 357
Framework 4 313, 337, 357
Framework 4′ 357, 363
Framework 5 356
Framework 6 357
還元後の定言的論証式 232～235, 240
言説知 1 86, 87
言説知 2 86, 87
Level 1 342
Level 2 342
Passage A 299, 343
Passage A I 299, 300, 312, 326, 327, 334, 335,

347, 356, 358
Passage A II　301, 329, 356, 358
Passage A III　301, 330, 332
Passage A IV　302, 312, 326, 327, 334
Passage A V　303, 312, 326, 335, 336
Passage A VI　299, 303, 312, 326, 335, 336
Passage B　299, 303, 304, 312, 322, 326, 338～341, 343, 349, 357, 362
プラサンガ 1　231, 232, 234, 236, 237, 240, 241
プラサンガ 1-a　231, 246
プラサンガ 1-b　231, 246
プラサンガ 2　234, 237, 241
プラサンガ 3　235, 242, 243
プラサンガ 4　235, 236, 238, 249
プラサンガ 5　235, 241, 246～248
プラサンガ i　240
プラサンガ ii　240
プラサンナパダー a　162
プラサンナパダー b　162
論点 I　284, 299, 318
論点 II　284, 299, 318
正理の理解 I　62, 66, 68, 72
正理の理解 II　62, 63, 66
正理の理解 III　67, 71
定言的論証　231
通常のプラサンガ　231, 235, 236, 249
ツォンカパにとっての通常のプラサンガ　246～249, 251
ツォンカパにとっての特殊なプラサンガ　246, 247

著者略歴

四津谷 孝道（よつや　こうどう）

1957年　富山県に生まれる。
1987年　駒澤大学大学院博士課程（仏教学）修了
1998年　ハンブルク大学インド・チベット歴史文化研究所 Ph.D. 取得
現　在　駒澤大学仏教学部助教授
著　書　*The Critique of Svatantra Reasoning by Candrakīrti and Tsong-kha-pa：A Study of Philosophical Proof According to Two Prāsaṅgika Madhyamaka Traditoins of India and Tibet.* Tibet and Indo-Tibetan Studies 8, (Franz Steiner Verlag, 1999).
論　文　「自立論証を認める中観帰謬派の思想家達」
「帰謬派の離辺中観解釈」など

ツォンカパの中観思想　ことばによることばの否定

2006年11月10日　初版第1刷発行

著　者　　四津谷 孝道
発行者　　青 山 賢 治
発行所　　大蔵出版株式会社

〒113-0033
東京都文京区本郷3-24-6 本郷サンハイツ404
TEL.03（5805）1203　　FAX.03（5805）1204

印刷所　　中央印刷（株）
製本所　　（株）関山製本社
装　幀　　（株）ニューロン

ISBN 4-8043-0565-3 C3015